"十四五"精品课程规划教材·土建类
工学结合创新型系列教材

# 市政道路工程施工


主　编　周利梅　张全文　戴　进
副主编　李文三　李　鸿　屈　兵
　　　　李冰赫




◎理论实践并重
◎知识传承有序
◎实际应用丰富


哈尔滨工程大学出版社
Harbin Engineering University Press

图书在版编目（CIP）数据

市政道路工程施工 / 周利梅，张全文，戴进主编. —
哈尔滨 ：哈尔滨工程大学出版社，2023.8
ISBN 978-7-5661-3880-4

Ⅰ. ①市… Ⅱ. ①周… ②张… ③戴… Ⅲ. ①市政工程－道路施工－高等职业教育－教材 Ⅳ. ①U415

中国国家版本馆CIP数据核字(2023)第058834号

市政道路工程施工
SHIZHENG DAOLU GONGCHENG SHIGONG

责任编辑 李 暖
封面设计 梁 洁

出版发行 哈尔滨工程大学出版社
地 址 哈尔滨市南岗区南通大街145号
邮政编码 150001
发行电话 0451-82519328
传 真 0451-82519699
经 销 新华书店
印 刷 明玺印务（廊坊）有限公司
开 本 889 mm×1 194 mm 1/16
印 张 24
字 数 575千字
版 次 2023年8月第1版
印 次 2023年8月第1次印刷
定 价 65.00元
http://www.hrbeupress.com
E-mail:heupress@hrbeu.edu.cn

# QIANYAN 前言

科技在不断进步，施工工艺也在逐步升级，越来越多的新技术、新材料被运用到道路工程中，推动着道路工程技术的发展，有关标准、规范也进行了大范围的修订和调整。在这个新时代，道路工程建设也要为中国建设助力，为深入贯彻落实习近平总书记提出的“安全第一、预防为主”的思想，坚持技术标准规范化，为建设高品质、高效率、高安全的现代化道路交通系统而助力。道路工程是一门理论与实践并重、工程性较强的课程。该课程涉及内容广泛，与工程实践联系紧密。

为使读者掌握道路工程的特点和技术要领，了解其发展趋势，本书根据普通高等学校对培养学生具备设计、施工等专业技能的教学要求，以我国现行的有关公路和城市道路的工程技术标准和规范为依据，融入国内外最新研究成果，结合编者多年的教学经验和工程实践经验编写而成，重点阐述了道路工程的基本概念、基本理论和基本方法。

本书以市政道路工程具体的施工任务及施工过程为依据，将市政道路工程施工整合、序化为三篇，共十六个项目。第一篇为市政道路施工图识读，包括项目一至项目六，内容分别为市政道路概述、道路平面设计、道路纵断面设计、道路横断面设计、道路交叉设计、市政道路施工图审核与会审；第二篇为市政道路路基工程，包括项目七至项目十一，内容分别为路基工程概述、一般路基设计、挡土墙施工、道路排水设施、一般路基施工；第三篇为市政道路路面工程，包括项目十二至项目十六，内容分别为路面工程概述、路面基层（底基层）施工、沥青路面施工、水泥混凝土路面施工、市政道路养护。

本书由重庆电讯职业学院周利梅、西南交通大学张全文、中电建新能源集团股份有限公司戴进担任主编；重庆电讯职业学院李文三、南京工程咨询中心有限公司李鸿、莆田学院屈兵、河北外国语学院李冰赫担任副主编。

全书分为三篇，共十六个项目，具体编写分工如下：项目一至项目七由周利梅编写；项目九、项目十由张全文编写；项目十一、项目十二由戴进编写；项目八、项目十四由李文三编写；项目十三、项目十五、项目十六由李鸿、屈兵、李冰赫共同编写。全书由周利梅统稿。

本书在编写过程中参考了有关专家、学者的著作和文献，在此向相关作者表示衷心感谢！

限于时间和业务水平，书中难免存在不足之处，敬请同行和读者批评指正。

编 者

2023 年 2 月

# 目录

## 第一篇　市政道路施工图识读

第 1 篇 市政道路施工图识读

# 项目一 市政道路概述

XIANGMUYI SHIZHENG DAOLU GAISHU

## 项目导读

道路是供各种车辆和行人等通行的工程设施。市政道路是修建在市区，路两侧有连续建筑物，用地下管沟排除地面水，采用连续照明，横断面上布置人行道的道路。市政道路工程则是以市政道路为对象而进行的规划、设计、施工、养护与管理工作的全过程及其工程实体的总称。

## 学习任务

本项目通过公路与城市道路的组成、作用、分类与分级的知识点，使学生初步了解公路和城市道路的异同点；初步熟悉公路与城市道路的技术指标；掌握公路技术分级和城市道路分类。

## 思政目标

学习公路和城市道路的相同点与不同点，重点培养学生掌握我国公路发展历程以及熟知我国现阶段主要的公路网规划，提高学生的专业素养。

## 任务一 市政道路

### 一、市政道路的组成

市政道路是联系城镇各组成部分的道路，它将城市的主要组成部分如居民区、市中心、工业区、车站、码头及其他部分之间联系起来，形成完整的道路系统，如图 1.1 所示。市政道路通常包括以下部分。

（1）各类车辆行驶用的机动车道、非机动车道和人行道、绿化带。

（2）沿路街沟、进水口、地下管道、窨井、排水构筑物。

（3）沿街地面设施，如照明灯柱、电杆、给水栓等。

（4）地下各种管线，如电缆、煤气管、供水供热管等。

（5）交通安全设施。

（6）交叉口、停车场、公交车站等。

（7）大城市还有高架桥、隧道、立体交叉等。

市政道路网规划是城市总体规划的重要组成部分，与公路相比，市政道路受到城市的规划、人口、规模、布局、环境及土地利用规划等重要因素的制约与影响，具有功能多样、组成复杂，车辆多、类型杂、车速差异大，行人交通量大，道路交叉点多，沿路两侧建筑密集，市政道路规划、设计的影响因素多，政策性强等特点。

图 1.1 市政道路

## 二、市政道路的主要功能

市政道路是城市交通的主要设施，是组织城市布局结构的骨架，更是城市生产生活的命脉。市政道路具有交通运输、排水、通风、照明、布置绿化、体现城市景观、美化环境、反映城市风貌的作用，并具有改善城市景观及道路、优化区域生态环境、降低车辆噪声、净化空气等功能。

## 三、市政道路分类和分级

《城市道路工程设计规范（2016 年版）》（CJJ 37—2012）对城市道路按其在城市道路网中的地位、交通功能和对沿线建筑物的服务功能等进行分类，共分为四类。

### 1. 快速路

快速路又称城市快速交通干道，主要为城市中大量、长距离的机动车快速交通服务。快速路应中央分隔、全部控制出入、控制出入口间距及形式，应设有配套的交通安全与管理设施；应实现交通连续通行，单向设置不应少于两条车道；且快速路两侧不应设置吸引大量车流、人流的公共建筑物的出入口。常见快速路类型如图 1.2 所示。

（a）地面快速路　（b）高架快速路　（c）地道快速路

图 1.2 常见快速路类型

### 2. 主干路

图 1.3　主干路

主干路又称城市主干道，是构成城市主要骨架的交通性干道。主干路应连接城市各主要分区的干路，以交通功能为主；应采用机动车与非机动车分隔形式，并控制交叉口间距；且主干路两侧不宜设置吸引大量车流、人流的公共建筑物的出入口，如图 1.3 所示。

### 3. 次干路

图 1.4　次干路

次干路应与主干路结合组成干路网，应以集散交通的功能为主，兼有服务功能。次干路两侧可设置公共建筑物的出入口，但相邻出入口的间距不宜小于 80 m，且该出入口位置应在临近交叉口的功能区之外，如图 1.4 所示。

### 4. 支路

图 1.5　支路

支路又称城市一般道路或地方性道路。支路宜与次干路和居住区、工业区、交通设施等内部道路相连接，应解决局部地区交通，以服务功能为主；支路两侧公共建筑物的出入口宜布置在临近交叉口的功能区之外，如图 1.5 所示。

城市具有不同的规模、不同的交通方式、不同的地理和自然条件，因此《城市道路工程设计规范（2016 年版）》（CJJ 37—2012）对城市进行了规模划分。按照市区和近郊区非农业人口总数划分，总人口在 50 万以上的城市为大城市，总人口在 20 万 ~ 50 万的城市为中等城市，总人口不足 20 万的城市为小城市。除城市快速路外，其他城市道路的工程可按城市不同规模采用不同的设计标准。大城市采用各类道路中的 Ⅰ 级标准，中等城市采用 Ⅱ 级标准，小城市采用 Ⅲ 级标准。

目前街区道路和小区道路还没有统一的设计规范，有些省市和地区根据实际情况制定了当地的设计和建设标准，但大多数情况下，参照公路技术标准和城市道路技术标准进行设计和施工。根据《城市道路工程设计规范（2016 年版）》（CJJ 37—2012）的规定，各级城市道路的主要技术指标见表 1.1，我国大中城市道路网规划指标见表 1.2。

表 1.1　各级城市道路主要技术指标

| 类别项目 | 级别 | 设计速度 /（$km \cdot h^{-1}$） | 双向机动车车道数 / 条 | 机动车道宽度 /m | 分隔带设置 | 横断面采用形式 |
|---|---|---|---|---|---|---|
| 快速路 | | 60 ~ 80 | ≥ 4 | 3.75 | 必须设 | 双、四幅路 |
| 主干路 | Ⅰ | 50 ~ 60 | ≥ 4 | 3.75 | 应设 | 单、双、三、四 |
| | Ⅱ | 40 ~ 50 | 3 ~ 4 | 3.75 | 应设 | 单、双、三 |
| | Ⅲ | 30 ~ 40 | 2 ~ 4 | 3.5 ~ 3.75 | 可设 | 单、双、三 |

表 1.1（续）

| 类别项目 | 级别 | 设计速度 /(km·h$^{-1}$) | 双向机动车车道数 / 条 | 机动车道宽度 /m | 分隔带设置 | 横断面采用形式 |
|---|---|---|---|---|---|---|
| 次干路 | Ⅰ | 40 ~ 50 | 2 ~ 4 | 3.75 | 可设 | 单、双、三 |
| | Ⅱ | 30 ~ 40 | 2 ~ 4 | 3.5 ~ 3.75 | 不设 | 单 |
| | Ⅲ | 20 ~ 30 | 2 | 3.5 | 不设 | 单 |
| 支路 | Ⅰ | 30 ~ 40 | 2 | 3.5 | 不设 | 单 |
| | Ⅱ | 20 ~ 30 | 2 | 3.5 | 不设 | 单 |
| | Ⅲ | 20 | 2 | 3.5 | 不设 | 单 |

注：1. 各类道路根据城市规模、交通量、地形分为Ⅰ、Ⅱ、Ⅲ级，大城市采用Ⅰ级，小城市采用Ⅲ级。

2. 设计年限，快速路和主干路为 20 年，次干路为 15 年，支路 10 ~ 15 年。

表 1.2　我国大中城市道路网规划指标

| 项目 | 城市规模与人口 / 万人 | | 快速路 | 主干路 | 次干路 | 支路 |
|---|---|---|---|---|---|---|
| 机动车设计速度 / (km·h$^{-1}$) | 大城市 | ＞200 | 80 | 60 | 40 | 30 |
| | | ≤200 | 60 ~ 80 | 40 ~ 60 | 40 | 30 |
| | 中等城市 | | — | 40 | 40 | 30 |
| 道路网密度 / (km·h$^{-1}$) | 大城市 | ＞200 | 0.4 ~ 0.5 | 0.8 ~ 1.2 | 1.2 ~ 1.4 | 3 ~ 4 |
| | | ≤200 | 0.3 ~ 0.4 | 0.8 ~ 1.2 | 1.2 ~ 1.4 | 3 ~ 4 |
| | 中等城市 | | — | 1.0 ~ 1.2 | 1.2 ~ 1.4 | 3 ~ 4 |
| 道路中机动车道条数 / 条 | 大城市 | ＞200 | 6 ~ 8 | 6 ~ 8 | 4 ~ 6 | 3 ~ 4 |
| | | ≤200 | 4 ~ 6 | 4 ~ 6 | 4 ~ 6 | 2 |
| | 中等城市 | | — | 4 | 2 ~ 4 | 2 |

# 任务二　公　路

## 一、公路的组成

公路是一种线形带状的三维空间结构物，是在城镇以外联系相邻市县或工矿区的道路。它包括线形和结构两个组成部分，如图 1.6 所示。

图 1.6　公路

### 1. 线形组成

由于受地形、地质和经济条件的限制，公路中线在平面上有弯曲，在竖直方向上有起伏，因此它是一条空间三维线，其形状称为公路线形。

公路线形投影到平、纵、横三个面而分别绘制成反映其形状、位置和尺寸的图形，就是公路的平面图、纵断面图和横断面图。

其中，平面线形由直线、圆曲线和缓和曲线等基本线形要素组成。纵断面线形由直线（直坡段）及竖曲线等基本要素组成。横断面由行车道、路肩、分隔带、路缘带、人行道、绿化带等不同要素组合而成。公路线形设计时，平、纵、横三方面相互影响，相互制约，因此设计时必须考虑技术、经济和美学等要求，如图 1.7 所示。

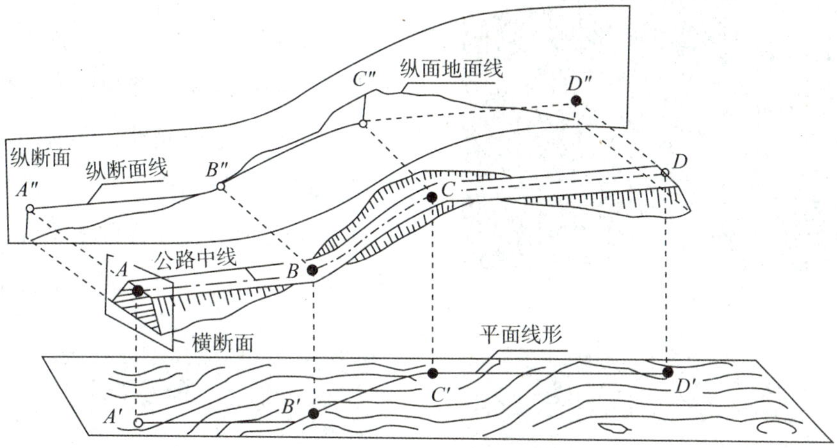


图 1.7　道路的平面、纵断面及横断面

### 2. 结构组成

公路是交通运输的建筑结构物，它不仅承受荷载的作用，而且受着自然条件的影响，它包括路基、路面、桥涵、隧道、防护工程、排水系统、特殊构造物等工程实体以及沿线设施等。

#### （1）路基

路基是公路的重要组成部分，它是按照路线位置和一定技术要求修筑的带状构筑物，承受由路面传来的荷载，是行车部分的基础。路基的断面形状一般包括路堤、路堑、半填半挖等断面形式。

#### （2）路面

路面是各种筑路材料或混合料例如沥青、混凝土等铺筑在路基上直接承受行车荷载和自然因素的作用，供汽车安全、舒适行驶的地带，通常由面层、基层、垫层等组成。路面是公路上最重要的建筑物，行车的安全、舒适与经济取决于路面的质量。因此通常以路面的质量来评价整条公路的质量。

#### （3）桥涵

桥涵是指为跨越水流、山谷或相交道路等天然或人工障碍物，供汽车行驶而建造的跨越构造物。涵洞是为宣泄地面水流而设置的横穿路基的小型排水构造物。山区公路桥梁、城市桥梁和涵洞如图 1.8 所示。

（4）隧道

隧道是指公路为穿越山岭或从水底通过而修筑的建筑物，它可以改善公路线形、缩短路线里程，从而使行车平顺迅速，如图 1.9 所示。

（5）防护工程

防护工程是指为保证路基的强度和稳定，在陡峻山坡或沿河一侧的路基边坡修建的填石边坡、砌石边坡、挡土墙、护脚及护面墙等可加固路基边坡的构造物，如图 1.10 所示。

（6）排水系统

排水系统是为了防止地面水及地下水等自然水侵蚀、冲刷路基，确保路基稳定而设置的排水构造物。除上述桥涵外，还有边沟、截水沟、排水沟、跌水、急流槽、盲沟、渗井及渡槽等。这些排水构造物组成综合排水系统，可减轻或消除各种水对公路的侵害，如图 1.11 所示。

（a）山区公路桥梁

（b）城市桥梁

（c）涵洞

图 1.8 桥涵

图 1.9 隧道

图 1.10 防护工程

图 1.11　排水系统

(7)特殊构造物

特殊构造物是指在山区地形、地质复杂路段，可修建悬出路台、半山桥及防石廊等以保证公路连续和路基稳定的构造物。

(8)沿线设施

沿线设施是指在道路沿线设置的交通安全、养护管理、服务及环境保护的一些设施。沿线设施主要包括照明设施、安全设施、服务设施、植树绿化与美化工程等。

①照明设施，如灯柱、弯道反光镜等。

②安全设施，如护栏、隔离栅、路面标线、交通标志等。

③服务设施，如加油站、服务区、汽车站等。

④植树绿化与美化工程，是美化公路、保护环境不可缺少的部分。植树绿化与美化工程不仅可以保持水土、稳固路基、防风固沙、净化空气、美化路容，还可以为驾驶者提供安全、舒适的行车环境。

## 二、公路的主要功能

公路位于城镇管辖区以外，是连接城镇、乡村的道路，主要供机动车辆安全、迅速行驶。公路的主要功能有：一是主要承担中、短途运输任务（短途运输为 50 km 以内，中途运输为 50 ~ 200 km）；二是补充和衔接其他运输方式，担任大运量运输（如火车及轮船运输）的集散运输任务；三是在特殊条件下，也可独立担负长途运输任务，特别是随着高速公路的发展，中、长途运输的任务将逐步增大。

## 三、公路的分级

公路的分级有行政分级和技术分级两种方法。对于公路设计和建设来说，主要使用技术分级。

### 1. 行政分级

公路按行政等级可分为国家公路、省公路、县公路和乡公路（简称为国、省、县、乡道）以及专用公路五个等级。一般把国道和省道称为干线，县道和乡道称为支线。

## （1）国道

国道是指具有全国性政治、经济意义的主要干线公路，包括重要的国际公路，国防公路，连接首都与各省、自治区、直辖市首府的公路，连接各大经济中心、港站枢纽、商品生产基地和战略要地的公路。国道中跨省的高速公路由交通部批准的专门机构负责修建、养护和管理。

国道有普通国道和高速公路两种，编号均以 G 开头。国道的编号规则如下：

①普通国道的编号采用 G + 3 位数字（例如 Gxxx），如图 1.12 所示。

其中：

G101 ~ 112，以 1 开头的是以北京为中心的放射线国道。

G201 ~ 228，以 2 开头的是南北走向的国道。

G301 ~ 330，以 3 开头的是东西走向的国道。

图 1.12 普通国道

②高速公路的编号采用 1 位、2 位和 4 位数字，如图 1.13 所示。

其中：

G + 1 位数字，是以北京为中心的放射线高速，由正北方向开始按顺时针方向升序编排。

G + 2 位奇数，是南北走向的高速，由东向西升序编排。

G + 2 位偶数，是东西走向的高速，由北向南升序编排。

G + 4 位数字，是环线或联络线高速。

图 1.13 高速公路

## （2）省道

省道是指具有全省（自治区、直辖市）政治、经济意义，并由省（自治区、直辖市）公路主管部门负责修建、养护和管理的公路干线。

省道有普通省道和省级高速两种，编号均以 S 开头，省道与国道的编号规则一样，如图 1.14 所示。

①普通省道的编号采用 S + 3 位数字（例如 Sxxx）。

②省级高速的编号采用 S + 1 位、2 位和 4 位数字。

图 1.14　省道

（3）县道

县道是指具有全县（县级市）政治、经济意义，连接县城和县内主要乡（镇）、主要商品生产和集散地的公路，以及不属于国道、省道的县际间公路。县道由县、市公路主管部门负责修建、养护和管理，如图 1.15 所示。

图 1.15　县道

（4）乡道

乡道是指主要为乡（镇）村经济、文化、行政服务的公路，以及不属于县道以上公路的乡与乡之间及乡与外部联络的公路。乡道由人民政府负责修建、养护和管理，如图 1.16 所示。

图 1.16　乡道

（5）专用公路

专用公路是指专供或主要供厂矿、林区、农场、油田、旅游区、军事要地等与外部联系的公路。专用公路由专用单位负责修建、养护和管理，也可委托当地公路部门修建、养护和管理，如图 1.17 所示。

图 1.17 专用公路

2. 技术分级

根据公路的使用任务、性质、交通量和地形等因素，我国公路分为高速公路、一级公路、二级公路、三级公路和四级公路五个等级。

高速公路为专供汽车分向、分车道行驶并应全部控制出入的多车道公路。高速公路一般能适应的年平均日设计交通量为 15 000 辆小客车以上，主要为干线公路，设计使用年限为 20 年，如图 1.18 所示。

图 1.18 高速公路

一级公路为专供汽车分向、分车道行驶，并可根据需要控制出入的多车道公路。一级公路一般能适应的年平均日设计交通量为 15 000 辆小客车以上，可设为干线公路或集散公路，设计使用年限为 20 年，如图 1.19 所示。

图 1.19 一级公路

二级公路为供汽车行驶的双车道公路。二级公路一般能适应年平均日设计交通量为 5 000 ~ 15 000 辆小客车，可设为干线公路或集散公路，设计使用年限为 15 年，如图 1.20 所示。

图 1.20 二级公路

三级公路为主要供汽车行驶的双车道公路。三级公路一般能适应年平均日设计交通量为 2 000 ~ 6 000 辆小客车，主要设为集散公路，设计使用年限为 15 年，如图 1.21 所示。

四级公路为主要供汽车行驶的双车道或单车道公路。双车道四级公路能适应年平均日设计交通量 2 000 辆小客车以下；单车道四级公路年能适应年平均日设计交通量 400 辆小客车以下，通常为集散公路，设计使用年限根据情况而定，如图 1.22 所示。

图 1.21 三级公路

图 1.22 四级公路

根据《公路工程技术标准》（JTG B01—2014），我国公路分级及主要技术指标详见表 1.3。

表 1.3 各级公路主要技术指标汇总表

| 公路等级 | | 高速公路 | | | | | | | | 一级公路 | | | | | |
|---|---|---|---|---|---|---|---|---|---|---|---|---|---|---|---|
| 设计速度 /（km · h$^{-1}$） | | 120 | | | 100 | | | 80 | | 100 | | | 80 | | 60 |
| 车道宽度 /m | | 3.75 | | | 3.75 | | | 3.75 | | 3.75 | | | 3.75 | | 3.5 |
| 车道数 / 条 | | 8 | 6 | 4 | 8 | 6 | 4 | 6 | 4 | 8 | 6 | 4 | 6 | 4 | 4 |
| 路基宽度 /m | 一般值 | 45 | 34.5 | 28 | 44 | 33.5 | 26 | 32 | 24.5 | 44 | 33.5 | 26 | 32 | 24.5 | 23 |
| | 最小值 | 42 | — | 26 | 41 | — | 24.5 | — | 21.5 | 41 | — | 24.5 | — | 21.5 | 20 |
| 圆曲线最小半径 /m | | 650 | | | 400 | | | 250 | | 400 | | | 250 | | 125 |
| 停车视距 /m | | 210 | | | 160 | | | 110 | | 160 | | | 110 | | 75 |
| 最大纵坡 /% | | 3 | | | 4 | | | 5 | | 4 | | | 5 | | 6 |
| 桥涵设计车辆荷载 | | 公路— I 级 | | | | | | | | | | | | | |

| 公路等级 | | 二级公路 | | 三级公路 | | 四级公路 | |
|---|---|---|---|---|---|---|---|
| 设计速度 /（km · h$^{-1}$） | | 80 | 60 | 40 | 30 | 30 | 20 |
| 车道宽度 /m | | 3.75 | 3.50 | 3.50 | 3.25 | 3.0（单车道时为 3.50） | |
| 车道数 / 条 | | 2 | 2 | 2 | 2 | 2 或 1 | |
| 路基宽度 / m | 一般值 | 12.00 | 10.00 | 8.50 | 7.50 | 6.50（双车道） | 4.50(单车道） |
| | 最小值 | 10.00 | 8.50 | — | — | — | |
| 圆曲线最小半径 /m | | | | | | 15 | |
| 停车视距 /m | | 110 | 75 | 40 | 30 | 20 | |
| 最大纵坡 /% | | 5 | 6 | 7 | 8 | 9 | |
| 桥涵设计车辆荷载 | | 公路— II 级 | | | | | |

# 任务三 市政道路与公路的异同点

## 一、市政道路与公路的相同点

道路的使用性质决定了市政道路与公路的共同点都是为人、车的交通提供安全、便捷、舒适的服务，因此两者的共同点如下。

### 1. 道路结构

道路结构物必须保证有足够的强度、稳定性。

### 2. 道路净空

道路应有足够的宽度和净空高度。

### 3. 安全设施

道路应设置足够的安全防护设施，如防撞护栏、防护网、分隔带等。

### 4. 道路排水

道路应具有畅通、良好的排水系统。

### 5. 交通管理设施

道路需设置必要的交通标志、道路标线、号志等设施。

## 二、市政道路与公路的不同点

由于市政道路与公路的功能和作用不同，存在以下不同点。

### 1. 服务对象不同

公路是连接各城市、城市与乡村和厂矿之间的道路，主要为长距离客货运输服务。公路主要为区域长距离交通流服务，因为驾驶时间长，所以更强调驾乘感受、行驶安全、舒适。

市政道路位于城市规划区范围之内，作为城市市政设施的走廊，强调的是对城市本身的交通服务功能，主要为城市内部较短距离交通流服务，强调通畅、可达性。市政道路除服务大量的机动车安全行驶外，还承担大量非机动车交通量及行人交通量。当其交通量较大时，考虑设置专用的非机动车道和人行道，将它们隔离、分流，减少干扰，以保障各自的安全便捷行驶。同时市政道路还具有市政公用设施载体的功能，如给水、排水、燃气、热力、消防等管路；电力、电信等线路和其他配套的市政公用设施。所以市政道路具有交通服务与市政设施载体两方面的功能。

### 2. 规划建设管理机构不同

公路的规划建设原则是根据国民经济和社会发展及国防建设的需要进行，与城市建设发展和其他交通运输的发展相协调。公路的建设管理工作统一由当地交通部门负责。

市政道路是按照统一规划、配套建设、协调发展的方针和建设、养护、管理并重的原则建设。城市供水、排水、燃气、供热、供电、通信、消防等依附于城市道路的各种设施的建设是与该城市道路的发展建设计划相协调，坚持先地下、后地上的施工原则，与市政道路同步建设。市政道路的建设管理由当地住建部门负责。

### 3. 分级标准不同

按其在道路系统中的地位、交通功能及服务功能，我国市政道路分为快速路、主干路、次干路、支路四类。根据公路在公路网中所处的地位，在政治、经济上所起的作用，把公路分为国道、省道、县道、乡道、村道五个级别。根据其使用任务、使用性质和交通量，我国《公路工程技术标准》（JTG B01—2014）将公路分为高速公路、一级公路、二级公路、三级公路和四级公路五个等级。

### 4. 设计要求不同

公路设计主要考虑线形流畅，公路、桥涵设计相关技术标准、规范由交通运输部颁布。而市政道路在设计时，道路周围建筑物、构造物成为道路线形的控制要素，因此城市道路的竖向设计、市政管线设计与用地衔接要求更密切，其相关技术标准由国家住房和城乡建设部颁布。

由于公路的服务对象主要是机动车，其分级首先考虑交通量的大小，而技术指标选用主要考虑汽车荷载与动力特性，因此公路的通行能力与服务水平应满足汽车安全行驶要求。而市政道路位于人口集中、密集地区，服务对象包括机动车、非机动车和行人，所以要综合考虑三方的交通安全、畅通、舒适要求，同时市政道路必须与城市总体规划与城市给水、排水、电力、电信、燃气、热力、消防等设施紧密结合，并服从于道路沿线土地开发，强调景观与行人便利，因此在道路设计布局上有以下几点不同。

#### （1）路线设计

公路是一种带状的三维空间结构物，路线长，经过的地形、地貌较为复杂多变，因此强调线形与地形相适应，所以平、纵线形设计合理，平面线形以曲线为主。公路设计首先应进行选线，以确定一条经济合理、线形美观、行车舒适与安全的线路。

市政道路位于市区内，道路红线已在城市规划时确定，立面设计又受道路建筑物、构造物标高制约，路线选择的余地很小，所以市政道路平面线形设计主要为直线，强调与周围建筑、景观相适应。

(2) 道路横断面布置

公路的横断面一般包括中央分隔带、行车道、路肩、边坡和边沟等；市政道路横断面包括中央分隔带、机动车和非机动车道、人行道、绿化带、路缘石等。市政道路的横断面形式有单幅、双幅、三幅和四幅等多种形式；公路的横断面主要为单幅和双幅两种。公路的横断面只设置了机动车道和路肩；而市政道路横断面要设置机动车道、非机动车道和人行道。

(3) 交叉口

公路交叉口是根据相交道路的等级、交通量等因素，分别采用互通式立体交叉、分离式立体交叉或平面交叉等。市政道路一般采用信号灯控制平面渠化交叉口，根据过街行人交通量需要设置人行横道线、安全岛、人行过街天桥等设施。市政道路与各类道路、铁路、管线交叉采用立体交叉时，应遵守设计规范规定的净空尺寸的要求。

(4) 管线设置

公路上一般不设置管线，只有高速公路中间带内设置通信线路。市政道路、市政管线包括给水、排水、电力、通信、照明、燃气、热力管线等，一般均根据规划设计，确定管线在道路横断面中的位置，一般在中央分隔带内、侧分带内、共同沟内及人行道下方等处设置预埋管道系统。

(5) 绿化景观

无论是市政道路还是公路，越来越重视绿化景观设计，“环保路”“生态路”“旅游路”成为众多道路工程建设的目标。在公路建设中，高等级公路中央分隔带较窄，绿化往往结合夜间行车防眩的要求，按照一定高度种植灌木或乔木，公路边绿化与边坡防护结合，同时能够很好地诱导行车视线，改善路容，降低噪声。

市政道路分隔带较宽，行人多，绿化则注重景观要求，选择园林绿化方式，通过点、线、面、体设计有空间造型的立体结构，以美化环境。绿化不但可以降低机动车噪声、净化汽车尾气污染、吸附粉尘，同时营造了大片城市绿地，从源头上解决城市“热岛效应”。

## 拓展与实训

1. 简述市政道路的组成、作用。
2. 公路与市政道路的功能分别是什么？写出《公路工程技术标准》的编号。
3. 市政道路分类与分级有哪些？公路分级有哪几级？
4. 试述公路和市政道路的相同点和不同点。
5. 现行技术标准与规范对公路和市政道路是如何分类的？
6. 公路功能分类指标包括哪些内容？

第一篇 市政道路施工图识读

# 项目二 道路平面设计

XIANGMUER DAOLU PINGMIAN SHEJI

## 项目导读

道路是一个三维的空间实体。而平时所说的路线是指道路中线的空间位置。在工程设计中，一般将三维空间实体分解表达为平面、纵断面和横断面。

路线在水平面的投影称为路线的平面；沿中线竖直剖切再展开在立面上的投影是路线的纵断面；中线上任意点的法向切面是道路在该点的横断面。因此路线设计是指确定路线在平、纵、横三维体上各部位几何尺寸的工作。

## 学习任务

该项目的学习任务是在读懂施工图总说明的基础上，了解道路平面设计的规定和要求；掌握平面线形要素的应用；掌握直线、圆曲线、缓和曲线设计的基本方法，以及平曲线的超高与加宽的知识；能运用知识分析具体的道路平面案例。

## 思政目标

路线设计工作是道路设计与施工的重要内容之一，学习路线设计内容的过程也是对道路三维空间实体进行分析和想象的过程，把抽象思维和形象思维密切联系在一起，从而提高学生的空间思维能力和分析问题的能力，激发学生的审美趣味，培养学生精益、专注、创新的工匠精神，以及认真负责、踏实敬业的工作态度。

## 任务一 道路平面线形

无论是公路还是市政道路设计，都要受到社会经济、自然地理和技术条件等因素的制约，设计者必须掌握大量的实际地形、地物等资料，进行深入的调查研究才能设计出符合一定技术标准、满足行车要求、工程造价相对合理的路线。在设计的顺序上，一般是在尽量满足纵横断面平衡及横断面稳定的前提下先确定平面线形。

当公路受地形和其他障碍物限制时，必须设置转折进行避让，路线改变方向的转折点称为交点。在转折处应设置曲线或是曲线的组合。另外，为保证汽车行驶顺畅，使线形美观，应在直线和圆曲线之间插入曲率均匀变化的过渡曲线（称为回旋线或缓和曲线）。由此可见，直线、圆曲线、缓和曲线是平面线形的组成要素，称为平面线形三要素。

平面线形中，基本线形是和汽车的行驶方向相对应的，因此平面线形三要素具有以下性质，如图 2.1 所示。

直线的曲率为零，汽车车身轴向与汽车行驶方向的夹角为零。

圆曲线的曲率为不为零的常数，汽车车身轴向与汽车行驶方向的夹角为固定值。

缓和曲线的曲率为变数，汽车车身轴向与汽车行驶方向的夹角为变数。

图 2.1 平面线形三要素曲率变化示意图

为使道路线形适应汽车行驶轨迹要求，达到安全、舒适的目的，公路平面线形设计常用直线－缓和曲线－圆曲线－缓和曲线－直线的组合；市政道路一般采用直线－圆曲线－直线的组合方式，如图 2.2 所示。

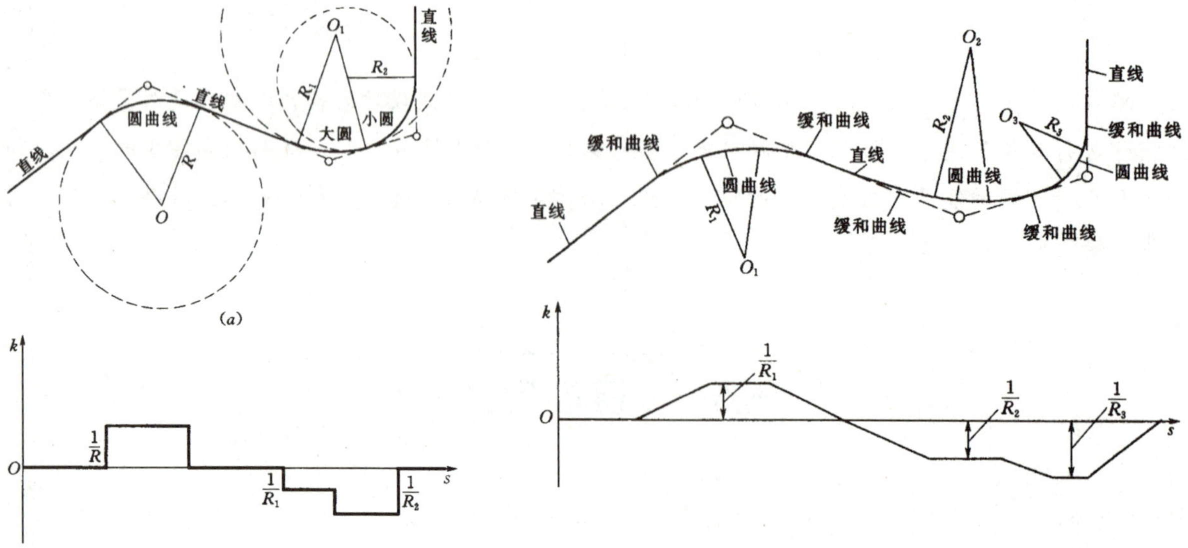


图 2.2 路线设计常用线形组合示意图

## 一、直线

在平原区，直线作为主要线形是适宜的，它具有汽车在行驶中视觉最好、距离最短、运营经济、行车舒适、线形容易选定等特点，但过长的直线容易引起驾驶员的单调疲劳、超速行驶、对跟车距离估计不足而导致交通事故。

### 1. 直线的应用

直线在道路设计中的应用是比较广泛的。一般在下列情况下可以使用直线。

（1）不受地形、地物限制的平坦地段或山间的开阔谷地。

（2）市镇及其近郊或是规划方正的农耕区以直线线形为主的地区。

（3）含有较长的桥梁、隧道等构筑物的路段。

（4）路线交叉点及前后的路段。

（5）双车道公路提供超车的路段。

### 2. 直线的最大长度

在直线的使用中，值得注意的是有关直线长度的问题，一般来说对直线的长度应该有所限制。当不得已采用过长直线时，为弥补景观单调的缺陷，应结合沿线具体情况采取相应的技术措施予以处理。但还要注意以下几个问题。

（1）在长直线上纵坡不宜过大。因为长直线再加下纵坡行驶，更容易导致超速行驶造成交通事故。

（2）长直线适合与大半径凹形竖曲线组合，这样可以使生硬呆板的直线得到缓和。

（3）当道路两侧地形过于空旷时，应采取一定的技术措施改善单调的景观。

（4）长直线或长下坡尽头，宜连接大半径的平曲线。

“长直线”的量化从理论上求解是非常困难的，主要应根据驾驶人员的视觉效果和心理上的承受能力来确定，目前尚在研究中。各国都从经验出发，通过调查确定限制最大直线长度。例如德国规定不超过计算行车速度（km/h）的 20 倍，前苏联规定为 8 km，美国为 3 mile（4.83 km）。据国内外调查研究结果，最大直线长度为汽车按计算车速行驶 70 s 左右的距离控制为宜。

我国地域广阔，地形条件、气候条件都有很大的差异，因此做出统一的规定具有很大的难度。但通过对道路现状和交通事故的调查以及对驾驶员和乘客的心理反应的调查，也得出带有普遍意义的结果。

（1）位于城市附近的道路，由于建筑物和城市风光的映衬，一般对于直线长度没有太多的限制。

（2）对于乡间的公路，由于道路周围的环境过于单调，如果直线过长，就会使人的情绪受到影响，驾驶员就会希望快速驶离直线，这时极易导致驾驶员超速行驶造成交通事故，且事故危害程度随直线的增长而增大。

（3）对于大戈壁、大草原等地域开阔的地区，有时直线长度会达数十千米。在这样的地区行车，驾驶员极易疲劳，也容易超速行驶，但除了选择直线以外别无选择，如果人为地设置曲线往往不能改善景观的单调，反而会增加路线长度和驾驶操作的难度。

由此看来，对于直线的使用一定要因地制宜，不能片面地追求长直线，也不能人为地设置过多的弯曲，应该做到宜直则直、宜曲则曲。

### 3. 直线的最小长度

对于直线的最小长度，我国《公路工程技术标准》（JTG B01—2014）规定：当 $v \geqslant 60$ km/h 时，同向曲线的直线最小长度为 6 $v$，反向曲线的最小长度不小于 2 $v$。城市道路相关规范对直线长度的规定宜符合表 2.1 规定。同向曲线、反向曲线如图 2.3 所示。

表 2.1　道路直线长度

| 设计车速 /（$km \cdot h^{-1}$） | 100 | 80 | 60 |
|---|---|---|---|
| 最大直线长度 /m | 2 000 | 1 600 | 1 200 |
| 同向曲线间最小直线长度 /m | 600 | 480 | 360 |
| 反向曲线间最小直线长度 /m | 200 | 160 | 120 |

注：1. 当同向曲线间和反向曲线间最小直线长度不满足表中值时，可调整平面线形组合，从而形成“C 形”和“S 形”平曲线，取消曲线间直线长度。
2. 当设计速度小于 60 km/h，地形条件困难时，直线段长度可不受上述限制，但应满足设置缓和曲线最小长度的要求。

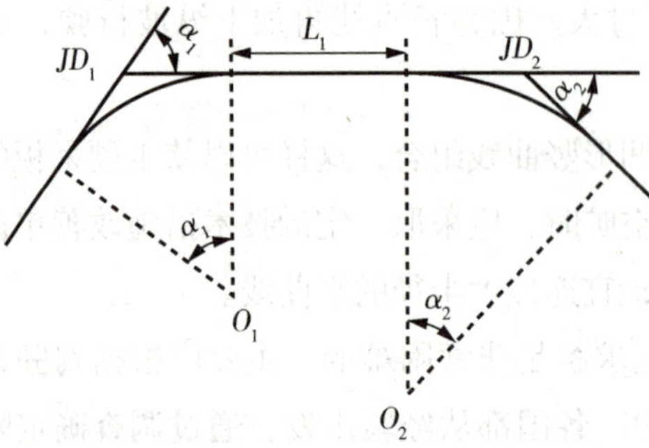


（a）同向曲线

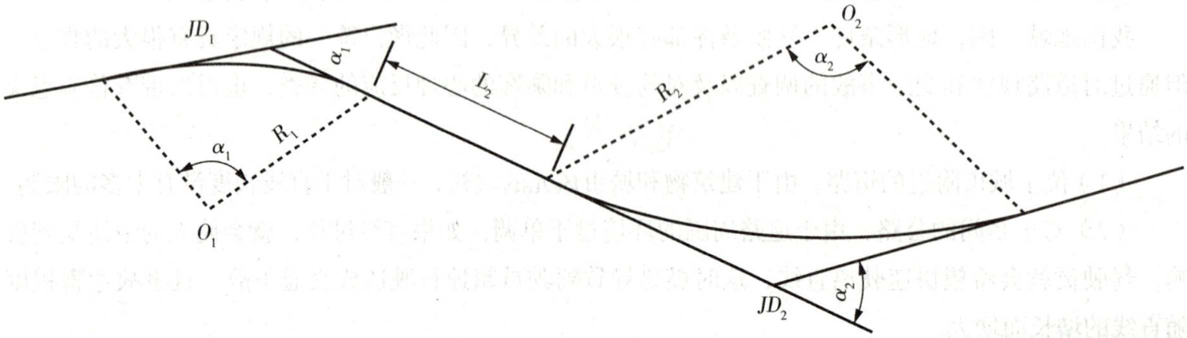


（b）反向曲线

图 2.3　同向曲线与反向曲线示意图

## 二、圆曲线

圆曲线是道路平面走向改变方向时，所设置的连接两相邻直线段的圆弧形曲线。圆曲线形布设方便，能够避让障碍，与地形配合得当可获得圆滑、舒顺、美观的路线，又能降低工程造价。而且，这种线形可使行车景观不断变化，能让驾驶员保持适度的警惕，增加行车安全性，也可起到诱导行车视线的作用。但圆曲线的选择切不可迁就地形，造成半径过小而影响行车安全。

### 1. 圆曲线半径的确定

在圆曲线路段行驶时，由于汽车受到离心力的作用，将可能产生横向滑移或横向倾覆，且离心力的大小与曲线半径密切相关，半径越小越不利。所以汽车在小半径曲线路段行驶时，极易发生横向失稳而导致交通事故。因此在平面曲线设计中，应首先研究如何选择圆曲线半径。

为保证汽车在圆曲线上的行驶稳定性，可采用下式计算圆曲线半径 $R$。

$$R=\frac{v^2}{127(\mu+i_1)} \tag{2.1}$$

当设超高时，圆曲线半径为

$$R=\frac{v^2}{127(\mu+i_h)} \tag{2.2}$$

式中 $R$——圆曲线半径（m）；

$v$——设计速度（km/h）；

$\mu$——横向力系数；

$i_h$、$i_1$——超高横坡度、路面横坡度（°）。

### 2. 圆曲线半径的影响因素

在设计车速 $v$ 下，最小 $R_{min}$ 决定于允许最大横向力系数 $\mu_{max}$ 和该曲线的最大超高 $i_{hmax}$。

#### （1）横向力系数 $\mu$ 与取值

由式（2.2）可得

$$\mu=\frac{v^2}{127R}-i \tag{2.3}$$

横向力系数 $\mu$ 表示单位车重所受到的横向力，它反映曲线上行车的横向稳定程度，$\mu$ 值越大越不利。$\mu$ 取值大小取决以下几方面。

①行车安全。保证曲线路段行车与横向稳定的控制条件是：确保行车不产生横向滑移，即要求 $\mu$ 低于轮胎与路面所提供的横向摩阻系数 $\varphi_0$，即 $\mu \leqslant \varphi_0$。$\varphi_0$ 值与路面种类及轮胎状况有关。在干燥路面上 $\varphi_0=0.4\sim0.8$，潮湿路面 $\varphi_0=0.25\sim0.4$，冰雪路面上 $\varphi_0$ 一般小于 0.2。而对于黑色路面，不良路面状况时 $\mu \leqslant \varphi_0=0.2$。

②操作方便、行车经济。汽车在弯道上行驶，其驱动方向与行驶方向的不同形成一个偏移角，曲线半径越小，偏移角就越大。偏移角的增大会造成操作困难，增加燃料消耗与轮胎磨损。这种消耗与 $\mu$ 值的关系见表 2.2。从操作方便、减少消耗的角度看，横向力系数取值 $\mu<0.15$ 为好。

表 2.2 $\mu$ 值与燃料消耗和轮胎磨损变化关系表

| $\mu$ 值 | 0 | 0.05 | 0.10 | 0.15 | 0.20 |
|---|---|---|---|---|---|
| 燃料消耗 /% | 100 | 105 | 110 | 115 | 120 |
| 轮胎磨损 /% | 100 | 160 | 220 | 300 | 390 |

③行车平稳、舒适。汽车在弯道上行驶产生 $\mu$ 值过大，影响行车的稳定性，使驾驶员和乘客感到紧张和不舒适。据测定，随着 $\mu$ 值的变化，汽车在弯道上行驶时对乘客的舒适感见表 2.3。

表 2.3 汽车在弯道上行驶时对乘客的舒适感

| $\mu$ 值 | 乘客舒适感程度 |
|---|---|
| $<0.10$ | 转弯时不感到有曲线存在，很平稳 |
| 0.15 | 转弯时略感到有曲线存在，但尚平稳 |
| 0.20 | 转弯时已感到有曲线存在，并略感到不稳定 |
| 0.35 | 转弯时明显感到有曲线存在，并明显感到不稳定 |
| $\geqslant 0.4$ | 转弯时感到非常不稳定，站立不住而有倾倒危险感 |

综上所述，从行车安全、经济、舒适这三方面要求来看，常取 $\mu \leqslant 0.15$，在设计中高速道路应取较低值，一般取 $\mu_{max}=0.15$ 为控制值。确定一般圆曲线最小半径采用的横向力系数值为 0.05 ~ 0.06，这样行车将更加舒适。

（2）最大超高

在车速较大的情况下为了平衡离心力要用较大的超高，但道路行驶车辆的速度并不一致，特别是混合交通的道路上，不仅要照顾快车，还要考虑慢车的安全。对于慢车及因故暂停在弯道上的车辆，其离心力接近 0 或者等于 0。如果超高率过大，超出轮胎与路面间的横向摩阻系数，车辆就有沿着路面最大合成坡度下滑的危险，因此必须：

$$i_{h\max} \leqslant f_w \tag{2.4}$$

式中 $f_w$——一年中气候恶劣季节路面的横向摩阻系数。

《公路工程技术标准》（JTG B01—2014）和《公路路线设计规范》（JTG D20—2017）指出，超高的横坡度应根据设计速度、圆曲线半径、路面类型、自然条件和车辆组成等情况确定，必要时应按运行速度予以验算。对公路最大超高的规定见表 2.4。

表 2.4 各级公路圆曲线最大超高值

| 公路等级 | 高速公路、一级公路 | 二级公路、三级公路、四级公路 |
|---|---|---|
| 一般地区 /% | 8 或 10 | 8 |
| 积雪冰冻地区 /% | 6 | |
| 城镇区域 /% | 4 | |

注：一般地区公路，圆曲线最大超高应采用 8%；以通行中、小型客车为主的高速公路和一级公路，最大超高可采用 10%。

各级公路圆曲线部分的最小超高值应与该公路直线部分的正常路拱坡度值一致。二级公路、三级公路、四级公路接近城镇且混合交通量较大的路段，车速受到限制时，其最大超高值的规定见表 2.5。

表 2.5 车速受到限制时最大超高值

| 设计速度 / ( $km \cdot h^{-1}$ ) | 80 | 60 | 40 | 30 | 20 |
|---|---|---|---|---|---|
| 超高值 /% | 6 | 4 | 2 | | |

### 3. 公路最小半径的确定

为避免在路线设计时只考虑节约投资，不考虑线形的整体协调和今后提高公路等级而过多采用极限最小半径的片面倾向，也要考虑在地形比较复杂的情况下不会过多地增加工程量，而且具有充分的舒适感。为此，《公路工程技术标准》( JTG B01—2014 ) 规定：一般最小半径、极限最小半径、不设超高最小半径三种公路圆曲线最小半径应符合表 2.6 的规定，表 2.6 中最小半径可按式（2.2）计算。

三种平面曲线最小半径的采用：在路线设计中，为了确定行车安全和一定的舒适性，采用大于或等于表 2.6 中一般最小半径值，避免采用极限最小半径。在地形有利，不过分增加工程量与工程费用时，应尽可能采用不设超高的半径值，对改善行车条件，提高道路使用质量，今后的道路改建、等级提高方面均是有益的。

表 2.6 各级公路圆曲线最小半径

| 设计车速 / ( $km \cdot h^{-1}$ ) | | 120 | 100 | 80 | 60 | 40 | 30 | 20 |
|---|---|---|---|---|---|---|---|---|
| 最大超高 | 10% | 570 | 360 | 220 | 115 | — | — | — |
| | 8% | 650 | 400 | 250 | 125 | 60 | 30 | 15 |
| | 6% | 710 | 440 | 270 | 135 | 60 | 35 | 15 |
| | 4% | 810 | 500 | 300 | 150 | 65 | 40 | 20 |
| 不设超高最小半径 / m | 路拱 ≤ 2.0% | 5 500 | 4 000 | 2 500 | 1 500 | 600 | 350 | 150 |
| | 路拱 ＞ 2.0% | 7 500 | 5 250 | 3 350 | 1 900 | 800 | 450 | 200 |

注：“—”为不考虑采用最大超高的情况。

#### (1) 极限最小半径

极限最小半径是各级公路按设计速度行驶的车辆能保证安全行车的最小允许半径。根据最大横向力系数 $\mu_{max}$ 和最大超高值 $i_{hmax}$，即可计算出最小半径。极限最小半径是路线设计中的极限值，是在特殊困难的条件下不得已才使用的，一般不轻易采用。

当道路曲线半径采用极限最小半径时，按表 2.7 选用横向力系数 $\mu$ 和超高横坡度 $i$。常用 8% 的超高横坡度计算圆曲线的最小极限半径。

表 2.7　公路圆曲线极限最小半径的横向力系数及最大横坡度表

| 设计速度 / ( $km \cdot h^{-1}$ ) | 120 | 100 | 80 | 60 | 40 | 30 | 20 |
|---|---|---|---|---|---|---|---|
| 横向力系数 $\mu$ | 0.10 | 0.12 | 0.13 | 0.15 | 0.15 | 0.16 | 0.1 |
| 超高横坡度 $i$ ( % ) | 6 | 6 | 6 | 6 | 6 | 6 | 6 |
| | 8 | 8 | 8 | 8 | 8 | 8 | 8 |
| | 10 | 10 | 10 | 10 | 10 | 10 | 10 |

【例 2–1】证明当采用设计车速 $v = 30$ km/h 时的最小极限半径指标。

**解**：查《公路工程技术标准》（JTG B01—2014），$v = 30$ km/h，$i = 8\%$，$\mu = 0.16$，则

$$R_{min} = \frac{30^2}{127 \times (0.16 + 0.08)} = 29.53(\text{m})$$

《公路工程技术标准》（JTG B01—2014）规定：$R_{min} = 30$ m，得证。

（2）一般最小半径

一般最小半径是指各级公路按设计速度行驶的车辆能保证安全性和舒适性而建议采用的最小允许半径。它介于极限最小半径与不设超高最小半径之间，其最高值伴随半径增大而按比例减小。一般最小半径的 $\mu$、$i$ 的取值见表 2.8。

表 2.8　公路圆曲线一般最小半径 $\mu$、$i$ 取值

| 设计速度 / ( $km \cdot h^{-1}$ ) | 120 | 100 | 80 | 60 | 50 | 40 | 30 | 20 |
|---|---|---|---|---|---|---|---|---|
| $\mu$ | 0.05 | 0.05 | 0.06 | 0.06 | 0.06 | 0.06 | 0.05 | 0.05 |
| $i$ ( 最大值 ) | 0.05 | 0.05 | 0.06 | 0.06 | 0.06 | 0.06 | 0.05 | 0.05 |

（3）不设超高的最小半径

路面上不设超高，对于行驶在曲线外侧车道上的车辆来说是“反超高”，其 $i_h$ 值应为负，大小与路拱坡度相同。从舒适和安全的角度考虑，$\mu$ 也应取尽可能小的值，以使乘客在曲线上有与行驶在直线上大致相同的感觉。《公路工程技术标准》（JTG B01—2014）指定的“不设超高的最小半径”是取 $\mu = 0.35$，$i_{max} = -0.015$ 是按式（2.2）计算取整得来的。《公路工程技术标准》（JTG B01—2014）规定了不设超高最小半径，见表 2.6。

### 4. 市政道路最小半径的确定

《城市道路工程设计规范（2016 年版）》（CJJ 37—2012）规定了三种平曲线最小半径：设超高最小半径极限值、设超高最小半径一般值、不设超高最小半径，其值见表 2.9。这三种最小半径的含义与公路相同，只是 $\mu$、$i$ 取值不同，如市政道路的不设超高最小半径的 $\mu = 0.06$，$i = -0.015$。市政道路中，考虑到道路与两侧建筑立面关系、路边缘两侧非机动车行驶安全的要求，平面曲线半径常采用大于不设超高最小半径，一般尽可能采用不设缓和曲线的圆曲线半径。

表 2.9　市政道路圆曲线最小半径

| 设计速度 / ( $km \cdot h^{-1}$ ) | | 100 | 80 | 60 | 50 | 40 | 30 | 20 | — |
|---|---|---|---|---|---|---|---|---|---|
| 不设超高最小半径 /m | | 1 600 | 1 000 | 600 | 400 | 300 | 150 | 70 | — |
| 设超高最小半径 /m | 一般值 | 650 | 400 | 300 | 200 | 150 | 85 | 40 | |
| | 极限值 | 400 | 250 | 150 | 100 | 70 | 40 | 20 | |

注：“一般值”为正常情况下的采用值；“极限值”为条件受限时，可采用的值。

如前所述，选取圆曲线半径时，在与地形等条件相适应的前提下应尽量采用大半径，但半径大到一定程度时，其几何性质和行车条件与直线无太大区别，容易给驾驶人员造成判断上的错误，反而带来不良后果，同时会增加计算和测量上的麻烦。所以《公路路线设计规范》（JTG D20—2017）规定圆曲线的最大半径不宜超过 10 000 m。

### 5. 圆曲线要素的计算

图 2.4 所示为单圆曲线，从图中几何关系，有

圆曲线长：$L = R\dfrac{\pi}{180}\alpha = 0.01745R\alpha$　（2.5）

切线长：$T = R\tan\dfrac{\alpha}{2}$　（2.6）

外距：$E = R(\sec\dfrac{\alpha}{2} - 1)$　（2.7）

校正数：$J = 2T - L$　（2.8）

圆曲线共计有三个主点桩（见图 2.4），其里程桩号计算如下。

直圆点：$ZY=JD-T$　（2.9）

圆直点：$YZ=ZY+L$　（2.10）

曲中点：$QZ = YZ - \dfrac{1}{2}L$　（2.11）

$$JD = QZ - \frac{1}{2}J \quad (2.12)$$

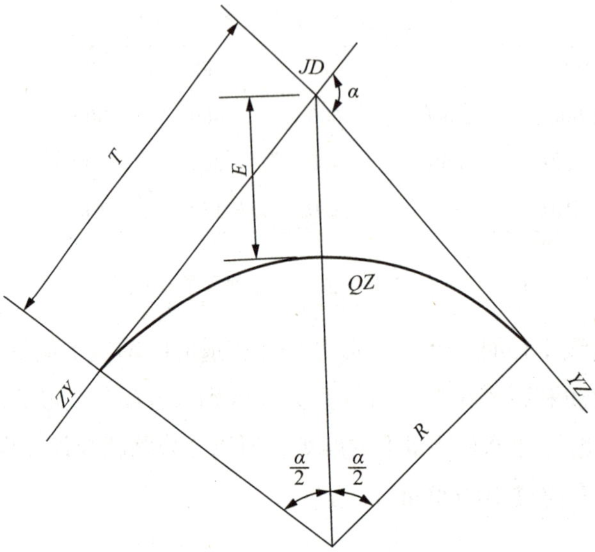


图 2.4　圆曲线计算要素

【例 2-2】某弯道交点桩号为 K87 + 441.41，$\alpha = 26°52'$，$R = 300$ m，由上述公式计算得曲线要素：

$$T = R\tan\frac{\alpha}{2} = 300 \cdot \tan\frac{26°52'}{2} = 71.66(\text{m})$$

$$L = R\frac{\pi}{180}\alpha = 0.01745R\alpha = 140.67(\text{m})$$

$$E = R(\sec\frac{\alpha}{2} - 1) = 8.44(\text{m})$$

$$J = 2T - L = 2.65(\text{m})$$

曲线主点桩号计算：

$ZY = JD - T = \text{K}87 + 441.41 - 71.66 = \text{K}87 + 369.75$

$YZ = ZY + L = \text{K}87 + 369.75 + 140.67 = \text{K}87 + 510.42$

$QZ = YZ - L/2 = \text{K}87 + 510.42 - 70.33 = \text{K}87 + 440.09$

校核：$JD = QZ + J/2 = \text{K}87 + 440.09 + 1.32 = \text{K}87 + 441.41$

无误，计算正确。

## 三、缓和曲线

缓和曲线是设置在直线与圆曲线之间或半径相差较大的两个转向相同圆曲线之间的一种曲率连续变化的线形，是道路平面线形要素之一。它的主要特征是曲率变化均匀。

### 1. 设置缓和曲线的作用

（1）便于驾驶员操纵转向盘，使驾驶员有足够的时间和距离来操作方向盘，让汽车顺畅地驶入或驶出圆曲线。

（2）满足乘客乘车舒适与稳定的需要。

（3）满足超高、加宽缓和段的过渡，利于平稳行车。

（4）与圆曲线配合得当，增加线形美观。如图 2.5 所示，不设缓和曲线感觉路线扭曲，设置缓和曲线后路线变得平顺美观。

（a）不设缓和曲线　　（b）设置缓和曲线

图 2.5　对比图

### 2. 缓和曲线的性质

汽车由直线段驶入曲线时，其弯道半径由无限大（直线段）过渡为一定值 $R$（圆曲线），其中曲率是一个逐渐变化的过程。为了使行车顺利转弯，路线设计符合汽车转弯时的行驶轨迹，可在直线和圆曲线间插入一条缓和曲线，使曲率形成一个连续变化的过程。

缓和曲线的形式有回旋线、双纽线、三次抛物线等。现在我国普遍使用的是回旋线，如图 2.6 所示。

回旋线的曲率由小到大，随弧长做直线变化，曲线和曲率都是连续的，它能提供一条连续的圆滑线，这就为曲率由 $\rho=0$ 变化到 $\rho=1/R$ 提供了几何条件。回旋线的曲率随曲线长呈比例变化，不仅可以使线形更加美观，而且与驾驶员匀速转动方向盘由圆曲线驶入直线或者由直线驶入圆曲线的轨迹线相符合。

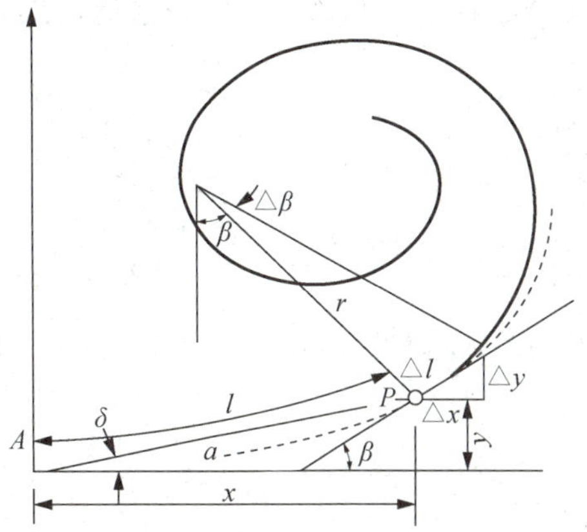


图 2.6　回旋线

其基本公式为

$$Rl = A^2 \tag{2.13}$$

式中 $R$——回旋线上某点的曲率半径（m）；

$l$——回旋线上起点到原点的曲线长（m）；

$A$——回旋线参数。

在回旋线的任意点上，$r$ 是随 $l$ 的变化而变化的，但在缓和曲线的终点处，$l=L_s$，$r=R$，则 $RL_s=A^2$，即

$$A=\sqrt{RL_s}$$

式中 $R$——回旋线所连接的圆曲线半径（m）；

$L_s$——回旋线形的缓和曲线长度（m）。

### 3. 缓和曲线的设置条件

（1）设计速度大于或等于 40 km/h 时，半径不同的同向曲线连接处应设置缓和曲线。

（2）设计速度小于 40 km/h 时，且两圆半径都大于不设超高最小半径，可不设缓和曲线而构成复曲线。

（3）当圆曲线按规定需设置超高时，缓和曲线长度还应大于超高缓和段长度。

《城市道路工程设计规范（2016 年版）》（CJJ 37—2012）所规定的市政道路不设缓和曲线的最小圆曲线半径见表 2.10。

表 2.10　市政道路不设缓和曲线的最小圆曲线半径

| 设计速度 /（$km \cdot h^{-1}$） | 100 | 80 | 60 | 50 | 40 | 30 | 20 |
|---|---|---|---|---|---|---|---|
| 不设缓和曲线的最小圆曲线半径 /m | 3 000 | 2 000 | 1 000 | 700 | 500 | 300 | 150 |

### 4. 缓和曲线的最小长度

#### （1）按离心加速度变化率计算

即离心加速度从直线上的零增加到进入圆曲线时的最大值，离心加速度变化率限制在一定的范围内。

离心加速度变化率为

$$\alpha_p = 0.0214\frac{v^3}{RL_s} \tag{2.14}$$

从乘客舒适角度，离心加速度变化率经测试知在 0.5 ~ 0.75 $m/s^3$ 为好，我国道路设计中采用 $\alpha_p = 0.6\ m/s^3$，则

$$L_s = 0.035\frac{v^3}{R} \tag{2.15}$$

式中 $v$——设计速度（km/h）；

$R$——设超高最小半径（m）。

### （2）按驾驶员操作反应时间计算

汽车在缓和曲线上行驶时，行车时间不应过短，应使驾驶员有足够的时间适应线形的变化，也使乘客感到舒适。缓和曲线上行驶时间采用 3 s，按下式计算：

$$L_s = \frac{1}{3.6}vt = 0.833v \tag{2.16}$$

回旋线参数及长度应根据线形设计以及对安全、视距、超高、加宽、景观等的要求，选用较大的数值。缓和曲线最小长度是曲线率变化需要的最小长度，按公式（2.15）及公式（2.16）两者计算的大者，按 5 m 的整倍数作为缓和曲线最小长度采用值，见表 2.11。

表 2.11　缓和曲线最小长度

| 设计速度 / ( $km \cdot h^{-1}$ ) | | 100 | 80 | 60 | 50 | 40 | 30 | 20 |
|---|---|---|---|---|---|---|---|---|
| 缓和曲线最小长度 / m | $L_s = 0.035\frac{v^3}{R}$ | 87.5 | 71.7 | 50.4 | 43.8 | 32.0 | 23.6 | 14.0 |
| | $L_s = \frac{3v}{3.6} = 0.833v$ | 83.3 | 66.6 | 50.0 | 41.7 | 33.3 | 25.0 | 16.7 |
| | 采用值 | 85 | 70 | 50 | 45 | 35 | 25 | 20 |

### 5. 缓和曲线要素的计算

平曲线半径小于不设超高的最小半径时，应设缓和曲线。缓和曲线设置于直线和圆曲线之间，在起点处与直线相接，而在终点处与圆曲线相接，所以圆曲线的位置必然向内移动一距离$\Delta R$。如图 2.7 所示，$JD$ 为道路中线交点，$ZH$ 点是原来圆曲线的起点，$HZ$ 点是原来圆曲线的终点，在插入缓和曲线后，缓和曲线与圆曲线相接于 $YH$ 点，缓和曲线起点则为 $HY$ 点，而原来的圆曲线向内移动一距离$\Delta R$。测设时，已知圆曲线半径 $R$、转角 $\alpha$、圆曲线起点 $ZH$ 及终点 $HZ$ 的位置，因此必须定出缓和曲线起点 $ZH$ 的位置（即 $q$ 值），缓和曲线与圆曲线衔接点 $YH$ 的位置（$x_h$ 值），以及原来的圆曲线向内移动的距离$\Delta R$。这三个数值确定后，即可设置缓和曲线。设置缓和曲线后，圆曲线的中心角 $\alpha$ 会减小，减小后的中心角等于 $\alpha - 2\beta$，$\beta$ 为缓和曲线角，因而设置缓和曲线的可能条件是：$\alpha \geqslant 2\beta$。

当 $\alpha = 2\beta$ 时，两条缓和曲线将在弯道中央连接，从而形成一条连续的缓和曲线。当 $\alpha < 2\beta$ 时，则不能设置所规定的缓和曲线，这时必须缩短缓和曲线的长度或者增大圆曲线的半径。

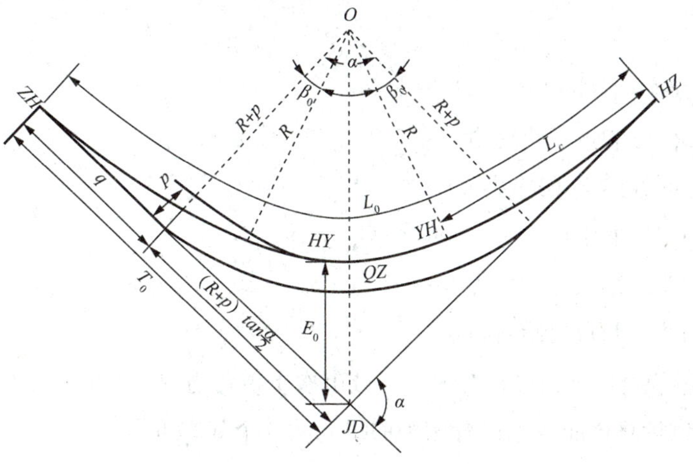


图 2.7　缓和曲线的设置及有关参数

从图 2.7 中可得

$$\mathrm{d}\beta = \frac{\mathrm{d}l}{\rho} = \frac{l\mathrm{d}l}{\rho} \text{或} \beta = \frac{l^2}{2_c} \tag{2.17}$$

又已知在回旋线终点，回旋线长 $l$ 等于 $L$，于是有

$$\beta = \frac{L^2}{2c} \tag{2.18}$$

计算公式为

$$\beta = \frac{L^2}{2c} = \frac{L}{2R} \tag{2.19}$$

$$\Delta R = y_h - R\ 1 - \cos\beta\ = \frac{L^2}{24R} - \frac{L^4}{2\,384R^3} \tag{2.20}$$

$$q = x_h - R\sin\beta = \frac{L}{2} - \frac{L^3}{240R^2} \tag{2.21}$$

式中 $c$——回旋曲线常数，表征回旋曲线曲率变化缓急程度的量（$m^2$）；

$p$——回旋曲线上任一点的曲率半径（m）；

$l$——回旋曲线上任意一点到曲线起点的曲线长度（m）；

$\beta$——缓和曲线角，它是回旋曲线上任一点的法线方向与$y$轴的夹角；

$\Delta R$——设缓和曲线后，主圆曲线的内移值；

$R$——主圆曲线半径（m）。

在求得 $\beta$、$\Delta R$ 和 $q$ 三个值以后，缓和曲线各几何要素可按下列各式计算，如图 2.7 所示。

曲线总长：$L_h = \frac{\pi}{180} R(\alpha - 2\beta) + 2L$ （2.22）

切线总长：$T_h = T + q = (R + \Delta R)\tan\frac{\alpha}{2} + q$ （2.23）

外距：$E_h = (R + \Delta R)\sec\frac{\alpha}{2} - R$ （2.24）

校正：$J = 2T_h - L_h$ （2.25）

全部曲线需定出缓和曲线的五个特征点桩号：

*ZH*—— 第一缓和曲线起点（直缓点）；

*HY*—— 第一缓和曲线终点（缓圆点）；

*QZ*—— 圆曲线中点（曲中点）；

*YH*—— 第二缓和曲线终点（圆缓点）；

*HZ*—— 第二缓和曲线起点（缓直点）。

**【例 2-3】**某城市快速路如图 2.8 所示，某城市次干道弯道 $R = 250$ m，*JD* 的桩号为 K2 + 300，转角 $\alpha = 36°30'00''$，试计算该曲线上设置缓和曲线后的 5 个基本桩号。

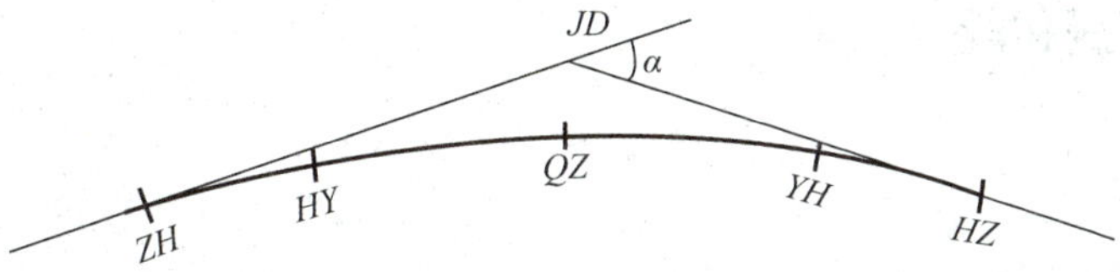


图 2.8　某城市快速路

**解：**

①缓和曲线长度 $L_c$ 的确定。

快速路设计速度为 80 km/h，《城市道路工程设计规范（2016 年版）》（CJJ 37—2012）中规定对应的缓和曲线最小长度为 70 m，现采用 75 m。

②计算圆曲线内移值 $\Delta R$。

$$\Delta R=\frac{L_c^2}{24R}-\frac{L_c^4}{2\ 688R^3}=\frac{75^2}{24\times 250}-\frac{75^4}{2\ 688\times\ 250^{\ 3}}\approx 0.94(\mathrm{m})$$

③计算内移前圆曲线的起点到缓和曲线起点的距离 $q$。

$$q=\frac{L_c}{2}-\frac{L_c^3}{240R^2}=\frac{75}{2}-\frac{75^3}{240\times(250)^2}\approx 37.47(\mathrm{m})$$

④求缓和曲线角 $\beta$。

$$\beta=\frac{L_c}{2R}\times\frac{180°}{\pi}=\frac{75}{2\times 250}\times\frac{180°}{\pi}\approx 8°35'40''$$

⑤求切线长 $T_h$。

$$T_h=q+(R+\Delta R)\tan\frac{\alpha}{2}=37.47+(250+0.94)\times\tan\frac{36°30'00''}{2}\approx 120.22(\mathrm{m})$$

⑥求曲线总长 $L_h$。

$$L_h=R\ \ \alpha-2\beta\ \ \frac{\pi}{180°}+2L=250\times\left(36°30'00''-2\times 8°35'40''\times\frac{\pi}{180°}\right)+2\times 75\approx 234.26(\mathrm{m})$$

⑦计算 5 个基本桩号。

$$ZH=JD-T_h=\mathrm{K}2+300-120.22=\mathrm{K}2+179.78$$

$$HY=ZH+L_c=\mathrm{K}2+179.78+75.00=\mathrm{K}2+254.78$$

$$HZ=HY+(L_h-L_c)=\mathrm{K}2+254.78+(234.26-75.00)=\mathrm{K}2+414.04$$

$$YH=HZ-L_c=\mathrm{K}2+414.04-75.00=\mathrm{K}2+339.04$$

$$QZ=YH-(1/2L_h-L_c)=\mathrm{K}2+339.04-(0.5\times 234.26-75.00)=\mathrm{K}2+296.91$$

校正值 $J=2T_h-L_h=2\times 120.22-234.26=6.18$（m）。由 $QZ$ 桩号算出的 $JD$ 桩号 K2 + 296.91 + 6.18/2 = K2 + 300，与原来的 $JD$ 桩号相同，说明计算无误。

## 四、超高及超高缓和段

### 1. 超高的概念

超高是指在平曲线路段，为克服离心力，将曲线外侧抬高，设置外侧高于内侧的单向横坡，单向横坡的坡度称为超高横坡度，如图 2.9 所示。

当采用的圆曲线半径小于不设超高的最小半径时，汽车在圆曲线上行驶时受到的横向力会使汽车产生滑移或倾覆。为了抵消车辆在曲线路段上行驶时所产生的离心力，将圆曲线部分的路面做成向内侧倾斜的超高横坡度，形成一个向圆曲线内侧的横向分力，使汽车能安全稳定、满足设计速度和经济、舒适地通过圆曲线。合理地设置超高，可以全部或部分抵消离心力，从而大大提高汽车行驶的安全性、稳定性和舒适性。

图 2.9 超高示意图

### 2. 超高横坡度的确定

超高横坡度可由平曲面最小半径公式确定，由式（2.2）可得

$$i_{\mathrm{h}}=\frac{v^2}{127R}-\mu \tag{2.26}$$

式中 $v$——设计速度（km/h）；

$\mu$——横向力系数；

$i_{\mathrm{h}}$——超高横坡度（°）；

$R$——圆曲线半径（m）。

《公路工程技术标准》（JTG B01—2014）中规定：各级公路圆曲线半径小于不设超高最小半径的平曲线均应设置超高。

超高横坡度由车速确定，但过大的超高往往会引起车辆的横向滑移，尤其在潮湿多雨以及冰冻地区，当弯道车速慢或停止在圆曲线上时，车辆有可能产生向内侧滑移的现象，所以应对超高横坡度加以限制。快速路上行驶的汽车为了克服行车中较大的离心力，超高横坡度可较一般规定值略高。城市道路由于受交叉口、非机动车以及街坊两侧建筑的影响，不宜采用过大的超高横坡度。

综合各方面的情况，市政道路和各级公路在平曲线路段可设置的最大超高横坡度值根据表 2.12、表 2.13 的规定进行采用。各级公路不同的圆曲线半径对应的超高横坡度见表 2.14。

表 2.12 市政道路最大超高横坡度

| 设计速度 / $(\mathrm{km\cdot h^{-1}})$ | 100 | 80 | 60、50 | 40、30、20 |
|---|---|---|---|---|
| 最大超高值 /% | 6 | 5 | 4 | 2 |

表 2.13 各级公路最大超高横坡度

| 公路等级 | 高速公路 | 一 | 二 | 三 | 四 |
|---|---|---|---|---|---|
| 一般地区 /% | 8 或 10 | | | 8 | |
| 积雪寒冷地区 /% | | | 6 | | |

表 2.14 圆曲线半径与超高横坡度取值

| 超高 | 高速公路 | | | | | | | |
|---|---|---|---|---|---|---|---|---|
| | 平原微丘 | | 重丘 | | 山岭 | | | |
| | v = 120 km/h | | v = 100 km/h | | v = 80 km/h | | v = 60 km/h | |
| | 一般情况 | 积雪冰冻地区 | 一般情况 | 积雪冰冻地区 | 一般情况 | 积雪冰冻地区 | 一般情况 | 积雪冰冻地区 |
| 2 | ＜5 500~3 240 | 5 500~1 940 | ＜4 000~1 710 | ＜4 000~1 550 | ＜2 500~1 240 | ＜2 500~1 130 | ＜1 500~810 | ＜1 500~720 |
| 3 | ＜3 240~216 | ＜1 940~1290 | ＜1 710~1 220 | ＜1 550~1 050 | ＜1 240~830 | ＜1 130~750 | ＜810~570 | ＜720~460 |
| 4 | ＜2 160~1 620 | ＜1 290~970 | ＜1 220~950 | ＜1 050~760 | ＜830~620 | ＜750~520 | ＜570~430 | ＜460~300 |
| 5 | ＜1 620~1 300 | ＜970~780 | ＜950~770 | ＜760~550 | ＜620~500 | ＜520~360 | ＜430~340 | ＜300~190 |
| 6 | ＜1 300~1 080 | ＜780~650 | ＜770~650 | ＜550~400 | ＜500~410 | ＜360~250 | ＜340~280 | ＜190~125 |
| 7 | ＜1 080~930 | — | ＜650~560 | — | ＜410~350 | — | ＜280~230 | — |
| 8 | ＜930~810 | — | ＜560~500 | — | ＜350~310 | — | ＜230~200 | — |
| 9 | ＜810~720 | — | ＜500~440 | — | ＜310~280 | — | ＜200~160 | — |
| 10 | ＜720~656 | — | ＜440~400 | — | ＜280~250 | — | ＜160~125 | — |
| 超高 | 一级公路 | | | | 汽车专用二级或二级公路 | | | |
| | 平原微丘 | | 山岭重丘 | | 平原微丘 | | 山岭重丘 | |
| | v = 100 km/h | | v = 60 km/h | | v = 80 km/h | | v = 40 km/h | |
| | 一般情况 | 积雪冰冻地区 | 一般情况 | 积雪冰冻地区 | 一般情况 | 积雪冰冻地区 | 一般情况 | 积雪冰冻地区 |
| 2 | ＜4 000~1 710 | ＜4 000~1 550 | ＜1 500~810 | ＜1 500~720 | ＜2 500~1 210 | ＜2 500~1 130 | ＜600~390 | ＜600~360 |
| 3 | ＜1 710~1 220 | ＜1 550~1 050 | ＜810~570 | ＜720~46 | ＜1 210~840 | ＜1 130~750 | ＜390~270 | ＜360~230 |
| 4 | ＜1 220~950 | ＜1 050~760 | ＜570~430 | ＜460~300 | ＜840~630 | ＜750~520 | ＜270~200 | ＜230~150 |
| 5 | ＜950~770 | ＜760~550 | ＜430~340 | ＜300~190 | ＜630~500 | ＜520~360 | ＜20~150 | ＜150~90 |
| 6 | ＜770~650 | ＜550~400 | ＜340~280 | ＜190~125 | ＜500~410 | ＜360~250 | ＜150~120 | ＜90~60 |
| 7 | ＜650~560 | — | ＜280~230 | — | ＜410~320 | — | ＜120~90 | — |
| 8 | ＜560~500 | — | ＜230~20 | — | ＜320~250 | — | ＜90~60 | — |
| 9 | ＜500~440 | — | ＜200~160 | — | — | — | — | — |
| 10 | ＜440~400 | — | ＜160~125 | — | — | — | — | — |

表 2.14（续）

| 超高 | 三级公路 | | | | 四级公路 | | | |
|---|---|---|---|---|---|---|---|---|
| | 平原微丘 | | 山岭重丘 | | 平原微丘 | | 山岭重丘 | |
| | $v$ = 60 km/h | | $v$ = 30 km/h | | $v$ = 40 km/h | | $v$ = 20 km/h | |
| | 一般情况 | 积雪冰冻地区 | 一般情况 | 积雪冰冻地区 | 一般情况 | 积雪冰冻地区 | 一般情况 | 积雪冰冻地区 |
| 2 | ＜1 500~780 | ＜1 500~720 | ＜350~230 | ＜350~210 | ＜600~390 | ＜600~360 | ＜150~105 | ＜150~95 |
| 3 | ＜780~530 | ＜720~460 | ＜230~150 | ＜210~130 | ＜390~270 | ＜360~230 | ＜105~70 | ＜95~60 |
| 4 | ＜530~390 | ＜460~300 | ＜150~110 | ＜130~80 | ＜270~200 | ＜230~150 | ＜70~55 | ＜95~60 |
| 5 | ＜390~300 | ＜300~190 | ＜110~80 | ＜80~50 | ＜200~150 | ＜150~90 | ＜55~40 | ＜40~25 |
| 6 | ＜300~230 | ＜190~125 | ＜80~60 | ＜190~125 | ＜150~120 | ＜90~60 | ＜40~30 | ＜25~15 |
| 7 | ＜230~170 | — | ＜60~50 | — | ＜120~90 | — | ＜30~20 | — |
| 8 | ＜170~125 | — | ＜170~125 | — | ＜90~60 | — | ＜20~15 | — |
| 9 | — | — | — | — | — | — | — | — |
| 10 | — | — | — | — | — | — | — | — |

### 3. 超高缓和段概念

超高横坡度由直线段的双坡路拱过渡到与圆曲线半径适应的单向横坡，需要经过一段逐渐变化的渐变段，此渐变段称为超高缓和段，如图 2.10 所示。

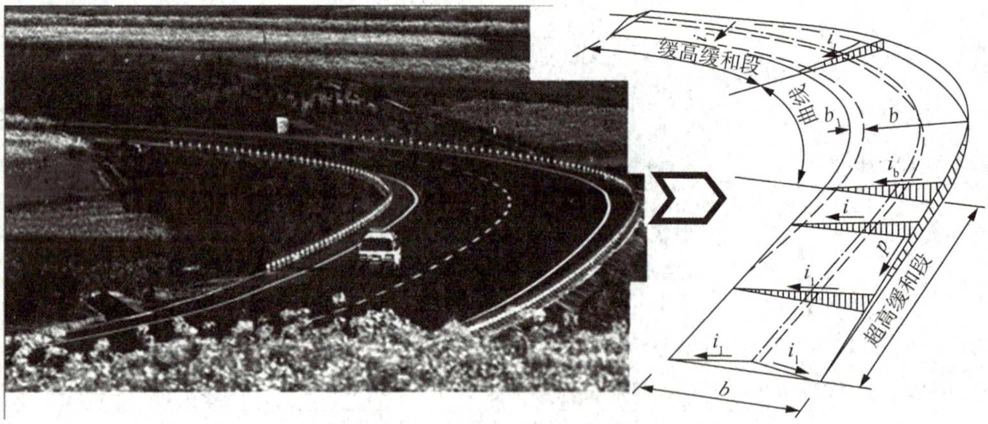


图 2.10 超高缓和段示意图

### 4. 超高缓和段的计算

超高缓和段长度按下式计算：

$$L_e = b \cdot \Delta i / \varepsilon \qquad (2.27)$$

式中 $L_e$——超高缓和段长度（m）；

$b$——超高旋转轴至路面边缘的宽度（m）；

$\Delta i$——超高横坡度与路拱坡度的代数差（%）；

$\varepsilon$——超高渐变率，超高旋转轴与路面边缘之间相对升降的比率，见表2.15。

表 2.15　超高渐变率

| 设计速度 / ( km · h⁻¹ ) | 超高旋转轴位置 | |
|---|---|---|
| | 中线 | 内边线 |
| 120 | 1/250 | 1/200 |
| 100 | 1/225 | 1/175 |
| 80 | 1/200 | 1/150 |
| 60 | 1/175 | 1/125 |
| 40 | 1/150 | 1/100 |
| 30 | 1/125 | 1/75 |
| 20 | 1/100 | 1/50 |

### 5. 超高缓和段过渡方式

#### (1) 无中间带的道路超高过渡

无中间带的道路，无论是双车道还是单车道，在直线段的横断面处均是以中线为脊，向两侧倾斜的路拱。路面要由双向倾斜的路拱形式过渡到具有单向倾斜的超高形式，外侧需要逐渐抬高。在抬高的过程中，行车道外侧是绕中线旋转的，若超高横坡度等于路拱坡度，则直至与内侧横坡相等为止。

①绕内侧边缘旋转。先将外侧车道绕路中线旋转，待达到与内侧车道构成单向横坡后，整个断面绕未加宽的内侧车道边缘旋转，直至超高横坡度。

②绕路中线旋转。先将外侧车道绕路中心旋转，待达到与内侧车道构成单向横坡后，整个断面一同绕路中线旋转，直至超高横坡度。

③绕车道外侧边缘旋转。先将外侧车道绕车道外侧边缘旋转，与此同时，内侧车道随中线的降低而相应降坡，待达到单向横坡后整个断面继续绕外侧车道边缘旋转，直至超高横坡度。

上述各种方法中，新建公路通常采用绕内侧边缘旋转方式，由于行车道内侧不降低，绕内侧边缘旋转有利于路基纵向排水。旧路改造多采用绕中线旋转方式，此种方法可保持中线标高不变，便于改造。而绕外侧边线旋转是一种比较特殊的设计，仅用于某些为改善路容的地点。

#### (2) 有中间带公路的超高过渡

①绕中间带的中心线旋转。先将外侧车道绕中间带的中心线旋转，待达到与内侧车道构成单向横坡后，整个断面一同绕中心线旋转，直至超高横坡值，此时中央分隔带呈倾斜状。

②绕中央分隔带边缘旋转。将两侧车道分别绕中央分隔带边缘旋转，使之各自成为独立的单向超高断面，此时中央分隔带维持原有水平状态。

③绕各自车道中线旋转。将两侧车道分别绕各自的中心线旋转，使之各自成为独立的单向超高断面，此时中央分隔带两边缘分别升高与降低而成为倾斜断面。

三种方式的优缺点与无中间带的公路相似。中间带宽度较窄的 ( ≤ 4.5 m ) 可采用绕中间带旋转方式；各种中间带宽度都可以用绕中央分隔带边缘旋转方式；车道数大于四的公路可采用绕各自车道中线旋转方式。市政道路的超高过渡方式与公路相同。

### 6. 超高缓和段设置长度需注意的问题

为了行车舒适，超高过渡段应不小于按式（2.27）计算的长度。但从利于排除路面雨水考虑，横坡度由 2%（或 1.5%）过渡到 0% 路段的超高渐变率不得小于 1/330，即超高过渡段不能设得过长。确定超高过渡段长度 $L_e$ 时应注意：

（1）在确定缓和曲线长度时，已考虑了超高过渡段所需的最短长度，因此应取超高过渡段 $L_e$ 与缓和曲线长度 $L_s$ 相等，即 $L_e = L_s$。

（2）若计算的 $L_e > L_s$，应修改平面线形，使 $L_e \geqslant L_s$。当平面线形无法修改时，可将超高过渡起点前移，超高过渡在缓和曲线起点前的直线路段开始。

（3）若 $L_s > L_e$，但只要超高渐变率 $p \geqslant 1/330$，仍取 $L_e = L_s$。否则，超高过渡可设在缓和曲线某一区段内，全超高断面宜设在缓圆点或圆缓点处。

（4）四级公路不设缓和曲线，但若圆曲线上设有超高，则应设超高过渡段，其长度仍由式（2.27）计算。超高过渡段应设在紧接圆曲线起点或终点的直线上。受地形或其他特殊情况限制时，如直线长度不足，容许超高过渡段在直线和圆曲线上各分配一半。

## 五、加宽及加宽缓和段

### 1. 加宽的概念

汽车在曲线上行驶时，各车轮行驶的轨迹不相同。靠曲线内侧后轮的行驶半径最小，靠曲线外侧前轮的行驶曲线半径则最大。所以，汽车在曲线上行驶时所占的车道宽度，比直线段的大。因此《城市道路工程设计规范（2016 年版）》（CJJ 37—2012）规定，当平曲线半径 $R \leqslant 250$ m 时，应在平曲线内侧加宽。

### 2. 加宽值的确定

考虑车速的影响，圆曲线内侧路面加宽值可按下式进行计算：

$$b = \frac{A^2}{2R} + \frac{0.05v}{\sqrt{R}} \tag{2.28}$$

对于 $N$ 个车道的行车道，加宽值可按下式计算：

$$b = N\left(\frac{A^2}{2R} + \frac{0.05v}{\sqrt{R}}\right) \tag{2.29}$$

式中 $b$——圆曲线内侧加宽值；

$A$——汽车后轴至前保险杠的距离（m）；

$R$——圆曲线半径（m）；

$v$——汽车转弯时的行驶速度（km/h）。

根据小客车、载重汽车和铰接列车三种标准车型轴距加前悬的长度分别为 4.6 m、8.0 m 和 5.38 m + 9.05 m，分别计算、整理，可得到不同半径对应的三类加宽值。《公路工程技术标准》（JTG B01—2014）规定了双车道路面加宽值，见表 2.16。

表 2.16　双车道路面加宽值

| 加宽类别 | 设计车辆 | 圆曲线半径 /m | | | | | | | | |
|---|---|---|---|---|---|---|---|---|---|---|
| | | 200 ~ 250 | 150 ~ 200 | 100 ~ 150 | 70 ~ 100 | 50 ~ 70 | 30 ~ 50 | 20 ~ 30 | 20 ~ 25 | 15 ~ 20 |
| 第 1 类 | 小客车 | 0.4 | 0.5 | 0.6 | 0.7 | 0.9 | 1.3 | 1.5 | 1.8 | 2.2 |
| 第 2 类 | 载重汽车 | 0.6 | 0.7 | 0.9 | 1.2 | 1.5 | 2.0 | — | — | — |
| 第 3 类 | 铰接列车 | 0.8 | 1.0 | 1.5 | 2.0 | 2.7 | — | — | — | — |

双车道公路路面加宽值应符合表 2.16 的规定。圆曲线加宽值应根据公路的实际交通组成、公路功能以及技术等级等因素确定，同时应符合下列规定：

（1）作为干线的二级公路，应采用第 3 类加宽值。

（2）作为集散的二级公路和三级公路，在考虑铰接列车通行时，应采用第 3 类加宽值；不考虑通行铰接列车时，可采用第 2 类加宽值。

（3）作为支线的三级公路、四级公路可采用第 1 类加宽值。

（4）有特殊车辆通行的专用公路应根据特殊车辆验算确定其加宽值。

### 3. 加宽缓和段

加宽缓和段是指为了使路面由直线上的正常宽度过渡到圆曲线上设置了内侧加宽的宽度，而设置的宽度渐变段，如图 2.11 所示。

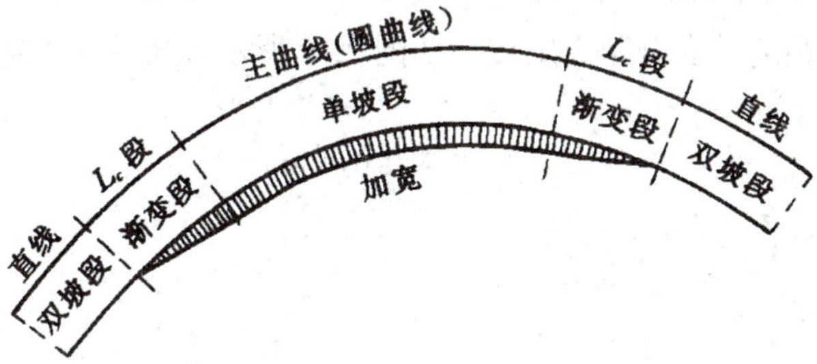


图 2.11　加宽缓和段示意图

在圆曲线范围内加宽，为不变的全加宽值，两端设置加宽缓和段，其加宽值由直线段加宽为零逐渐按比例增加到圆曲线起点处的全加宽值。加宽过渡的设置方法根据公路等级、路面性质采用不同的过渡方法，具体内容见表 2.17。

表 2.17　加宽过渡设置方法、适用范围

| 过渡方式 | 加宽值计算公式 | 适用范围 | 备注 |
|---|---|---|---|
| 等比例过渡 | 加宽过渡段内任意点的加宽值 $b_X=\frac{L_X}{L}b$ | 二、三、四级公路，一般市政道路 | 1. 为任意点距过渡段起点的距离<br>2. 为加宽过渡段长度<br>3. 为圆曲线上的全加宽 |
| 高次抛物线过渡 | 抛物线上任意点的加宽值 $b_X=b\left[4\left(\frac{L_X}{L}\right)^3-3\left(\frac{L_X}{L}\right)^4\right]$ | 高速公路、一级公路，城市快速路及主干路 | |

加宽缓和段的长度可按下列两种情况确定。

（1）设置缓和曲线或超高缓和段时，加宽缓和段长度应采用与回旋线或超高缓和段长度相同的数值。

（2）不设回旋线或超高缓和段时，加宽缓和段长度应按加宽侧路面边缘宽度渐变率为1∶15～1∶30，且长度不得小于10 m的要求设置。

## 六、行车视距

为了保证行车安全，应使驾驶员能看到前方一定距离的道路路面，以便及时发现路面上有障碍物或对向来车，使汽车在一定的车速下能及时制动或避让，从而避免事故。驾驶员从发现障碍物开始到决定采取某种措施的这段时间段内汽车沿路面所行驶的最短行车距离，称为视距。

视距是道路设计的主要技术指标之一，在道路的平面上和纵断面上都应保证必要的视距。如平面上挖方路段的弯道和内侧有障碍物的弯道，以及在纵断面上的凸形竖曲线顶部、立交桥下凹形竖曲线底部处，均存在视距不足的问题，设计时应加以验算。验算时物高规定为0.1 m，眼高对凸形竖曲线规定为1.2 m，对凹形竖曲线规定为1.9 m。货车停车视距的眼高规定为2.0 m，物高规定为0.1 m。

行车视距分为停车视距、会车视距、超车视距、错车视距几种类型。

### 1. 停车视距

汽车行驶时，从驾驶员发现前方障碍物时起，至障碍物前能安全制动停车所需的最短距离。停车视距由反应距离、制动距离及安全距离组成，如图2.12所示，按式（2.30）、式（2.31）计算：

$$S_{停}=S_1+S_2+S_3 \tag{2.30}$$

式中 $S_1$——反应距离（m）；

$S_2$——制动距离（m）；

$S_3$——安全距离，取5 m。

$$S_{停}=\frac{vt}{3.6}+\frac{\beta_s v^2}{254\mu_s}+S_a \tag{2.31}$$

式中 $v$——设计速度（km/h）；

$t$——反应时间，取1.2 s；

$\beta_s$——安全系数，取1.2；

$\mu_s$——路面摩擦系数，取0.4。

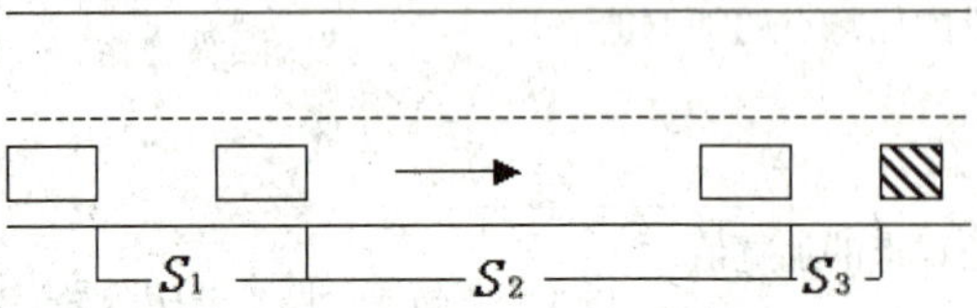


图2.12 停车视距

各级公路对停车视距的要求：

（1）各级公路的每条车道均应满足停车视距的要求。

（2）高速公路、一级公路采用停车视距，二、三、四级公路应满足会车视距要求，其长度不小于停车视距的 2 倍；受地形条件或其他特殊情况限制而采用分道措施的路段，可采用停车视距。

（3）公路停车视距计算没有考虑纵坡对货车制动的影响。货车空载时，会产生制动性能差、轴间荷载难以保证均匀分布、一条车轴侧滑会引起其他车轴失稳、半挂车铰接制动不灵等现象。所以，在高速公路、一级公路及大型车比例高的二级、三级公路下坡路段，应按货车停车视距对相关路段进行检验。货车停车视距计算中的目高和物高规定是：目高 2.0 m，物高 0.10 m。

平坡段货车停车视距和下坡段的货车停车视距规定见表 2.18 ~ 表 2.20，市政道路停车视距见表 2.21。

表 2.18　高速公路、一级公路停车视距及货车停车视距

| 设计速度 /（$km \cdot h^{-1}$） | 120 | 100 | 80 | 60 |
|---|---|---|---|---|
| 停车视距 /m | 210 | 160 | 110 | 75 |
| 货车停车视距 /m | 245 | 180 | 125 | 85 |

表 2.19　二、三、四级公路停车视距及货车停车视距

| 设计速度 /（$km \cdot h^{-1}$） | 80 | 60 | 40 | 30 | 20 |
|---|---|---|---|---|---|
| 停车视距 /m | 110 | 75 | 40 | 30 | 20 |
| 超车视距 /m | 550 | 350 | 200 | 150 | 100 |
| 货车停车视距 /m | 125 | 85 | 50 | 35 | 20 |

表 2.20　下坡段货车停车视距

| 设计速度 /（$km \cdot h^{-1}$） | | 120 | 100 | 80 | 60 | 40 | 30 | 20 |
|---|---|---|---|---|---|---|---|---|
| 纵坡坡度 /% | 0 | 245 | 180 | 125 | 85 | 50 | 35 | 20 |
| | 3 | 365 | 190 | 130 | 89 | 50 | 35 | 20 |
| | 4 | 273 | 195 | 132 | 91 | 50 | 35 | 20 |
| | 5 | — | 200 | 136 | 93 | 50 | 35 | 20 |
| | 6 | — | — | 139 | 95 | 50 | 35 | 20 |
| | 7 | — | — | — | 97 | 50 | 35 | 20 |
| | 8 | — | — | — | — | — | 35 | 20 |
| | 9 | — | — | — | — | — | — | 20 |

表 2.21　市政道路停车视距

| 设计速度 /（$km \cdot h^{-1}$） | 100 | 80 | 60 | 50 | 40 | 30 | 20 |
|---|---|---|---|---|---|---|---|
| 停车视距 /m | 160 | 110 | 70 | 60 | 40 | 30 | 20 |

### 2. 会车视距

在同一车道上，两对向行驶的汽车在发现对方后，采取刹车措施安全停车，防止碰撞所需的最短距离。会车视距由两辆对向行驶汽车的驾驶员的反应距离、制动距离和安全距离三部分构成，如图 2.13 所示。其计算公式如下：

$$S_{会}=S_1+S_z+S_0 \tag{2.32}$$

式中 $S_1$——反应距离（m）；

$S_z$——制动距离（m）；

$S_0$——安全距离（m）。

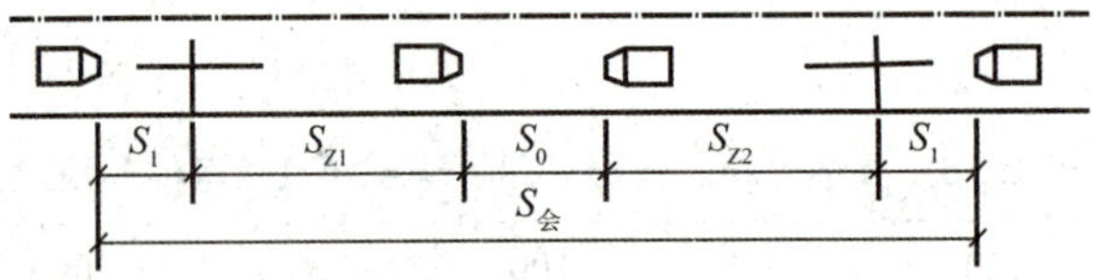


图 2.13 会车视距

二级公路、三级公路、四级公路的视距应采用会车视距。受地形条件或其他特殊情况限制而采用分道行驶措施的路段，可采用停车视距。会车视距约等于 2 倍的停车视距，见表 2.22。

表 2.22 二级、三级、四级公路会车视距

| 设计速度 /（km·h⁻¹） | 80 | 60 | 40 | 30 | 20 |
|---|---|---|---|---|---|
| 会车视距 /m | 220 | 150 | 80 | 60 | 40 |

### 3. 超车视距

在双向行驶的双车道道路上，后面的快车超越慢车时，从开始驶离原车道，到完成超车回到自己的车道所需的距离，如图 2.14 所示。超车视距由加速行驶距离 $S_1$、超车汽车在对向车道上行驶距离 $S_2$、超车完成后超车汽车与对向汽车之间的安全距离 $S_3$ 和超车汽车从开始加速到超车完成时对向汽车行驶距离 $S_4$ 四部分组成。

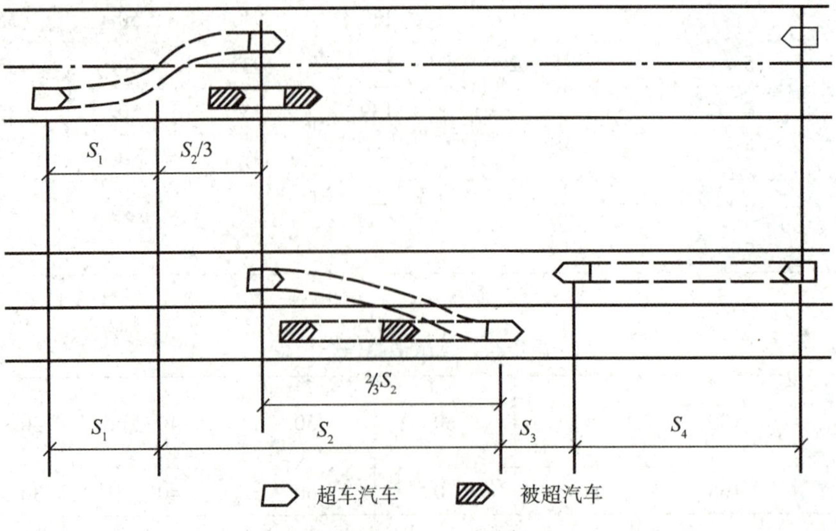


图 2.14 超车视距

二级公路、三级公路、四级公路双车道公路应间隔设置满足超车视距的路段，具有干线功能的二级公路，宜在 3 min 的行驶时间内，提供一次超车视距要求的超车路段。超车视距最小值见表 2.23。

表 2.23 超车视距最小值

| 设计速度 / ( $km \cdot h^{-1}$ ) | 80 | 60 | 40 | 30 |
|---|---|---|---|---|
| 一般值 | 550 | 350 | 200 | 100 |
| 极限值 | 350 | 250 | 150 | 70 |

### 4. 错车视距

在无明确分道线的双车道道路上，两对向行驶的汽车在发现对方后，采取措施避让安全错车所需的最短距离。

# 任务二 道路平面线形设计

## 一、平面线形设计的一般原则

### 1. 应满足驾驶员视觉和心理上的要求

设计速度≥ 60 km/h 的道路，必须注重视平、纵线形的合理组合，尽量做到线形连续、指标均衡、视觉良好、景观协调、安全舒适。设计速度越高，线形设计考虑的因素应越周全。设计速度≤ 40 km/h 的道路，应在保证行车安全的前提下，正确运用线形要素指标，在条件允许时力求做到各种线形要素的合理组合，并尽量避免和减轻不利组合，以期充分发挥投资效益。

### 2. 平面线形应直捷、连续、平顺，并与地形、地物相适应，与周围环境相协调

在地势平坦开阔的平原微丘区，路线直捷舒顺，在平面线形三要素中直线所占比例较大。而在地势有很大起伏的山岭和重丘区，路线弯曲多变，在平面线形三要素中曲线所占比则较大。可以设想，如果在没有任何障碍物的开阔地区（如戈壁、草原等）故意设置一些不必要的弯道，或者在高低起伏的山区硬拉长直线都会令人产生不协调的感觉。路线要与地形相适应，这是集美学、经济和保护生态环境于一体的问题。直线、圆曲线、缓和曲线的选用与合理组合取决于地形、地物等具体条件，片面强调路线要以直线为主或以曲线为主，或人为规定三者的比例都是不合理的。

### 3. 保持平面线形的均衡与连贯

为使一条公路上的车辆尽量以均匀的速度行驶，在设计时应充分注意以下两点。

（1）长直线尽头不能用小半径曲线连接

长直线和长的大半径曲线这两种线形的结合会使驾驶员行驶到较高的车速，若突然出现小半径的曲线，会因减速不及而造成事故。特别是长下坡方向的尽头更要注意，若受地形的限制而导致小半径曲线不能避免时，中间应插入过渡性曲线，并使纵坡不致过大。

（2）高、低标准之间要有过渡

由于地形的变化，同一等级的公路在指标的采用上会有变化，或同一条公路在不同的路段会采用不同的技术参数。遇到这种高、低标准变化的路段，除满足有关设计路段在长度和梯度上的变化要求外，还应结合地形的变化，使路线的平面线形指标逐渐过渡，避免出现突变。不同标准路段相互衔接点应选在交通量变化处，或者驾驶员能够明显判断前方需要改变行车速度的地方。

### 4. 应避免连续急弯的线形

连续急弯这种线形易给驾驶员造成不便，给乘客的舒适性也带来不良影响。设计时可在曲线间插入足够长的直线或缓和曲线进行过渡。

### 5. 平曲线应有足够的长度

如平曲线太短，汽车在曲线上行驶时间过短会使驾驶操纵来不及调整，一般应控制平曲线（包括圆曲线及其两端的缓和曲线）的最小长度。

道路弯道一般情况下是由两段缓和曲线和一段圆曲线组成，缓和曲线的长度不能小于该级公路对其最小长度的规定，中间圆曲线的长度宜有大于 3 s 的行程。当条件受限时，可将缓和曲线在曲率相等处对接，此时的圆曲线长度为零。道路平曲线最小长度见表 2.24。

表 2.24　市政道路平曲线与圆曲线最小长度

| 设计速度 /（km·h$^{-1}$） | | 100 | 80 | 60 | 50 | 40 | 30 | 20 |
|---|---|---|---|---|---|---|---|---|
| 平曲线最小长度 /m | 一般值 | 260 | 210 | 150 | 130 | 110 | 80 | 60 |
| | 极限值 | 170 | 140 | 100 | 85 | 70 | 50 | 40 |
| 圆曲线最小长度 /m | | 85 | 70 | 50 | 40 | 35 | 25 | 20 |

注：1. 对于平曲线最小长度，本次编制中将原规范中的规定作为“极限值”，将缓和曲线的 3 倍作为“一般值”。

2. 圆曲线最小长度为车辆 3 s 的行驶距离。

路线转角的大小反映了路线的舒顺程度。但如果转角过小，即使设置了较大的半径也容易给人造成急转弯的错觉。偏角越小这种倾向越显著，将造成驾驶者错误做出减速转弯的操作。一般认为，公路转角小于或等于 7° 时属于小转角弯道。对于小偏角弯道应设置较长的平曲线，其长度应大于表 2.25 中规定的“一般值”。但受地形及其他特殊情况限制时，可减短至表 2.25 中的“最小值”。

表 2.25　各级道路平曲线最小长度

| 设计车速 / (km·h$^{-1}$) | | 120 | 100 | 80 | 60 | 40 | 30 | 20 |
|---|---|---|---|---|---|---|---|---|
| 平曲线长度 / m | 一般值 | 1 400/$\theta$ | 1 200/$\theta$ | 1 000/$\theta$ | 700/$\theta$ | 500/$\theta$ | 350/$\theta$ | 280/$\theta$ |
| | 最小值 | 200 | 170 | 140 | 100 | 70 | 50 | 40 |

注：$\theta$ 为路线转角，当 $\theta$<2° 时，按 2° 计算。

## 二、平面线形要素的组合类型

由平面线形的三要素（直线、圆曲线和缓和曲线）可得到基本型、S 形、卵形、凸形、复合型、C 形和回头形曲线等多种平面线形的组合形式。

### 1. 基本型

基本型是按直线—回旋线 $A_1$—圆曲线—回旋线 $A_2$—直线的顺序组合，如图 2.15 所示。基本型中的回旋线参数、圆曲线最小长度均应符合有关规定。两回旋线参数 $A_1$、$A_2$ 可以相等，也可以根据地形条件设计成不相等的非对称型曲线；当两回旋线参数 $A_1$、$A_2$ 为 0 时，称为简单型。从线形的协调性看，宜将回旋线 $A_1$、圆曲线、回旋线 $A_2$ 的长度比设计成 1∶1∶1 ~ 1∶2∶1，并注意满足设置基本型曲线的几何条件：$2\beta \leqslant \tau$，其中 $\beta$ 为回旋线角（°），$\tau$ 为路线转角（°）。

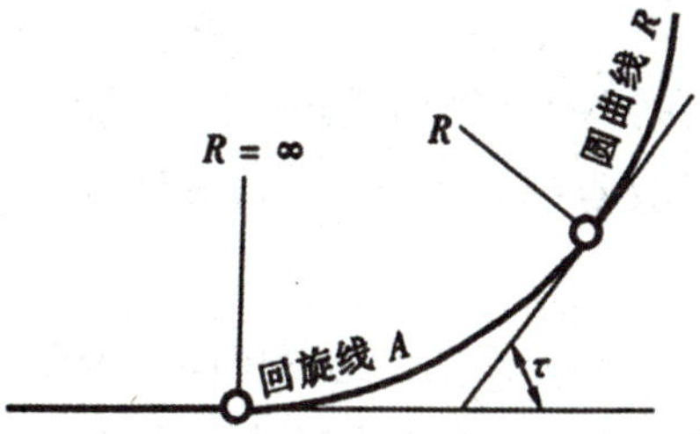


图 2.15　基本型曲线示意图

### 2.S 形

S 形是指两个反向圆曲线用两段反向回旋线连接的组合形式，如图 2.16 所示。

相邻两回旋线参数 $A_1$ 和 $A_2$ 宜相等，当采用不等参数时，$A_1/A_2$<2.0，以 1.5 为宜。两反向回旋线以径相连接为宜。当两回旋线相重合时，其重合段的长度 $L \leqslant (A_1+A_2)/40$（m）（$A_1$、$A_2$ 为大、小圆的回旋线参数）。两圆曲线半径之比 $R_2/R_1=1 \sim 1/3$（$R_1$、$R_2$ 为大、小圆半径）。

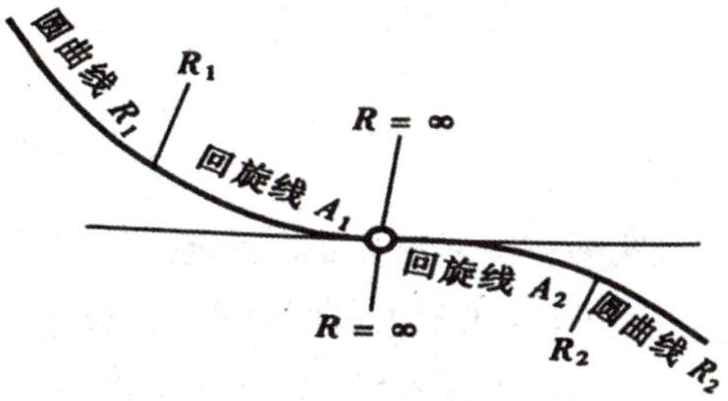


图 2.16　S 形曲线示意图

### 3. 卵形

卵形是指用一个回旋线连接两个同向圆曲线的组合，如图 2.17 所示。

卵形上的缓和曲线参数 $A$ 不应小于该级公路关于缓和曲线最小参数的规定，同时为满足视觉要求，回旋线参数 $A$ 宜在 $R_2/2 \leqslant A \leqslant R_2$（$R_2$ 为小圆半径），两圆曲线半径之比 $R_2/R_1 = 0.2 \sim 0.8$，两圆曲线的间距 $D/R_2 = 0.003 \sim 0.03$（$D$ 为两圆曲线之间的最小距离）。

卵形曲线大圆应能完全包住小圆。卵形曲线的回旋线是一段曲率从 $1/R_1$ 到 $1/R_2$ 的不完整回旋线。

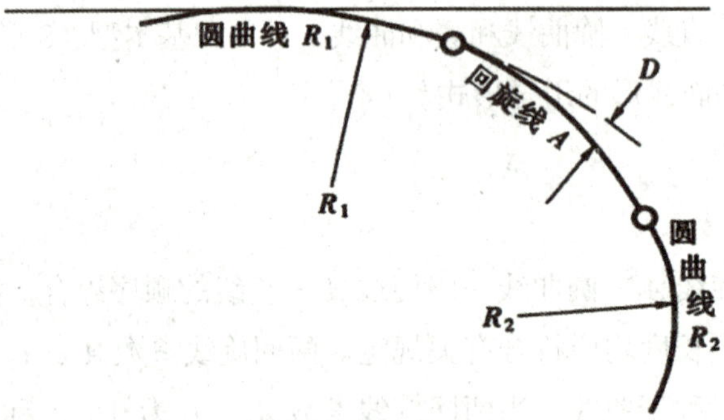


图 2.17 卵形曲线示意图

### 4. 凸形

凸形是指在两个同向回旋线之间不插入圆曲线而径相衔接的组合，如图 2.18 所示。

凸形的缓和曲线的参数及其连接点的曲率半径，应分别符合容许最小缓和曲线参数和圆曲线一般最小半径的规定。

凸形曲线尽管在各衔接处的曲率是连续的，但因中间的圆曲线的长度为零，对驾驶操纵还是会产生一些不利因素，所以只有在布设路线特别困难时方可采用凸形。

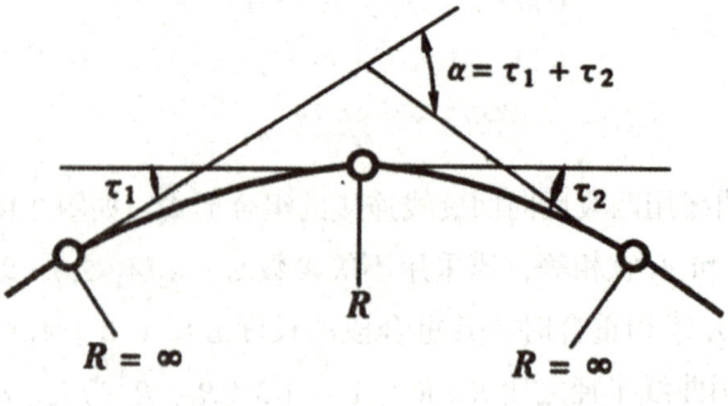


图 2.18 凸形曲线示意图

### 5. 复合型

复合型是指两个以上同向回旋线间在曲率相等处相互连接的方式，如图 2.19 所示。

复合型的两个回旋线参数比应控制在 $A_1 : A_2 = 1 : 1.5$。复合型回旋线除了受地形和其他特殊条件限制外一般很少使用，多出现在互通式立体交叉的匝道线形设计中。

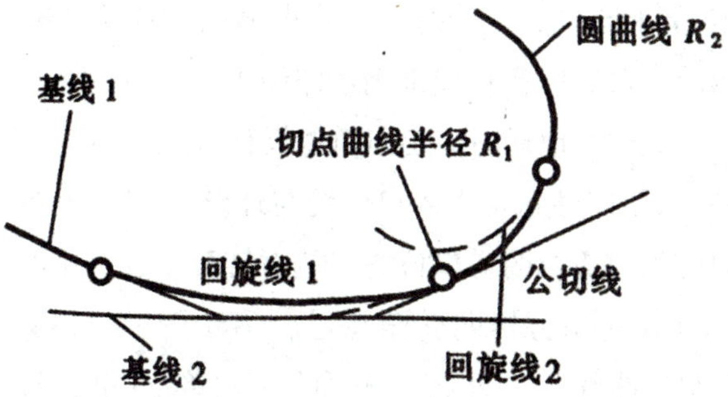


图 2.19　复合型曲线示意图

### 6.C 形

C 形是指同向曲线的两回旋线在曲率为零处相衔接的形式，如图 2.20 所示。

C 形曲线的连接处的曲率为零，相当于两个基本型的同向曲线中间直线长度为零，这种线形对行车也会产生不利影响。因此 C 形曲线只有在特殊地形条件下方可采用。

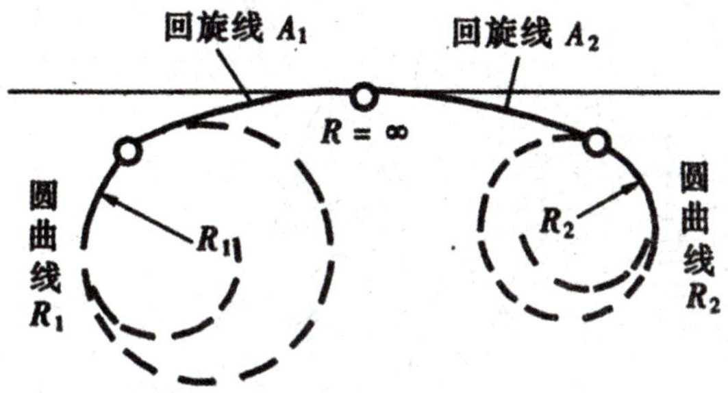


图 2.20　C 形曲线示意图

## 任务三　道路平面设计成果

根据《公路工程基本建设项目设计文件编制办法》规定，体现道路平面设计的成果主要是道路路线平面设计图和相关表格。

### 一、道路路线平面设计图

道路路线平面设计图是道路设计文件的主要图纸之一，它综合反映了路线的平面位置、线形和几何尺寸，反映沿线人工构筑物和重要工程设施的布置及公路与沿线地形、地物和行政区划的关系等。路线平面图是直线、曲线、转角表形象化的表现，平面图全面地体现路线方案特点，也是道路路线平面设计的重要成果，如图 2.21 所示。

公路路线平面设计图的比例一般为 1∶2 000 ~ 1∶5 000，图中内容除应按图例规定表明路线两侧一定宽度范围内的带状地形、地物情况外，尚应包括：

（1）路线在平面上的位置和走向，路线起点、终点里程桩号及百米桩的位置（当地形图比例尺较小，路宽无法按比例绘出时，可绘以粗直线来表示路线）。

对于市政道路平面图，应在现状地形图上绘出道路设计红线、中线、行车道与人行道的分界线，并绘出分隔带、绿化带、交通岛、沿街建筑及出入口位置与外形。图中示出管线、排水设施，包括检查井、进水口、桥、涵等位置。对交叉口应标明道口位置、侧石转弯半径、中心岛等。

（2）绘出路线弯道，并在转角旁标明转角编号，另于图上空白处列表说明转角序号、偏角大小、平曲线半径、切线长、曲线长、外距以及曲线起、终点里程桩号等。如果能在表上同时注明超高、加宽和缓和曲线长度，则更方便。

（3）标明公路排水、桥涵及其人工构筑物的位置、桩号、结构类型和主要尺寸。

（4）示出特大桥、大中桥、隧道、路线交叉的名称、桩号与处理方式。

（5）地形图指北针图式、比例尺和单位。

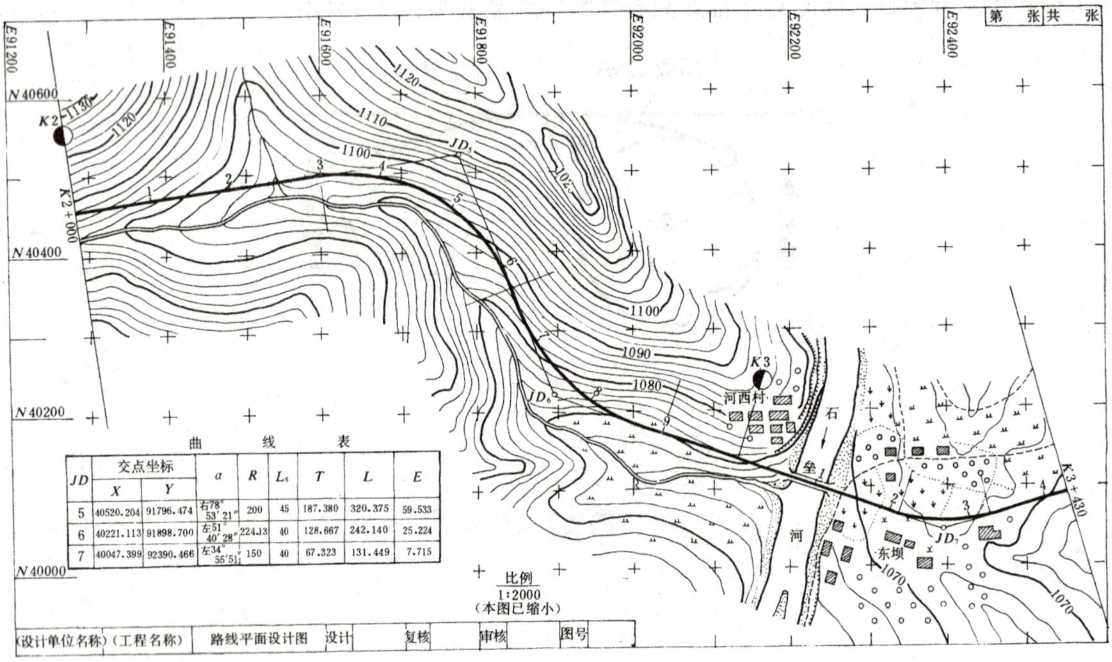


| JD | 交点坐标 | | α | R | $L_s$ | T | L | E |
|---|---|---|---|---|---|---|---|---|
| | X | Y | | | | | | |
| 5 | 40520.204 | 91796.474 | 右78°53′21″ | 200 | 45 | 187.380 | 320.375 | 59.533 |
| 6 | 40221.113 | 91898.700 | 左51°40′28″ | 224.13 | 40 | 128.667 | 242.140 | 25.224 |
| 7 | 40047.399 | 92390.466 | 左34°55′51″ | 150 | 40 | 67.323 | 131.449 | 7.715 |

图 2.21 路线平面设计图

## 二、相关表格

反映路线平面线形设计成果的主要表格包括直线、曲线及转角表，逐桩坐标表，导线点一览表，路线固定表等。

### 1. 直线、曲线及转角表

直线、曲线及转角表是路线平面设计的重要成果之一，它集中反映了设计者对路线平面线形的设计意图，是道路平面设计的成果和数据，也是施工放线和复测的主要依据。表 2.26 给出了直线、曲线及转角表的通用形式，表中数据应包括交点号、交点坐标、交点桩号、转角值、曲线要素值、直线长、计算方位角、断链等。具体填表步骤如下：

（1）根据平面定线方案，测定各交点处转角 $a$，并测量相邻两交点间距。对各交点进行编号并填表。

（2）在路线各交点处，选择平曲线半径 $R$，缓和曲线段长度 $L$，并布设平曲线。

（3）计算每个交点曲线的几何要素并填表。

（4）由路线起点开始，根据交点间距和曲线几何要素，推算各曲线主点桩里程并校核。计算出整个设计路线里程，将各主点桩号填表。

（5）对直线、曲线及转角表进行校核。

$$\sum 交点间距-\sum J=路线总里程$$

$$\sum 直线段长+\sum 曲线长=路线总里程$$

表 2.26　直线、曲线及转角表

| 交点号 | 交点坐标 /m | | 交点桩号 | 转角值 | 曲线要素值 /m | | | | | |
|---|---|---|---|---|---|---|---|---|---|---|
| | $X$ | $Y$ | | | 半径 | 缓和曲线长度 | 切线长度 | 曲线长度 | 外距 | 校正值 |
| 1 | 2 | 3 | 4 | 5 | 6 | 7 | 8 | 9 | 10 | 11 |
| 起点 | | | | | | | | | | |
| 2 | | | | | | | | | | |
| 3 | | | | | | | | | | |
| 4 | | | | | | | | | | |
| … | | | | | | | | | | |
| 10 | | | | | | | | | | |
| 终点 | | | | | | | | | | |

## 2. 逐桩坐标表

逐桩坐标表及各个中桩的坐标表是等级较高道路平面设计的重要成果之一，是道路中线放样的重要资料，见表 2.27。各中桩坐标按“从整体到局部”的原则进行计算和测量，一般是根据导向线坐标用全站仪或 GPS 测量路线各点坐标或从图上直接量取（纸上定线时）交点坐标，计算交点转角和方位角、交点间距；再根据计算结果、选定的圆曲线半径和缓和曲线长度，计算中线上各桩坐标。

表 2.27　逐桩坐标表

| 桩号 | 坐标 /m | | 方向角 | 桩号 | 坐标 /m/ | | 方向角 |
|---|---|---|---|---|---|---|---|
| | $X$ | $Y$ | | | $X$ | $Y$ | |
| K0＋000 | | | | | | | |
| K0＋020 | | | | | | | |
| K0＋040 | | | | | | | |
| … | | | | | | | |
| K0＋500 | | | | | | | |

## 拓展与实训

1. 下列是某路线平面设计资料

$JD1$ = K4 + 650.56

$JD2$ = K5 + 321.21

$ZH1$ = K4 + 525.82

$ZH2$ = K5 + 238.27

$HY1$ = K4 + 585.82

$HY2$ = K5 + 298.27

$YH1$ = K4 + 709.08

$YH2$ = K5 + 339.50

$HZ1$ = K4 + 769.08

$HZ2$ = K5 + 399.50

求：（1）两曲线的切线长、曲线长、缓和线长度及曲线中点桩号；

（2）两曲线间交点间距及所夹直线段长度。

2. 已知两相邻平曲线：$JD3$ 桩号为 K9 + 977.54，$T$ = 65.42 m，缓和曲线长 35 m，切曲差 $J$ = 1.25 m；$JD4$ 桩号为 K10 + 182.69，$T$ = 45.83 m。

计算：（1）$JD3$ 平曲线五个主点里程桩号；

（2）$JD3$ 与 $JD4$ 交点间距；

（3）两曲线间的直线长度。

3. 某公路边坡点的桩号为 K2 + 260，高程为 387.62 m，前一坡段 $i_1$ = 5%，后一坡段 $i_2$ = 1%，竖曲线的半径 $R$ = 5 000 m，试确定：

（1）判别竖曲线的凹凸性；

（2）计算竖曲线的起终点桩号；

（3）计算 K2 + 240，K2 + 380 各点的设计标高。

4. 为什么限制最大超高横坡度？

5. 设置缓和曲线的目的是什么？

6. 简述超高缓和段绕路面内边轴旋转形成的过程。

# 项目三　道路纵断面设计

XIANGMUSAN DAOLU ZONGDUANMIAN SHEJI

## 项目导读

用一曲面沿道路中线竖直剖切，展开成平面称道路的纵断面。反映路线在纵断面上的形状、位置及尺寸的图形叫路线纵断面图，它反映路线所经地区中线的地面起伏情况与设计标高之间的关系，它与平面图、横断面图结合起来，就能够完整地表达道路的空间位置和立体线形。

道路纵断面线形设计应根据道路的性质、任务、等级和地形地质等因素，考虑路基稳定、排水及工程量等的要求，对纵坡的大小、长短、前后纵坡情况、竖曲线半径大小以及与平面线形的组合关系等进行综合设计，从而设计出纵坡合理、线形平顺圆滑的理想线形，达到行车安全、快速舒适、工程费较省、运营费用较少的目的。

## 学习任务

本项目的任务旨在让学生了解道路纵断面设计的规定和要求；知道公路纵断面的组成及规定；掌握道路纵坡设计方法与标准及竖曲线设计计算；能运用所学知识分析具体的道路纵断面案例。

## 思政目标

道路纵断面设计工作是道路设计与施工的重要内容之一，极大地考验学生三维空间想象与分析能力。本项目的学习，可以提高学生的空间思维能力和分析问题的能力，激发学生的审美趣味，培养学生专注、严谨的工匠精神，以及认真负责、踏实敬业的工作态度。

# 任务一 纵坡设计

## 一、基本概念

在纵断面图上，将通过路中线的原地面上各桩点的高程称为地面标高。路中线上相邻各桩点的地面标高连接绘制形成一条不规则的折线，称为地面线，它反映了沿着中线地面地形的起伏变化情况。经过技术上、经济上以及美学上等多方面比较后设计人员定出一条具有规则形状的几何线，即设计公路的路基边缘相邻标高的连线，称为设计线，它反映了道路路线的起伏变化情况。设计线上表示路基边缘各点的标高，称为设计标高。在同一横断面上设计标高与地面标高之差，称为施工高度，施工高度直接反映了路堤的高度和路堑的深度。而在纵断面图上，两相邻不同坡度线的交点称为变坡点。为缓和形成舒适性，在变坡点处所设的曲线称为竖曲线。图 3.1 所示为公路路线纵断面示意图。

公路纵断面设计线由直坡段、竖曲线段、变坡点三部分组成，它是根据汽车的动力特性、地形变化、路基临界高度以及工程经济等方面的要求，通过技术、经济、美学等多方面比较后定出来的，反映了公路路线的起伏变化情况。其中，直坡段分上坡段和下坡段，用坡度和坡长表示；竖曲线段分凹形竖曲线段和凸形竖曲线段，用半径 $R$、长度 $L$（水平距离）、竖距 $h$ 来表示；变坡点用坡度差 $\omega$ 来表示。

在纵断面设计中，首先考虑路基设计标高。对于公路、市政道路、改建公路，设计标高所指的位置有所不同。市政道路和改建公路的设计标高是指建成后的路中心线处路面标高，设计中各种控制点、特殊构筑物的标高。

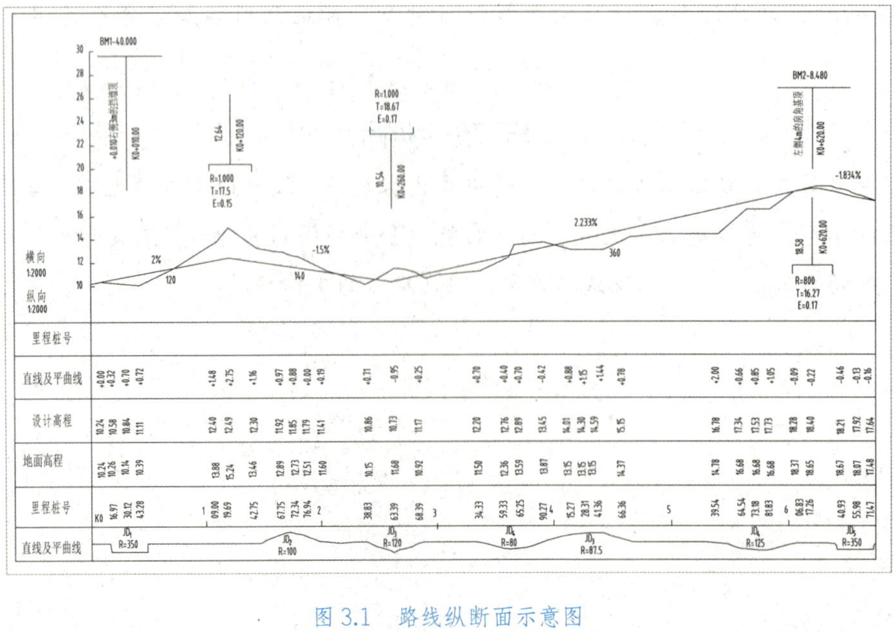


图 3.1　路线纵断面示意图

## 二、直坡段纵坡度

纵坡的大小用坡度值来表示。纵坡是两点间高差与两点水平距离之比的百分数，见式（3.1）：

$$i=\frac{h}{l}\times100\% \tag{3.1}$$

式中 $i$——纵坡度，上坡坡度值为正，下坡坡度值为负；

$h$——两点之间的高差（m）；

$l$——两点水平距离（m）。

### 1. 最大纵坡

最大纵坡是指在进行纵坡设计时，各级公路允许采用的最大纵坡值，它是纵坡设计的一项重要控制指标。在地形起伏较大的丘陵、山岭地区，最大纵坡的控制将直接影响路线的长短、行车质量、运输成本及工程造价。制定道路的最大纵坡一般根据汽车的动力特性、道路等级、自然条件等因素确定。

（1）汽车的动力特性

汽车在陡坡行驶时，因升坡阻力增加需增大牵引力，导致车速下降。汽车若长时间爬坡，不但会使汽车驾驶条件恶化而行驶无力，还会加快汽车的机件磨损。因此按照道路上行驶的车辆类型及其动力特性来对道路最大纵坡加以限制。与上坡相比，汽车下坡时的安全性更为重要。汽车下坡时，制动器因制动次数增加而发热，严重时会导致失效，驾驶员心理紧张，也更容易发生车祸。

（2）道路等级

道路等级越高，交通密度越大，行车速度越高，要求纵坡设计越平缓；相反，较低等级的道路，则可采用较大的纵坡值。

（3）自然因素

道路经过地区的地形起伏情况、海拔高度、气候条件等因素均对汽车的行驶产生影响，因此在进行纵坡设计时应充分考虑以保证汽车行驶的安全。

针对上述因素，充分考虑各级道路的行驶条件以及工程经济条件，《公路工程技术标准》（JTG B01—2014）和《城市道路工程设计规范（2016 年版）》（CJJ 37—2012）中分别对公路、机动车道的最大纵坡做了相应的规定，见表 3.1 和表 3.2。

表 3.1 公路最大纵坡

| 设计速度 /（$km\cdot h^{-1}$） | 120 | 100 | 80 | 60 | 40 | 30 | 20 |
|---|---|---|---|---|---|---|---|
| 最大纵坡 /% | 3 | 4 | 5 | 5 | 7 | 8 | 9 |

表 3.2 机动车道最大纵坡

| 设计速度 /（$km\cdot h^{-1}$） | | 100 | 80 | 60 | 50 | 40 | 30 | 20 |
|---|---|---|---|---|---|---|---|---|
| 最大纵坡 /% | 一般值 | 3 | 4 | 5 | 5.5 | 6 | 7 | 8 |
| | 极限值 | 4 | 5 | 6 | 6 | 7 | 8 | 8 |

各级公路的设计最大坡度必须满足规定。设计速度为 120 km/h、100 km/h、80 km/h 的高速公路，受地形条件或其他特殊情况限制时，经技术经济论证，最大纵坡可增加 1%；公路改扩建中，设计速度为 40 km/h、30 km/h、20 km/h 的利用原有公路的路段，经技术经济论证，最大纵坡可增加 1%。

《城市道路工程设计规范（2016 年版）》（CJJ 37—2012）除了对市政道路的最大纵坡做了规定外，还需注意以下方面。

（1）新建道路所选取的纵坡宜小于或等于最大纵坡一般值；改建道路受地形条件和其他特殊情况限制时，可采用最大纵坡极限值。

（2）除快速路的其他等级道路，受地形条件或其他特殊情况限制时，经技术经济论证后，最大纵坡可增加 1.0%。

（3）积雪或冰冻地区的快速路最大纵坡不应大于 3.5%，其他等级道路最大纵坡不应大于 6.0%。

### 2. 最小纵坡

（1）《城市道路工程设计规范（2016 年版）》（CJJ 37—2012）中规定，为了保证挖方地段、设置边沟的低填方地段和横向排水不畅地段的排水要求，防止积水渗入路基而影响其稳定性，规定各级公路的长路堑路段以及其他横向排水不畅的路段，均应采用不小于 0.3% 的纵坡。当必须设计小于 0.3% 的纵坡时，其边沟应做纵向排水设计。

（2）城市道路规定最小纵坡不得小于 0.3%，如遇特殊困难必须小于 0.3% 时，可采用设置锯齿形街沟或采取其他排水措施来处理。

（3）干旱地区以及横向排水良好的路段，其最小纵坡可不受上述限制。

### 3. 平均纵坡

平均纵坡是指一定路线长度范围内，路线两端点的高差与路线水平长度的比值。平均纵坡是衡量路线线形设计质量的重要指标之一。

根据调查发现，在地形复杂的山区，设计者可能多次使用最大纵坡这一指标，虽然纵坡设计符合最大纵坡、坡长限制及缓和坡长规定，但不能保证行车顺利安全。如果在长距离内，平均纵坡较大，汽车上坡受阻，同样汽车下坡时，频繁制动，也极易发生事故。因此从汽车行驶安全方面出发，为了合理利用最大纵坡、坡长和缓和坡段的规定，控制最大纵坡的使用频率，还要控制平均纵坡这一指标。平均纵坡是在宏观上控制路线纵坡。平均纵坡的计算公式如下：

$$i_p = \frac{H}{l} \tag{3.2}$$

式中 $i_p$——平均纵坡；

$l$——路线长度（m）；

$H$——路线长度 $l$ 两端的高差（m）。

《公路工程技术标准》（JTG B01—2014）规定，二、三、四级公路越岭路线的平均纵坡，一般以不大于 5.5%（当相对高差处于 200 ~ 500 m 时）和 5%（当相对高差大于 500 m 时）为宜，且应满足任何相连 3 km 路段的平均纵坡不宜大于 5.5%。

现行《城市道路工程设计规范（2016 年版）》（CJJ 37—2012）规定，市政道路应控制平均纵坡，相对高差处于 200 ~ 500 m 时，平均纵坡宜不大于 4.5%；相对高差大于 500 m 时，平均纵坡不宜超过 4%，任意连续 3 km 长度范围内的平均纵坡不宜大于 4.5%。

#### 4. 高原坡度折减

高原地区空气稀薄会使汽车的动力性能下降，从而导致汽车的爬坡能力不足甚至熄火；另外，高原地区水的沸点降低，爬坡过程中极易使汽车水箱中的水沸腾，从而导致汽车的冷却系统损坏。所以在高原地区宜采用比平原地区更小的最大纵坡。因此《公路工程技术标准》（JTG B01—2014）规定设计速度小于或等于 80 km/h 且位于海拔 3 000 m 以上的高原地区公路，最大纵坡应按表 3.3 的规定予以折减。最大纵坡折减后若小于 4%，则仍采用 4%。

表 3.3　高原纵坡折减值

| 海拔高度 /m | 3 000 ~ 4 000 | ＞4 000 ~ 5 000 | 5 000 |
|---|---|---|---|
| 折减值 /% | 1 | 2 | 3 |

## 三、直坡段坡长

直坡段坡长限制主要有两个方面的内容，即最大坡长的限制和最小坡长的限制。

#### 1. 最大坡长

最大坡长限制主要是根据汽车动力性能来决定的。长距离陡坡对汽车行驶非常不利。汽车长时间上陡坡会使发动机过热导致行驶无力甚至熄火，而长距离下陡坡会使驾驶员频繁制动，严重时甚至会使制动器失灵危及行车安全。因此对纵坡度较大的坡段，其最大坡长必须加以限制。对于市政道路来讲，坡长限制还应考虑非机动车行车的要求。《城市道路工程设计规范（2016 年版）》（CJJ 37—2012）规定的市政道路以及各级公路的最大坡长见表 3.4 和表 3.5。

表 3.4　市政道路最大坡长

| 设计速度 /（km · h$^{-1}$） | 100 | 80 | 60 | | | 50 | | | 40 | | |
|---|---|---|---|---|---|---|---|---|---|---|---|
| 纵坡度 /% | 4 | 5 | 6 | 6.5 | 7 | 6 | 6.5 | 7 | 6.5 | 7 | 8 |
| 最大坡长 /m | 700 | 600 | 400 | 350 | 300 | 350 | 300 | 250 | 300 | 250 | 200 |

表 3.5　各级公路最大坡长

| 设计速度 /（km · h$^{-1}$） | | 120 | 100 | 80 | 60 | 40 | 30 | 20 |
|---|---|---|---|---|---|---|---|---|
| 纵坡坡度 /% | 3 | 900 | 1 000 | 1 100 | 1 200 | — | — | — |
| | 4 | 700 | 800 | 900 | 1 000 | 1 100 | 1 100 | 1 200 |
| | 5 | — | 600 | 700 | 800 | 900 | 900 | 1 000 |
| | 6 | — | — | 500 | 600 | 700 | 700 | 800 |
| | 7 | — | — | — | — | 500 | 500 | 600 |

表 3.5（续）

| 设计速度 /（km·h⁻¹） | | 120 | 100 | 80 | 60 | 40 | 30 | 20 |
|---|---|---|---|---|---|---|---|---|
| 纵坡坡度 /% | 8 | — | — | — | — | 300 | 300 | 400 |
| | 9 | — | — | — | — | — | 200 | 300 |
| | 10 | — | — | — | — | — | — | 200 |

### 2. 最小坡长

最小坡长是指相邻两个变坡点之间的最小水平长度。最小坡长限制主要是从汽车行驶平顺性的要求考虑的。道路设计应使线形满足行车平顺要求，尽量减少纵坡转折，如果坡长过短，变坡点增多，行车时颠簸频繁，使乘客感觉不适；另外，若坡长过短，则不能满足设置最短竖曲线这一几何条件的要求。因此从路容美观、相邻两竖曲线的设置和纵断面视距等方面考虑需要对最小坡长有一定的限制。《城市道路工程设计规范（2016 年版）》（CJJ 37—2012）规定的市政道路以及各级公路最小坡长见表 3.6 和表 3.7。

表 3.6　市政道路最小坡长

| 设计速度 /（km·h⁻¹） | 100 | 80 | 60 | 50 | 40 | 30 | 20 |
|---|---|---|---|---|---|---|---|
| 最小坡长 /m | 250 | 200 | 150 | 130 | 110 | 85 | 60 |

表 3.7　各级公路最小坡长

| 设计速度 /（km·h⁻¹） | 120 | 100 | 80 | 60 | 40 | 30 | 20 |
|---|---|---|---|---|---|---|---|
| 公路最小坡长 /m | 300 | 250 | 200 | 150 | 120 | 100 | 60 |

### 3. 缓和坡段

在纵断面设计中，当陡坡的长度达到限制坡长时，应设置一段缓坡，用以恢复在陡坡上降低的速度，同时可以减轻上坡时汽车的机件磨损，这一段缓坡称为缓和坡段。缓和坡段的作用主要是为了改善汽车在连续陡坡上行驶的紧张情况，避免汽车长时间爬坡或下坡产生的不安全因素。

我国公路规范规定，对于二、三、四级公路，当连续纵坡大于 5.0% 时，最小坡长超过规定值时，应设纵坡缓和坡段。缓和坡段的纵坡应不大于 3.0%，其长度应符合表 3.7 的规定。

《城市道路工程设计规范（2016 年版）》（CJJ 37—2012）规定，道路连续上坡或下坡，应在不大于表 3.4 规定的纵坡长度之间设置缓和坡段。缓和坡段的纵坡度不应大于 3%，其长度应符合表 3.6 最小坡长的规定。

在实际设计中，有时某一坡度坡长未达到限制坡长时可变换坡度，但其长度应按坡长限制的规定进行折算。例如一条设计速度为 60 km/h 的公路，一段纵坡为 5.0%，长 500 m，该长度是限制坡长的 5/8，如相邻坡段的坡度是 6.0%，其坡长则不应超过 600 × 3/8 m = 225 m。

## 四、合成坡度

在设有超高的平曲线路线，纵向有纵坡，则纵坡和超高横坡所合成最大坡度称为合成坡度。其值可按式（3.3）计算：

$$i_{\mathrm{H}}=\sqrt{i_z^2+i_e^2} \tag{3.3}$$

式中　$i_{\mathrm{H}}$——合成坡度；

$i_z$——路线纵坡；

$i_e$——超高横坡。

在合成坡度路段行驶，若合成坡度过大，可能会产生汽车重心偏移等不良现象，给行车安全带来影响。为防止汽车沿合成坡度方向滑移，应对合成坡度加以限制。我国《城市道路工程设计规范（2016年版）》（CJJ 37—2012）对公路和市政道路合成坡度的规定见表3.8和表3.9。

表3.8　公路最大合成坡度

| 设计速度/（km·h$^{-1}$） | 120 | 100 | 80 | 60 | 40 | 30 | 20 |
|---|---|---|---|---|---|---|---|
| 合成坡度/% | 10.0 | 10.0 | 10.5 | 10.5 | 10.0 | 10.0 | 10.0 |

表3.9　市政道路合成坡度

| 设计车速/（km·h$^{-1}$） | 100 | 80 | 60 | 50 | 40 | 30 | 20 |
|---|---|---|---|---|---|---|---|
| 合成坡度/% | 7 | 7 | 7 | 7 | 8 | — | — |

注：积雪地区各级道路的合成坡度应小于或等于6%（快速路宜为3%）。

为了保证路面排水，合成坡度的最小值不宜小于0.5%。特别在超高过渡段，合成坡度不宜设计为0%，当合成坡度小于0.5%时，应采取综合排水措施，以保证排水通畅。

# 任务二　竖曲线设计

在纵断面的变坡点处，为使汽车安全、平稳渡过而在变坡点处设置的纵向曲线称为竖曲线，如图3.2所示。

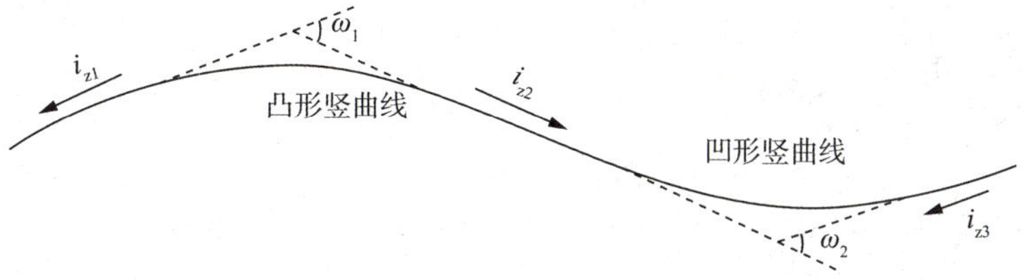


图3.2　竖曲线示意图

变坡点前后两坡度线间的变坡角用符号 $\omega$ 表示，其值可按下式计算。

$$\omega = i_{z1} - i_{z2} \tag{3.4}$$

式中　$\omega$——变坡角的度数，以弧度计；

$i_{z1}$、$i_{z2}$——变坡点前后坡度线的纵坡度，以小数计，上坡取“+”，下坡取“−”。

按式（3.4）计算结果，$\omega$ 为“+”时曲线开口朝下，称为凸形竖曲线；$\omega$ 为“−”时曲线开口朝上，称为凹形竖曲线。

竖曲线的形状通常采用抛物线或圆曲线，在适用范围上二者几乎没有差别。我国相关规范各级道路在变坡点处均应设置竖曲线，竖曲线形式宜采用圆曲线。

## 一、竖曲线的计算

### 1. 用二次抛物线作为竖曲线的计算公式

竖曲线的几何要素主要有竖曲线半径 $R$、切线长 $T$、曲线长 $L$ 和外距 $E$，如图 3.3 所示。因纵坡度很小，高程变化值与水平距离之比相差很大，因而纵断面设计计算中，只计算水平距离和垂直高度，故均假定曲线长 $L$ 和切线长 $T$ 等于其水平投影长度。竖曲线形式为二次抛物线，当选定竖曲线半径 $R$ 和得到变坡角 $\omega$ 后，竖曲线各几何要素的计算公式如下：

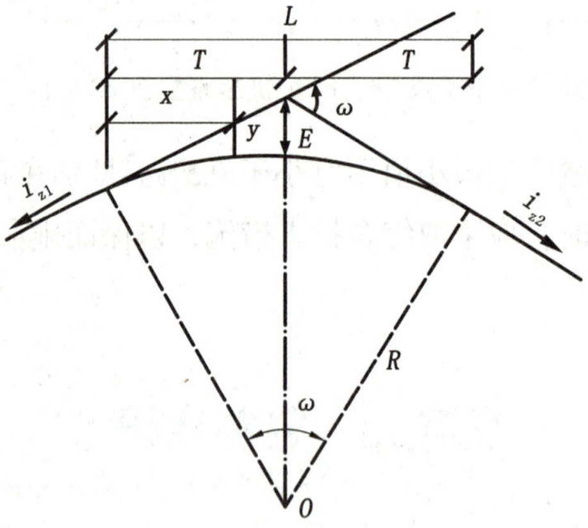


图 3.3　竖曲线几何要素

切线长：$L = R\omega$　　（3.5）

曲线长：$T = \dfrac{L}{2} = \dfrac{R\omega}{2}$　　（3.6）

外距值：$E = \dfrac{T^2}{2R} = \dfrac{1}{4}T\omega = \dfrac{1}{8}R\omega^2$　　（3.7）

竖曲线上任意点纵距：$y = \dfrac{x^2}{2R}$　　（3.8）

式中 $R$——竖曲线的半径（m）；

$L$——竖曲线的曲线长（m）；

$T$——竖曲线的切线长（m）；

$E$——竖曲线的外距（m）；

$\omega$——竖曲线变坡角（两相邻纵坡的纵坡度的代数差，以小数计，在竖曲线要素计算时取其绝对值）；

$y$——竖曲线上任意点到切线的纵距，即竖曲线上任意点与坡线的高差，也称改正值（m）；

$x$——横距，竖曲线上任意点与竖曲线起点或终点的水平距离（m）。

### 2. 竖曲线上任意里程桩号处设计高程的计算公式

在纵断面图上，有两条主要的线：一条是地面线，它是通过道路中线原地面各点的连线，地面线上各点的高程称为地面高程；另一条是设计线，设计线上各点的高程称为设计高程。

竖曲线上每个桩号的设计高程计算步骤如下。

#### （1）计算竖曲线起点、终点桩号

$$\text{竖曲线起点桩号}=\text{变坡点的桩号}-T$$

$$\text{竖曲线终点桩号}=\text{变坡点的桩号}+T$$

#### （2）计算指定桩号的平距 $x$ 和竖距 $h$

$$\text{变坡点前：平距 } x=\text{该点桩号}-\text{竖曲线起点桩号}$$

$$\text{变坡点后：平距 } x=\text{竖曲线终点桩号}-\text{该点桩号}$$

$$\text{竖距：} h=\frac{x^2}{2R}$$

#### （3）计算指定桩号的切线高程

$$\text{该桩号切线高程}=\text{变坡点高程}\pm(T-x)\cdot i$$

#### （4）计算指定桩号的路基设计高程

$$\text{该桩号路基设计高程}=\text{切线高程}\pm h$$

**【例 3–1】**某山岭区二级公路，变坡点桩号为 K6＋140，其高程为 428.90 m，两相邻坡段的坡度 $i_1=+4.0\%$，$i_2=-5.0\%$，选用竖曲线半径 $R=2\,000$ m。试计算竖曲线要素及桩号 K6＋080 和 K6＋160 处的路基设计高程。

**解：**①计算竖曲线要素。

$i_1+4\%>0$，上坡；$i_2=-5\%<0$，下坡，为凸形竖曲线。

坡度差：$\omega=i_1-i_2=0.04-(-0.05)=0.09$

曲线长：$L=R\omega=2\,000\times0.09=180$（m）

切线长：$T=\dfrac{L}{2}=\dfrac{180}{2}=90(\text{m})$

外距：$E=\dfrac{T^2}{2R}=\dfrac{90^2}{2\times 2\ 000}=2.03(\text{m})$

②计算起点、终点桩号。

竖曲线起点桩号= K6 + 140 − 90 = K6 + 050

竖曲线终点桩号= K6 + 140 + 90 = K6 + 230

③计算路基设计标高。

桩号 K60 + 080：

平距 $x$ = K6 + 080 −（K6 + 050）= 30（m）

竖距 $h=\dfrac{x^2}{2R}=\dfrac{30^2}{2\times 2\ 000}=0.23(\text{m})$

切线标高= 428.9 −（90 − 30）× 0.04 = 426.50（m）

设计标高= 426.50 − 0.23 = 426.27（m）

桩号 K6 + 160：

平距 $x$ = K6 + 230 −（K6 + 160）= 70（m）

竖距 $h=\dfrac{x^2}{2R}=\dfrac{70^2}{2\times 2\ 000}=1.23(\text{m})$

切线标高= 428.9 −（90 − 70）× 0.05 = 427.90（m）

设计标高= 427.90 − 1.23 = 426.67（m）

## 二、竖曲线设计标准

竖曲线的设计标准有竖曲线最小半径和竖曲线长度。由于在凸形竖曲线上和在凹形竖曲线上汽车行驶时的受力及视距等考虑因素的不同，凸形竖曲线和凹形竖曲线又有不同的设计标准。

### 1. 竖曲线最小半径

#### （1）凹形竖曲线极限最小半径

凹形竖曲线极限最小半径主要从限制离心力、夜间行车前灯照射的影响以及在跨线桥下的视距三个方面计算分析确定。

①从限制离心力不致过大考虑。汽车行驶在竖曲线上，由于离心力的作用，要产生失重（凸形竖曲线）或增重（凹形竖曲线）。失重直接影响乘客的舒适感，增重则不仅影响乘客的舒适感，还对汽车的悬挂系统产生超载的影响。竖曲线半径的大小直接影响离心力的大小，因此必须首先从控制离心力不致过大来限制竖曲线的极限最小半径。

②从汽车夜间行驶前灯照射距离考虑。若汽车前车灯照射距离小于要求的视距长度，则无法保证行车安全。

③从保证跨线桥下的视距考虑。为保证汽车穿过跨线桥时有足够的视距，也应对凹形竖曲线最小半径加以限制。

综合分析以上三种情况后，技术标准以限制凹形竖曲线离心力条件为依据制定出凹形竖曲线极限最小半径的规定值，见表 3.10 和表 3.11。

### （2）凸形竖曲线极限最小半径

主要从限制失重不致过大和保证纵面行车视距两个方面计算分析确定。

### （3）竖曲线一般最小半径

竖曲线最小半径分为“一般值”和“极限值”。“极限值”是缓和行车冲击和保证行车视距所必需的竖曲线半径的最小值，该值只有在地形受限制迫不得已时才采用。竖曲线半径“一般值”是竖曲线最小半径“极限值”的 1.5 ~ 2.0 倍，倍数 1.5 ~ 2.0 随设计车速减小而取用较大值。根据《城市道路工程设计规范（2016 年版）》（CJJ 37—2012）规定，我国各级公路和市政道路的凹形和凸形竖曲线一般最小半径和最小长度规定见表 3.10 和表 3.11，表列极限半径应作为控制界线指标，不应轻易采用，一般应选大于或等于一般最小半径值。在不增加工程量的情况下，尽可能取大些的指标，这对线形平缓、行车安全、舒适美观均有良好的效果。

## 2. 竖曲线最小长度

当竖曲线两端直线坡段的坡度差很小时，即使半径较大，竖曲线的长度也有可能较小，容易给驾驶员产生急促的变坡感觉，冲击增大，会让乘客感到不适；从视觉上也会感到线形突然转折。因此汽车在竖曲线上行驶时的时间不能太短，我国公路按照汽车在竖曲线上 3 s 的行程时间来控制竖曲线的最小长度。

各级公路、市政道路竖曲线最小半径与竖曲线最小长度应符合表 3.10 和表 3.11 的规定。

表 3.10 各级公路竖曲线最小半径与竖曲线最小长度

| 设计速度 /（km · $h^{-1}$） | | 120 | 100 | 80 | 30 | 40 | 30 | 20 |
|---|---|---|---|---|---|---|---|---|
| 凸形竖曲线半径 /m | 极限最小值 | 11 000 | 6 500 | 3 000 | 1 400 | 450 | 250 | 100 |
| | 一般最小值 | 17 000 | 10 000 | 4 500 | 2 000 | 700 | 400 | 200 |
| 凹形竖曲线半径 /m | 极限最小值 | 4 000 | 3 000 | 2 000 | 1 000 | 450 | 250 | 100 |
| | 一般最小值 | 6 000 | 4 500 | 3 000 | 1 500 | 700 | 400 | 200 |
| 竖曲线长度 /m | 最小值 | 100 | 85 | 70 | 50 | 35 | 25 | 20 |
| | 一般值 | 250 | 210 | 170 | 120 | 90 | 60 | 50 |

表 3.11 市政道路竖曲线最小半径与竖曲线最小长度

| 设计速度 /（km · $h^{-1}$） | | 100 | 80 | 60 | 50 | 40 | 30 | 20 |
|---|---|---|---|---|---|---|---|---|
| 凸形竖曲线最小半径 /m | 一般值 | 10 000 | 4 500 | 1 800 | 1 350 | 600 | 400 | 150 |
| | 极限值 | 6 500 | 3 000 | 1 200 | 900 | 400 | 250 | 100 |
| 凹形竖曲线最小半径 /m | 一般值 | 4 500 | 2 700 | 1 500 | 1 050 | 700 | 400 | 150 |
| | 极限值 | 300 | 1 800 | 1 000 | 700 | 450 | 250 | 100 |
| 竖曲线最小长度 /m | 一般值 | 210 | 170 | 120 | 100 | 90 | 60 | 50 |
| | 极限值 | 85 | 70 | 50 | 40 | 35 | 25 | 20 |

# 任务三 平、纵面线形组合设计

通过分解立体线形要素，平、纵线形有以下六种组合形式。

## 一、平面要素直线＋纵断面要素直坡线——恒等坡度的直线

平面上为直线，纵断面上为直坡线，可构成具有恒等坡度的直线。这种组合线形简单、行车枯燥、视景缺乏变化，易使驾驶员疲劳和超速行驶。设计时应采用画车道线、设标志、绿化，并与路侧设施配合等方式调节单调的视觉，增进视线诱导。

## 二、平面要素直线＋纵断面要素凹形竖曲线——凹下去的直线

平面上为直线，纵断面上为凹形竖曲线，可构成凹下去的直线。这种组合线形具有较好的视距条件，能给驾驶员以动的视觉效果，行车条件较好。设计时应避免采用较短的凹形竖曲线，在连续两个凹形竖曲线间注意避免插入短的直坡段，在长直线末端不宜插入小半径的凹形竖曲线。

## 三、平面要素直线＋纵断面要素凸形竖曲线——凸起的直线

平面上为直线，纵断面上为凸形竖曲线，可构成凸起的直线。这种组合线形视觉条件差，线形单调，应注意避免。无法避免时应采用较大的竖曲线半径，若长直线上反复凸凹时，应注意避免出现“驼峰”“暗凹”和“浪形”等不良视觉现象。

## 四、平面要素曲线＋纵断面要素直坡线——恒等坡度的平曲线

平面上为曲线，纵断面上为直坡线，可构成具有恒等坡度的平曲线。这种组合线形只要圆曲线半径选择适当，纵坡不过陡，可获得较好的视觉和心理感受，设计时须检查合成坡度是否超限。

## 五、平面要素曲线＋纵断面要素凹形竖曲线——凹下去的平曲线

平面上为曲线，纵断面上为凹形竖曲线，凹形竖曲线以平曲线结束。这种组合形式通常被用于缓和较陡的下坡或过渡较陡的上坡。凹形竖曲线半径过小、下降过急，易增加驾驶员疲劳度，甚至出现车辆失控风险。凹形竖曲线可以适当地增加一段过渡曲线，使曲线更加平滑。平曲线长度也不应太长，使得车辆能够在较短的时间内通过平曲线，也可以在平曲线尽头处设置转向标志和警示标志提醒驾驶员。

### 六、平面要素曲线 + 纵断面要素凸形竖曲线 —— 凸起的平曲线

平面上为曲线，纵断面上为凸形竖曲线，凸形竖曲线以平曲线结束。这种组合通常用于缓和较陡的上坡或过渡较陡的下坡。同样需要注意凸形竖曲线半径和上升的程度，以确保安全性。从理论上来说，凸形竖曲线比凹形竖曲线更容易设计，同时可以更好地缓和坡降。

五、六组合线形是较复杂的组合形式。若平、纵线形要素大小适宜，位置适当，均衡协调，可获得视觉舒顺、视线诱导良好的立体线形。

## 任务四　道路纵断面设计成果

### 一、纵断面设计的原则与步骤

#### 1. 市政道路纵断面设计的一般原则

市政道路纵断面设计，除了满足前面讲述的各种限制指标外，还应满足由市政道路特点所决定的其他具体要求。

（1）纵断面设计应适应临街建筑立面布置，以及沿路范围内地面水的排除。

（2）山城道路及新建道路的纵断面设计应尽量使土石方平衡。

（3）旧路改建宜尽量利用原有路面，若加铺结构层时，不得影响沿路范围的排水。

（4）应与相交道路、街坊、广场和沿街建筑物的出入口有平顺的衔接。

（5）道路纵断面设计必须满足城市各种地下管线最小覆土深度的要求。

#### 2. 纵断面设计的步骤

（1）准备工作

纵坡设计之前应在图纸上，根据中桩数据按比例标注里程桩号和点绘地面线，填写每个中桩桩号、地面标高，绘出平面直线、平曲线示意图等有关内容。同时，搜集和熟悉有关资料，领会设计意图和要求。

（2）标注控制点

控制点是指影响纵坡设计的标高控制点。例如路线起点、终点，越岭垭口，重要桥涵，沿溪线的洪水位，隧道进出口，平面交叉和立体交叉点，地质不良地段的最小填土高度、最大挖深，铁路道口，城镇规划控制标高及受其他因素限制路线必须通过的标高控制点等，这些属于控制性的“控制点”。山区道路还有根据路基填挖平衡关系控制路中心填挖值的标高点，这些属于参考性的“控制点”，又称为“经济点”。纵坡线通过的经济点越多，则工程量就越少，投资就越省。平原区道路一般无经济点问题。

（3）试坡

在已标出“控制点”“经济点”的纵断面图上，根据技术指标、选线意图，结合地面起伏变化，本着以“控制点”为依据，照顾多数“经济点”的原则，在这些点位间进行穿插与取直，试定出若干直坡线。对各种可能坡度线方案反复比较，最后定出既符合技术标准，又满足控制点要求，且土石方较省的设计线作为初定坡度线。将前后坡度线延长交会出变坡点的初步位置。

（4）调整

将所定坡度与选线时坡度进行比较，二者应基本相符。若有较大差异应全面分析，权衡利弊，决定取舍。然后对照技术标准检查设计的最大纵坡、最小纵坡、坡长限制等是否满足规定，平、纵组合是否适当，以及路线交叉、桥隧和接线等处的纵坡是否合理，若有问题应进行调整。调整方法是对初定坡度线抬高、降低、延长、缩短纵坡线和加大、减小坡度值。调整时应以少脱离控制点、少变动填挖为原则，以便调整后的纵坡与试定纵坡基本相符。

（5）核对

核对主要在有控制意义的特殊横断面上进行，如高填深挖、地面横坡较陡路基、挡土墙、重要桥涵及其他重要控制点等，在纵断面图上直接读出对应桩号的填、挖高度。用“模板”在横断面图上“戴帽子”，检查是否填挖过大、坡脚落空或过远、挡土墙工程过大、桥梁工程过高或过低、涵洞过长等情况，若有问题应及时调整纵坡。在横坡陡峻地段核对显得尤为重要。

（6）定坡

经调整核对无误后，逐段把直坡线的坡度值、变坡点桩号和标高确定下来。坡度值可用三角板推平行线法确定，要求取值到 0.1%。变坡点一般要调整到 10 m 的整桩号上，相邻变坡点桩号之差为坡长，变坡点标高是由纵坡度和坡长依次推算得到的。

（7）设计竖曲线

设置竖曲线拉坡时已考虑了平、纵组合问题，根据技术标准、平纵组合均衡等确定竖曲线半径，计算竖曲线要素。

（8）高程计算

根据已定的纵坡和变坡点的设计高程及竖曲线半径，即可计算出各桩号的设计高程。中桩设计高程与对应原地面高程之差即为路基施工高度，当两者之差为“+”，则为填方，两者之差为“−”，则为挖方。

## 二、道路纵断面设计图

### 1. 公路纵断面设计图

路线纵断面图是纵断面设计的最终成果，是道路设计文件的重要组成部分，如图 3.1 所示。纵断面图反映路线所经地区中线的地面起伏情况与设计高程之间的关系。

道路纵断面设计图采用直角坐标，以横坐标（水平方向）表示里程及桩号，纵坐标（垂直方向）表示水准高程。为了突出地形起伏，纵横坐标通常采用不同的比例尺。横坐标比例尺一般与路线平面图一致，为 1∶2 000 或 1∶5 000，纵坐标的比例尺相应为 1∶200 或 1∶500。

在纵断面图中，图的上半部应包括如下主要内容：

（1）高程、地面线、设计线、竖曲线及其要素。

（2）桥涵（桥梁按桥型、孔数及孔径标绘，注明桥名、结构类型、中心桩号、设计水位；跨线桥示出交叉方式；涵洞与通道按桩号及底高绘出，注明结构类型、中心桩号、孔数及孔径）。

（3）隧道（按长度、高度标绘，注明名称和起始点桩号）。

（4）与道路、铁路交叉时的桩号及路名。

（5）水准点的位置、编号及高程。

（6）断链桩位置及长短链关系。

（7）沿线跨越河流的现有水位和设计洪水位，影响路基稳定的地下水位等。

另外，图的下部各栏应示出土壤地质情况、施工高度、设计高程、地面高程、坡长及坡度、里程及桩号、直线及平曲线（包括缓和曲线）等。

### 2. 市政道路纵断面图

市政道路的纵断面图一般包括道路中线的地面线、纵坡设计、施工高度、土壤地质剖面图、沿线桥涵位置、街沟类型和孔径、沿线交叉口位置和高程、沿线水准点位置、桩号和标高等内容，以及在图的下方附以简要的说明表格。在市区主干道的纵断面图上，尚应标注出相交道路的路名与交叉口的交点标高以及街坊与主要建筑物的出入口标高等。

当设计纵坡小于 0.3% 时，道路两侧街沟应做锯齿形街沟设计，以满足排水要求，并分别算出雨水进水口和分水点的设计高程，注在相应的图栏内。

市政道路纵断面图的比例尺一般采用水平方向 1∶500 ~ 1∶1 000，垂直方向 1∶50 ~ 1∶100。

## 拓展与实训

1. 道路纵断面设计图的主要内容有哪些？

2. 陡坡为什么要加以控制？

3. 平曲线与竖曲线的组合设计有何要求？

4. 某平原区二级公路有一弯道 $R = 300$ m，交点 $JD$ 桩号：K4 + 650.56，缓和曲线长为 60 m，转角 $a = 35°$，计算该曲线设置缓和曲线的五个基本桩号。

5. 已知上坡 $i_1 = 2\%$，下坡 $i_2 = -1.2\%$，停车视距 $S_{停} = 75$ m，问在该纵坡转折点处需设置的竖曲线最小半径为多少？

第一篇 市政道路施工图识读

# 项目四 道路横断面设计

XIANGMUSI DAOLU HENGDUANMIAN SHEJI

## 项目导读

道路横断面设计的主要任务是确定各段路基的断面形式和尺寸，为路基土石方数量计算及路基施工提供资料。横断面设计是路线设计的重要组成部分，它和纵断面设计、平面设计相互影响，路基横断面形式实际上选线时在现场就对各段的路基处理问题做了考虑，在纵断面设计时又根据定线意图及地形条件逐段对路基的合理填挖，特别是对个别工程任务艰巨的路段做了分析研究，拟定了断面方案。因此，横断面设计是在对平面设计、纵断面设计工作总结的基础上，反复比较和调整，最终达到各元素之间的协调一致，做到组成合理、用地节省、工程经济和有利于环境保护，并绘制出有关横断面设计图纸，以指导施工。

## 学习任务

本项目的学习旨在让学生了解道路横断面设计的规定和要求、道路横断面的组成及位置和尺寸；掌握道路横断面设计方法、路基土石方数量的计算和调配方法；能够运用本项目所学知识正确识读道路横断面图。

## 思政目标

横断面设计工作繁杂，需要设计人员具有足够的耐心，因此需培养学生能够从实际出发，秉持认真负责、耐心细心、踏实敬业、实事求是的工作态度，发挥工程人踏实肯干、迎难而上的敬业精神。

# 任务一　道路横断面组成

道路横断面图是指道路中线上任意点的法线方向剖面图，简称横断面，它是由横断面设计线和地面线组成。路线设计研究的横断面设计只限于与行车直接有关的路幅部分，即两侧路肩外缘之间各组成部分的宽度、横向坡度等问题。公路与市政道路等级不同，中线的法线位置不同。

公路横断面的组成包括行车道、中间带、路肩、边沟、边坡、截水沟、排水沟、支挡防护结构等；市政道路横断面的组成包括机动车道、非机动车道、人行道、分车带、设施带、绿化带等，特殊断面还可包括应急车道、路肩和排水沟等。

路基横断面两端路肩边缘之间的距离称为路基宽度；若含边沟、边坡宽度在内，则为用地范围，称为地界宽度。横断面宽度通常称为路幅宽度，远期规划道路用地总宽度则称为红线宽度。红线是指城市中的道路用地和其他用地的分界线。公路横断面组成如图 4.1 所示。

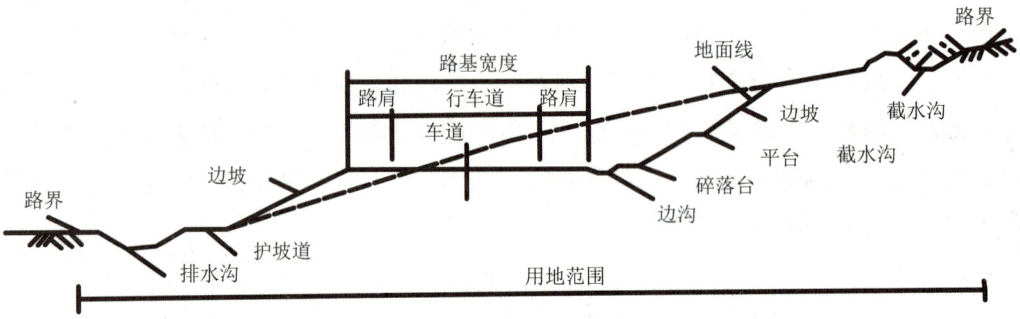


图 4.1　公路横断面组成

## 一、公路横断面的组成

### 1. 公路路基标准横断面

路基标准横断面是交通部根据设计交通量、交通组成、设计车速、通行能力和满足交通安全的要求，按公路等级、断面的类型、路线所处地形规定的路基横断面各组成部分横向尺寸的行业标准。

其中，高速公路和一级公路通常采用整体式和分离式两种类型的断面形式，如图 4.2 和图 4.3 所示。在山岭、重丘地区或地形受限地段，采用整体式断面工程量过大时，宜选用分离式断面形式。在平原、沙漠、戈壁和草原等较空旷地区，有条件时宜采用分离式断面形式或设中央分隔带的整体式断面形式。当公路设计为双向车道数达到十条及以上的多车道公路时，不宜采用整体式断面，推荐采用内、外幅分离的复合式断面布置形式。

图 4.2 整体式路基横断面图

图 4.3 分离式路基横断面图

在《公路工程技术标准》（JTG B01—2014）中规定，高速公路和一级公路整体式断面必须设置中间带。中间带由中央分隔带和两条左侧路缘带组成。整体式断面指上下行车道采用同一个路基，主要包括行车道、中间带、路肩，以及紧急停车带、爬坡车道、避险车道、变速车道等组成部分。分离式断面除不包括中间带外，其余组成和整体式断面相同。

二、三、四级公路为典型的双车道公路（四级公路可能出现单车道的情况），采用无分隔的双向混合交通组织方式，通常采用整体式断面形式，包括行车道、路肩以及错车道等组成部分。高速公路、一级公路路基标准横断面的组成如图 4.4 所示，二、三、四级公路路基标准横断面的组成如图 4.5 所示。

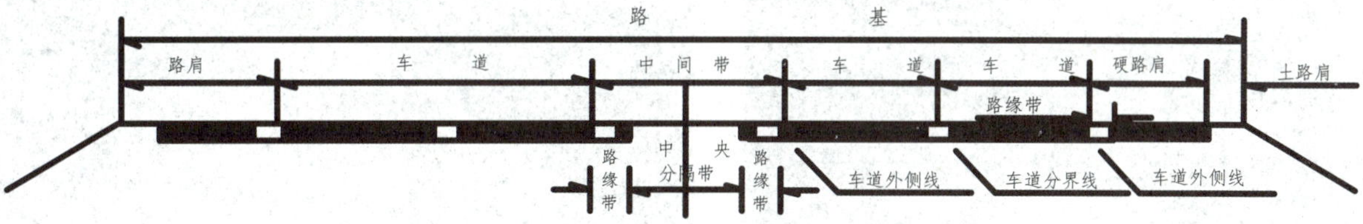


图 4.4 高速公路和一级公路路基标准横断面

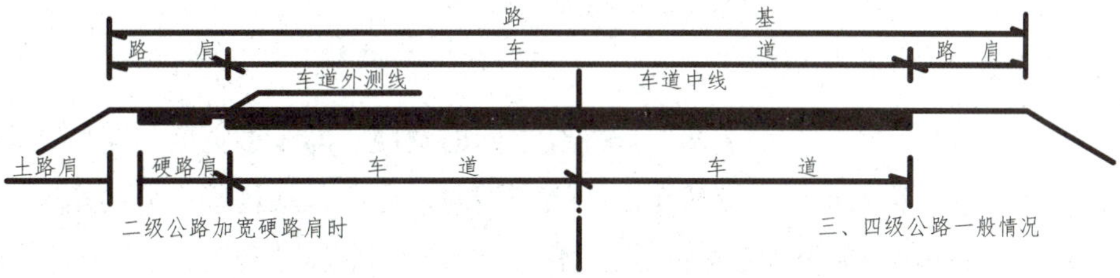


图 4.5 二、三、四级公路路基标准横断面

### 2. 公路路幅布置形式

#### （1）单幅双车道

单幅双车道是指整体式的供车辆双向行驶的双车道公路，如图 4.6 所示。这类公路的交通量范围大，行车速度可以从 20 ~ 80 km/h，多用于二级公路、三级公路和一部分四级公路。此类公路的最大缺点是机动车与非机动车混合交通，易造成交通干扰。

#### （2）双幅多车道

双幅多车道是指设中间带的或分离的四车道及其以上多车道的公路，如图 4.7 所示，有些分离式路基为了利用地形或处于风景区等原因甚至做成两条独立的单向行车的道路。这种类型的公路设计车速高、通行能力大，每条车道能担负的交通量比一条双车道公路还多，而且行车顺适，事故率低，多用于高速公路和一级公路。

（3）双向单车道

双向单车道是指采用设置错车道的单车道公路，如图 4.8 所示。《公路工程技术标准》（JTG B01—2014）中规定，对交通量小、地形复杂、工程艰巨的山区公路或地方性道路，可采用单车道。例如，四级公路一般采用 3.5 m 的行车道和 6.5 m 的路基；但当交通量很小或工程特别艰巨的路段，可采用 4.5 m 的路基和 3.5 m 的单车道，但必须设置错车道，错车道处的路基宽度不小于 6.5 m，有效长度不小于 20 m。

图 4.6 单幅双车道

图 4.7 双幅多车道

图 4.8 双向单车道

### 3. 公路路基宽度

公路路基宽度是指在一个横断面上两路肩外缘之间的宽度，即车道宽度与路肩宽度之和，当设有中间带、紧急停车带、爬坡车道、变速车道、错车道时，还应包括这些部分的宽度。《公路工程技术标准》（JTG B01—2014）中规定，高速公路、一级公路分离式路基宽度见表 4.1。高速公路和一级公路各路段车道数应根据设计交通量、设计通行能力确定，当车道数为双车道以上时应按双数增加，并两侧对称增加。

表 4.1 高速公路、一级公路分离式路基宽度

| 公路等级 | | 高速公路 | | | | | | | | 一级公路 | | | | |
|---|---|---|---|---|---|---|---|---|---|---|---|---|---|---|
| 设计速度 /（$km \cdot h^{-1}$） | | 120 | | | 100 | | | 80 | | 100 | | 80 | | 60 |
| 车道数 | | 8 | 6 | 4 | 8 | 6 | 4 | 6 | 4 | 6 | 4 | 6 | 4 | 4 |
| 路基宽度 / m | 一般值 | 22 | 17 | 13.75 | 21.75 | 16.75 | 13 | 16 | 12.25 | 16.75 | 13 | 16 | 12.25 | 11.25 |
| | 最小值 | — | — | 13.25 | — | — | 12.5 | — | 11.25 | — | 12.5 | — | 11.25 | 10.25 |

注：1. “一般值”为正常情况下采用的值；“最小值”为条件受限制时可采用的值。

2. 八车道高速公路路基宽度“一般值”为设置左侧硬路肩、内侧车道如采用 3.50 m 时的宽度；相应路基宽度可减少 0.25 m。

一般情况下应采用表 4.1 中的一般值，有条件时还可适当增加硬路肩和路基宽度，以利于日后交通量增加时拓宽行车道。

### 4. 公路行车道

公路的行车道主要是为机动车辆行驶提供通行条件，行车道的宽度和路面状况直接影响车辆行驶的安全性、舒适性。

公路的车道数主要根据该路的预测交通量来确定，行车道的基本数目应在一个较大的路线长度内保持不变，而且当车道数目需要增加或减少时，一次应不多于一条车道。各级公路车道数见表 4.2。

表 4.2　各级公路车道数

| 公路技术等级 | 高速、一级 | 二级 | 三级 | 四级 |
|---|---|---|---|---|
| 车道数 / 条 | ≥ 4 | 2 | 2 | 2（1） |

一条车道的宽度必须能满足设计车辆在有一定横向偏移的情况下运行，并能为相邻车道上的车流提供余宽，所以汽车所需车道的宽度受车速、驾驶员的驾驶能力及心理、车辆状况等影响。各级公路一条机动车道宽度应符合表 4.3 的规定。

表 4.3　各级公路一条机动车道宽度

| 设计速度 /($km \cdot h^{-1}$) | 120 | 100 | 80 | 60 | 40 | 30 | 20 |
|---|---|---|---|---|---|---|---|
| 车道宽度 /m | 3.75 | 3.75 | 3.75 | 3.50 | 3.50 | 3.25 | 3.00<br>（单车道时为 3.50） |

注：高速公路为八车道，当设置左侧硬路肩时，内侧车道宽度可采用 3.50 m。

### 5. 公路中间带

公路中间带由中央分隔带和两条左侧路缘带组成。中央分隔带是分隔高速公路或一级公路上对向行车道的地带。左侧路缘带是相对于汽车行驶方向的位置而定，如图 4.9 所示。高速公路、一级公路整体式路基必须设置中间带。

图 4.9　中间带

（1）中间带的功能

①分隔车流，减少车辆的对向干扰。

②安设公路标牌、交通标志、公用设施、绿化等。

③引导驾驶员的视线，防止眩光。

（2）中间带的宽度

中间带的作用明显，但投资大、占地多，一般均采用窄分隔带。高出行车道表面的中央分隔带，称为凸形；也有宽度大于 4.5 m 的凹形，表面采用植草、栽灌木或铺面。中间带可不等宽，也不一定等高，应与地形、景观等配合。在互通式立交、隧道、特大桥、服务区等构造物前后以及整体式路基与分离式路基的分离（汇合）处，应设置中央分隔带开口，其间距应不小于 2 km，开口长度不宜大于 40 m，开口处应设活动护栏，以供紧急特殊情况使用。公路中间带宽度见表 4.4，正常情况下采用一般值，当遇特殊情况时可以采用最小值。

表 4.4　公路中间带宽度

| 设计速度 / ($km \cdot h^{-1}$) | | 120 | 100 | 80 | 60 |
|---|---|---|---|---|---|
| 中央分隔带宽度 /m | 一般值 | 3.00 | 2.00 | 2.00 | 2.00 |
| | 最小值 | 2.00 | 2.00 | 1.00 | 1.00 |
| 左侧路缘带宽度 /m | 一般值 | 0.75 | 0.75 | 0.50 | 0.50 |
| | 最小值 | 0.75 | 0.50 | 0.50 | 0.50 |
| 中间带宽度 /m | 一般值 | 4.50 | 3.50 | 3.00 | 3.00 |
| | 最小值 | 3.50 | 3.00 | 2.00 | 2.00 |

### 6. 公路路缘带

公路路缘带既可以是中间带的一部分，又可以是硬路肩的一部分，主要取决于它的位置，如图 4.2 所示。高速公路和一级公路整体式断面必须设置中间带，而中间带由中央分隔带和两条左侧路缘带组成。左侧路缘带宽度不应小于表 4.5 的规定。

表 4.5　左侧路缘带宽度

| 设计车速 / ($km \cdot h^{-1}$) | 120 | 100 | 80 | 60 |
|---|---|---|---|---|
| 左侧路缘带宽度 /m | 0.75 | 0.75 | 0.50 | 0.50 |

在中间带范围内的路缘带（左侧路缘带）是中间带的组成部分；在路肩范围内的路缘带（右侧路缘带）属路肩的组成部分，主要功能是诱导驾驶员视线和提供部分侧向余宽。当汽车越出行车道时，能加强行车安全。

### 7. 公路路肩（右侧）

公路路肩位于行车道外缘至路基边缘之间，是具有一定宽度的带状结构物。高速公路和一级公路的路肩包括硬路肩和土路肩两部分，二、三、四级公路的路肩一般只设土路肩。路肩的主要作用是保护行车道，供行人、自行车通行和临时停放车辆。一般市政道路的外侧在不设人行道及分隔带的情况下，应设置路肩（右侧）。各级公路路肩宽度应符合表 4.6 的规定。

表 4.6　路肩宽度

| 公路等级（功能） | | 高速公路 | | | 一般公路 | |
|---|---|---|---|---|---|---|
| | | 120 km/h | 100 km/h | 80 km/h | 100 km/h | 80 km/h |
| 硬路肩宽度 /m | 一般值 | 3.00（2.50） | 3.00（2.50） | 3.00（2.50） | 3.00（2.50） | 3.00（2.50） |
| | 最小值 | 1.50 | 1.50 | 1.50 | 1.50 | 1.50 |

表 4.6（续）

| 公路等级（功能） | | 高速公路 | | | 一般公路 | |
|---|---|---|---|---|---|---|
| | | 120 km/h | 100 km/h | 80 km/h | 100 km/h | 80 km/h |
| 土路肩宽度 /m | 一般值 | 0.75 | 0.75 | 0.75 | 0.75 | 0.75 |
| | 最小值 | 0.75 | 0.75 | 0.75 | 0.75 | 0.75 |
| 公路等级（功能） | | 一级公路（集散功能）和二级公路 | | 二、三、四级公路 | | |
| | | 80 km/h | 60 km/h | 40 km/h | 30 km/h | 20 km/h |
| 硬路肩宽度 /m | 一般值 | 1.50 | 0.75 | — | — | — |
| | 最小值 | 0.75 | 0.75 | | | |
| 土路肩宽度 /m | 一般值 | 0.75 | 0.75 | 0.75 | 0.50 | 0.25（双车道） |
| | 最小值 | 0.50 | 0.50 | | | 0.50（单车道） |

注：1. 正常情况下，应采用“一般值”；在设爬坡车道、变速车道及超车道路段，受地形、地物等条件限制路段及多车道公路特大桥，可论证采用“最小值”。

2. 高速公路和作为干线的一级公路以通行小客车为主时，右侧硬路肩宽度可采用括号内数据。

### 8. 公路变速车道

变速车道是高速公路、城市快速路等道路上的加速车道和减速车道的总称。变速车道应用于平面交叉信号交叉口、互通式立体交叉、高速公路的服务区和公共汽车停靠站、管理与养护设施等与主线衔接出入口处，由于各自的使用特点不同，其几何设计要求不尽相同。其宽度一般为 3.5 m。

### 9. 公路错车道

四级公路路基宽度采用 4.5 m 时，路面只能设一个车道。错车道是为了解决双向行车的错车而设置的，错车道应设在有利地点，使驾驶人能够看清相邻两错车道间的车辆，错车路段的路基宽度不小于 6.5 m，有效长度不小于 20 m，如图 4.10 所示。错车道的设置间距应根据错车时间、交通量、视距等条件确定，在不大于 300 m 的距离内选择有利地点设置错车道。

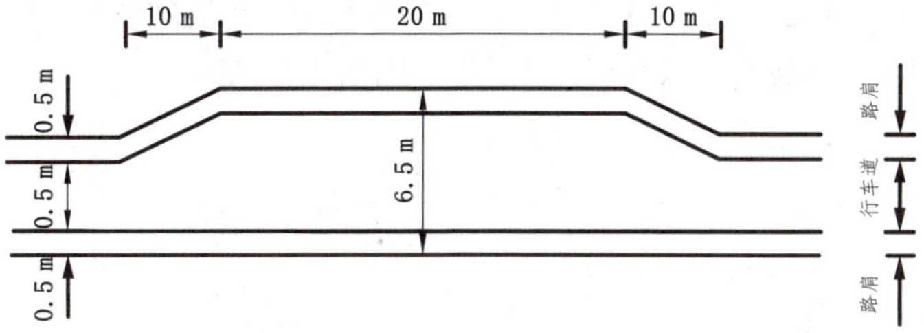


图 4.10　错车道

### 10. 公路应急停车带

应急停车带是车辆发生故障时紧急停车的区域。当硬路肩宽度足以停车时就无须设置应急停车带；当高速公路和一级公路右侧硬路肩宽度小于 2.5 m，不足以停车时，为使发生故障的车辆尽快离开行车道，就要设置应急停车带。其他等级的公路是否设置应急停车带，根据实际情况决定。

《公路工程技术标准》（JTG B01—2014）规定，应急停车带的间距不宜大于 500 m。应急停车带的宽度包括硬路肩在内为 3.5 m，有效长度不小于 30 m，如图 4.11 所示。

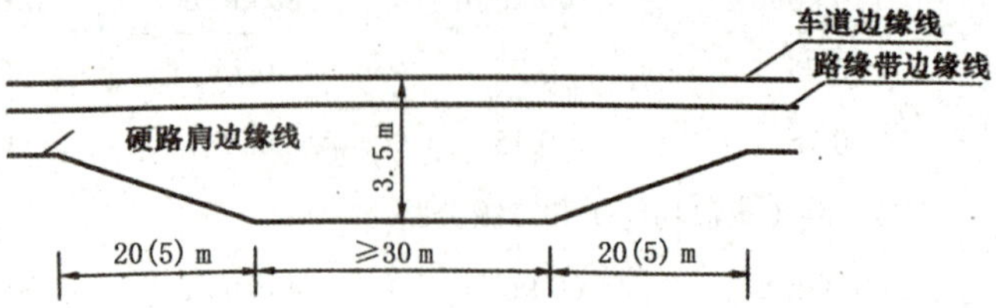


图 4.11 应急停车带

## 二、市政道路横断面组成

横断面设计应按道路等级、服务功能、交通特性，结合各种控制条件，在规划红线宽度范围内合理布设。市政道路上供各种车辆行驶的部分统称为行车道，行车道又包括机动车道和非机动车道。市政道路的交通比较复杂，表现在行人和非机动车较多，所以在市政道路设计中，要突出“公路优先”“以人为本”的设计原则。

市政道路横断面通常由机动车道、非机动车道、人行道、分车带、设施带、绿化带等组成，特殊断面还包括应急车道、路肩和排水沟等。

横断面设计应满足远期交通功能需要。分期修建时应近远期结合，使近期工程成为远期工程的组成部分，并应预留管线位置，控制道路用地，给远期实施留有余地。

### 1. 市政道路路幅布置形式

市政道路断面主要由人行道和车行道两部分组成。在横断面的布设中必须合理地解决人与车、车与车之间的矛盾，其位置的安排和宽度的确定必须首先保证车辆和行人的安全通畅，同时要与道路两侧的各种建筑及自然景观协调，并能满足地面、地下水和各种管线埋设的要求。市政道路通常采用侧石和绿化带将人行道、车行道布置在不同高度上，做到人车分流，防止互相干扰。

影响市政道路横断面形式与组成部分的因素众多，如城市规模、道路红线宽度、交通量、车辆类型与组成、设计速度、地理位置、排水方式、结构物位置、相交道路交叉口形式等。断面横向布置常见的形式有单幅路、两幅路、三幅路及四幅路，如图 4.12 所示。

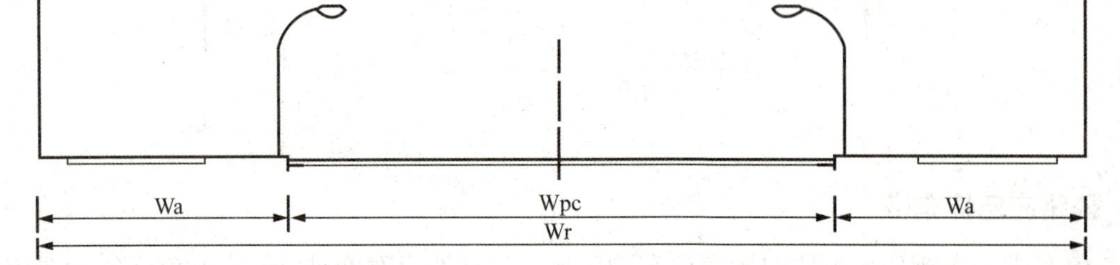


（a）单幅路

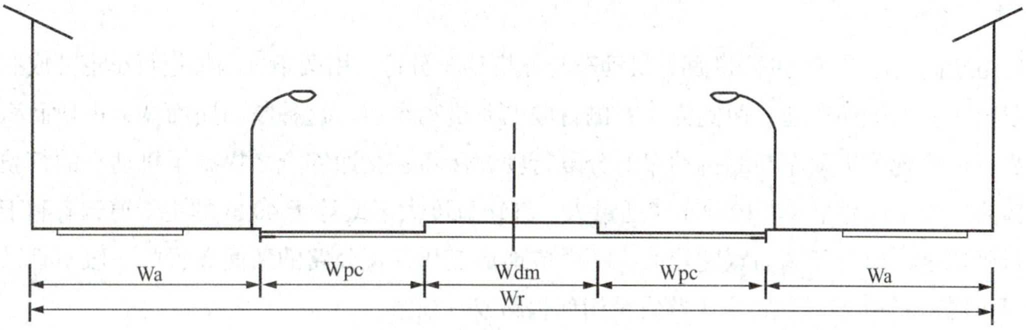


（b）双幅路

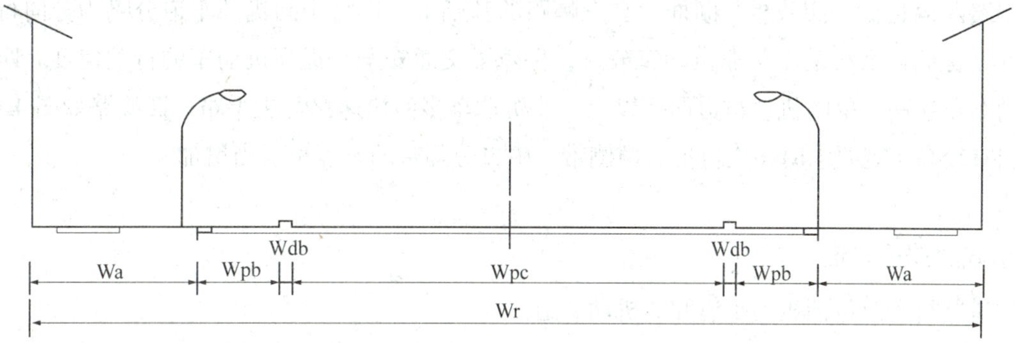


（c）三幅路

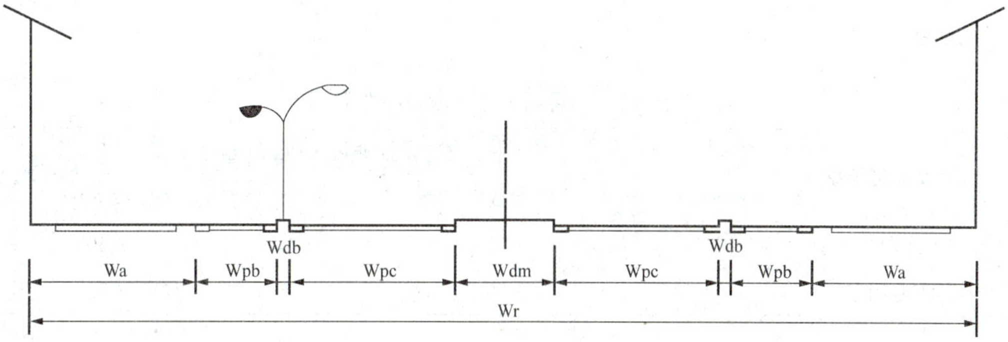


（d）四幅路

图 4.12　市政道路断面横向布置常见的形式

### （1）单幅路

单幅路断面又称“一块板”断面，各种车辆在车道上混合行驶。单幅路适用于交通量不大的次干路、支路以及用地不足、拆迁困难的旧城区道路，如图 4.12（a）所示。由于车辆对向行驶在同一幅车道，机动车与非机动车之间干扰大，行车速度低，但其优点在于造价低、用地省、行人过街方便，因此城市次干路宜采用单幅路或双幅路。

### （2）双幅路

双幅路断面又称“两块板”断面，在车道中心用分隔带或分隔墩将车行道分为两半，上、下行车辆分向行驶，形成对向分流的断面形式，有效地避免了对向行车的相互干扰，对绿化、照明、管线敷设较有利。双幅路适用于机动车交通量不大、非机动车较少的主干路；红线宽度较宽的次干路；对横向高差较大的特殊地形路段，宜采用上下分行的双幅路。双幅路单向机动车车道数不应少于 2 条。双幅路如图 4.12（b）所示。市政道路为两侧不设辅路时，应采用双幅路。

（3）三幅路

三幅路断面又称"三块板"断面，机动车与非机动车分行，用两条分隔带把行车道分成三部分，中间为双向行驶的机动车道，两侧为靠右侧行驶的非机动车道。这种断面路面宽，占地面积较大，费用较高，但实现了机动车与非机动车的分隔行驶，保障了交通安全，提高了机动车的行驶速度。因此三幅路适用于机动车及非机动车交通量大、红线宽度大于或等于 40 m 的主干道，有利于提高机动车辆行驶速度，但由于断面宽度较大，不适应地形变化，在公路的断面布置中一般不宜采用。三幅路如图 4.12（c）所示。城市主干路宜采用四幅路或三幅路。

（4）四幅路

四幅路断面也称"四块板"断面。在三幅路的基础上，再将中间机动车道分隔为分向行驶，使对向机动车之间以及机动车与非机动车分行，保障了交通安全，提高机动车的行驶速度。四幅路适用于机动车车速高、单向机动车道两条以上、非机动车多的快速路与主干路。四幅路如图 4.12（d）所示。当有较高景观要求时，人行道、两侧带、中央分隔带的宽度可适当增加。

### 2. 市政道路行车道

市政道路行车道包括机动车道和非机动车道。

（1）机动车道

行车道中供汽车、电车、摩托车等机动车行驶的部分称为机动车道。一条机动车道最小宽度应符合表 4.7 规定。

表 4.7 一条机动车车道最小宽度

| 车型及车道类型 | 设计速度 / (km · $h^{-1}$) | |
|---|---|---|
| | ＞ 60 | ≤ 60 |
| 大型车或混行车道 | 3.75 | 3.50 |
| 小客车专用车道 | 3.50 | 3.25 |

注：小型汽车包括 2 t 以下载货车、小型旅行车、小客车及摩托车等。大型汽车包括普通汽车及铰接车。

机动车道路面宽度应包括行车道宽度及两侧路缘带宽度，当单幅路及三幅路采用中间分隔物或双黄线分隔对向交通时，机动车道路面宽度还应包括分隔物或双黄线的宽度。

车道数常采用两车道、三车道、四车道、六车道等，一般不宜超过六车道。车道过多，路宽过宽不但会引起行人车辆过街不便，也容易造成行车超车、抢道，造成交通秩序混乱，而且工程费用过高，对提高道路通过能力方面作用不大。

我国城市道路机动车宽度经验值：两车道一般取 7.5 ~ 8.0 m，三车道 10.0 ~ 11.0 m，四车道 13.0 ~ 15.0 m，六车道 19.0 ~ 22.0 m。

（2）非机动车道

行车道中主要供自行车、三轮车、板车、电动车等非机动车行驶的路面部分称为非机动车道。

与机动车合并设置的非机动车道，车道数单向不应小于 2 条，宽度不应小于 2.5 m。非机动车专用道路路面宽度应包括车道宽度及两侧路缘带宽度，单向不宜小于 3.5 m，双向不宜小于 4.5 m。

一条非机动车道最小宽度应满足表 4.8 的规定。

表 4.8　一条非机动车道最小宽度

| 车辆种类 | 自行车 | 三轮车 |
|---|---|---|
| 非机动车道宽度 /m | 1.0 | 2.0 |

非机动车道的总宽度主要是根据非机动车的横向组合方式，确保较宽的车型能够与其他车型并行或超车行驶来确定。

根据经验，我国独立的非机动车车道的基本宽度取 3.5 m 以上。非机动车道沿道路对称布置在机动车道和人行道之间。为保证行车安全、提高行车速度，非机动车道与机动车道应用标志线或分隔带分隔开。交通量很小的道路（支路或住宅区路）上，非机动车与机动车可混行，但必须靠右侧行驶。

### 3. 市政道路路侧带

市政道路的路侧带可由人行道、绿化带、设施带等组成。

#### （1）人行道

人行道的主要功能是满足行人步行交通需要，同时用来布置绿化带、地上杆线、交通标志、信号设施、护栏、埋设地下管线等设施。

①人行道宽度。人行道宽度可参考行人纵向间距、横向间距和步行速度等指标进行分级。人行道宽度主要取决道路功能、沿街建筑物的性质。人行道宽度必须满足行人安全顺畅通过的要求，并应设置无障碍设施，必须考虑行人和非机动车交通系统的连续性和完整性，保证必需的通行空间，以及布置绿化带、线杆等用地宽度，并注意地下埋设管线需用宽度。城市道路规范规定的人行道最小宽度应符合表 4.9 的规定。

表 4.9　人行道最小宽度

| 项目 | 人行道最小宽度 /m | |
|---|---|---|
| | 大城市 | 中、小城市 |
| 各级道路 | 3.0 | 2.0 |
| 商业或文化中心以及大型商店或大型公共文化机构集中路段 | 5.0 | 4.0 |
| 火车站、码头附近路段 | 5.0 | 4.0 |
| 长途汽车站 | 4.0 | 3.0 |

市政道路，一般情况下行人步行道宽度应满足双人对向并行的要求，即单侧布置行人步行道条数不小于 4 条（3 m），主干道上单侧行人步行道数不少于 6 条，支路、街坊内单侧行人步行道数不少于 2 条。对行人交通数量大的商业街、闹市路段应根据行人交通量实际数量确定步行道数量。

②人行道布置。人行道通常对称布置在行车道两侧，在受限于地形、地物限制时，可不等宽设置或不在一个平面上设置。

为了保证交通安全，避免人、车相互干扰，通常人行道要高出行车道 8 ~ 20 cm，宜采用 15 cm，并采用混凝土预制块或条石设置路缘石作为行车道、人行道之间的分界线，也可起到支撑路面与支挡人行道边缘的作用。为了排水，人行道上应设向行车道方向倾斜的直线形排水横坡。有铺砌的人行道横坡为 1.5% ~ 2.5%。

（2）绿化带

绿化带的宽度应符合现行行业标准《城市道路绿化规划与设计规范》的相关要求。绿化带最小宽度为 1.5 m。人行道用地困难处的绿化带可与设施带合并，但应避免各种设施与树木间纵向的干扰。绿化带净宽度灌木丛为 0.8 ~ 1.5 m，单行乔木为 1.5 ~ 2.0 m。方形树池每边净宽为 1.5 m，矩形树池的尺寸长 × 宽为 1.8 m × 1.2 m。

（3）设施带

设施带宽度应包括设置护栏、照明灯柱、标志牌、信号灯、城市公共服务设施等的要求，各种设施布局应综合考虑。设施带可与绿化带结合设置，但应避免各种设施与树木间的干扰。

我国各城市设置杆柱的设施带宽度多数为 1.0 m，有些城市为 0.5 ~ 1.5 m，考虑有些杆线需设基础，设计时应根据实际情况确定，并可与绿化带结合设置，如图 4.13 所示。

图 4.13 设施带

### 4. 市政道路分车带

多幅路横断面范围内，沿着道路纵向设置的带状非行车部分称为分车带。分车带除用以分隔车流外，还用作道路绿化、照明、设置交通标志、布置管线、布置公交停靠站台及自行车停车场等，并可为道路今后拓宽发展留设余地。

分车带按其在横断面中的不同位置及功能，可分为中间分车带（简称中间带）及两侧分车带（简称侧分带）两类，分车带由分隔带及两个左侧路缘带组成。

（1）中间分车带（中间带）

快速路、主干路整体式断面必须设置中间带。中间带由两条左侧带和中央分隔带组成。分车带（中间带）的最小宽度应符合表 4.4 规定。

（2）两侧分车带（两侧带）

机动车道与非机动车道间的这种分隔带设置于机动车道两侧，用于分离机动车与非机动车车流。这种分隔带常用于城市道路“三块板”“四块板”横断面中，如机动车和非机动车交通量较大的主干道，或快速干道上分离非机动车辆。

规范规定两侧分车带的最小宽度为 2.0 ~ 2.25 m。北方寒冷积雪地区，在满足最小宽度前提下，还应考虑能否满足临时堆积雪的要求。市政道路分车带宽度见表 4.10。

表 4.10　市政道路分车带最小宽度

| 分车带类别 | | 中间带 | | 两侧带 | |
|---|---|---|---|---|---|
| 设计速度 /（$km \cdot h^{-1}$） | | ≥ 60 | < 60 | ≥ 60 | < 60 |
| 路缘带宽度 /m | 机动车道 | 0.50 | 0.25 | 0.50 | 0.25 |
| | 非机动车道 | — | — | 0.25 | 0.25 |
| 安全带宽度 $W_{sc}$/m | 机动车道 | 0.50 | 0.25 | 0.50 | 0.25 |
| | 非机动车道 | — | — | 0.25 | 0.25 |
| 侧向净宽 $W_l$/m | 机动车道 | 1.00 | 0.50 | 0.75 | 0.50 |
| | 非机动车道 | — | — | 0.50 | 0.50 |
| 分隔带最小宽度 /m | | 2.00 | 1.50 | 1.50 | 1.50 |
| 分车带最小宽度 /m | | 3.00 | 2.00 | 2.50（2.25） | 2.00 |

注：1. 侧向净宽为路缘带宽度与安全带宽度之和。

2. 两侧带分隔宽度中，括号外为两侧均有机动车道时取值；括号内为一侧为机动车道，另一侧为非机动车道时的取值。

3. 分隔带最小宽度是按设施带宽度 1 m 考虑的，具体应用时，应根据设施带实际宽度确定。

### 5. 市政道路路肩

对于市政道路采用边沟排水的道路应在路面外侧设置保护性路肩，中间设置排水沟的道路应设置左侧保护性路肩。

保护性路肩宽度自路缘带算起，快速路不小于 0.75 m；其他等级道路不应小于 0.5 m；当有少量行人时，不应小于 1.50 m。设计速度不小于 60 km/h 时，路肩宽度不小于 0.75 m；设计速度小于 60 km/h 时，路肩最小宽度为 0.50 m。当需要设置护栏、杆柱、交通标志牌时，应满足其设置宽度要求。

### 6. 市政道路停车带及港湾式公交停靠站

高架、立交或地道的单向单车道匝道右侧应设紧急停车带，紧急停车带最小宽度为 2.5 m。

城市支路或辅路的路侧考虑路边停车时，可考虑设置停车带。主、次干路路侧不应设置停车带。

在道路上设置公交站点宜采用港湾式公交停靠站方式，考虑建筑物结构、出入口通道等因素，单侧停靠站台车道宽度一般不应小于 3 m，双侧停靠站台宽度不应小于 5 m。

### 7. 市政道路路缘石

路缘石为设在路面边缘的界石，如人行道边部的路缘石，分隔带、交通岛、安全岛等四周的路缘石，以及路面与路肩分界处的路缘石。

路缘石的形式有立式、斜式与平式。立式主要用于市政道路行车道路面的两侧，顶面高出路面边缘 10 ~ 20 cm，通常为 15 cm，为保证隧道、桥梁、线形弯曲或陡峻路段的行车安全，可加高至

25 ~ 40 cm，主要起到保障行人、车辆交通安全的作用。斜式或平式适用于出入口、人行道两端及人行横道两端，便于儿童车推行、轮椅及残疾人车通行。

## 任务二 路拱

为了迅速排除路面上的雨水，路面表面做成中间高两边低的拱形，称为路拱。其倾斜的大小以百分率表示。

### 一、路拱横坡

路拱横坡度主要是指人行道、行车道在道路横向单位长度内升高或降低的数值，横坡大小以横坡 $i_g$ 表示，见下式：

$$i_g = \tan\alpha = \frac{h}{d} \tag{4.1}$$

路拱横坡度的确定应有利于行车安全、平稳以及路面迅速排水。路拱横坡度取值情况见表 4.11 和表 4.12。

表 4.11 市政道路路拱设计坡度表

<table>
<tr><th colspan="2">路面类型</th><th>路过设计横坡度 i/%</th></tr>
<tr><td colspan="2">水泥混凝土路面</td><td rowspan="3">1.0 ~ 2.0</td></tr>
<tr><td colspan="2">沥青混凝土路面</td></tr>
<tr><td colspan="2">沥青碎石</td></tr>
<tr><td colspan="2">沥青贯入式碎（砾）石</td><td rowspan="2">1.5 ~ 2.0</td></tr>
<tr><td colspan="2">沥青表面处治</td></tr>
<tr><td colspan="2">碎（砾）石等粒料路面</td><td>2.0 ~ 3.0</td></tr>
<tr><td rowspan="2">砌块路面</td><td>混凝土预制块</td><td rowspan="2">1.0 ~ 2.0</td></tr>
<tr><td>天然石材</td></tr>
</table>

表 4.12 公路路拱坡度表

| 路面类型 | 路过设计横坡度 $i$/% |
|---|---|
| 水泥混凝土路面 | 1.0 ~ 2.0 |
| 沥青混凝土路面 | 1.0 ~ 2.0 |
| 其他黑色路面 | 1.5 ~ 2.5 |
| 整齐石块路面 | 1.5 ~ 2.5 |

表 4.12（续）

| 路面类型 | 路过设计横坡度 $i$/% |
| --- | --- |
| 半整齐和不整齐石块路面 | 2.0 ~ 3.0 |
| 碎（砾）石等粒料路面 | 2.5 ~ 3.5 |
| 加固土路面 | 2.0 ~ 4.0 |
| 低级路面 | 3.0 ~ 4.0 |

注：纵坡度大时宜取低值，纵坡度小时宜取高值。

路拱横坡度大小取值应根据路面类型、表面平整度、纵坡大小、路面宽度及当地气候等因素综合考虑。具体情况如下：

（1）对于市政道路，市政快速路及降雨量大的地区宜采用 1.5% ~ 2.0%，严寒积雪地区、透水路面宜采用 1.0% ~ 1.5%；人行道宜采用单向横坡，横坡度为 1.0% ~ 2.0%，坡向路面；保护性路肩横坡度为路面横坡加大 1%，坡向路外。

（2）为了能够迅速排水，单幅路应根据道路宽度酌情采用单向或双向路拱横坡；多幅路应采用由路中线向两侧的双向路拱横坡。但当横坡值大时对排水有利，而对行车安全不利，反之亦然。因此道路横向坡度取值的着眼点，应是以路面排水和保证行车安全这两方面都得到妥善解决为宜。

（3）若道路路面粗糙、不平整，防水性能差，则路拱横坡度宜取大值。否则，水在粗糙路面上排除缓慢，容易渗透到路面以下从而降低路面强度；在多雨地区道路横坡宜采取高限值，干旱地区可取低值。

（4）确定路拱横坡度时，还要考虑道路纵坡度值的大小，以控制合成坡度不超过标准规定取值。如果道路纵坡度较大，则路拱横坡度取值宜选小值，反之亦然。

（5）行车道宽则路拱横坡度宜采用小值，否则路拱各点间的高度太大，会影响行车和道路横断面的视觉效果。

（6）高速公路、一级公路由于交通量大、车速高，迅速排水保证行车安全显得尤为重要。因此路拱设计横坡度宜采用较大值，以利于排水，防止因车速过快使雨水形成雾状，影响驾驶员视线，并避免路面雨水形成薄膜使汽车滑移。

## 二、路拱形式

路拱常见的基本形式有直线型、折线型、抛物线型、直线+抛物线型四种。路拱的形式通常根据路面宽度、路拱坡度及施工便利等因素确定。一般情况下，对于市政道路、高等级道路以及路面比较宽的公路多采用直线型，低等级公路则多采用抛物线型。

### 1. 直线型路拱

直线型路拱是由两条或一条倾斜直线相交而成的路拱。直线型路拱坡度值为定值，不随着路面宽度的变化而变化，这种形式的路拱施工方便，且对于边缘部分行车有利，但路面中线即路拱顶点有凸起转折，对行车不利。直线型路拱多用于刚性路面以及单向排水路面。

### 2. 折线型路拱

折线型路拱是由若干段短直线段连接而成的路拱，每一折线段横坡由路中心向两侧逐渐增大。这种路拱的优点在于横坡容易控制，排水顺畅，便于施工整形，适用于市政道路中路面较宽的刚性路面；但对于直线转折的突变点，往往不利行车，应注意在施工中碾压平顺，如图 4.14 所示。

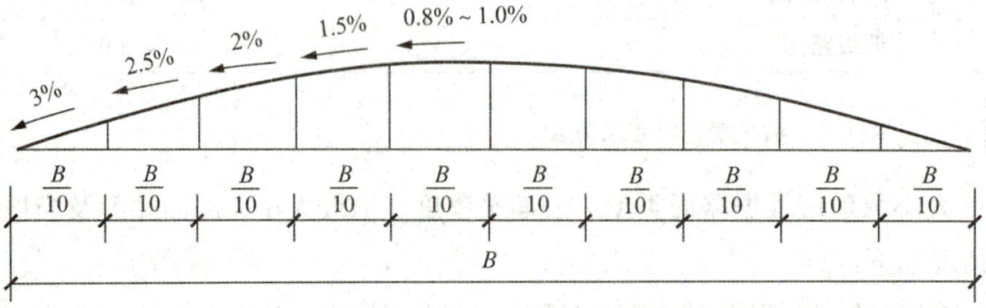


图 4.14 折线型路拱

### 3. 抛物线型路拱

抛物线型路拱常采用的形式有二次抛物线路拱和半立方抛物线路拱。

抛物线型路拱横坡从拱顶至拱脚逐渐增大，外形圆顺美观。这种形式的路拱中间部分平缓，边部坡度大，行车安全平稳且有利于排水；但两侧不易行车，导致车流易集中在道路中部行驶而造成路面损坏。因此二次抛物线路拱常适用于路面宽度小于 12 m 的道路；而半立方抛物线路拱改善了二次抛物线路拱中间平缓两边较陡的情况，因此这种形式通常适用于路面宽度在 20 m 以内的道路。

（1）二次抛物线路拱

二次抛物线路拱表面任意点标高修正值纵距计算式如下：

$$y_i = h\left(\frac{2x_i}{B}\right)^2 \tag{4.2}$$

式中 $y_i$——距行车道中点的横向距离（m）；

$B$——行车道总宽（m）；

$h$——路拱高度（$h=\frac{B}{2}\cdot i_g$），为路中点与拱脚标高之差（m）。

$i_g$——路拱平均横坡度（%）；

$x_i$——距路中心线的横向距离（m）。

（2）半立方抛物线路拱

半立方抛物线路拱表面任意点标高修正纵距计算式如下：

$$y_i = h\left(\frac{2x_i}{B}\right)^{\frac{3}{2}} \tag{4.3}$$

式中符号意义同前。

抛物线路拱表面任意点的标高等于路中点设计标高减去该点纵距，抛物线路拱计算时以路中心为原点，水平方向为 $x$ 轴，如图 4.15 所示。路拱表面任意点标高计算式如下：

$$H_i = H_{中} - y_i \tag{4.4}$$

式中　$H_i$——路拱表面任意点标高（m）；

$H_{中}$——路中心点设计标高（m）；

$y_i$——任意点的纵距，纵距的计算应根据路拱抛物线类型来决定。

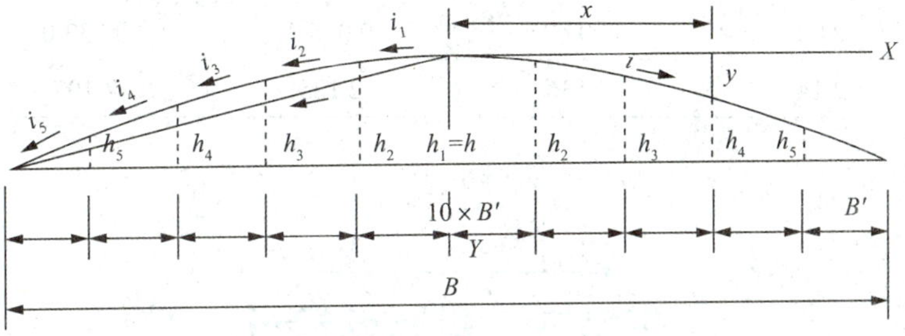


图 4.15　抛物线型路拱的计算图式

【例 4-1】已知某沥青混凝土路基宽度 8 m，某点路拱两侧的设计标高为 2.08 m，路拱采用二次抛物线，$y=\Delta h(2x_i/B)^2$，设计路面横坡 $i=1.5\%$，试确定路拱、控制桩位及各点的控制标高，并用表列出（如图 4.16 所示，以 1 m 为单位确定各桩点）。

**解：**

①拟订路拱平均横坡度并计算路拱的最大值 $C(\Delta h)$。

$\because i=1.5\%$

$\therefore \Delta h=h_0=i\times(B/2)=1.5\%\times(8/2)=0.06$（m）

②确定路拱控制桩位，如图 4.16 所示。

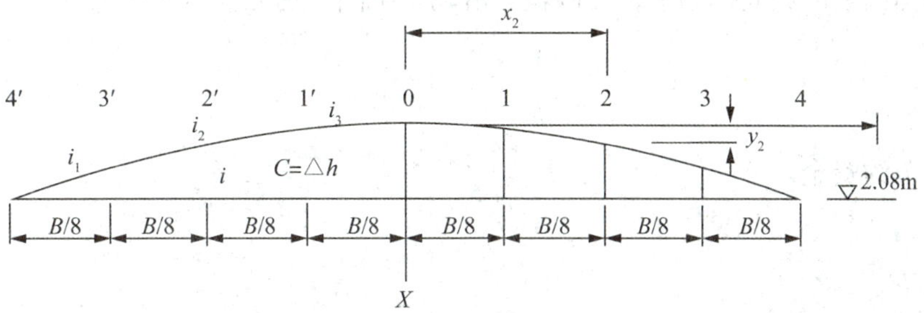


图 4.16　二次抛物线路拱构造图

③根据抛物线上某点与水平距离 $x_i$ 计算高差 $y_i$。

0 点的设计标高：2.08 + 0.06 = 2.14（m）

1 点的设计标高：$y_1=\Delta h(2x_i/B)^2=0.06\times[(2\times1)/8]^2=0.003\,75$（m）

$\therefore$ 2.08 + 0.06 − 0.003 75 = 2.136（m）

2 点的设计标高：$y_2=\Delta h(2x_i/B)^2=0.06\times[(2\times2)/8]^2=0.015$（m）

$\therefore$ 2.08 + 0.06 − 0.015 = 2.125（m）

3 点的设计标高：$y_3=\Delta h(2x_i/B)^2=0.06\times[(2\times3)/8]^2=0.033$（m）

$\therefore$ 2.08 + 0.06 − 0.033 = 2.107（m）

4 点的设计标高：$y_4=\Delta h(2x_i/B)^2=0.06\times[(2\times4)/8]^2=0.06$（m）

$\therefore$ 2.08 + 0.06 − 0.06 = 2.08（m）

计算各点的控制标高，并列入表 4.13。

表 4.13　8 m 宽路面各桩位标高

| 桩位 | 0 | 1 和 1 | 2 和 2 | 3 和 3 | 4 和 4 |
|---|---|---|---|---|---|
| 修正值 /m | 0.00 | 0.003 75 | 0.015 0 | 0.033 0 | 0.060 |
| 标高 /m | 2.14 | 2.136 | 2.125 | 2.107 | 2.08 |

# 任务三　横断面设计

## 一、基本要求

横断面是由横断面设计线和横断面地面线构成的。地面线是自然的真实情况，是客观存在；横断面设计线是设计的结果，是主观表达，它应满足稳定性、经济性、规范性、兼顾性等要求。

### 1. 稳定性

在荷载、自然因素的共同作用下，不倾覆、滑动、沉陷、坍方。

### 2. 经济性

工程量小，节约资金。

### 3. 规范性

横断面的某些尺寸（如路基宽）必须符合公路规范和设计标牌的要求。

### 4. 兼顾性

横断面设计要兼顾农田基本建设的需要，在取土和弃土以及挡土墙设置等方面应与农田改造、水利灌溉相配合。

## 二、路基横断面设计内容

### 1. 判断横断面形式

根据各桩横断面地面线图，按照已定的纵断面设计的施工高度，用“戴帽子”的方法来判断与归纳可能出现的横断面形式和处理方式，其中有关路基路面宽度在批准的初步设计报告已按公路等级基本确定下来，非特殊需要，一般可不再验算。

### 2. 路基断面形式

对于一般路基可参照路基标准横断图（或称典型横断面）进行设计。在标准横断面图中，一般要包括路堤、路堑、半填半挖、护坡路基、挡土墙路基等断面。断面路幅内行车道路肩的宽度和横坡度以及中间带的尺寸应具体确定。断面中路基边坡坡率、边沟尺寸、挡土墙断面等应满足《公路路基设计规范》（JTG D30—2015）的规定。横断面图一般采用 1∶100 比例。

对于特殊地段路基，如路线通过不良地质地区或经过深谷悬崖的高填深挖处，其路基特殊处理的，应按具体情况单独进行设计。

### 3. 路基边坡设计

路基边坡设计是横断面设计的关键内容之一。路基设计边坡的陡缓，不仅直接影响土石方工程量大小，还关系到路基是否稳定，因此必须审慎对待。路基边坡坡度按当地的土壤类别、岩石构造和风化程度、水文条件、填方材料、施工方法及边坡高度等因素分段设计。另外，为防止路基边坡风蚀或被水冲刷，必要时应进行坡面防护。

### 4. 排水系统的设计

为保证路基稳定，设计时应根据公路沿线地面水和地下水等具体情况，设置必要的排水设备。

路面及路肩应设置一定的横坡; 挖方路段及低填方路段均须设置边沟; 在沿陡峭山坡修筑路基时，必要时可根据技术经济比较，设置挡土墙或其他支挡建筑物。

## 三、设计方法与步骤

### 1. 路线 CAD 方法

按路基标准横断面输入各组成部分尺寸、分段起止桩号，显示设计横断面，逐一检查、修改设计断面，绘制路基横断面设计图，输出路基设计表、土石方工程数量表等。

### 2. 传统方法

（1）在计算纸上绘制横断面地面线。地面线可从大比例尺地形图上内插获得。横断面图的比例一般是 1 ∶ 200。

（2）从“路基设计表”（样式见表 4.14 和表 4.15）中抄入路基中心填挖高度、左高、右高、左宽、右宽等数据。

（3）根据现场调查的土壤、地质、水文等资料，参照标准横断面图，绘出路幅宽度、填或挖的边坡线，在需要设置各种支挡工程和防护工程等处绘出该工程结构的断面示意图。

（4）根据综合排水设计，绘出路基边沟等位置和断面形式，必要时注明各部分的尺寸；此外，还应绘出取土坑、弃土堆、绿化、碎落台等。经检查无误后，修饰描绘。

表 4.14 路基设计表（一般公路）

<table>
<tr><th rowspan="3">桩号</th><th rowspan="3">平曲线</th><th rowspan="3">边坡点高程桩号及纵坡度、坡长</th><th rowspan="3">竖曲线</th><th rowspan="3">地面高程/m</th><th rowspan="3">设计高/m</th><th rowspan="3" colspan="2">填挖高度/m</th><th rowspan="2" colspan="2">路基宽/m</th><th rowspan="2" colspan="3">路边及中桩与设计高的高差/m</th><th rowspan="2" colspan="2">施工时中桩/m</th><th rowspan="2" colspan="2">边坡 1：m</th><th colspan="6">边沟</th><th rowspan="2" colspan="2">坡脚坡口至中桩距离/m</th><th rowspan="3">备注</th></tr>
<tr><th colspan="2">坡度/%</th><th rowspan="2">形状</th><th rowspan="2">底宽/m</th><th rowspan="2">沟深/m</th><th rowspan="2">内坡</th></tr>
<tr><th>左</th><th>右</th><th>左</th><th>中桩</th><th>右</th><th>填</th><th>挖</th><th>左</th><th>右</th><th>左</th><th>右</th><th>左</th><th>右</th></tr>
<tr><td>1</td><td>2</td><td>3</td><td>4</td><td>5</td><td>6</td><td>7</td><td>8</td><td>9</td><td>10</td><td>11</td><td>12</td><td>13</td><td>14</td><td>15</td><td>16</td><td>17</td><td>22</td><td>23</td><td>24</td><td>25</td><td>26</td><td>27</td><td>28</td><td>29</td><td>30</td></tr>
<tr><td></td><td></td><td></td><td></td><td></td><td></td><td></td><td></td><td></td><td></td><td></td><td></td><td></td><td></td><td></td><td></td><td></td><td></td><td></td><td></td><td></td><td></td><td></td><td></td><td></td><td></td></tr>
<tr><td></td><td></td><td></td><td></td><td></td><td></td><td></td><td></td><td></td><td></td><td></td><td></td><td></td><td></td><td></td><td></td><td></td><td></td><td></td><td></td><td></td><td></td><td></td><td></td><td></td><td></td></tr>
<tr><td></td><td></td><td></td><td></td><td></td><td></td><td></td><td></td><td></td><td></td><td></td><td></td><td></td><td></td><td></td><td></td><td></td><td></td><td></td><td></td><td></td><td></td><td></td><td></td><td></td><td></td></tr>
<tr><td></td><td></td><td></td><td></td><td></td><td></td><td></td><td></td><td></td><td></td><td></td><td></td><td></td><td></td><td></td><td></td><td></td><td></td><td></td><td></td><td></td><td></td><td></td><td></td><td></td><td></td></tr>
<tr><td></td><td></td><td></td><td></td><td></td><td></td><td></td><td></td><td></td><td></td><td></td><td></td><td></td><td></td><td></td><td></td><td></td><td></td><td></td><td></td><td></td><td></td><td></td><td></td><td></td><td></td></tr>
</table>

表 4.15 路基设计表（高速公路、一级公路）

<table>
<tr><th rowspan="3">桩号</th><th rowspan="2" colspan="2">平曲线</th><th rowspan="2" colspan="2">纵坡及竖曲线</th><th rowspan="3">地面高程/m</th><th rowspan="3">设计高程/m</th><th rowspan="2" colspan="2">填挖高度/m</th><th colspan="7">路基宽度/m</th><th colspan="6">以下各点与设计高之差/m</th><th colspan="6">边沟</th><th rowspan="2" colspan="2">坡脚坡口至中桩距离/m</th><th rowspan="3">备注</th></tr>
<tr><th colspan="3">左侧</th><th>中分带</th><th colspan="3">右侧</th><th colspan="3">左侧</th><th colspan="3">右侧</th><th colspan="3">左侧</th><th colspan="3">右侧</th></tr>
<tr><th>左</th><th>右</th><th>凹</th><th>凸</th><th>挖</th><th>填</th><th>W1</th><th>W2</th><th>W3</th><th>W0</th><th>W3</th><th>W2</th><th>W1</th><th>A1</th><th>A2</th><th>A3</th><th>A3</th><th>A2</th><th>A1</th><th>坡度/%</th><th>底宽/m</th><th>沟深/m</th><th>坡度/%</th><th>底宽/m</th><th>沟深/m</th><th>左</th><th>右</th></tr>
<tr><td></td><td></td><td></td><td></td><td></td><td></td><td></td><td></td><td></td><td></td><td></td><td></td><td></td><td></td><td></td><td></td><td></td><td></td><td></td><td></td><td></td><td></td><td></td><td></td><td></td><td></td><td></td><td></td><td></td><td></td><td></td></tr>
<tr><td></td><td></td><td></td><td></td><td></td><td></td><td></td><td></td><td></td><td></td><td></td><td></td><td></td><td></td><td></td><td></td><td></td><td></td><td></td><td></td><td></td><td></td><td></td><td></td><td></td><td></td><td></td><td></td><td></td><td></td><td></td></tr>
<tr><td></td><td></td><td></td><td></td><td></td><td></td><td></td><td></td><td></td><td></td><td></td><td></td><td></td><td></td><td></td><td></td><td></td><td></td><td></td><td></td><td></td><td></td><td></td><td></td><td></td><td></td><td></td><td></td><td></td><td></td><td></td></tr>
<tr><td></td><td></td><td></td><td></td><td></td><td></td><td></td><td></td><td></td><td></td><td></td><td></td><td></td><td></td><td></td><td></td><td></td><td></td><td></td><td></td><td></td><td></td><td></td><td></td><td></td><td></td><td></td><td></td><td></td><td></td><td></td></tr>
<tr><td></td><td></td><td></td><td></td><td></td><td></td><td></td><td></td><td></td><td></td><td></td><td></td><td></td><td></td><td></td><td></td><td></td><td></td><td></td><td></td><td></td><td></td><td></td><td></td><td></td><td></td><td></td><td></td><td></td><td></td><td></td></tr>
</table>

## 四、绘制横断面图

### 1. 横断面设计图

当按照市政道路的交通性质、地形条件以及近期和远期相结合的原则确定了横断面的组成和宽度以后，即可绘制横断面设计图。市政道路的横断面设计图与公路横断面图的作用是相同的，即指导施工和计算土石方数量。市政道路横断面设计图一般采用 1：100 或 1：200 比例尺，在图上应绘制出红线宽度、车行道、人行道、绿化带、照明、新建或改建的地下管道等各组成部分的位置和宽度，以及排水方向、路面横坡等。

### 2. 横断面现状图

沿道路中线每隔一定距离绘制横断面地面线。若属于旧街道的改建，实际上就是横断面的现状图。图中包括地形、地物、原街道的各组成部分、边沟、路侧建筑等，比例尺为 1∶100 或 1∶200。有时为了更加明显地表现地形和地物高度的变化，也可采用纵、横不同的比例尺绘制。

### 3. 横断面施工图

在完成道路纵断面设计之后，即可知道各中线的填挖高度。将这一高度点绘在相应的横断面现状图上，然后将横断面设计图以相同的比例尺绘于其上。

## 任务四　路基土石方计算与调配

路基土石方是修建公路的一项主要工程，在公路修建费用中占相当大的比例，是主要技术经济指标之一。

土石方计算与调配的主要任务是计算每公里路段的土石数量和全线总土石方工程数量，设计挖方的利用和填方的来源及运距，为编制工程预（概）算、确定合理的施工方案以及计量支付提供依据。

在公路的测设过程中，由于路基的自然地面起伏多变，路基填挖体积不是简单的几何体，若精确计算其体积往往很复杂，测量工作很繁重，而结果实用意义不大，因此常采用近似计算方法。计算精度按工程的要求而定。一般情况下，横断面的面积以 $m^2$ 为单位，取小数后一位，土石方的体积以 $m^3$ 为单位，取至整数。

## 一、横断面面积计算

路基填挖的断面面积是指横断面图中原地面线与路基设计线所围面积，高于地面线的为填方，低于地面线的为挖方，填挖面积应分别计算。横断面面积的计算可采用积距法、坐标法、几何图形法、数方格法、求积仪法等，下面主要介绍积距法和坐标法。

### 1. 积距法

如图 4.17 所示，将断面按单位横宽划分为若干梯形与三角形条块，每个小块近似面积为 $bh_i$，则横断面面积 $F$ 为

$$F = bh_1 + bh_2 + \cdots + bh_n = b\sum_{i=1}^{n} h_i \tag{4.5}$$

当 $b = 1$ 时，$F$ 等于各小条块平均高度之和 $b = \sum_{i=1}^{n} h_i$ 。

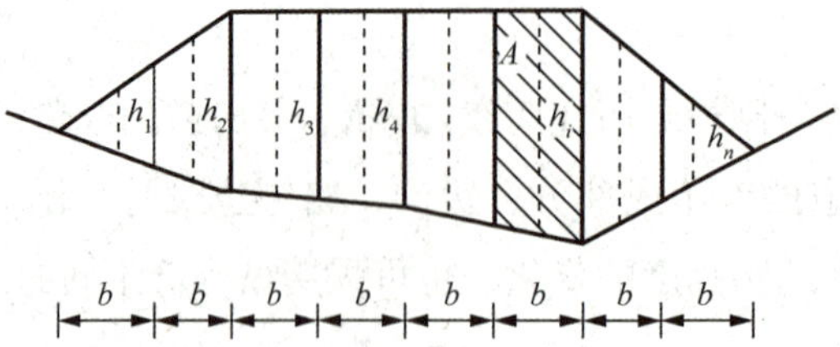


图 4.17 积距法计算示意图

由此可见，积距法求面积就是在实际操作中转化为量取 $h_i$ 的累加值，这种操作可以用分规按顺序连续量取每一条块的平均高度 $h_i$，分规最后的累计高就是 $\Sigma h_i$，将条块宽度乘以累计高度 $\Sigma h_i$，即为填或挖的面积。积距法也可以用厘米格纸拆成窄条作为量尺，每量一次 $h_i$，在窄条上画好标记，从开始到最后标记的累计距离就是 $\Sigma h_i$，然后乘以条块宽度 $b$，即为所求面积。

### 2. 坐标法

如图 4.18 所示，已知断面图上各转折点坐标（$x_i$，$y_i$），则横断面面积 $F$ 为

$$F=\frac{1}{2}\sum_{i=1}^{n} x_i y_{i+1}-x_{i+1} y_i \tag{4.6}$$

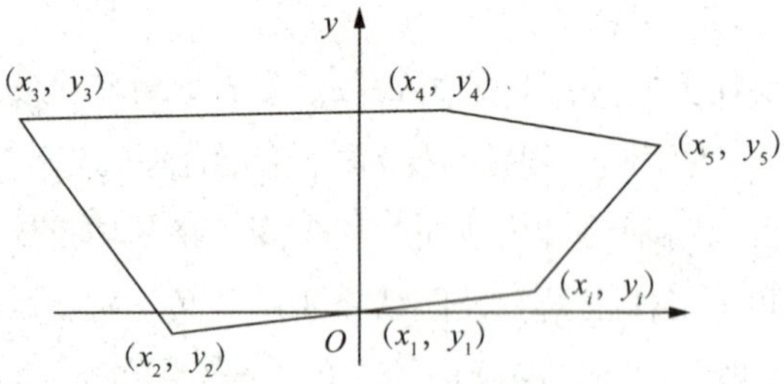


图 4.18 坐标法计算示意图

坐标法精度较高，方法较繁，适用计算机计算。

在横断面面积计算中应注意以下几个问题。

（1）填方和挖方的面积应分别计算。

（2）填方或挖方中的土石也应分别计算，因为其工程造价不同。

（3）有些情况下横断面上的某一部分面积可能既是挖方面积，又要算作填方面积。例如，遇有既要挖除，又要回填其他材料。

## 二、填挖方体积计算

若相邻两断面 $F_1$ 和 $F_2$ 均为填方或均为挖方且面积大小相近，则可假设两断面之间为一棱柱体，如图 4.19 所示。其体积 $V$ 的计算公式为

$$V=\frac{1}{2}(F_1+F_2)L \tag{4.7}$$

式中　$V$——体积（$m^3$），即为土石方数量；

$F_1$、$F_2$——相邻两断面的面积（$m^2$）；

$L$——相邻两断面之间的距离（m）。

若 $F_1$ 和 $F_2$ 相差甚大，则与棱台更为接近，其体积 $V$ 的计算公式为

$$V=\frac{1}{3}\left(F_1+F_2+\sqrt{F_1F_2}\right)L \tag{4.8}$$

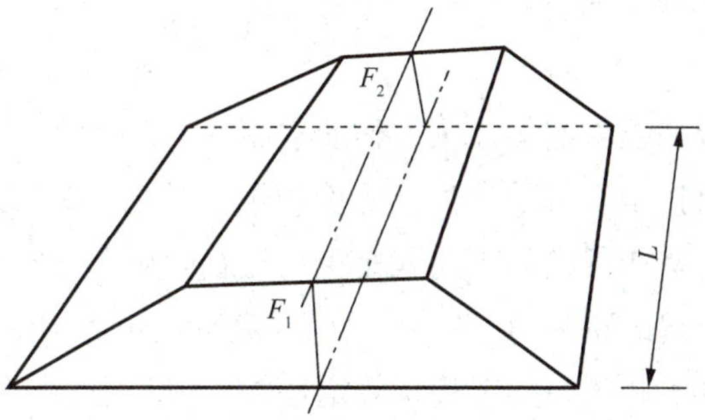


图 4.19　填挖方体积计算示意图

## 三、路基土石方的调配

### 1. 土石方调配目的

土石方调配的目的是确定填方用土的来源、挖方弃土的去向以及计价土石方的数量和运量等。通过调配，合理地解决了各路段土石方平衡与利用，使从路堑挖出的土石方，在经济调运条件下移挖做填，避免不必要的路外借土和弃土，以减少耕地占有，降低道路造价，减轻对环境的破坏。

在路基的施工过程中，就某一断面的土石方而言，会发生三种情况：一是挖去多余的土，形成路基，或者本桩有填有挖，利用了本桩的土后，还有多余，需要调走（挖余）；二是借其他地方的土，形成路基，或者本桩有填有挖，利用了本桩的土后，还不够，需要借土（填缺）；三是本桩有填有挖，利用本桩的土，填挖平衡（本桩利用）。

针对这些情况，“挖余”有两种处理方法：调至其他断面利用或弃土废方。“填缺”也有两种解决办法：从其他断面调土或从路外借土。土方调配就是要解决这些问题。

### 2. 土石方调配原则

（1）先横向，后纵向，填方首先考虑本桩利用，以减少借方和调运方数量。

（2）为使调配合理，必须根据地形和施工条件，选用适当运输方式，确定合理经济运距，用以分析工程用土是调运还是外借。

（3）保护生态环境，避免或防止取土或弃土导致水土流失、河道堵塞、塌方等生态环境的恶化，要把保护生态环境放在重要的位置。

（4）土和石应分别调配。不同性质的土石应分别调配，以便分层填筑，分别计价。

（5）考虑到施工的因素，土石方一般不跨深沟或上坡调运。借土、废方要考虑借土还田，整地造田，排灌养殖，使公路建设和其他相关方面形成良性循环。

（6）土石方调配应考虑桥涵位置对施工运输的影响，一般大沟不做跨越调运，尽可能避免和减少上坡运土。

### 3. 土石方调配计算中的几个问题

#### （1）免费运距

根据公路工程概算定额和预算定额，土方作业包括挖、装、运、卸等工序，这里的“运”是指在规定的距离范围内，只按土石方数计价，计价中包括了挖、装、运、卸的所有工作，而不再计算运费，这个不再计算运费所规定的距离就是免费运距。施工方法不同，免费运距也不同，如人工作业时，人工运输的免费运距为 20 m，铲运机的免费运距为 100 m，各种作业方法的免费运距可查《公路工程概算定额》和《公路工程预算定额》。市政道路免费运距可查《市政工程预算定额》子目具体内容。

#### （2）经济运距

填方用土来源：一是路上纵向调土；二是路外就近借土。一般情况下，调运路堑挖方来填筑距离较近的路堤是比较经济的，但如果调运距离过长，以致运价超过了在填方附近借土所需费用时，这种以挖作填就不如在附近借土经济，因此采用“调”还是“借”，有个限度距离，这个限度距离称为“经济运距”，可按式（4.9）计算。

$$L_{经} = \frac{B}{T} + L_{免} \tag{4.9}$$

式中 $L_{经}$——经济运距（km）；

$B$——借土单价（元/m$^3$）；

$T$——远运运费单价（元/m$^3$·km）；

$L_{免}$——经济运距（km）。

这个公式的含义是在考虑了免费运距之后，调土的费用和借土的费用相等时的距离称为经济运距。换言之，纵向调土超过了经济运距，就不如借土划算了。

在计算运距时注意预算定额的规定：土石方的运距，第一个 20 m（指人工运输）为免费运距，如不足 20 m 也按规定 20 m 计，此后每增加 10 m 为一个超运距单位，尾数不满 5 m 时不计，满 5 m 时按 10 m 计。这个超运距单位称为“级”。

#### （3）平均运距

调土一般是分段进行的，从挖方段体积重心到填方段体积重心之间的距离，称为平均运距。判断调土是免费运距还是经济运距，只需和平均运距比较即可。为了简化计算，通常用挖方段的中心到填方段的中心来表示平均运距。在纵向调运中，当其平均运距超过免费运距时，应按其超运距计算土石方运量。

#### （4）运量

调配土石方的数量与调运距离的乘积称为运量。在生产中，工程定额是将平均运距每 10 m 划分一个运输单位，称之为“级”，20 m 为两个运输单位，称为二级，以此类推。在土石方计算表内可用符号“①”“②”表示，不足 10 m 时，仍按一级计算或四舍五入。

$$\text{总运量}=\text{调配（土石方）方数}\times n \tag{4.10}$$

式中 $L$——平均运距（m）；

$L_{免}$——免费运距（km）；

$n$——平均运距单位（级），其值为 $n=\dfrac{L-L_{免}}{10}$。

（5）计价土石方数量

在土石方计算与调配中，所有挖方均应计价，但填方应按土的来源决定是否计价，如果是路外借土就应计价；如果是移“挖”作“填”的纵向调配利用方，则不应再计价，否则形成双重计价（即路堑挖方和路堤填方两次计价）。计价土石方数量按式（4.11）计算。

$$V_{计}=V_{挖}+V_{借} \tag{4.11}$$

$$\text{或 } V_{计}=\text{挖方}+\text{填方}-\text{利用方} \tag{4.12}$$

式中 $V_{计}$——计价土石方数量（$m^3$）；

$V_{挖}$——挖方数量（$m^3$）；

$V_{借}$——借方数量（$m^3$）。

#### 4. 土石方调配方法

土方调配分方法包括累计曲线法、调配图法及土石方计算表调配法等。目前，路基土石方数量计算表调配法是土石方调配常用的方法之一，它具有简捷、方便、清晰、精度符合要求的特点。具体步骤如下：

（1）标注参考因素

调配前应将可能影响运输调配的桥涵位置、陡坡、大沟等标注在表旁，供调配时参考。

（2）填表计算

在完成了路基土石方数量计算并复核无误后，计算并填写路基土石方计算表中的“本桩利用”“填缺”“挖余”各栏，其闭合式为

$$\text{填方}=\text{本桩利用}+\text{填缺}$$

$$\text{挖方}=\text{本桩利用}+\text{挖余}$$

（3）分析判断

根据“填缺”“挖余”的分布情况，分析调土的方向和大致的数量，然后按施工方法、运输方式，选定经济运距，并以此综合其他因素确定最大调运距离，确定调配方向和数量。经纵向调运后如有填方不足，应考虑借方，本桩利用后又未调运的挖方按废方计。

（4）表格填写

在分析的基础上进行计算，并把结果填入相应栏中。在“远运利用纵向调配示意”栏内，用箭线表示调配方向，并标注调运土石方数量及超运距的级数，在“借方数量及运距”和“废方数量及运距”栏内分别填入本桩路外借土的数量和本桩的废方。最后计算总运量。总运量是本桩废方、借方、调运数量与级数乘积的总和。

（5）复核

土石方调配后，应按下式复核检查。

填缺=远运利用+借方

挖余=远运利用+废方

挖方+借方=填方+废方

## 四、道路横断面设计成果

道路横断面设计成果主要有两项：路基土石方数量计算表和道路横断面设计图。路基土石方数量计算表见表4.16。

表4.16　路基土石方数量计算表案例

| 桩号 | 距离 /m | 面积 /$m^2$ | | 土方 /$m^2$ | | 本桩利用 /$m^3$ | 填缺 /$m^3$ | 挖余 /$m^3$ |
|---|---|---|---|---|---|---|---|---|
| | | 挖方 | 填方 | 挖方 | 填方 | | | |
| K0 + 73.159 | 6.841 | 50.00 | 500.00 | 684 | 2 808 | 684 | 2 124 | 0 |
| K0 + 080.000 | 20.437 | 150.00 | 320.91 | 4 598 | 4 301 | 4 301 | 0 | 297 |
| K0 + 100.437 | 19.563 | 300.00 | 100.00 | 4 891 | 3 424 | 3 424 | 0 | 1 467 |
| K0 + 120.000 | 7.714 | 200.00 | 250.00 | 1 065 | 1 886 | 1 065 | 821 | 0 |
| K0 + 127.714 | | 76.22 | 238.90 | | | | | |
| 合计 | — | 726.22 | 909.81 | 11 238 | 12 419 | 9 474 | 2 945 | 1 764 |

### 拓展与实训

1. 市政道路与公路等级不同，绘制横断面图时，中线法线位置有何不同？
2. 公路和市政道路的路幅分为哪几种类型？
3. 简述绘制横断面图的步骤。
4. 什么是路拱？路拱的作用是什么？
5. 横断面面积如何计算？土石方量如何计算？
6. 某一条三级公路，$V = 30$ km/h，路面 $B = 7.0$ m，路拱 $i_1 = 2\%$，路肩 $i_2 = 3\%$，一弯道 $R = 150$ m，缓和曲线 $L_s = 40$ m，交点桩号为K7 + 086.42。

试求下列桩号：（1）K7 + 030、（2）K7 + 080、（3）K7 + 140、（4）K7 + 160 的路面宽度和横断面上 3 个特征点的高程与设计高程的高差。

7. 某路段相邻两桩号分别为 K1 + 253 和 K1 + 300，计算出横断面面积分别为 $At_1 = 38.2\ m^2$，$AW_1 = 12.1\ m^2$，$At_2 = 3.2\ m^2$，$AW_2 = 47.5\ m^2$。求此路段的土石方体积。

第一篇 市政道路施工图识读

# 项目五 道路交叉设计

XIANGMUWU DAOLU JIAOCHA SHEJI

## 项目导读

道路系统是由各种不同方向的道路所组成的，由于道路纵横交错，不可避免地会形成道路交叉，即两条或两条以上道路的交会。根据各相交道路在交叉点的高程，可将道路交叉分为平面交叉和立体交叉两种类型。一般相交道路在同一平面上的交叉称为平面交叉，交叉处称为交叉口（交叉口是道路系统的重要组成部分，是道路交通的咽喉）；相交的道路分别在不同平面上的交叉称为立体交叉。

## 学习任务

本项目的任务旨在让学生了解道路平面交叉口的常见形式；掌握道路立体交叉的要求与分类；能够识读道路平面交叉口施工图和道路立体交叉施工图。

## 思政目标

学习道路交叉设计发展历史，让学生明白道路交叉设计合理的重要性，道路交叉设计也是缓解我国城市交通压力的重要一环。让学生对道路设计工作岗位的重要性有一定的了解，重点培养学生热爱专业、富有责任心的品质，提高学生的专业素养。

## 任务一 平面交叉设计

### 一、平面交叉口形式

平面交叉的形式多样，运用灵活。平面交叉的形式决定于道路规划、相交道路的等级、交通量的大小和交通组织特点、交叉口处所处地形等。

### 1. 按几何形状分类

按几何形状分类，平面交叉口可分为十字形、T 字形及其演变而来的 X 字形、Y 字形、错位、环形等多种类型，如图 5.1 所示。

（1）十字形交叉口

十字形交叉口是指两条道路以 90° 交角垂直相交的形式。它是平面交叉口中用得最多的一种形式，具有形式简单、交通组织方便、适用范围广、外形整洁、行车视线好等特点。

（2）T 字形交叉口

T 字形交叉口一般用于主要道路与次要道路的交叉，或用于一条尽头式道路与另一条道路搭接。

（3）X 字形交叉口

X 字形交叉口是两条道路以非 90° 交角斜交的形式。平面交叉路线应为直线并尽量正交；当必须斜交时，交叉角应大于 45° ，这主要是考虑交叉角如果太小，则增加交叉口的面积，导致行车视线不良，出现斜方向的对向行车，对交通安全及交通组织都不利。同时，交叉口面积增大，会增加车辆通过时间而降低通行能力。

（4）Y 字形交叉口

Y 字形交叉口通常用于道路的合流或分流处。

（5）错位交叉口

错位交叉口是指相邻两个 T 字形或 Y 字形交叉口相隔很近，形成错位的交叉形式。

（6）环形交叉口

环形交叉口是在交叉口中央设置中心岛，用环道组织渠化交通，使车辆绕岛单向行驶。

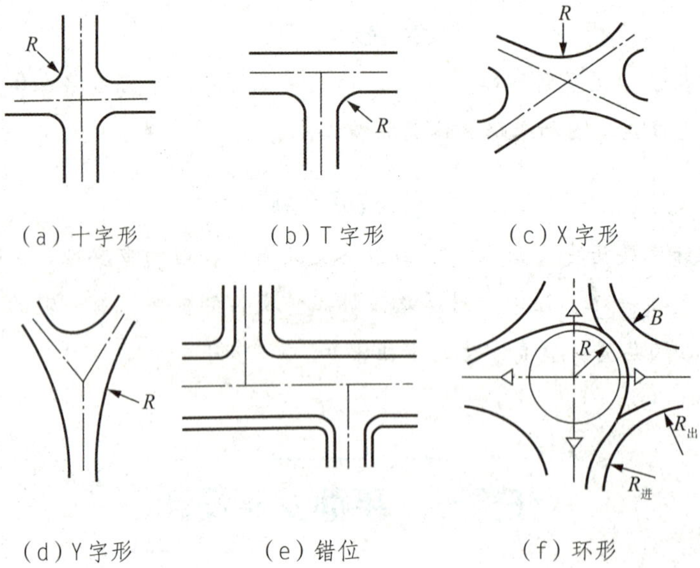


图 5.1　按几何形状分类的平面交叉口

### 2. 按交通组织方式分类

《城市道路工程设计规范（2016 年版）》（CJJ 37—2012）结合交叉口平面布局方案和交通管理方式将平面交叉口分为三大类五小类。

（1）平 A 类：信号控制交叉口

平 $A_1$ 类：交通信号控制，进出口道展宽交叉口。

平 $A_2$ 类：交通信号控制，进出口道不展宽交叉口。

（2）平 B 类：无信号控制交叉口

平 $B_1$ 类：支路只准右转通行的交叉口。

平 $B_2$ 类：减速让行或停车让行标志管制交叉口。

平 $B_3$ 类：全无管制交叉口。

（3）平 C 类：环形交叉口

在城市道路设计中，道路规划已确定了交叉口类型和用地范围。因此要根据规划条件，结合道路功能要求，选定合适的交叉口类型。平面交叉口选用类型应符合表 5.1 的规定。

表 5.1　平面交叉口选型

| 平面交叉口类型 | 选　型 | |
|---|---|---|
| | 推荐形式 | 可选形式 |
| 主干路 - 主干路 | 平 $A_1$ 类 | — |
| 主干路 - 次干路 | 平 $A_1$ 类 | — |
| 主干路 - 支路 | 平 $B_1$ 类 | 平 $A_1$ 类 |
| 次干路 - 次干路 | 平 $A_1$ 类 | — |
| 次干路 - 支路 | 平 $B_2$ 类 | 平 $A_1$ 类或平 $B_1$ 类 |
| 支路 - 支路 | 平 $B_2$ 类或平 $B_3$ 类 | 平 C 类或平 $A_2$ 类 |

### 3. 按布置形式分类

按布置形式分类，平面交叉口一般可分为加铺转角式、分道转弯式、扩宽路口式和环形四类。

（1）加铺转角式交叉

用适当半径的圆曲线将相交道路的路基、路面直接相连的平面交叉称为加铺转角式交叉，可按交叉路线的情况和需要，选用如图 5.1 所示的布设形式。此类平面交叉形式简单、占地少、造价低、设计方便，但行车速度低、通行能力弱，适用于交通量小、车速低、转弯车辆少的三级、四级公路或地方道路。若斜交不大，也可用于转弯交通量较小的主要道路与次要道路交叉。加铺转角式交叉设计的关键在于确定合适的加铺转角半径，以满足行车视距的要求，如图 5.2 所示。

图 5.2　加铺转角式交叉

（2）分道转弯式交叉

设置导流岛、划分车道等设施，使转弯车辆分道行驶的平面交叉称为分道转弯式交叉，如图 5.3 所示。分道转弯式交叉对转弯车辆，尤其是右转弯车辆的行驶速度和通行能力都能有所提高，适用于车速较高、转弯车辆较多的一般道路。分道转弯式交叉设计的关键在于确定较大的转弯半径，并设置合理的交通导流岛。

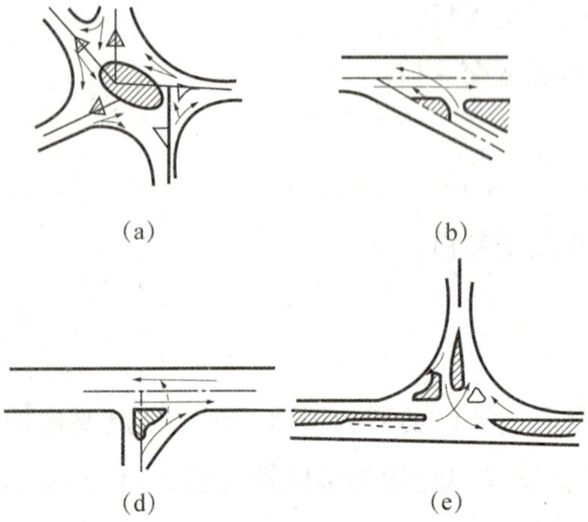


图 5.3 分道转弯式交叉

### （3）扩宽路口式交叉

为保证转弯车辆不影响其他车辆的正常行驶，在接近交叉口的道路两侧展宽或增辟附加车道的平面交叉称为扩宽路口式交叉。这种交叉可以单增右转弯或左转弯车道，也可以同时增设左转弯和右转弯车道，如图 5.4 所示。此类交叉口可以减少转弯交通对直行交通的干扰，并具有车速较高、事故率低、通行能力强等优点，但由于占地多、投资较大，主要适用于交通量较大、转弯车辆较多的市政主干路。扩宽路口式交叉设计关键在于确定扩宽车道数以满足交通量需求。

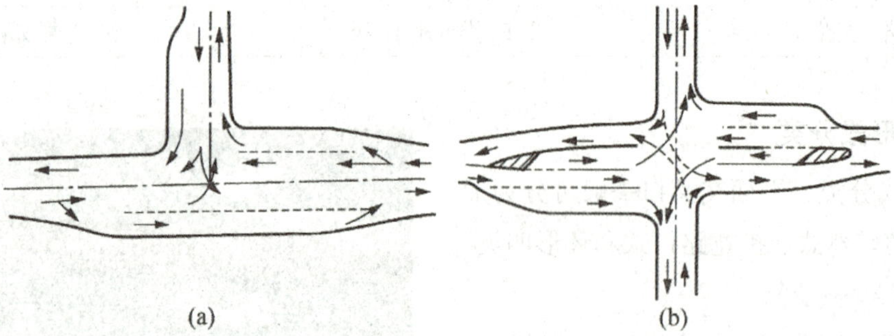


图 5.4 扩宽路口式交叉

### （4）环形交叉

环形交叉是在交叉口的中心设置一个中心岛，使各类车辆按逆时针方向绕中心岛做单方向行驶，直至从所要去的路口驶出的平面交叉，俗称转盘，如图 5.5 所示。环形交叉的优点是能消除冲突点，不需设专人指挥交通；缺点是占地较多，直行车、左转弯车绕行的距离较长。因此环形交叉仅适用于多条道路相交、转弯车辆较多、地形开阔且较为平坦的情况。

图 5.5 环形交叉

一般在环道上设计 3 ~ 4 条车道，每条车道宽 3.50 ~ 3.75 m。靠近中心岛的一条车道作为绕行之用，最靠外侧的一条车道供右转弯之用，中间的 1 ~ 2 条车道为交织之用。

## 二、平面交叉口交通处理的基本方法

### 1. 交错点的类型

进出交叉口的车辆，由于行驶方向不同，车辆与车辆之间的交错方式也不尽相同，可能产生的交错点（存在碰撞可能的点）的性质也不一样。同一行驶方向的车辆向不同方向分离行驶的地点称为分流点；来自不同行驶方向的车辆以较小的角度，向同一方向汇合行驶的地点称为合流点；来自不同行驶方向的车辆以较大的角度相互交叉的地点称为冲突点。这三类交错点都存在相互挤撞或碰撞的可能，并且是影响交叉口行驶速度、通行能力和发生交通事故的主要原因。

### 2. 减少或消灭冲突点的措施

（1）实行交通管制

在交叉口设置交通信号灯或由交通警察指挥，使发生冲突的车流从通行时间上错开。

（2）采用渠化交通

在交叉口内合理布置交通岛、交通标志和标线或增设车道等，引导各方向车流沿一定路线行驶，减少车辆之间的相互干扰，如环形交叉。

（3）修建立体交叉

将相互冲突的车流从空间上分开，各行其道，使其互不干扰。这是解决交叉口交通问题最彻底的办法。

## 三、交叉口平面设计

在机动车进入交叉口时要进行一系列复杂的操作，例如反应、减速、排除等待、转向或穿越、加速等，交叉口功能区是实施这一系列复杂操作的范围。在交叉口功能区之外，车辆以正常速度行驶，其特征符合路段交通特征。因此对于交叉口功能区的设计指标要求高于路段设计指标。

交叉口设计的基本要求主要有两方面：一是保证相交道路上所有车辆与行人的交通畅通与安全，交叉口的通行能力满足各条道路的行车要求；二是在满足行车稳定的前提下，保证交叉口范围内的地面水迅速排除。

交叉口设计的内容主要包括以下几个方面：一是平面设计，正确选择交叉口的形式，确定各组成部分的几何尺寸（包括车行道宽度、缘石转弯半径、绿带、交通岛等）；二是立面设计，交叉口的立面设计和雨水口、排水管道的布置；三是合理布置各种交通设施，包括交通信号标志、人行横道线、照明、停车位置等。

### 1. 平面交叉口平面设计要求

（1）交叉口设计范围应包括整个交叉口的功能区，即相交道路的相交区域和进出口道路段，包括展宽段、渐变段、非机动车道、人行道及过街设施等。

（2）平面交叉口的位置选择在两条相交道路的直线段上，交叉口功能区内不宜设置小半径曲线端点；当无法避免时，应首先保证功能区范围内的交通功能和视距要求。

（3）应根据相交道路等级、线形、交叉口用地条件等因素决定平面交叉口的形状。已有错位交叉口、畸形交叉口应加强交通组织与管理，并应加以改造。新建平面交叉口不得出现超过 4 条交叉的多路交叉口、错位交叉口、畸形交叉口，要尽可能正交。斜交时形成的最小交角要大于 70° ，进行局部改善时应根据主交通流道路优先的原则进行。

（4）平面交叉口的交通组织和渠化方式应根据相交道路等级、功能定位、交通量、交通管理条例等因素确定。设计不应压缩行人和非机动车的通行空间。

（5）进入交叉口车流的速度应降低，交叉口进口道成交通瓶颈。进口车道数大于路段基本车道数，设计交叉口时，交叉口的车道数最好比路段上要多一条。可将进口道车道适当减窄，避免发生抢道现象。

（6）在交叉口功能区范围内不应设置地块及建筑物机动车出入口等设施，且不宜设置在主干路上，宜经支路或专为集散车辆用的地块内部道路与次干路相通。

（7）交叉口转角处路缘石宜做成圆曲线或复曲线，其转弯半径应满足机动车和非机动车的行驶要求，路缘石转弯半径可按表 5.2 选定。对交叉口左转内侧轨迹线半径宜按表 5.3 控制。

表 5.2 城市道路交叉口路缘石转弯半径

| 右转弯设计车速 /（$km \cdot h^{-1}$） | 30 | 25 | 20 | 15 |
|---|---|---|---|---|
| 无非机动车道路缘石推荐半径 /m | 25 | 20 | 15 | 10 |

注：1. 有非机动车道时，推荐转弯半径可减去非机动车道和机非分隔带的宽度。

2. 对住宅小区内部道路和街坊出入口道路的路缘石转弯半径，可采用 5.0 ~ 8.0 m。

表 5.3 交叉口左转内侧轨迹线最小半径

| 左转弯设计车速 /（$km \cdot h^{-1}$） | 30 | 25 | 20 | 15 |
|---|---|---|---|---|
| 左转内侧轨迹线最小半径 /m | 38 ~ 43 | 26 ~ 30 | 18 ~ 21 | 12 ~ 15 |

（8）汽车驶近平面交叉口时，驾驶员应能看到相交道路上交汇车辆行驶情况，以便能顺利地驶过交叉口或及时停车，避免发生碰撞。这段距离必须大于或等于停车视距（$S_{停}$）。

在平面交叉口处，由两条相交道路停车视距所组成的三角形，称为视距三角形。停车视距应采用路段设计速度进行计算。在停车让行支路上，如上述交叉口视距不能满足，应满足停车让行最小安全视距三角形。十字形和 Y 字形视距三角形如图 5.6 所示，在视距三角形范围内（阴影部分），任何高出路面 1.2 m 妨碍驾驶员视线的障碍物应予清除。视距三角形应以最不利情况为准，即靠最右侧的第一条直行车轴线所构成的三角形。

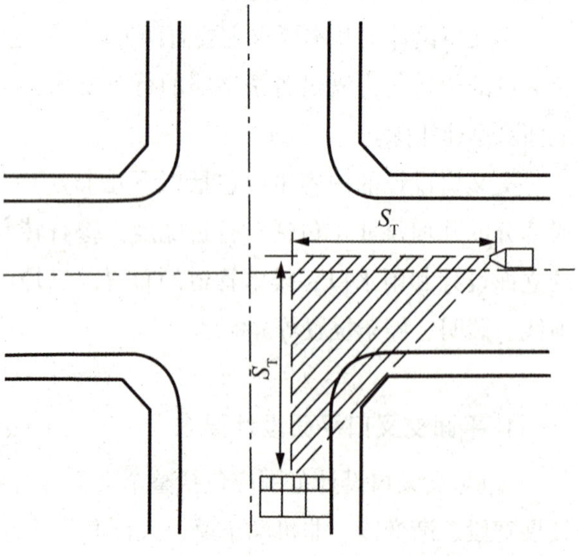


交叉口视距三角形（1）

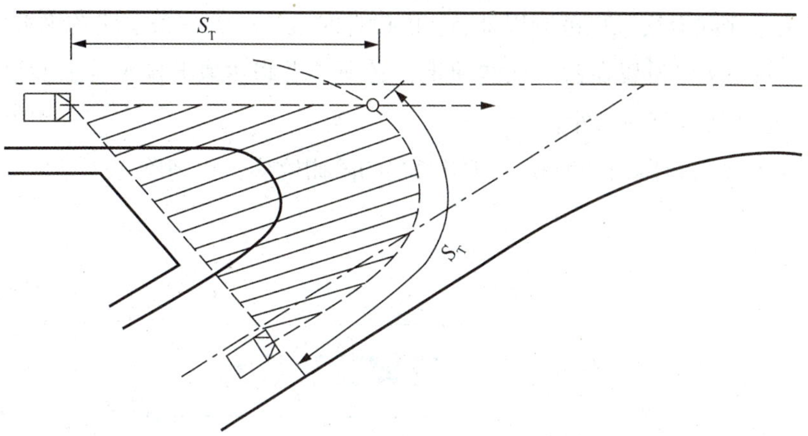


图 5.6　交叉口视距三角形（2）

当受条件的限制时，停车视距（$S_{停}$）长度可以适当减小，但不得小于表 5.4 中所列低限值，并必须同时采取设置限速标志、车辆分道行驶等技术措施。

表 5.4　停车视距与识别距离

| 设计速度 /（km·h$^{-1}$） | | 100 | 80 | 60 | 40 | 30 | 20 |
|---|---|---|---|---|---|---|---|
| 停车净距 /m | 一般值 | 160 | 110 | 75 | 40 | 30 | 20 |
| | 低限值 | 120 | 75 | 55 | 30 | 25 | 15 |
| 信号控制的识别距离 /m | | | 350 | 240 | 140 | 100 | 60 |
| 停车标志控制的识别距离 /m | | | | 105 | 55 | 35 | 20 |

### 2. 平面交叉口立面设计要点

平面交叉口立面设计的目的，是统一解决相交道路之间以及交叉口和周围建筑物之间在立面位置上的行车、排水和建筑艺术三方面的要求。使相交的道路在交叉口内能有一个平顺的共同面，便于车辆和行人的通行；使交叉口范围内的地面水能迅速地排除；使车行道和人行道的各点高程能与建筑物的地面高程相协调而具有良好的空间感观。

交叉口的立面设计应在仔细考虑相交道路的等级交通量大小及组成、横断面形状、纵坡大小、自然地形条件等基础上，按照“首先照顾主要道路，同时兼顾次要道路”的原则进行设计。一般情况下，设计时应注意以下几点。

（1）应优先考虑主要道路或交通量大的道路通畅，保证主要道路通过交叉口时，其设计纵坡维持不变。

（2）相交道路等级相同但彼此纵坡不同时，则维持两条道路的纵坡不变，而改变它们的横坡。一般是改变纵坡较小的道路的横断面形状，使其横断面与纵坡较大的道路的纵坡一致。

（3）相交道路的等级和交通量均不相同时，则主要道路的纵坡与横断面均维持不变，次要道路的纵坡应随主要道路的横断面而变，且次要道路的横断面应随主要道路的纵坡而变，从而保证主要道路的交通尽量少受干扰。

（4）在交叉口布置进水口时，应保证地面水不流过人行横道，同时保证地面水在交叉口内不能积水或不流入另一条道路。

（5）为保证将水排除至交叉口范围以外，立面设计时至少应有一条道路的纵坡由内向外而降坡。如果遇困难地形，如交叉口设置在盆形低洼地带，必须考虑修建地下排水管道并设置进水口，将四周道路的来水排除至交叉口范围以外。

（6）必须保证交叉口范围内的通视，有碍通视的障碍物应予以清除。当条件受限时，必须设置必要的限速标志。

## 任务二　立体交叉设计

道路立体交叉是指两条或多条路线，例如道路与道路、道路与铁路、道路与其他交通线路等用跨线桥、隧道或地道在不同水平面上相互交叉的连接方式。立体交叉是高速公路和城市快速路必不可少的组成部分。由于在交叉处设置跨线结构物例如跨线桥、隧道或地道，使不同的交通流在平面和空间上分隔，同时用专门设置的匝道进行联系，从而使各路的交通流互不干扰，避免冲突点，保证交通流安全、迅速地通过交叉口或方便地完成转向运行，从根本上解决了道路交叉口的交通问题。

立体交叉具有行车速度快、通行能力大、相互干扰小等优点。立体交叉多运用于快速干道与其他各级道路相交、道路与铁路相交、高速公路或快速干道与其他各级道路相交等情形。但立体交叉造价高，占地面积大，所以一般在平面交叉不能解决交通问题时，考虑修建立体交叉。

### 一、立体交叉组成

无论何种形式的立体交叉，所要解决的问题都是消除或部分消除各向车流的冲突点，也就是将冲突点处的各向车流组织到空间的不同高度上，使各向车流分道行驶，从而保证各向车流在任何时间都连续行驶，提高交叉处的通行能力和安全舒适性。

通常，立体交叉包括以下几个组成部分，如图 5.7 所示。

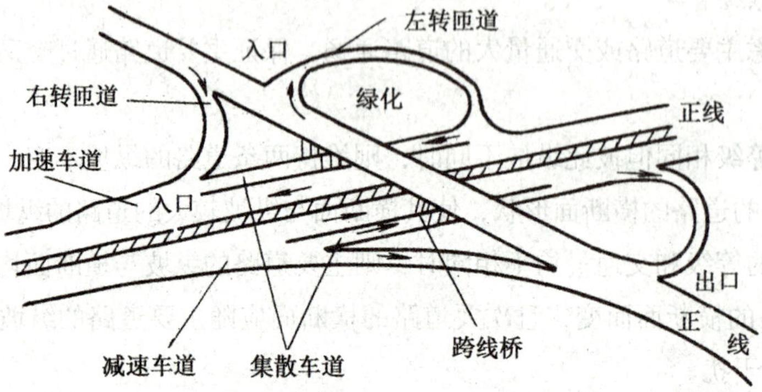


图 5.7　立体交叉的组成

### 1. 跨线构造物

跨线构造物是立体交叉实现车流空间分离的主体构造物，分上跨式和下穿式两种。上跨式是设于地面以上的跨线桥，如图 5.8（a）所示。下穿式是设于地面以下的地道，如图 5.8（b）所示。

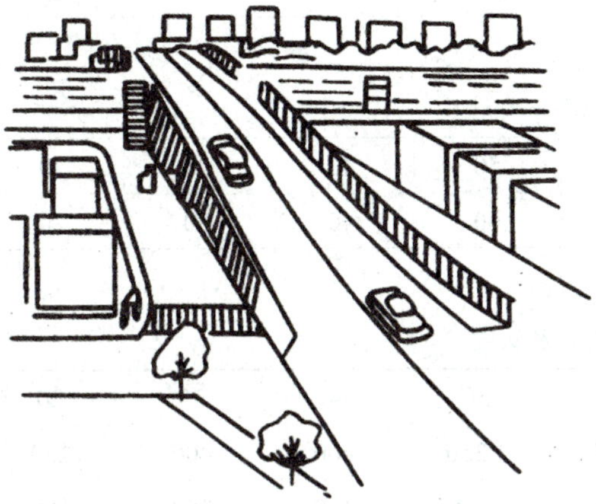

（a）上跨式

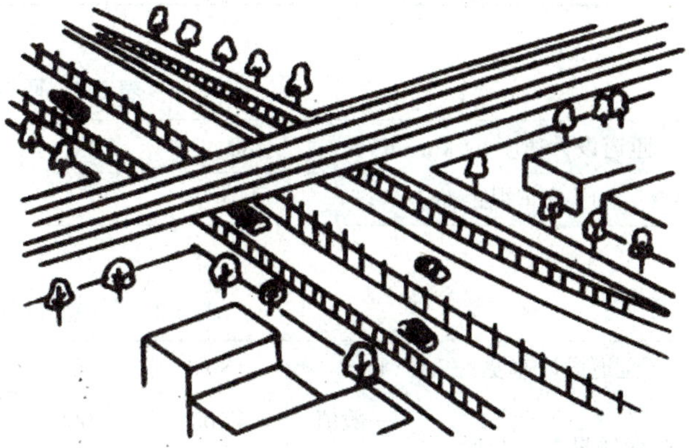

（b）下穿式

图 5.8　跨线构造物

上跨式跨线构造物占地大，引道较长，影响市容和视线，但施工方便，造价低，易排水。因此适用于市区以外或周围有高大建筑物处。下穿式跨线构造物占地较少，立面易于处理，对视线和市容影响较少，但施工期较长，造价较高，排水困难。

### 2. 正线

正线是组成立体交叉的主体，指相交道路的直行车行道，主要包括连接跨线构造物两端到地坪高程的引道和交叉范围内引道以外的直行路段。

### 3. 匝道

匝道是立体交叉的重要组成部分，是指供上下相交道路转弯车辆行驶的连接道。匝道使空间上分离的主线连接起来，形成互通式结构。根据匝道的功能，分为右转匝道、左转匝道和左右转共行匝道。其中，右转匝道主要是指直接从主线右转弯驶出的匝道，主要包括定向右转匝道、半定向右转匝道、环形右转匝道三种；左转匝道主要包括环形左转匝道、半定向左转匝道、定向左转匝道三种。匝道的转弯半径是决定互通式立交形式、占地、造价等的主导因素，并直接影响到立交的使用功能，我国公路对匝道的各种参数指标规定见表 5.5 ~ 表 5.8。

表 5.5　匝道圆曲线最小半径

| 匝道设计速度 / ( $km \cdot h^{-1}$ ) | | 80 | 70 | 60 | 50 | 40 | 30 | 20 |
|---|---|---|---|---|---|---|---|---|
| 圆曲线最小半径 /m | 一般值 | 280 | 205 | 145 | 95 | 60 | 35 | 20 |
| | 极限值 | 255 | 185 | 130 | 90 | 55 | 30 | 15 |

表 5.6 匝道圆曲线及缓和曲线最小长度

| 匝道设计速度 / ( km · h⁻¹ ) | 80 | 70 | 60 | 50 | 40 | 30 | 20 |
|---|---|---|---|---|---|---|---|
| 缓和曲线最小长度 /m | 70 | 60 | 50 | 45 | 35 | 25 | 20 |
| 圆曲线最小长度 /m | 70 | 60 | 50 | 45 | 35 | 25 | 20 |

表 5.7 匝道停车视距

| 匝道设计速度 / ( km · h⁻¹ ) | 80 | 70 | 60 | 50 | 40 | 30 | 20 |
|---|---|---|---|---|---|---|---|
| 停车视距 /m | 110 | 90 | 70 | 60 | 40 | 30 | 20 |

表 5.8 匝道竖曲线最小半径及长度

| 匝道设计速度 / ( km · h⁻¹ ) | | | 80 | 70 | 60 | 50 | 40 | 30 | 20 |
|---|---|---|---|---|---|---|---|---|---|
| 竖曲线最小半径 / m | 凸形 | 一般值 | 4 500 | 3 000 | 1 800 | 1 350 | 600 | 400 | 150 |
| | | 极限值 | 3 000 | 2 000 | 1 200 | 900 | 400 | 250 | 100 |
| | 凹形 | 一般值 | 2 700 | 2 025 | 1 500 | 1 050 | 700 | 400 | 165 |
| | | 极限值 | 1 800 | 1 350 | 1 000 | 700 | 450 | 250 | 100 |
| 竖曲线最小长度 /m | | 一般值 | 105 | 90 | 75 | 60 | 55 | 40 | 30 |
| | | 极限值 | 70 | 60 | 50 | 40 | 35 | 25 | 20 |

### 4. 出入口

由正线驶出进入匝道的道口为出口，由匝道驶入正线的道口为入口。

### 5. 变速车道

为适应车辆变速行驶的需要，而在正线右侧的出入口附近设置的附加车道称为变速车道。其中，出口端的为减速车道，入口端的为加速车道。

## 二、立体交叉的分类

立体交叉按交通功能划分为分离式立体交叉和互通式立体交叉两类。

### 1. 分离式立体交叉

分离式立体交叉是指采用上跨或下穿方式相交的立体交叉，如图 5.9 所示。车辆只能直行通过交叉处，不能互相转道。分离式立体交叉仅设一座跨线构造物，使相交道路空间分离，上下道路无匝道连接。这类立体交叉结构简单、占地少、造价低，但相交道路的车辆不能转弯行驶，仅适用于高速道路与铁路或次要道路之间的交叉。

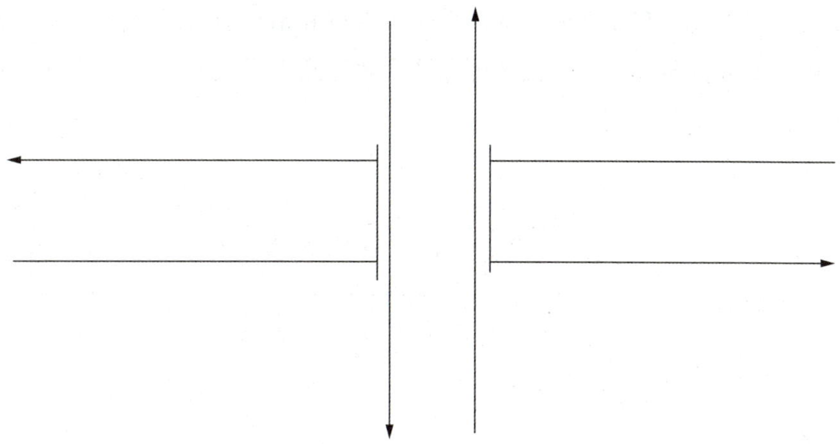

图 5.9　分离式立体交叉

### 2. 互通式立体交叉

互通式立体交叉不仅设跨线构造物使相交道路空间分离，而且上下道路有匝道连接，可供转弯车辆行驶，如图 5.7 所示。这类立体交叉形式可使车辆转弯行驶，全部或部分消灭了冲突点，各方向行车干扰较小，但其结构复杂、占地多、造价高。

互通式立体交叉的类型较多，基本类型有以下几种。

#### （1）喇叭形立体交叉

喇叭形立体交叉如图 5.10 所示，是三路立体交叉的代表形式，可分为 A 式和 B 式。经环形左转匝道驶入主线（或正线）时为 A 式，驶出时为 B 式。喇叭形立体交叉的特点是结构简单，只需一座构造物，投资较小；所有匝道均自右侧接入干道的行车道，无冲突点和交织，通行能力强，行车安全；造型美观，行驶方向容易识别。

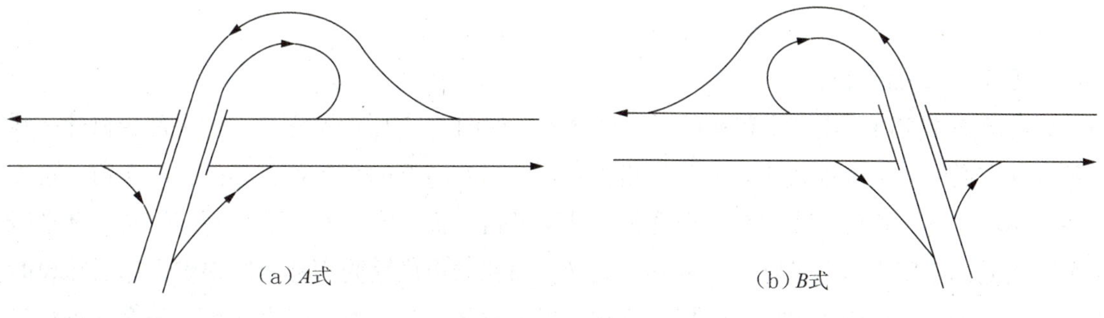


图 5.10　喇叭形立体交叉

#### （2）Y 形立体交叉

Y 形立体交叉如图 5.11 所示，其特点是正线与立交匝道作为一体设计，行驶方向最易识别；无交织，无冲突点，行车安全；方向明确，路径便捷，通行能力强；正线外侧占地宽度较小，但需要构造物多，造价较高。

#### （3）部分苜蓿叶形立体交叉

当主要道路与次要道路相交或用地受到限制时，可减少匝道数而采用部分苜蓿叶形立体交叉，如图 5.12 所示。部分苜蓿叶形立体交叉仅需一座跨线桥，用地和工程费用较少；远期可扩建为完全苜蓿叶形立体交叉，但次线上存在平面交叉，有停车等待和错线运行的可能，这些情况都会影响行车安全和行车速度。部分苜蓿叶形立体交叉可保证主要道路直行交通畅通，适用于主要道路与次要道路相交的交叉口。

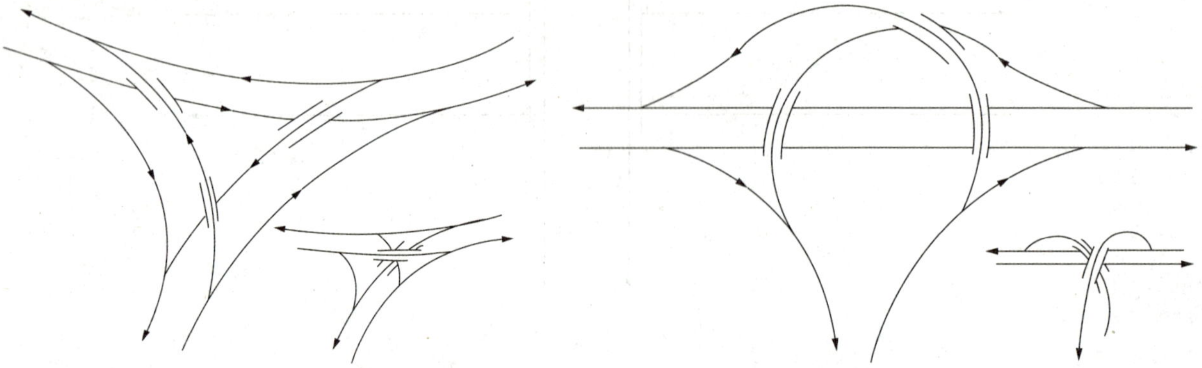

(a) 定向 Y 形　　(b) 半定向 Y 形

图 5.11　Y 形立体交叉

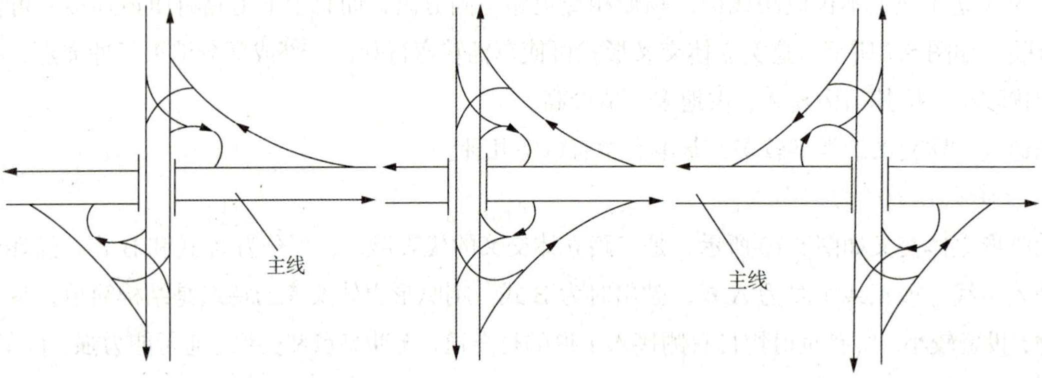


(a)　(b)　(c)

图 5.12　部分苜蓿叶形立体交叉

### (4) 完全苜蓿叶形立体交叉

两条主要的道路相交可采用完全苜蓿叶形立体交叉，如图 5.13 所示。它是在中央部分修建跨线桥，用 8 条单向交通的匝道来连接 2 条相交道路，直行、左右转弯的车流各有其独立的车道，可连续行驶，各向车流互不干扰，行车安全；但这种立体交叉占地面积大，左转绕行距离较长，环形匝道的适应车速较低，多用于高速道路之间的立体交叉，而在城市内因受用地限制很难采用。布设时为消除主线上的交织、避免双重出口、使标志简化及提高立体交叉的通行能力和行车安全，可加设集散车道。

### (5) 菱形立体交叉

主要道路与次要道路相交时可采用菱形立体交叉，如图 5.14 所示。同其他形式的立体交叉相比，这种形式的立体交叉能保证主线直行车辆快速畅通，转弯车辆绕行距离较短，用地少，造价低，主要道路行驶方向只有一个出口，易被驾驶员识别，匝道近似直线，平面线形好。但匝道与次要道路连接处为平面交叉，其干扰大，限制了匝道与次要道路的通过能力，布设时应将平面交叉设在次线上。

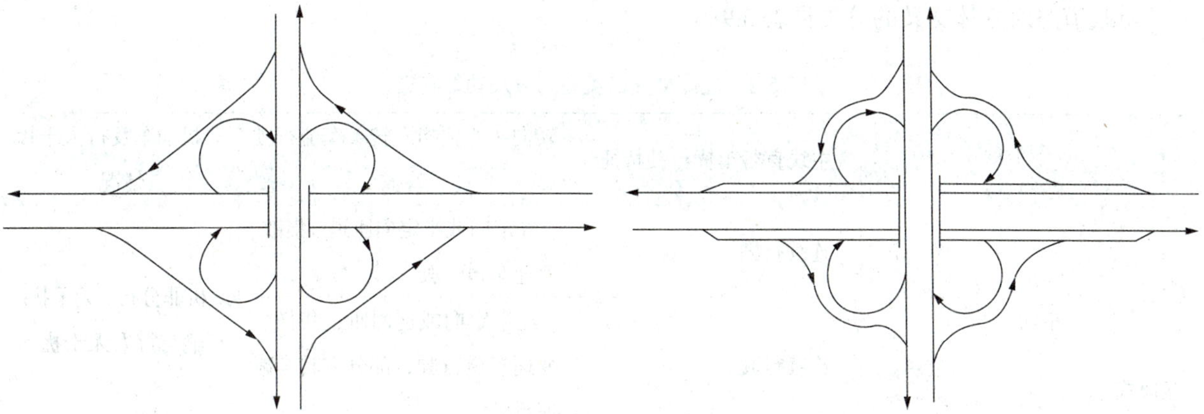

（a）不带集散车道　　（b）带有集散车道

图 5.13　完全苜蓿叶形立体交叉

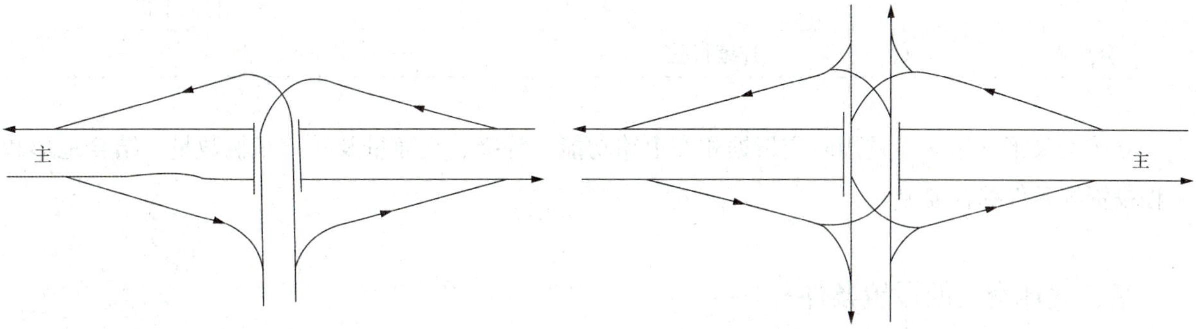


（a）三路立交　　（b）四路立交

图 5.14　菱形立体交叉

### （6）定向式立体交叉

定向式立体交叉是使直行、右行和左转的车辆均沿着比较顺捷的行车道和专用单向匝道行驶，所有相交道路均立体交叉。这种形式的立体交叉各方向运行都有专用匝道，自由流畅、转向明确、无冲突点、无交织、通行能力强、适应车速高。但其占地面积大、层多桥长、造价高，在城区很难实现。定向式立体交叉适用于高速公路与高速公路相交，且左转车流特别大的立体交叉。

### （7）环形立体交叉

环形立体交叉是由环形平面交叉加主干路的上跨或下穿构造物构成的，如图 5.15 所示。环形立体交叉能保证主干路上的车流连续行驶，转向车流沿着中心岛逆时针交织行驶，环道上的通行能力与行车速度受交织断面的限制。这种形式的立体交叉占地面积小，可分期修建，当交通量增大后可将另一条主干路的直行车辆通过上跨或下穿分离出去。

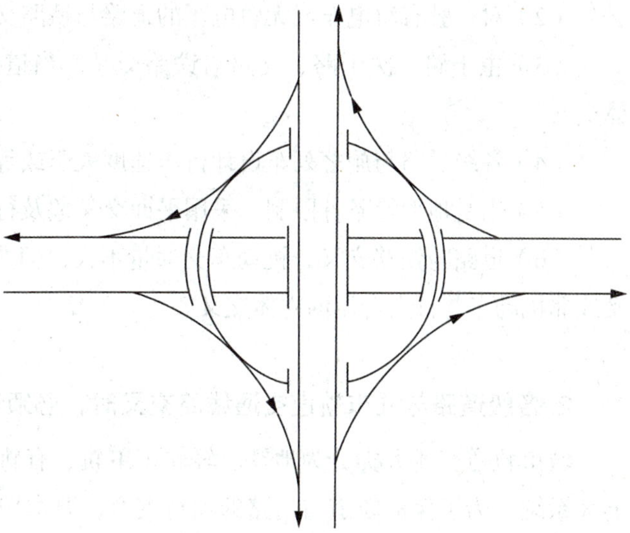

图 5.15　环形立体交叉

市政道路对立体交叉的分类见表 5.9。

表 5.9 立体交叉口类型划分及功能特征

<table>
<tr><th colspan="3">立交类型</th><th>主线直行车辆行驶特征</th><th>转向（主要指左转）车流行驶特征</th><th>非机动车及行人干扰情况</th></tr>
<tr><td rowspan="3">互通式</td><td rowspan="2">枢纽</td><td>立 $A_1$</td><td>连续行驶</td><td>经定向或半定向匝道、集散、变速车道行驶</td><td rowspan="2">机非分行，无干扰；车辆与行人无干扰</td></tr>
<tr><td>立 $A_2$</td><td>连续行驶</td><td>经半定向或迂回匝道集散、变速车道行驶，部分左转车减速行驶</td></tr>
<tr><td>一般</td><td>立 B</td><td>主要主线连续行驶，次要主线为连续流或间断流</td><td>经迂回匝道、变速车道行驶，部分左转车减速交织行驶</td><td>机非分行或混行，有干扰；主线车辆与行人干扰</td></tr>
<tr><td colspan="2">分离式</td><td>立 C</td><td>连续行驶</td><td>—</td><td>—</td></tr>
</table>

立体交叉形式很多，选用时应根据相交道路功能、等级、交通量及转弯车辆数量，结合地形和工程投资等条件综合确定。

## 三、立体交叉的设置条件

由于立体交叉占地面积大、工程造价高、施工复杂、不易改造，因此立交的设置应根据规划，经过技术、经济和环境效益的比较和分析，详细论证后确定。一般情况下，设置立交应考虑以下多方面因素。

### 1. 道路与铁路交叉时，应符合规定

（1）快速路和重要的主干路与铁路交叉时，必须设置立体交叉。

（2）对行驶有轨电车或无轨电车的道路与铁路交叉，必须设置立体交叉。

（3）主干路、次干路、支路与铁路交叉，当道口交通量大或铁路调车作业繁忙时，应设置立体交叉。

（4）各级道路与旅客列车设计行车速度大于或等于 120 km/h 的铁路交叉，应设置立体交叉。

（5）当受地形等条件限制，采用平面交叉危及行车安全时，应设置立体交叉。

（6）道路与铁路交叉，机动车交通量不大，但非机动车和行人流量较大时，可设置人行立体交叉或非机动车与行人合用的立体交叉。

### 2. 各级道路与城市轨道交通线路交叉时，必须设置立体交叉

城市轨道交通大类分为地铁、轻轨、单轨、有轨电车、磁浮、自动导向轨道和市域快速轨道等七大系统。为了保证轨道与道路的通行安全，要求城市各级道路与除有轨电车道外的城市轨道交通线路交叉时，必须设置立体交叉。

## 拓展与实训

1. 平面交叉口按其形状可以分为哪几类？
2. 交叉口立面设计的原则是什么？
3. 立体交叉分为哪几部分？

# 项目六 市政道路施工图审核与会审

XIANGMULIU SHIZHENG DAOLU SHIGONGTU SHENHE YU HUISHEN

## 项目导读

看懂施工图的目的是指导实际施工，有效地从事现场经营和管理。识读施工图一般从本岗位施工生产、经营管理实际需要入手，读懂意图，从而监督和指导操作。各高级工种、技术管理人员不仅要看懂各工种的复杂施工图，还要能审核图纸。学习施工图的关键是要领会设计者的意图，从读图中审核施工图纸，发现问题、提出问题并向设计部门提出建议，确保按图施工的质量，降低工程造价。

## 学习任务

本项目的重点是要在学会识读市政道路施工图的基础上，提高看图水平，在理解设计者意图的同时审核施工图纸，并掌握施工图会审的内容、程序和要求，以及会审资料的填写。

## 思政目标

学习道路施工图审核与会审内容，让学生明白施工图会审这一环节的重要性，工作人员稍一疏忽就会造成不可弥补的经济损失，从而让学生形成严谨、认真的工作态度，提高学生的专业素养。

## 任务一 施工图审核

从施工角度出发，阅读和校核施工图，以了解设计意图，熟悉设计图内容，提出有关设计图中的疑问和建议，对平面、纵断面、横断面设计图纸可能存在的不符合之处进行校核。

## 一、通读工程的全套施工图

了解工程全貌、工程规模、工程概（预）算、主要工程数量、主要项目和内容等。

## 二、中线里程的校核

由于里程桩号的连续性，若整个路线中有一处桩号有问题，则在其后面的各里程桩号必然出现断链而影响整个里程桩号，所以必须重视这项校核工作。

当各交点均有已知坐标时，可用坐标反算的方法，核算各交点的间距与转折角是否有误；当各交点没有坐标值时，则应由路线起点起，先校核各交点处的曲线要素（$L$、$T$、$R$、$E$、$A$ 及校正值 $J$）与各主点桩号均无误后，再用式（6.1）与式（6.2）校核各交点间距与路线终点桩号是否正确。

### 1. 交点间距 $Dij$ 的计算校核

JD7 ~ JD8 间距离为

$$D78 = \text{JD8 桩号} - \text{JD7 桩号} + J7 \qquad (6.1)$$

计算校核如下：

$$D78 = \text{JD8 桩号} - \text{YZ7} + T7 \qquad (6.2)$$

### 2. 线路总长度的计算校核

当线路起点桩号为 K0 + 000 时，则：

线路总长度的计算校核= $\Sigma D$（各交点间距的总和）$-\Sigma J$（各交点处校正值的总和）

## 三、平面图线性设计

平面图线性设计包括道路两侧建筑物、建筑设施、街道（路基）宽度的情况，附属构筑物、路口设计和沿线桥涵的设计情况，地上房屋、树木、杆线、田地等的拆迁情况，地下管缆设置和原有管缆情况等。

## 四、纵断面图的纵断线性设计

纵断线性设计包括最大坡度及其坡长，竖曲线最小半径，最大竖曲线长度，沿线土质、水文情况，桥涵过街管缆等附属构筑物位置、高程，原有建筑、设施基地高程等。在纵断面图上的路口，校核广场、停车场、支线等的高程衔接是否一致。

## 五、横断面图的横断线性设计

横断线性设计包括路面结构，标准横断面、规划横断面、原路横断面相互关系等。

当一条路有几种不同的设计标准横断面时，可以从路线桩号的起点至终点，按顺序用相应的标准横断面对平面图进行校核。在同一种横断面布置的路线中，校核各组成部分的宽度施工中线、规划中线、原路中线、路拱横坡度、路面结构、地下管线位置、高程，该标准横断面的起止桩号与平面图是否相符，同一种路面结构的使用范围与平面图中所示路段是否一致。

在横断面与平面图对照中，同时检查相应路段的纵断面图、平面曲线与纵坡段的关系，最小平曲线半径与最大纵坡度重合时对施工测量的要求，坡向、坡度在平面图中出入口的处理方式。

横断面图与纵断面图对照，校核填挖方中心高度、路边建（构）筑物和设施的基底高程与横断面高程的关系。

## 任务二　施工图会审

施工图会审，又称图纸会审，是指工程各参建单位（建设单位、监理单位、施工单位等相关单位）在收到施工图审查机构审查合格的施工图设计文件后，在设计交底后进行全面细致的熟悉和审查施工图纸的活动。

### 一、施工图会审的目的

站在施工的角度上来说图纸会审就是在工程开工前，施工相关单位在收到审查合格的施工图设计文件后，进行全面细致熟悉和审查施工图纸，将问题汇总后以会议形式进行设计交底和图纸会审问题释疑，并由施工单位整理会议纪要，参会各方会签的过程。

同样，站在施工的角度来讲图纸会审的目的是：

（1）图纸会审对工程的顺利进行、减少设计变更具有重要作用。

（2）图纸会审对发挥公司特长、节约成本、增加效益方面有一定作用。

（3）图纸会审对提高公司声誉、协调相关方面关系、扩大公司业务量方面有一定作用。

（4）图纸会审对施工单位文化建设方面有一定作用。重视图纸会审就是重视知识、实践和理论相结合，长此以往，必然会在施工技术人员中形成学习的好风气，有利于公司文化建设。

（5）寻找工程变更点有利于后期的工程索赔，使自身利益最大化。

其中第一和第五条是图纸会审最主要的目的。

### 二、施工图会审的作用

施工图会审的作用有两个方面：一是使施工单位和各参建单位熟悉设计图纸，了解工程特点和设计意图，找出需要解决的技术难题，并制定解决方案；二是为了解决图纸中存在的问题，减少图纸差错，完善图纸的设计质量，提高建造速度和管理水平，达到功能实用、技术先进、经济合理的目标。

施工图是工程施工和竣工验收的主要资料。施工图会审是施工准备阶段的重要内容之一，未经施工图会审的工程项目不得开工。

## 三、施工图会审的内容

（1）图纸是否无证设计或越级设计；是否经设计单位正式签署；是否是经过相关部门图审合格。

（2）地质勘探资料是否齐全。

（3）设计图纸与说明是否齐全，有无分期供图的时间表。

（4）设计地震烈度是否符合当地要求。

（5）几个设计单位共同设计的图纸相互间有无矛盾；专业图纸之间、平立剖面图之间有无矛盾；标注有无遗漏。

（6）总平面与施工图的几何尺寸、平面位置、标高等是否一致。

（7）防火、消防是否满足要求。

（8）建筑结构与各专业图纸本身是否有差错及矛盾；结构图与建筑图的平面尺寸及标高是否一致；建筑图与结构图的表示方法是否清楚，是否符合制图标准；预埋件是否表示清楚；有无钢筋明细表；钢筋的构造要求在图中是否表示清楚。

（9）施工图中所列各种标准图册，施工单位是否具备。

（10）材料来源有无保证，能否代换；图中所要求的条件能否满足；新材料、新技术的应用有无问题。

（11）地基处理方法是否合理；建筑与结构构造是否存在不能施工、不便于施工的技术问题，或容易导致质量、安全、工程费用增加等方面的问题。

（12）工艺管道、电气线路、设备装置、运输道路与建筑物之间或相互间有无矛盾，布置是否合理，是否满足设计功能要求。

（13）施工安全、环境卫生有无保证。

（14）图纸是否符合监理大纲所提出的要求。

## 四、施工图会审的程序

施工图会审应在开工前进行。如果施工图纸在开工前未全部到齐，可先进行分部工程施工图会审。

施工图会审的一般程序：业主或监理方主持人发言→设计方图纸交底→施工方、监理方代表提问题→逐条研究→形成会审记录文件→签字、盖章后生效。

施工图会审前必须组织预审。阅图中发现的问题应归纳汇总，会上派一代表为主发言，其他人可视情况适当解释、补充。

施工方及设计方应有专人对提出和解答的问题做好记录，以便核查。

整理成为施工图会审记录，由各方代表签字盖章认可。

## 五、施工图会审的要求

参加施工图会审的人员必须包括建设方的现场负责人及其他技术人员；设计院总工程师、项目负责人及各专业设计负责人；监理单位项目总监、副总监及各个专业监理工程师；施工单位项目经理、项目副经理、项目总工程师及各专业技术负责人；其他相关单位的技术负责人。

施工图会审应在单位工程开工前完成，以确保工程质量和工程进度，避免返工和浪费；当施工图由于客观原因不能满足工程进度时，可分阶段组织会审；施工图会审由主持单位做好详细记录，较重要的或有原则性的问题应经监理公司、建设单位会签后，由设计代表签署解决意见，并不再另外办理设计变更；委托外单位加工、订货用的图纸，应由委托单位的工程管理部门进行审核后交出；加工单位提出的设计问题由委托单位提交设计单位处理解决。

设计交底与施工图会审的流程是：设计文件完成后，设计单位将设计图纸移交建设单位，报经有关部门批准后，建设单位将设计图纸发给承担施工阶段监理的监理单位和施工单位。由施工阶段的监理单位组织参建各方进行施工图会审，并整理成会审问题清单，在设计交底前一周交给设计单位。承担设计阶段监理的监理单位组织设计单位做交底准备，并对会审问题清单拟定解答。设计交底一般以会议形式进行，先进行设计交底，后转入施工图会审问题解答，通过设计、监理、施工三方或参建多方研究协商，确定存在的图纸问题和各种技术问题的解决方案。

设计交底应由设计单位整理会议纪要，施工图会审应由监理单位整理会议纪要，与参会各方会签。设计交底与施工图会审中涉及设计变更的，尚应按监理程序办理设计变更手续。设计交底会议纪要、施工图会审会议纪要一经各方签认，即成为施工和监理的依据，作为监理文件由建设单位和监理单位长期保存。

设计交底记录（表 6.1）和施工图会审记录（表 6.2）作为施工文件由建设单位、设计单位、施工单位长期保存，监理单位短期保存，城建档案馆保存。

表 6.1　设计交底记录

<table>
<tr><td>工程名称</td><td></td><td>建设单位</td><td></td></tr>
<tr><td>设计单位</td><td></td><td></td><td></td></tr>
<tr><td>施工单位</td><td></td><td>监理单位</td><td></td></tr>
<tr><td colspan="4">交底内容：</td></tr>
<tr><td colspan="2">建设单位盖章<br><br>项目负责人：　年　月　日</td><td colspan="2">设计单位盖章<br><br>项目负责人：　年　月　日</td></tr>
<tr><td colspan="2">施工单位盖章<br><br>技术负责人：　年　月　日</td><td colspan="2">监理单位盖章<br><br>总监理工程师：　年　月　日</td></tr>
</table>

表 6.2　施工图会审记录

<table>
<tr><td>工程名称</td><td colspan="3"></td></tr>
<tr><td>建设单位</td><td></td><td>设计单位</td><td></td></tr>
<tr><td>施工单位</td><td></td><td>监理单位</td><td></td></tr>
<tr><td>图纸名称及图号</td><td colspan="2">主要内容</td><td>结论意见</td></tr>
<tr><td></td><td colspan="2"></td><td></td></tr>
<tr><td colspan="2">建设单位盖章<br><br>项目负责人：　年　月　日</td><td colspan="2">设计单位盖章<br><br>项目负责人：　年　月　日</td></tr>
<tr><td colspan="2">施工单位盖章<br><br>技术负责人：　年　月　日</td><td colspan="2">监理单位盖章<br><br>总监理工程师：　年　月　日</td></tr>
</table>

施工图会审记录是施工文件的重要组成部分，和施工图纸具有同等效力，所以施工图会审记录的管理办法和发放范围同施工图管理、发放，并认真实施。施工图会审记录要一式五份。施工图会审记录也可用于施工单位的技术负责人组织单位内部的施工技术人员对施工图设计文件进行全面学习和审核。施工图会审记录由主持单位保留并发放，施工单位保留一份各专业施工图会审记录，以备后期施工时查阅。

在施工图设计文件交予建设单位投入使用前或使用后，均会出现由于建设单位要求，或现场施工条件的变化，或国家政策法规的改变原因而引起的设计变更。设计变更必须征得建设单位同意并且办理书面变更手续，凡涉及施工图审查内容的设计变更还必须报请原审查机构审查后再批准实施。设计变更通知单（表 6.3）由建设单位永久保存，施工单位、设计单位长期保存，城建档案馆保存。

表 6.3　设计变更通知单

<table>
<tr><td>工程名称</td><td></td><td>变更单编号</td><td></td></tr>
<tr><td>建设单位</td><td></td><td>施工单位</td><td></td></tr>
<tr><td>设计单位</td><td></td><td>相关图号</td><td></td></tr>
<tr><td colspan="4">变更内容及简图：<br>设计人：　　年　　月　　日</td></tr>
<tr><td colspan="2">设计单位意见：<br>签字（公章）：<br>年　　月　　日</td><td colspan="2">建设单位意见：<br>签字（公章）：<br>年　　月　　日</td></tr>
<tr><td colspan="4">施工图审批机构意见：<br>签字（公章）：<br>年　　月　　日</td></tr>
</table>

## 拓展与实训

1. 请简述施工图会审的内容。
2. 请简述施工图审核和施工图会审的区别。

第二篇 市政道路路基工程

# 项目七 路基工程概述

XIANGMUQI LUJI GONGCHENG GAISHU

## 项目导读

路基是公路线形的主体，贯穿于公路全线，与沿线的桥梁、涵洞和隧道等相连接。路基是按照路线位置和一定技术要求修筑成的带状构造物，其作为路面的基础，承受由路面传递下来的行车荷载。路面是用硬质材料铺筑于路基顶面的层状结构，路面靠路基来支承。没有稳固的路基就没有稳固的路面。

本项目的重点内容是路基基础知识，路基土的分类及工程性质，路基水温状况及干湿类型，公路自然区划，路基的常见病害、原因、防治措施及对路基的基本要求等。

## 学习任务

本项目的任务旨在让学生熟悉路基的类型与构造、路基工程的特点和基本内容；能根据路基用土的工程性质选择路基用土；初步掌握路基干湿类型的确定方法；掌握路基的常见病害、产生原因及防治措施。

## 思政目标

通过本项目的学习，学生可以学习、理解、掌握路基路面工程的理论知识，培养求真务实的科学精神。

## 任务一 路基基础知识

### 一、路基的类型

通常根据公路路线设计，确定的路基高程与天然地面高程是不同的，路基设计高程低于天然地面高程时，需进行挖掘；路基设计高程高于天然地面高程时，需进行填筑。由于填挖情况的不同，路基横断面的典型形式有路堤、路堑和填挖结合三种类型。路堤全部用岩土填筑而成；路堑则全部在天然地面上开挖而成；当天然地面横坡大，且路基较宽，需要一侧开挖而另一侧填筑时，为填挖结合路基。在丘陵或山区公路上，填挖结合是路基横断面的主要形式。

### 1. 路堤

根据路堤的填土高度不同，一般路堤又可以划分为低路堤（又称矮路堤）和高路堤。填土高度小于 1.5 m，称为低路堤；填土高度大于 18 m（土质）或 20 m（岩质）的路堤称为高路堤。根据路堤所处的地质与水文条件和加固类型的不同，还有特殊情况的路段会出现浸水路堤、护脚路堤及挖沟填筑路堤等，非以上特殊情况的路段则是普通路堤。

在平坦地区取土较困难时，通常会选用低路堤。地势较低的平坦地区，水文条件较差，容易受地面水和地下水的影响，设计时应注意满足最小填土高度的要求。尽量要求不低于规定的临界高度，同时路基要处于干燥或中湿状态，路基的两侧也均应填设边沟。

低路堤的高度通常是接近或小于路基工作区的深度的，填方路堤本身要求满足规定的施工要求的同时，天然地面也应按规定进行压实，且必须达到规定的压实度，所以必要时需进行换土或加固处理，以保证路基路面的强度和稳定性。

低路堤需填方的高度不大，当高度 $h=2\sim3$ m，填方的数量较少时，全部或部分填方则可以在路基两侧设置取土坑，使之与排水沟渠结合。同时为保护填方坡脚不受流水侵害和保证边坡稳定，也可在坡脚与沟渠之间预留 1 ~ 2 m，甚至大于 4 m 宽度的护坡道。当地面横坡较陡时，为防止填方路堤沿山坡滑动，天然地面应挖成台阶或设置石砌护脚。

高路堤需填方数量较大，占地也较多，为了路基的稳定和横断面经济合理，针对其稳定性则需进行个别设计。高路堤和浸水路堤的边坡可采用上陡下缓的折线形式或台阶形式，如在边坡中部设置护坡道。同样为防止水流侵蚀和冲刷坡面，高路堤和浸水路堤的边坡须采取适当的坡面防护和加固措施，如铺草皮、砌石等。

### 2. 路堑

路堑的常见横断面形式有全挖路基、台口式路基及半山洞路基等。根据高度和岩土层情况，挖方边坡可设计成直线或折线形式。挖方边坡的坡脚处应设置边沟，便于汇集和排除路基范围内的地表径流。路堑的上方视情况设置截水沟，以拦截和排除流向路基的地表径流，挖方弃土可堆放在路堑的下方。当遇到易风化的边坡坡面时，应在坡脚处设置 0.5 ~ 1.0 m 的碎落台，同时可对坡面采取防护措施。

陡峻山坡上的半路堑，路中线宜向内侧移动，尽量采用台口式路基，避免路基外侧的少量填方。遇有整体性的坚硬岩层，为节省石方工程，可采用半山洞路基。

挖方路基的土层地下水文状况不良时，可能导致路面被破坏，所以对路堑以下的天然地基要压实至规定的压实程度，必要时还应超挖，重新分层填筑、换土或进行加固处理，加铺隔离层，设置必要的排水设施。

### 3. 填挖结合路基

位于山坡上的路基，通常取路中心的高程为原地面高程，用来减少土石方数量，并让土石方数量能横向平衡，以便形成填挖结合路基。处理得当，会使路基稳定可靠，且土石方调运量会减少，这种断面形式比较经济。

由于兼有路堤和路堑两者的特点，所以填挖结合路基应同时满足对路堤和路堑的要求。局部路段的填方，如遇原地面的短缺口，可采用砌石护肩。如果填方量较大，可就近利用废石方，砌筑护坡或护墙，石砌护坡和护墙相当于简易式挡土墙，承受一定的侧向压力。有时填方部分需要设置路肩（或路堤）式挡土墙，确保路基稳定，进一步压缩用地宽度。如果填方部分悬空，而纵向又有适当的基岩时，则可以沿路基纵向建成半山桥路基。

## 二、路基的构造

### 1. 路基主体

路基本体包括用天然土、石所填筑的路堤和在天然地层中挖出的路堑，它直接支撑路面，承受通过路面传递下来的行车荷载。

### 2. 路基排水设备

路基排水设备可以分为地面排水设备和地下排水设备两大类。

（1）地面排水设备

地面排水设备用来将有可能停滞在路基范围以内的地面水迅速排除到路基以外，并防止路基以外的地面水流入路基范围，以免下渗浸湿路基土体或形成漫流冲刷路基边坡，如边沟、排水沟、跌水急流槽。

（2）地下排水设备

地下排水设备根据水文和地质条件修筑于地面以下一定深度，用来截断、疏干、引出地下水或降低地下水位，以使路基及边坡保持干燥状态，提高土的稳固能力，如暗沟、渗沟、渗井等。

### 3. 路基防护与加固设备

路基防护与加固设备根据用途不同可以分为以下 4 类。

（1）坡面防护设备

坡面防护设备用来防护易受自然作用破坏而出现坡面变形的土质边坡，如铺草皮、喷浆、抹面、护墙、护坡以及为防护崩塌落石而修建的拦截和遮挡建筑物，如明洞、棚洞。

（2）冲刷防护设备

冲刷防护设备用来防护水流或波浪对路基的冲刷和淘刷，如铺草皮、抛石、石笼、圬工护坡、挡土墙、顺坝、挑水坝等。

（3）支撑加固设备

支撑加固设备用来支撑加固路基本体，以保证其稳固性，如挡土墙、支挡墙、支柱等。

（4）防沙、防雪设施

防沙、防雪设施用来防止风沙、风雪流掩埋路基，如各种栅栏、防护林等。

## 三、路基附属设施

为了确保路基的强度、稳定性和行车安全，与一般路基工程有关的附属设施有取土坑、弃土堆、护坡道、碎落台、堆料坪及错车道等。这些设施是路基设计的组成部分，正确合理地设置路基附属设施十分重要。

### 1. 取土坑与弃土堆

公路路线设计的基本原则之一是路基土石方的填挖平衡，但完全平衡是难以做到的。经过合理调配后的土石方数量，仍然会有部分借方和弃方（又称废方）。路基土石方的借弃，要合理选择地点，即取土坑或弃土堆位置的确定是关键。

（1）取土坑位置的确定必须做到以下几点。

①兼顾土质、数量、用地及运输条件等因素。

②结合沿线区域规划、因地制宜。

③维护自然平衡，防止水土流失。

对于用土量较少的平坦地区，可以沿路的两侧，结合路基排水和农田灌溉设置取土坑。路旁取土坑如图 7.1 所示，深度约为 1.0 m，宽度按土数量和准许用地大小确定。为防止坑内积水，当堤顶与坑底高差不足 2.0 m 时，在路基坡脚与坑之间需设宽度≥ 1.0 m 的护坡平台，坑底设纵横排水坡及相应设施，保护路基。

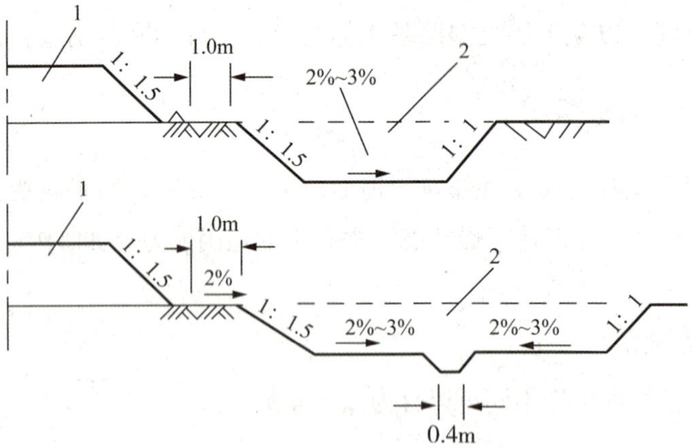


1—路堤；2—取土坑

图 7.1　路旁取土坑示意图

河水淹没地段的桥头引道地段，一般不设取土坑。如必须要设取土坑，则需要在距河流水位边界 10 m 以外取用，且需适应导治结构物位置。此类取土坑要求水流畅通，不得长期积水，否则危及路基或构造物的稳定。

（2）弃土堆位置的确定需尽量结合当地地形，做到利用充分，外形规整，弃堆稳固。对高等级公路或位于城郊附近的干线公路，尤应注意。

路基开挖的废方应尽量加以利用，如用以加宽路基或加固路堤，填补坑洞或路旁洼地，也可兼顾农田水利或基建等所需，做到变废为用，弃而不乱。

废方一般选择路旁低洼地，就近弃堆。原地面倾斜坡度小于 1 ： 5 时，路旁两侧均可设弃土堆，地面较陡时，弃土堆宜设在路基下方。沿河路基爆破后的废石方往往难以远运，条件许可时可以部分占用河道，但要注意河道压缩后，不致壅水危及上游路基及附近农田等。

路旁弃土堆如图 7.2 所示。要求堆放平整，顶面具有适当横坡，并在坡脚设平台、三角土块及排水沟，宽度 $d$ 与地面土质有关，最小 3.0 m，最大可按路堑深度加 5.0 m 计算，即 $d \leqslant H+5.0$ m。积沙或积雪地段的弃土堆，宜有利于防沙防雪，可设在迎面一侧，并具有足够距离。

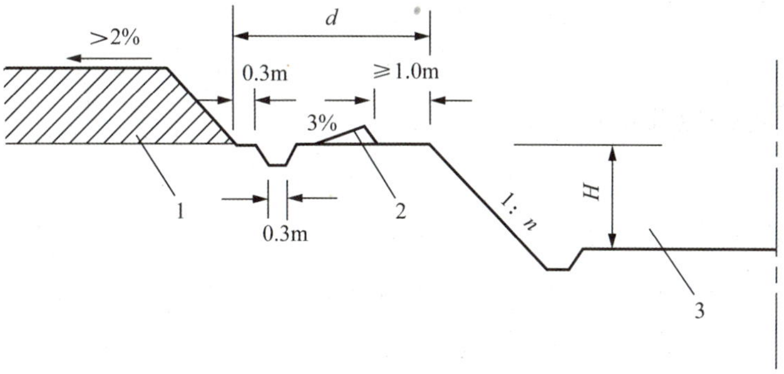


1—弃土堆；2—平台与三角土块；3—路堑

图 7.2　路旁弃土堆示意图

## 2. 护坡道与碎落台

护坡道是保护路基边坡稳定性的措施之一，设置的目的是加宽边坡横向距离，减小边坡平均坡度。护坡道示意图如图 7.3 所示。护坡愈宽，愈有利于边坡稳定，最小为 1.0 m。宽度大，则工程数量随之增加，要兼顾边坡稳定性与经济合理性。通常护坡道宽度 $d$ 视边坡高度 $h$ 而定，$h<3.0$ m 时，$d=1.0$ m；$h=3\sim6$m 时，$d=2$ m；$h=6\sim12$ m 时，$d=2\sim4$ m。

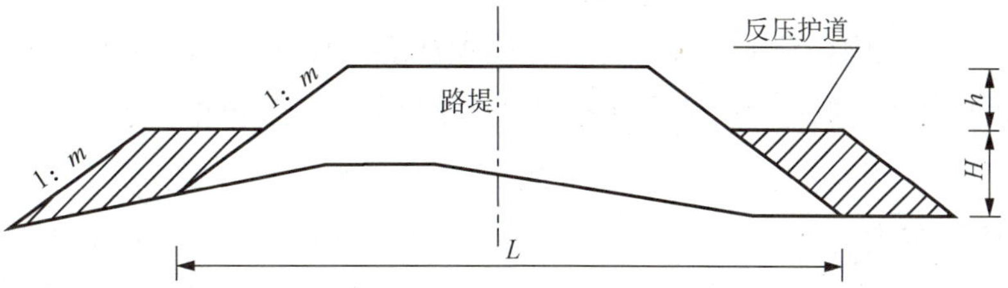


图 7.3　护坡道示意图

护坡道一般设在路基坡脚处，边坡较高时也可设在边坡上方及挖方边坡的变坡处。浸水路基的护坡道可设在浸水线以上的边坡上。

碎落台设于土质或石质土的挖方边坡坡脚处，主要供零星土石碎块下落时临时堆积，以保护边沟不致阻塞，也有护坡道的作用。碎落台宽度一般为 1.0 ~ 1.5 m，如果同时有护坡作用，可适当放大宽度。另外，碎落台上的堆积物应定期清理。

### 3. 堆料坪与错车道

矿质材料常用于路面养护，可就近选择路旁合适地点堆置备用，也可在路肩外缘设堆料坪，其面积可结合地形与材料数量而定，例如每隔 50 ~ 100 m 设一个堆料坪，长 5 ~ 8 m，宽 2 m。为维护公路外形的视觉平顺和景观优美，高级路面或采用机械化养护的路段，可以不设，或另设集中备用料场。

由于双向行车、会车和相互避让的需要，单车道公路通常应每隔 200 ~ 500 m 设置一处错车道。按规定，错车道的长度不得短于 30 m，两端各有长度为 10 m 的出入过渡段，中间 10 m 供停车用。单车道的路基宽度为 4.5 m，而错车道地段的路基宽度为 6.5 m。错车道是单车道路基的一个组成部分，应与路基同时设计施工。

## 四、路基工程的特点及基本内容

### 1. 路基工程的特点

路基作为公路建筑的主体，主要用土壤或石块修筑而成。它具有结构形式比较简单、工程数量大而且往往比较集中、耗费劳力多、涉及面广、投资高等特点。以山岭重丘区二级公路为例，每千米土石方数量可达 7 万 ~ 11 万 $m^2$，四车道山岭重丘区高速公路每千米土石方数量可达 25 万 ~ 30 万 $m^2$。一般公路的路基修建投资占公路总投资的 25% ~ 45%，个别山区公路可达 65%。长距离路基的修筑改变了原有地面的自然状态、当地生态平衡、水土保持和农田水利等。路基的稳定性受地形、地质、土壤、水文和气候的影响极大，如果设计和施工不当，容易产生各种经常性的病害，导致路基路面被破坏，影响交通和行车安全，需耗费较大的投资进行修复。此外，路基工程对工期影响很大，工程地质和水文条件复杂的路段，不但工程技术问题多、施工难度大、工程投资多，而且常成为影响全线工期的关键。

搞好路基工程的关键在于加强调查研究，摸清沿线的自然条件，尤其是地质和水文状况；了解沿线地方城镇建设规划和农业发展规划，因地制宜，抓住重点，综合改造，确保路基设计与施工质量。

路基设计的任务是根据公路的性质、等级和技术标准，结合当地的自然条件，综合考虑路基与路线、路面和桥涵的关系，拟定正确的设计方案，这是路基施工的依据。

### 2. 路基工程的基本内容

路基工程的基本内容主要包括以下几个方面。

#### （1）路基主体工程

路基主体工程包括选择路基横断面形式，确定路基宽度、高度和边坡坡度等。

#### （2）路基排水工程

根据沿线地表水流和地下水流情况，进行沿线排水系统的总体布置，以及地面、地下排水结构物的设计。

#### （3）路基防护与加固工程

路基防护与加固包括坡面防护、冲刷防护与支挡结构物等的布置和构造设计等。

（4）路基工程的附属设施

路基工程的附属设施包括取土坑、护坡道、碎落台、堆料坪与错车道等的布置与计算。

## 任务二　路基土的分类与工程性质

### 一、路基土的分类

#### 1. 土的划分原则

（1）不同的使用目的和场合，划分原则不同，如农业、公路等。

（2）公路用路基土，世界各国大致相近，均依据土颗粒的粒径组成、土颗粒的矿物成分或其余物质的含量、土的塑性指标等进行划分。

#### 2. 土的分类依据

世界各国公路用土的分类方法虽然不尽相同，但是分类的依据则大致相近，一般都根据土颗粒的粒径组成、土颗粒的矿物成分或其余物质的含量、土的塑性指标进行划分。我国公路路基土以土的颗粒组成特征、土的塑性指标和土中有机质存在情况为依据，按《公路土工试验规程》（JTG 3430—2020）将土分为巨粒土、粗粒土、细粒土和特殊土四大类，细分为 12 类，分类体系如图 7.4 所示。

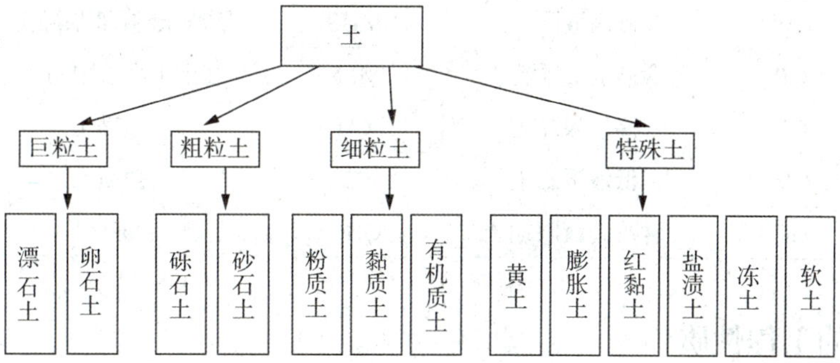


图 7.4　土的分类体系

表 7.1 所列为不同粒组的划分界限及范围，土类名称可用一个基本代号表示。当由两个基本代号构成时，第一个代号表示土的主成分，第二个代号表示副成分（级配或液限）。当由三个基本代号构成时，第一个代号表示土的主成分，第二个代号表示液限（或级配），第三个代号表示土中所含次要成分。表 7.2 给出了土的基本代号。

表 7.1 粒组划分表

| 粒组统称 | 粒组名称 | | 粒径 d 范围 /mm |
|---|---|---|---|
| 巨粒组 | 漂石（块石） | | d ＞ 200 |
| | 卵石（小块石） | | 200 ≥ d ＞ 60 |
| 粗粒组 | 砾（角砾） | 粗 | 60 ≥ d ＞ 20 |
| | | 中 | 20 ≥ d ＞ 5 |
| | | 细 | 5 ≥ d ＞ 2 |
| | 砂 | 粗 | 2 ≥ d ＞ 0.5 |
| | | 中 | 0.5 ≥ d ＞ 0.25 |
| | | 细 | 0.25 ≥ d ＞ 0.075 |
| 细粒组 | 粉粒 | | 0.075 ≥ d ＞ 0.002 |
| | 黏粒 | | 0.002 ≥ d |

表 7.2 土的基本代号表

| 名称 | 代号 | 名称 | 代号 | 名称 | 代号 |
|---|---|---|---|---|---|
| 漂石 | B | 级配良好砂 | SW | 含砾低液限黏土 | CLG |
| 块石 | Ba | 级配不良砂 | SP | 含砂高液限黏土 | CHS |
| 卵石 | Cb | 粉土质砂 | SM | 含砂低液限黏土 | CLS |
| 小块石 | Cba | 黏土质砂 | SC | 有机质高液限黏土 | CHO |
| 漂石夹土 | BSI | 高液限粉土 | MH | 有机质低液限黏土 | CLO |
| 卵石夹土 | CbSI | 低液限粉土 | ML | 有机质高液限粉土 | MHO |
| 漂石质土 | SIB | 含砾高液限粉土 | MHG | 有机质低液限粉土 | MLO |
| 卵石质土 | SICb | 含砾低液限粉土 | MLG | 黄土（低液限黏土） | CLY |
| 级配良好砾 | GW | 含砂高液限粉土 | MHS | 膨胀土(高液限黏土） | CHE |
| 级配不良砾 | GP | 含砂低液限粉土 | MLS | 红土（高液限粉土） | MHR |
| 细粒质砾 | GF | 高液限黏土 | CH | 红黏土 | R |
| 粉土质砾 | GM | 低液限黏土 | CL | 盐渍土 | St |
| 黏土质砾 | GC | 含砾高液限黏土 | CHG | 冻土 | Ft |

## 二、路基土的工程性质

各类公路用土具有不同的工程性质，在选择路基填筑材料以及修筑稳定土路面结构层时，应根据不同的土类分别采取不同的工程技术措施。液限的高低以 50 划分；级配以不均匀系数（*Cu*）和曲率系数（*Cc*）表示。详见《公路土工试验规程》（JTG 3430—2020）。

巨粒组土粒质量少于或等于总质量 15%，且巨粒组土粒与粗粒组土粒质量之和多于总土质量 50% 的土称为粗粒土。

粗粒土分为砾类土和砂类土两种。粗粒土中砾粒组质量多于砂粒组质量的称为砾类土。粗粒土中砾粒组质量少于或等于砂粒组质量的土称为砂类土。

### 1. 巨粒土

巨粒土包括漂石（块石）和卵石（块石），有很高的强度和稳定性，是填筑路基良好的材料，也可用于砌筑边坡。级配良好的砾石混合料，密实程度好，强度和稳定性均能满足要求，除了填筑路基之外，可以用于铺筑中级路面，经适当处理后可以铺筑高级路面的基层、底基层。试样中巨粒组（大于 60 mm 的颗粒）质量多于总质量 75% 的土称为漂（卵）石；巨粒组质量为总质量的 50% ~ 75%（含 75%）的土称为漂（卵）石夹土；巨粒组质量为总质量 15% ~ 50%（含 50%）的土称为漂（卵）石质土；巨粒组质量少于或等于 15% 的土，可扣除巨粒，按粗粒土或细粒土的相应规定分类定名。巨粒土分类见表 7.3。

表 7.3　巨粒土分类

| 土组 | | 土组代号 | 漂石粒（＞200 mm 颗粒）含量（%） |
|---|---|---|---|
| 漂（卵）石<br>（大于 60 mm 颗粒＞ 75%） | 漂石 | B | ＞ 50 |
| | 卵石 | Cb | ≤ 50 |
| 漂（卵）石夹土<br>（大于 60 mm 颗粒＞ 50% 且≤ 75%） | 漂石夹土 | BSI | ＞ 50 |
| | 卵石夹土 | CbSI | ≤ 50 |
| 漂（卵）石质土<br>（大于 60 mm 颗粒＞ 15% 且≤ 50%） | 漂石质土 | SIB | ＞ 50 |
| | 卵石质土 | SICb | ≤ 50 |

对于漂石土，在码砌边坡时应正确选用边坡值，以保证路基稳定；对于卵石土，填筑时应保证具有足够的密实度。

### 2. 粗粒土

粗粒土分砾类土和砂类土两种，砾粒组（2 ~ 60 mm 的颗粒）质量多于总质量 50% 的土称为砾类土。砾粒组质量少于或等于 50% 的土称为砂类土。

砾类土由于粒径较大，内摩擦力也大，因而强度和稳定性均能满足要求，是良好的填筑材料。级配良好时或人工处理后，可用于高级路面的基（垫）层。砾类土级配良好时，密实程度好，强度和稳定性均能满足要求。对于级配不良的砾类土混合料，填筑时应保证密实度，防止由于空隙大而造成路基积水、不均匀沉陷或表面松散等破坏。除了填筑路基之外，还可铺筑路面的基层、底基层。

砂和砂土无塑性，透水性强，毛细上升高度小，具有较大的内摩擦系数，强度和水稳定性均好，但黏结性小，易于松散，压实困难，但是经充分压实的砂土路基，压缩变形小，稳定性好。为了加强压实和提高稳定性，可以采用振动法或灌水法压实，并可掺加少量黏土，以改善级配组成。

砂类土既含有一定数量的粗颗粒，使路基具有足够的强度和稳定性，又含有一定数量的细颗粒，使其具有一定的黏性，不至于过分松散。砂类土一般遇水干得快，不膨胀，干时具有足够的黏结性，雨天不泥泞，晴天不扬尘，容易被压实，便于施工。因此砂类土是理想的路基填筑材料。

试样中巨粒组土粒质量少于或等于总质量 15%，且巨粒组土粒与粗粒组土粒质量之和多于总质量 50% 的土称为粗粒土，粗粒土分砾类土和砂类土两种，砾粒组质量多于砂粒组质量的土称为砾类土，分类见表 7.4。砾粒组质量少于或等于砂粒组质量的土称为砂类土，分类见表 7.5。

表 7.4　砾类土分类表

| 土组 | | 土组代号 | 细粒组（＜0.075 mm 颗粒）含量（%） | 级配状况 |
|---|---|---|---|---|
| 砾 | 级配良好砾 | GW | $F \leqslant 5$ | 级配：$C_u \geqslant 5$，$1 \leqslant C_c \leqslant 3$ |
| | 级配不良砾 | GP | | 级配：不同时满足上述要求 |
| 含细粒土砾 | | GF | $5 < F \leqslant 15$ | |
| 细粒土质砾 | 粉土质砾 | GM | $15 < F \leqslant 50$ | 细粒土位于塑性图 *A* 线以下 |
| | 黏土质砾 | GC | | 细粒土位于塑性图 *A* 线以上 |

表 7.5　砂类土分类表

| 土组 | | 土组代号 | 细粒组（＜0.075 mm 颗粒）含量 /% | 级配状况 |
|---|---|---|---|---|
| 砂 | 级配良好砂 | SW | $F \leqslant 5$ | 级配：$C_u \geqslant 5$，$1 \leqslant C_c \leqslant 3$ |
| | 级配不良砂 | SP | | 级配：不同时满足上述要求 |
| 含细粒土砂 | | SF | $5 < F \leqslant 15$ | |
| 细粒土质砂 | 粉土质砂 | SM | $15 < F \leqslant 50$ | 级配：$C_u \geqslant 5$，$1 \leqslant C_c \leqslant 3$ |
| | 黏土质砂 | SC | | 级配：不同时满足上述要求 |

### 3. 细粒土

细粒土的分类及性质很大程度与土的塑性指标相关联。细粒土有粉质土、黏质土和有机质土。

细粒组土粒质量多于或等于总质量 50% 的土称为细粒土。细粒土中粗粒质量小于总质量的 25% 的土称为粉质土或黏质土。粗粒组质量为总质量的 25% ~ 50% 的土称为含粗粒的粉质土或含粗粒的黏质土。有机质含量多于或等于总质量的 5%，且少于总质量 10% 的土称为有机质土。有机质含量多于或等于总质量的 10% 的土称为有机土。

粉质土含有较多的粉土颗粒，干时稍有黏性，易被压碎，浸水时容易成为流动状态。扬尘性大，浸水时很快被湿透，易成稀泥。粉质土的毛细作用强烈，上升高度大（可达 0.9 ~ 1.5 m），在季节性冰冻地区容易造成冻胀、翻浆等病害。粉质土属于不良的公路用土，如必须用粉质土填筑路基，则应采取技术措施改良土质并加强排水，采取隔离水等措施。

黏质土中细颗粒含量多，土的内摩擦系数小，黏聚力大，透水性小，吸水能力强，毛细现象显著，有较大的可塑性。黏质土干燥时较坚硬，施工时不易破碎。浸湿后能长期保持水分，不易挥发，因而承载力小。对于黏质土，如在适当含水率时加以充分压实，并设置良好的排水设施，筑成的路基也能获得稳定。

高液限黏土工程性质与黏质土相似，但其含黏土矿物成分不同时，性质有很大差别。黏土矿物主要包括蒙脱土、高岭土、伊利土。蒙脱土主要分布在东北地区，其塑性大，吸湿后膨胀强烈，干燥时收缩大，透水性极低，压缩性大，抗剪强度低。高岭土分布在南方地区，其塑性较低，有较高的抗剪强度和透水性，吸水和膨胀量较小。伊利土分布在华中和华北地区，其性质介于上述两者之间。很高液限黏土不透水，黏聚力特别强，塑性很大，干燥时很坚硬，施工时难以挖掘与破碎。

有机质土（如泥炭、腐殖土等）不宜作为路基填料，如遇有机质土均应在设计和施工时采取适当措施。

试样中细粒组土粒（小于 0.075 mm 的颗粒）质量不小于总质量 50% 的土总称为细粒土。

（1）细粒土的划分

细粒土应按下列规定划分。

①细粒土中粗粒组质量少于或等于总质量 25% 的土称为粉质土或黏质土。

②细粒土中粗粒组质量为总质量 25% ~ 50%（含 50%）的土称为含粗粒的粉质土或含粗粒的黏质土。

③试样中有机质含量多于或等于总质量 5%，且少于总质量 10% 的土称为有机质土；试样中有机质含量多于或等于总质量 10% 的土称为有机土。

（2）细粒土的名称

细粒土应按其在塑性图（低液限 $w_L < 50\%$；高液限 $w_L \geq 50\%$）中的位置确定土的名称。

①当细粒土位于塑性图 $A$ 线或 $A$ 线以上时，如果在 $B$ 线或 $B$ 线右侧，称为高液限黏土，记为 CH；如果在 $B$ 线左侧，$I_P = 7$ 线以上，称为低液限黏土，记为 CL。

②当细粒土位于塑性图 $A$ 线以下时，如果在 $B$ 线或 $B$ 线右侧，称为高液限粉土，记为 MH；如果在 $B$ 线左侧，$I_P = 4$ 线以下，称为低液限粉土，记为 ML。

③黏土和粉土过渡区（CL ~ ML）的土可按相邻土层的类别考虑细分。细粒土分类体系如图 7.5 所示。

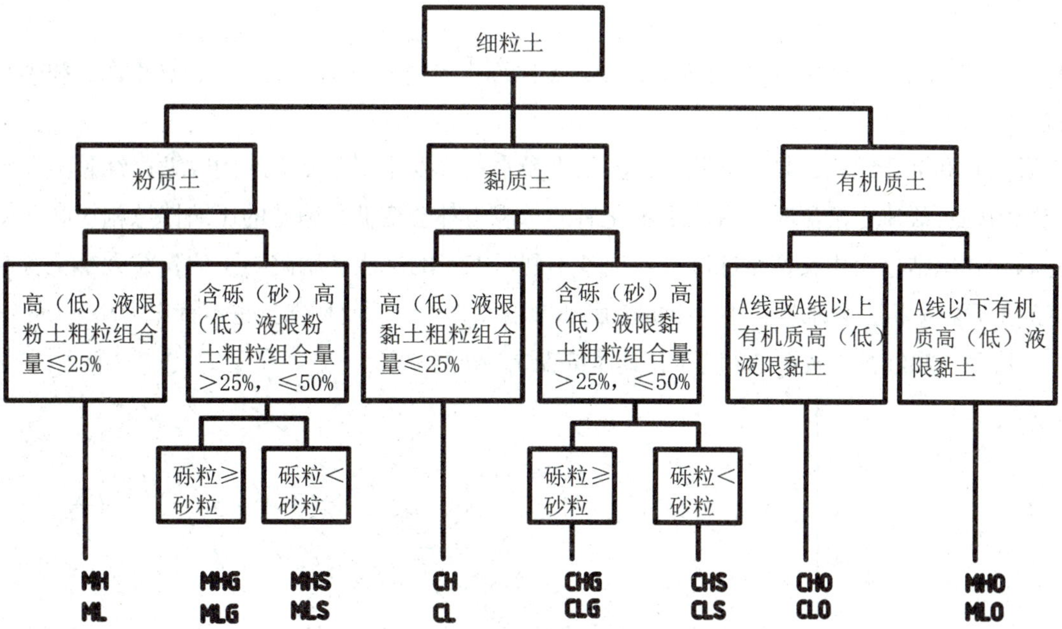


图 7.5　细粒土的分类体系

土中有机质包括未完全分解的动植物残骸和完全分解的无定形物质。后者多呈黑色、青黑色或暗色，有臭味，有弹性和海绵感，可以借目测、手摸及嗅感判别。当不能判别时，可将试样放在

105 ~ 110℃的烘箱中烘烤，若烘烤 24 h 后试样的液限小于烘烤前的 3/4，则该试样为有机质土。当需要测定有机质含量时，按有机质含量试验（DB12/T 961—2020）进行测定。

有机质土应按其在塑性图（图 7.6）中的位置确定土的名称。

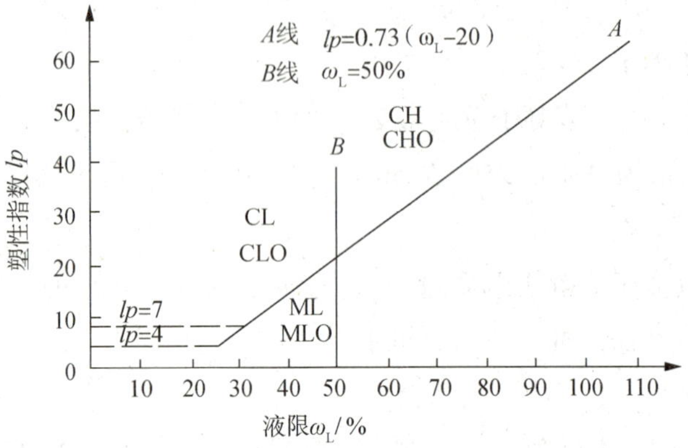


图 7.6 塑性图

#### 4. 特殊土

特殊土主要包括黄土、膨胀土、红黏土、盐渍土和冻土。

（1）黄土、膨胀土、红黏土按塑性指数和液限划分，根据特殊塑性图上的位置定名。黄土属于低液限黏土，$\omega_L < 40\%$；膨胀土属于高液限黏土，$\omega_L > 50\%$；红黏土属于高液限粉土，$\omega_L > 55\%$。

（2）盐渍土按土层中所含盐的种类和质量百分率进行分类，分为弱盐渍土、中盐渍土、强盐渍土和过盐渍土，见表 7.6。

（3）冻土按冻结状态持续时间的长短，分为多年冻土（简称“永冻土”）、隔年冻土和季节冻土（简称“季冻土”）。

黄土属大孔和多孔结构，具有湿陷性；膨胀土受水浸湿发生膨胀，失水则收缩；红黏土失水后体积骤变能力强；盐渍土潮湿时或者冻土融化后的承载力都会变低，冻土的压缩性急剧增高，使地基产生融陷，在冻结过程中又产生冻胀，对地基不利。冻土的冻胀和融陷与土的颗粒大小及含水量有关，一般土颗粒愈粗，含水量愈小，土的冻胀和融陷性愈小。因此特殊土也不宜作为路基填料。

黄土、膨胀土和红黏土按图 7.7 定名，具体按表 7.7 分类。

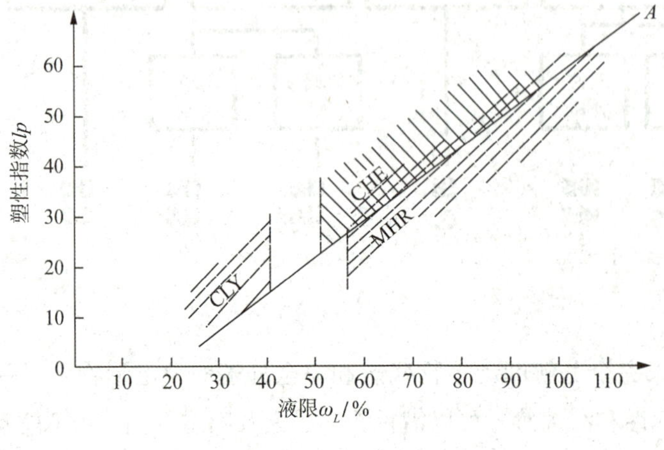


图 7.7 特殊土塑性图

表 7.6　盐渍土分类

| $Cl^-/SO_4^{2-}$ 比值 | 氯盐渍土 | 亚氯盐渍土 | 亚硫酸盐渍土 | 硫酸盐渍土 |
|---|---|---|---|---|
| | ＞2.0 | 1.0 ~ 2.0 | 0.3 ~ 1.0 | ＜0.3 |
| 弱盐渍土 | 0.3 ~ 1.5 | 0.3 ~ 1.0 | 0.3 ~ 0.8 | 0.3 ~ 0.5 |
| 中盐渍土 | 1.5 ~ 5.0 | 1.0 ~ 4.0 | 0.8 ~ 2.0 | 0.5 ~ 1.5 |
| 强盐渍土 | 5.0 ~ 8.0 | 4.0 ~ 7.0 | 2.0 ~ 5.0 | 1.5 ~ 4.0 |
| 过盐渍土 | ＞8.0 | ＞7.0 | ＞5.0 | ＞4.0 |

表 7.7　冻土分类表

| 类型 | 持续时间 $t$ / 年 | 地面温度（℃）特征 | 冻融特征 |
|---|---|---|---|
| 多年冻土 | $t \geqslant 2$ | 年平均地面温度≤0 | 季节融化 |
| 隔年冻土 | $2 > t \geqslant 1$ | 最低月平均地面温度≤0 | 季节冻结 |
| 季节冻土 | $t < 1$ | 最低月平均地面温度≤0 | 季节冻结 |

总之，土作为路基建筑材料，砂类土最优，黏质土次之，粉质土属不良材料，最容易引起路基病害，高液限黏土，特别是蒙脱土也是不良的路基土。此外，黄土、膨胀土、红黏土、盐渍土和冻土这些特殊土类也不宜作为路基填料，如用以填筑路基必须采取相应技术措施。

## 三、路基填料的选择

路基填料指的是路堤施工中的填方筑路材料。它可以是经检测合格的路线纵向土石方调配土、半填半挖横断面上的挖方土，也可以是取土坑内获取的土。在没有合适的天然土源的情况下，需要对获取的天然土填料进行改性，常用的改性方法有掺配粗颗粒土改善物理级配、掺入石灰等无机结合料，甚至是专用的改性剂进行化学改性。

路基填料应选择强度高、水稳性好、压缩性小，且运输便利、施工方便的天然土源。公路路基中常见的填料类型有以下几种。

### 1. 漂石、卵石（巨粒土）与粗砾石

这类材料的渗水性很强，水稳定性较好，强度高。用作填石路堤（用粒径大于 40 mm、含量超过 70% 的石料填筑的路堤）残余下沉量小，荷载作用下塑性变形小，施工也不受季节限制。在填石路堤的施工过程中，其单层填筑厚度根据其不同层位而有所不同。一般来说，上路堤单层填筑厚度较小，一般为 30 ~ 40 cm，下路堤填筑层厚度较大，一般为 50 ~ 60 cm。在施工过程中，填石路堤的填筑层需要进行有效的压实处理，以确保石料的紧密程度和稳定性。此外，还需要注意控制路堤的坡度和坡向，以确保路堤的排水性和稳定性。

### 2. 土石混合料

土石混合料是由石块（粒径大于 40 mm，含量小于 70%）与土混合在一起形成的混合料。其力

学性质与土、石含量有关。石块和砾含量高时，其渗水性、水稳定性和强度好；反之，若土（粉质土、黏质土）含量多，则较松散，遇水易造成边坡坍塌。在土石级配合理的情况下，土石混合料填筑的路堤强度优良、稳定性好。这类填料的使用性能评定为优，施工性评定为良。

### 3. 砾类土、砂类土

这类材料的渗水性强、水稳定性好，级配较好时，既含有一定数量的粗颗粒，使之具有足够的强度和水稳定性，又含有一定数量的细颗粒，将粗颗粒黏在一起，且施工方便。但其中黏质土含量过多时，水稳定性将下降很多，且细砂土易松散，对流水冲刷、风蚀的抵抗能力差，可能需要掺配黏质土，以加强稳定性。这类填料的使用性能评定为优，施工性评定为优。

### 4. 粉质土

粉质土含较多的粉粒，毛细现象严重，干时易被风蚀，浸水后很快湿透，强度急剧下降，是稳定性最差的填料；在季节性冰冻地区用粉质土填筑路基会引起冻胀、翻浆、唧泥，不得已要用时，应掺配其他填料，并加强排水，采取隔离措施。这类填料的使用性能评定为差，施工性评定为良。

### 5. 黏质土

黏质土渗水性差，干燥时较硬而不易挖掘，浸水后水稳性差，强度低，变形大。如果在适当含水率时充分压实，并有良好排水的条件下，筑成的路堤也较稳定。高液限黏土不宜作路基填料。这类填料的使用性能评定为良，施工性评定为良。

### 6. 特殊土

特殊土如膨胀土、黄土、盐渍土、石膏土、泥炭、腐殖土等应限制使用。有机质含量较高的细粒土也要慎用。

### 7. 生活垃圾及工业废渣

生活垃圾中含有较多的有机质成分，在路基填方高度很大时（如峡谷内高填时），在填方下部可酌情使用，但应利用特殊设备充分压实。工业废渣特别是矿渣在粒径上属于巨粒土，且级配较好，在保证压实的情况下可以使用，且性能较好。这一类土的成分及特性往往不具有一般性，需要特殊问题特殊对待，如果用矿渣填筑路堤，需进行相应试验研究。

在具体工程中，路基填料的选择余地不大，根据以上原则初步选择可能的填料后，最终决定其是否可以应用的还是其试验指标。路基填料选择依据的指标是加州承载比（CBR）值，试验方法参照《公路土工试验规程》（JTG 3430—2020）中的承载比（CBR）试验。选择标准见表 7.8。

表 7.8　路基填料最小加州承载比要求

| 路基部位 | | 路面底面以下深度 /m | 填料最小加州承载比（CBR）/% | | |
|---|---|---|---|---|---|
| | | | 高速公路、一级公路 | 二级公路 | 三、四级公路 |
| 上路床 | | 0 ~ 0.3 | 8 | 6 | 5 |
| 下路床 | 轻、中等及重交通 | 0.3 ~ 0.8 | 5 | 4 | 3 |
| 下路床 | 特重、极重交通 | 0.3 ~ 1.2 | 5 | 4 | — |
| 上路堤 | 轻、中等及重交通 | 0.8 ~ 1.5 | 4 | 3 | 3 |
| 上路堤 | 特重、极重交通 | 1.2 ~ 1.9 | 4 | 3 | — |
| 下路堤 | 轻、中等及重交通 | 1.5 以下 | 3 | 2 | 2 |
| 下路堤 | 特重、极重交通 | 1.9 以下 | | | |

注：1.CBR 试验条件应符合现行《公路土工试验规程》（JIG 3430—2020）的规定。

2. 年平均降雨量小于 400 mm 地区，路基排水良好的非浸水路基，通过试验论证可采用平衡湿度状态的含水率作为 CBR 试验条件，并应结合当地气候条件和汽车荷载等级，确定路基填料 CBR 控制标准。

3. 当路基填料 CBR 值达不到表列要求时，可掺石灰或其他稳定材料处理。

4. 当三、四级公路铺筑沥青混凝土和水泥混凝土路面时，应采用二级公路的规定。

对应路堤不同层位，只有满足相应的最低 CBR 值要求的填料才是可用的填料，在不满足要求的情况下，需考虑选择相应的改性措施。

## 任务三　公路自然区划与路基干湿类型

我国是地域辽阔且多山的国家，从北向南由寒带向温带再向热带过渡，从青藏高原到东部沿海高程相差 4 000 m 以上，因此自然因素变化极为复杂。不同地区自然条件的差异同公路建设有密切关系。

因地域辽阔，我国各地气候、地形、地貌、水文地质等自然条件相差很大。为区分不同地理区域自然条件对公路工程影响的差异性，并在路基、路面的设计、施工和养护中采取适当的技术措施和采用合适的设计参数，以保证路基、路面的强度和稳定性，区分各地自然区域的筑路特性，经过长期研究，根据我国各地自然条件及其对公路建筑物影响的主要特征，制定了《公路自然区划标准》（JTJ 003—1986），沿用至今。

## 一、公路自然区划的原则

### 1. 道路工程特征相似的原则

道路工程特征相似的原则是指在同一区划内，在同样的自然因素下筑路具有相似性。例如北方不利季节主要是春融时期，有翻浆病害；南方不利季节在雨季，有冲刷、水毁等病害。

### 2. 地表气候区划差异性的原则

地表气候是地带性差异与非地带性差异的综合结果。通常，地表气候随着当地纬度而变，如北半球，北方寒冷，南方温暖，此称为地带性差异。除此之外，还与高程的变化有关，即沿垂直方向的变化，如青藏高原，由于海拔高，与纬度相同的其他地区相比，气候更加寒冷，此称为非地带性差异。

### 3. 自然气候因素既有综合又有主导作用的原则

自然气候因素既有综合又有主导作用的原则，即自然气候的变化是各种因素综合作用的结果，但其中又有某种因素起着主导作用。例如道路冻害是水和热综合作用的结果，但是在南方，只有水而没有寒冷气候的影响，不会有冻害，说明温度起主导作用；西北干旱区与东北潮湿区，同样都有负温度区（指 0℃以下地区），但前者冻害轻于后者，说明水起主导作用。

## 二、公路自然区划的方法

为使自然区划便于在实践中应用，结合我国地理、气候特点，将全国的公路自然区划分为三个等级。一级区划首先将全国划分为多年冻土、季节冻土和全年不冻土三大地带，然后根据水热平衡和地理位置，划分为冻土、温润、干湿过渡、湿热、潮暖、干旱和高寒七个大区。二级区划是在一级区划的基础上以潮湿系数为主进一步划分。三级区划是在二级区划内划分更低一级的区域或类型单元。一级区划、二级区划的具体位置与界限，详见《公路自然区划标准》（JTJ 003—1986）所附“中华人民共和国公路自然区划图”。

### 1. 一级区划

#### （1）一级区划的主要指标

根据我国地理、地貌、气候等因素，以均温等值线和三级阶梯的两条等高线作为一级区划的标志。

①全年均温 - 2℃等值线。在一般情况下，地面大气温度达到 - 2℃时，地面土开始冻结。因此它大体上是区分多年冻土区和季节冻土区的界线。

②一月份均温 0℃等值线。一月份均温 0℃等值线是区分季节冻土区和全年不冻区的界线。

③三级阶梯的两条等高线。1 000 m 等高线：走向北偏东，自大兴安岭，南下太行山、伏牛山、武当山、雪峰山、九万山、大明山至友谊关而达国境。

3 000 m 等高线：走向自西向东，后折向南。西起帕米尔，沿昆仑山、阿尔金山、祁连山，南下西倾山、岷山、邛崃山、夹金山、锦屏山、雪山、云岭而达国境。

由于三级阶梯的存在，通过地形的高度和阻隔，使其气候具有不同的特色，这也成为划分一级区划的主要标志。

（2）一级自然区划

根据不同地理、气候、构造、地貌界限的交错和叠合，将我国划分为七个一级自然区，即Ⅰ北部多年冻土区、Ⅱ东部温润季冻区、Ⅲ黄土高原干湿过渡区、Ⅳ东南湿热区、Ⅴ西南潮暖区、Ⅵ西北干旱区、Ⅶ青藏高寒区。

**Ⅰ区——北部多年冻土区**

该区北部为连续分布多年冻土，南部为岛状分布多年冻土。对于泥沼地多年冻土层，最重要的道路设计原则是保温，不可轻易挖去覆盖层，使路堤下保持冻结状态。在全球气温升高的大环境下，若受大气热量影响导致冻土退化，后患无穷。对于非多年冻土层的处理方法则不同，须将泥炭层全部或局部挖去，排干水分，然后填筑路堤。该区主要是林区道路，路面结构为中级路面。林区山地道路，因表土湿度大，地面径流大，最易翻浆，应采取换土、稳定土、砂垫层等处理方法。

**Ⅱ区——东部温润季冻区**

该区路面结构突出的问题是防止翻浆和冻胀。翻浆的轻重程度取决于路基的潮湿状态。可根据不同的路基潮湿状态采取措施。该区缺乏砂石材料，采用稳定土基层已取得一定的经验。

**Ⅲ区——黄土高原干湿过渡区**

该区特点是黄土对水分的敏感性，干燥土基强度高、稳定性好。在河谷盆地的潮湿路段以及灌区耕地，土基稳定性差，强度低，必须认真处理。

**Ⅳ区——东南湿热区**

该区主要注意排水、湿软地基。该区雨量充沛集中，雨型季节性强，台风暴雨多，水毁、冲刷、滑坡是道路的主要病害，路面结构应结合排水系统进行设计。该区水稻田多，土基湿软，强度低，必须认真处理。由于气温高、热季长，要注意黑色面层材料的热稳定性和防透水性。

**Ⅴ区——西南潮暖区**

该区需注意不良地质：喀斯特地貌、滑坡。该区山多，筑路材料丰富，应充分利用当地材料筑路，对于水文不良路段，必须采取措施，稳定路基。

**Ⅵ区——西北干旱区**

该区主要影响是缺水、雪害。西北干旱区大部分地下水位很低，虽然冻深多在 100 ~ 150 cm 以上，但一般道路冻害较轻。个别地区，如河套灌区、内蒙草原洼地，地下水位高，翻浆严重。丘陵区 1.5 m 以上的深路堑冬季积雪厚，雪水浸入路面造成危害，所以沥青面层材料应具有良好的防透水性，路肩也应作防水处理。由于气候干燥，砂石路面经常出现松散、搓板和波浪现象。

**Ⅶ区——青藏高寒区**

该区主要影响是高寒和冻土。青藏高寒区局部路段有多年冻土，须按保温原则设计。由于地处高原，气候寒冷，昼夜气温相差很大，日照时间长，沥青老化很快。又因为年平均气温相对偏低，路面易遭受冬季雪水渗入而破坏。

### 2. 二级区划

二级区划是在每个一级区内，再以潮湿系数为依据，分为六个等级，见表 7-9 所列。

潮湿系数 $K$ 为年降雨量 $R$ 与年蒸发量 $Z$ 之比，即 $K=R/Z$。

表 7.9　二级区划等级

| 潮湿系数 | $K>2.0$ | $2.0>K>1.5$ | $1.5>K>1.0$ | $1.0>K>0.5$ | $0.5>K>0.25$ | $0.25>K$ |
|---|---|---|---|---|---|---|
| 等级 | 1 级 | 2 级 | 3 级 | 4 级 | 5 级 | 6 级 |
| 分区 | 过湿区 | 中湿区 | 润湿区 | 润干区 | 中干区 | 过干区 |

除了这六个潮湿等级外，还结合各个大区的地理、气候特征（如雨季、冰冻深度）地貌类型，自然病害等因素，将全国分为 33 个二级区和 19 个二级副区，它们的名称见表 7.10。各二级区的区界、自然条件对工程的影响详见有关标准《公路自然区划标准》（JTJ 003—1986）。

表 7.10　公路自然区划名称表

Ⅰ北部多年冻土区
- Ⅰ$_{1}$连续多年冻土区
- Ⅰ$_{2}$岛状多年冻土区

Ⅱ东部温润季冻区
- Ⅱ$_{1}$东北东部山地湿润冻区
  - Ⅱ$_{1a}$三江平原副区
- Ⅱ$_{2}$东北中部山前平原重冻区
  - Ⅱ$_{2a}$辽河平原冻融交替副区
- Ⅱ$_{3}$东北西部润干冻区
- Ⅱ$_{4}$海滦中冻区
  - Ⅱ$_{4a}$冀热山地副区
  - Ⅱ$_{4b}$旅大丘陵副区
- Ⅱ$_{5}$鲁豫轻冻区
  - Ⅱ$_{5a}$山东丘陵副区

Ⅲ黄土高原干湿过渡区
- Ⅲ$_{1}$山西山地、盆地中冻区
  - Ⅲ$_{1a}$北张宣副区
- Ⅲ$_{2}$陕北典型黄土高原中冻区
  - Ⅲ$_{2a}$榆林副区
- Ⅲ$_{3}$甘东黄土山地区
- Ⅲ$_{4}$黄渭间山地、盆地轻冻区

Ⅳ东南湿热区
- Ⅳ$_{1}$长江下游平原润湿区
  - Ⅳ$_{1a}$盐城副区
- Ⅳ$_{2}$江淮丘陵、山地润湿区
- Ⅳ$_{3}$长江中游平原中湿区
- Ⅳ$_{4}$浙闽沿海山地中湿区
- Ⅳ$_{5}$江南丘陵过湿区
- Ⅳ$_{6}$武夷南岭山地过湿区
  - Ⅳ$_{6a}$武夷副区
- Ⅳ$_{7}$华南沿海台风区
  - Ⅳ$_{7a}$，台湾山地副区
  - Ⅳ$_{7b}$海南岛西部润干副区
  - Ⅳ$_{7c}$南海诸岛副区

Ⅴ西南潮暖区
- Ⅴ$_{1}$秦巴山地润湿区
- Ⅴ$_{2}$四川盆地中湿区
  - Ⅴ$_{2a}$雅安、乐山过湿副区
- Ⅴ$_{3}$三西、贵州山地过湿区
  - Ⅴ$_{3a}$滇南、桂西润湿副区
- Ⅴ$_{4}$川、滇、黔高原干湿交替区
- Ⅴ$_{5}$滇西横断山地区
  - Ⅴ$_{5a}$大理副区

Ⅵ西北干旱区
- Ⅵ$_{1}$内蒙草原中干区
  - Ⅵ$_{1a}$河套副区
- Ⅵ$_{2}$绿洲—荒漠区
- Ⅵ$_{3}$阿尔泰山地冻土区
- Ⅵ$_{4}$天山—界山山地区

表 7.10（续）

| | |
|---|---|
| Ⅵ$_{4a}$ 塔城副区 | Ⅶ$_3$ 河源山草原冻土区 |
| Ⅵ$_{4b}$ 伊犁河谷副区 | Ⅶ$_4$ 羌塘高原冻土区 |
| Ⅶ青藏高寒区 | Ⅶ$_5$ 川藏高山峡谷区 |
| Ⅶ$_1$ 祁连—昆仑山地区 | Ⅶ$_6$ 藏南高山台地区 |
| Ⅶ$_2$ 柴达木荒漠区 | Ⅶ$_{6a}$ 拉萨副区 |

### 3. 三级区划

三级区划是二级区划的进一步具体化的划分。划分的方法有两种：一种是以水热、地理和地貌为标志将二级区划细分为若干区域，由各省（市）、自治区自行划定；另一种是按地貌、水温和土质类型将二级区划进一步划分为若干类型单元，由各省、自治区自行划定。

## 三、路基水温状况

### 1. 路基湿度的来源

路基的强度与稳定性不但与土质有关，而且在很大程度上与路基的湿度以及大气温度引起的路基的水温状况有密切关系。路基在使用过程中，受到各种外界因素的影响，使湿度发生变化。路基湿度的来源可分为以下几个方面，如图 7.8 所示。

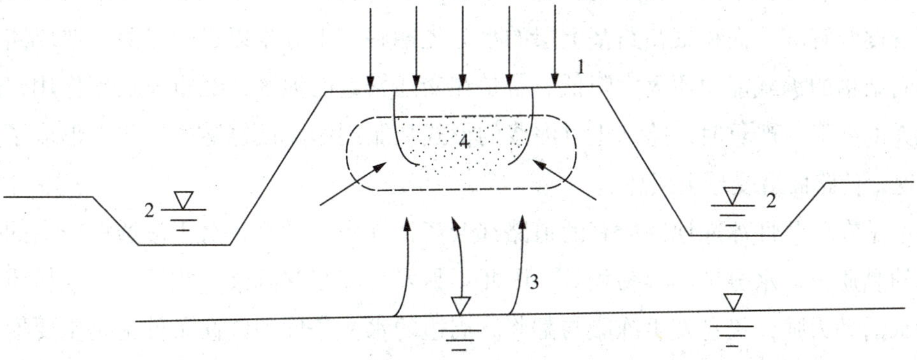


1—大气降水；2—地面水；3—地下水；4—凝结水

图 7.8　路基湿度来源示意图

（1）大气降水

大气降水通过路面、路肩和边坡渗入路基。

（2）地面水

边沟流水及地表径流因排水不良，形成积水，以毛细水的形式渗入路基。

（3）地下水

靠近地面的地下水，借助毛细管作用上升到路基内部。

（4）凝结水

在土颗粒空隙中流动的水蒸气，遇冷凝结成水。

上述各种导致路基湿度变化的水源，其影响程度随当地自然条件和气候特点以及所采取的过程措施等不同而不同。

**2. 大气温度及其对路基水温状况的影响**

路基湿度除了水的来源之外，另一个重要因素是受当地大气温度的影响。由于湿度与温度变化对路基产生的共同影响称为路基的水温状况。沿路基深度出现较大的温度梯度时，水分在温差的影响下以液态或气态由热处向冷处移动，并积聚在该处。这种现象特别是在季节性冰冻地区尤为严重。

我国华北、东北和西北地区为季节性冰冻地区，这些地区的路基在冬季冻结的过程中会在负温度坡降的影响下，出现湿度积聚现象。气温下降到零度以下，路面和路基结构内的温度也随之由上而下地逐渐降到零下。在负温度区内，自由水、毛细水和弱结合水随温度降低而相继冻结，于是土粒周周的水膜减薄，剩余了许多自由表面能，增加了土的吸湿能力，促使水分由高温处向上移动，以补充低温处失去的部分。由试验得知，在温度下降到-3℃以下时，土中未冻结的水分在负温差的影响下实际上已不可能向温度更低处移动，因此负温度区的水分移动一般发生在-3～0℃等温线之间。在正温度区内，因零度等温线附近土中自由水和毛细水的冻结，形成了与深层次土层之间的温度坡差，从而促使下面的水分向零度等温线附近移动。而这部分上移的水分便又成了负温度区水分移动的补给来源。这就造成了上层路基湿度的大量积聚。

积聚的水冻结后体积增大，使路基隆起而造成面层开裂，即冻胀现象。春暖化冻时路面和路基结构由上而下逐渐解冻。而积聚在路基上层的水分先融解，水分难以迅速排除，造成路基上层的湿度增加，路面结构的承载能力便大大降低。若是在交通繁重的地区，经重车反复作用，路基路面结构会产生较大的变形，严重时，路基土以泥浆的形式从胀裂的路面缝隙中冒出，形成了翻浆。冻胀和翻浆的出现，使路面遭受严重损坏。

当然并不是在季节性冰冻地区所有的道路都会产生冻胀与翻浆，对于渗透性较高的砂类土以及渗透性很低的黏质土，水分都不容易积聚，因此不易发生冻胀与翻浆。相反，对于粉质土和极细砂则由于毛细水活动力强，极易发生冻胀与翻浆。周边的水文条件和气候条件也是重要原因。地面排水不良，地下水位高，路基湿度大，水源充足。冬季温和与寒冬反复交替，路基冻结缓慢，这些都是产生冻胀与翻浆重要的自然条件。

## 四、路基干湿类型

路基的干湿状况与路基的强度和稳定性有密切关系，并在很大程度上影响路面结构设计。为此，进行路基设计时应严格区分其干湿类型。路基按其干湿状态可分为干燥、中湿、潮湿和过湿四类。为了保证路基的强度和稳定性不受地下水及地表积水的影响，在设计路基时，一般要求路基处于干燥或中湿状态，路槽底距地下水或地表积水的距离要大于或等于干燥或中湿状态所对应的临界高度。过湿状态的路基必须经过处理后方可铺筑路面。

四种干湿类型以分界稠度 $\omega_{c1}$、$\omega_{c2}$ 和 $\omega_{c3}$ 来划分。土的平均稠度 $\omega_c$ 定义为土的平均含水量 $\omega$ 与土的液限 $\omega_L$ 之差，与土的塑限 $\omega_p$ 与液限 $\omega_L$ 之差的比值。

即：

$$\omega_c = (\omega_L - \omega) / (\omega_L - \omega_p) \tag{7.1}$$

式中　$\omega_c$——土的平均稠度；

$\omega_L$——土的液限；

$\omega$——土的平均含水量；

$\omega_p$——土的塑限。

已建公路按实测不利季节路槽底面以下 80 cm 深度内土的平均稠度来确定。

对于新建道路，路基尚未建成，无法按上述方法实测路基的湿度状况，如能确定路基临界高度值，则可以以此作为判别标准，与路基设计高度作比较，由此确定路基的干湿类型。

采用平均稠度指标作为路基湿度评价指标，虽然综合了土的塑性特征，包括了液限 $\omega_L$ 与塑限 $\omega_p$，也能反映土的软硬程度，但是对于塑性指数为零或者接近零的土组，土的平均稠度不能全面反映路基土的工作状态。

另外，路面竣工后路基在整个使用期内处于非饱和状态，其湿度状况取决于土的基质吸力，而基质吸力又主要受地下水、土组类型、气候等因素影响。表征气候因素的参数有降雨、蒸发量、降雨天数、相对湿度、年均温度、日照时间及湿度指数 TMI 等。

《公路路基设计规范》（JTG D30—2015）规定，公路在使用过程中，路基最后达到的平衡湿度状况可依据路基的湿度来源分为潮湿、中湿、干燥 3 类。

一般认为，路基湿度受地下水或地表长期积水影响的临界水位深度可根据土质，并结合当地经验确定。缺乏实际资料时，黏土可取为 6 m，砂质黏土和粉土可取为 3 m，砂可取为 0.9 m。

（1）地下水或地表长期积水的水位高，路基工作区均处于地下水毛细润湿影响范围内，路基平衡湿度由地下水或地表长期积水的水位升降所控制，路基湿度状态可定为潮湿类路基。

（2）地下水位很低，路基工作区处于地下水毛细润湿面之上，路基平衡湿度由气候因素所控制，路基湿度状态可定为干燥类路基。

（3）中湿类路基的湿度兼受地下水和气候因素影响，即地下水位较高，路基工作区被地下水毛细润湿面分为上、下两部分，下部受地下水毛细润湿的影响，上部则受气候因素影响，如图 7.9 所示。

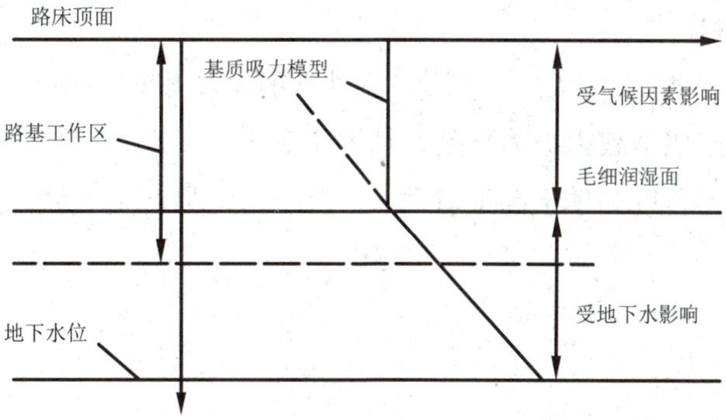


图 7.9　中湿类路基的湿度状况

# 任务四　路基的病害及防治措施

## 一、路基病害的类型

路基裸露在大气中，经受着土体自重、行车荷载和各种自然因素的作用，路基的各个部位将产生变形。路基的变形分为可恢复的变形和不可恢复变形。路基的不可恢复变形将引起路基标高和边坡坡度、形状的改变，严重时危及路基的整体性和稳定性，造成土体位移，危及路基的整体性和稳定性，造成路基各种破坏。路基产生的各种的破坏、变形及其他缺陷，统称病害。

路基受其经过地区的地形、地质及水文地质等条件的影响，主要病害类型有路基沉陷、边坡滑塌、碎落和崩塌、路基沿山体滑动、不良地质和水文条件造成的破坏。

路基病害的主要表现为剥落和溜塌、崩塌、坍塌、滑坡、滑移、沉落、沉缩、冻胀与翻浆等。坡面的剥落和溜塌等表浅病害，起初可能不妨碍交通，但堵塞边沟，影响排水，如果逐渐扩展，危及路基稳定，进而产生病害。崩塌、坍塌、滑坡、滑移属于坡体失稳，其规模巨大，破坏性强，被迫改线。冻胀与翻浆统称冻害，往往使路面遭到严重破坏，行车阻塞。

### 1. 路基的沉陷

路基沉陷是指路基表面在垂直方向产生较大的沉落。在泥沼及软土地基上填筑较高的路堤时，由于地基土压缩性大，抗剪强度不足，路堤自重作用下使地基沉降或再侧向挤出，也会引起堤身向下沉落。

路基的沉陷可以有两种情况，一是路基本身的压缩沉降；二是由于路基下部天然地面承载能力不足，在路基自重的作用下引起沉陷或向两侧挤出而造成的。

路基的沉缩大部分原因包括以下几种。

（1）路基填料选择不当。

（2）填筑方法不合理，压实度不足。

（3）路基堤身内部形成过湿的夹层。

（4）荷载和水温综合作用。

地基下陷的原因是天然地面为软土、泥沼、流沙或有机质堆积等不密实的松土存在，地基填筑前未经换土或压实处理，造成承载力极为不足，从而引起地基下陷。

路基沉缩下沉量同压实程度和填土高度有关，下沉不均匀易产生裂缝。路基沉陷示意图如图 7.10 所示。

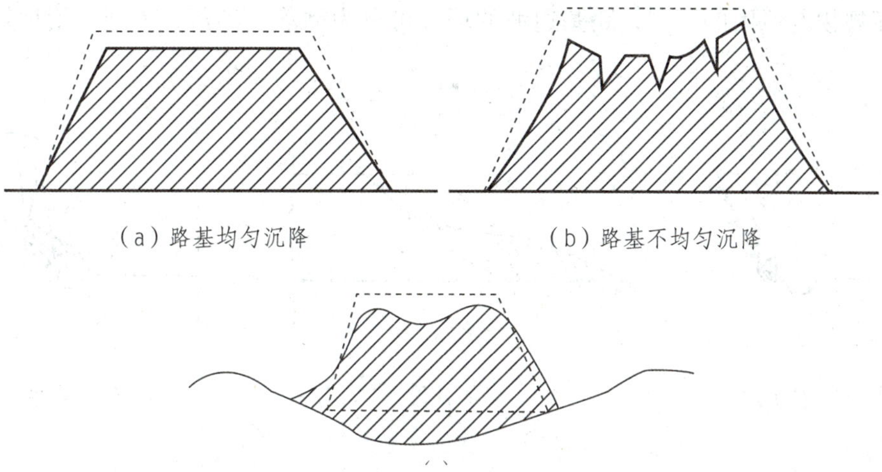

（a）路基均匀沉降　　（b）路基不均匀沉降

（c）土基沉陷

图 7.10　路基沉陷示意图

### 2. 边坡的滑塌

路基边坡滑塌是最常见的路基病害，根据边坡土质类别，破坏原因和规模的不同，可分为溜方与滑坡两种情况。

#### （1）溜方

溜方指边坡上表面薄层土体下溜。流动水冲刷边坡或施工不当，少量土体沿土质边坡向下移动形成。

#### （2）滑坡

滑坡是斜坡的局部稳定性受破坏，在重力作用下，岩体或其他碎屑沿一个或多个破裂滑动面向下做整体滑动的过程与现象。土体的稳定性不足是引起滑坡的主要原因。

路堤边坡坡度过陡，或边坡坡脚被冲刷淘空，或填土层次安排不当是路堤边坡发生滑坡的主要原因。

路堑边坡滑坡的主要原因是边坡高度和坡度与天然岩土层次的性质不相适应。黏性土层和蓄水的砂石层交替分层蕴藏，特别是有倾向于路堑方向的斜坡层理存在时，容易造成滑动。

### 3. 碎落和崩塌

路基坍塌的原因主要包括两个方面。

一方面和水有关，水渗入了路基，造成路基土强度不够，承载力不够，形成了路基坍塌。预防路基坍塌应避免水的浸入。

另一方面，在修筑路基的时候土质的选择不合格，有腐殖土或有冻土在里边，融化之后可造成坍塌。针对这个原因，路基在填筑时必须把软质土去除，重新选择优质的土填筑。路基坍塌如图 7.11 所示。

图 7.11　路基坍塌

按其破坏规模与原因的不同，路基边坡的坍方可分为剥落、碎落、滑坍、崩坍等，如图 7.12 所示。

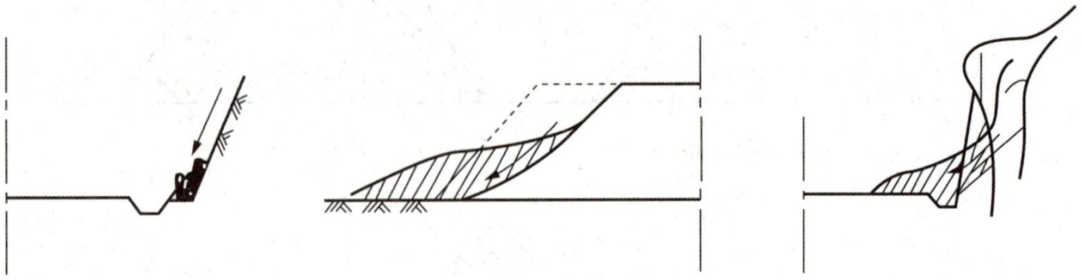

（a）剥（碎）落　　（b）滑塌　　（c）崩塌

图 7.12　路基边坡塌方示意图

（1）剥落

剥落和碎落是指路堑边坡风化岩层表面，在大气温度与湿度的交替作用，以及雨水冲刷和动力作用之下，表层岩石从坡面上剥落下来，向下滚落。

在边坡表土层或风化岩层表面，在大气的干湿或冷热的循环作用下，表面发生胀缩现象，使零碎薄层呈片状从边坡上剥落，且老的脱离，新的又不断产生，或者易风化的软质岩石边坡或含易溶盐多的土质（黄土）边坡，其表面薄层岩土因物理风化易松碎而同母体分离，在重力等作用下呈片状碎屑而逐渐脱落下来。

剥落易发生于填土不均匀和易溶盐含量大的土层及松软岩层。

黏土质边坡的表面土被水饱和或迅速融化而沿坡面下溜，称为溜塌。

（2）碎落

碎落是指边坡上岩石碎块剥落的现象，其规模与危害程度比剥落严重。

碎落产生的主要原因是路堑边坡较陡（大于 45°），岩石破碎和风化严重，在胀缩、振动及水的浸蚀与冲刷作用下，块状碎屑沿坡面向下滚落。如果落下的岩块较大（直径在 40 cm 以上）、以单个或多块落下，此种碎落现象称为落石或坠落。

（3）滑塌

滑塌是指路基边坡土体或岩石沿着一定的滑动面成整体状向下滑动，其规模与危害程度较碎落更为严重，有时滑动体可达数百立方米以上。

滑塌产生的主要原因是原山坡具有倾向公路的软弱构造面，由于施工以及水的浸蚀、冲刷改变了原山坡平衡状态，使山坡在重力作用下沿软弱面整体滑动。滑塌易发生在岩层倾向公路、层间又有软弱夹层或风化层，且地下水影响显著处。

（4）崩塌

崩塌是指大块岩石在重力作用下脱离坡面沿边坡倾倒、崩落。

崩塌产生的主要原因是岩体风化破碎且边坡较高，其危害较大，较常见。崩塌属于坡体破坏，较为严重。

崩塌形成的原因主要有以下几点。

①大多出现在路堑边坡高陡处。

②岩石节理多，有软弱而且倾角较大的路段。

③渗入裂隙中水分的破坏作用。

④冲刷、地震、人为开挖等。

崩塌与滑塌的主要区别在于：崩塌一般针对岩体，而滑塌一般针对土体或土石混合体；崩塌无固定滑动面，坡脚线以下地基无移动现象，崩塌体的各部分相对位置在移动过程中完全打乱，其中较大石块翻滚较远，边坡下部形成倒石堆或岩堆，而滑塌一般有固定滑动面，滑动速度较慢，整体移动且翻滚现象较少。

（5）坍塌（堆塌）

路基边坡的土体发生推移和坍落的现象，称为坍塌。

坍塌较崩塌土体的移动速度慢些，很少翻滚，无固定滑动面，无明显的软弱面。边坡坡度太陡，路基排水不良，坡脚受水冲刷，坡体易失稳而发生坍塌。

坍塌（堆塌）的成因和形态与崩塌相似，但坍塌主要是土体（或土石混杂的堆积物）遇水软化，在 45° ~ 60° 较陡边坡无支撑情况下，由自身重力所产生的剪切力过大而形成。

挡墙边坡的坍塌如图 7.13 所示。常见挡墙边坡坍塌的原因主要有以下几个方面。

①挡墙设计的原因，设计的挡墙的宽度不足，也就是说厚度不够。

②在施工过程中存在一些偷工减料等现象，最后不足以抵抗路基的这种压力，造成了它的坍塌。这种情况下就要求我们在修筑挡墙的过程中，必须严格控制施工质量。

③回填边坡的土的效果。

④边坡的径流。

图 7.13　挡墙边坡的坍塌

#### 4. 路基滑坡

这里所指的滑坡不是山体的大面积滑坡，而是路基的滑坡，如图 7.14 所示。这种状况往往发生在高路堤里，边坡的坡度放得不好或者防护不好。还有一种在半填半挖的状况下，如果没有处理好半填半挖的连接点，那么也会出现滑坡。

图 7.14　路基滑坡

在较陡的山坡上填筑路基，如果原有地面被水浸湿，形成滑动面，坡脚又未进行必要的支撑，在路基的自重和行车的荷载作用下，路基整体或局部会沿倾斜的原地面向下滑动，导致路基整体失稳，如图 7.15 所示。

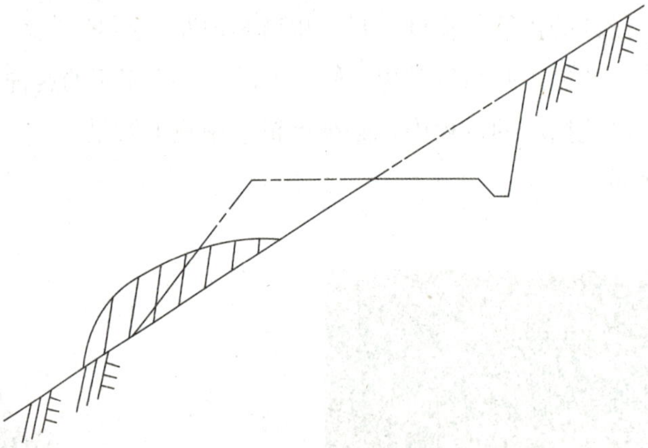

图 7.15　路基沿山坡滑动

（1）滑坡

山坡岩土体被水侵蚀或下部支撑力量受到削弱，在重力作用下沿着一定的软弱面整体有下滑动的现象，称为滑坡，亦称滑坍。规模大的滑坡体移动常是缓慢的，间歇性的，但有时会急剧下滑。山谷间缓坡地带、有软弱面倾向的地段，特别还有地下水或地面水活动以及不恰当的填挖路基，均易形成滑坡。

塌方滑坡主要有堆积层滑坡、残积层滑坡、黄土滑坡。

①堆积层滑坡主要是由地下水引起的。

②残积层滑坡主要是由于强烈的化学风化作用，使坚硬的基岩风化成土和碎石而引起的。

③黄土滑坡主要是由于黄土堆积的不稳定而引起的。

（2）滑移

在较陡的山坡上填筑路基，如果原地面未经处理而被水所浸湿，下侧边坡坡脚又未加必要的支挡，则堤身就可能在自重等作用下沿原地面向下滑移。

（3）泥石流

泥石流是一种突发性的含大量泥沙石块的洪流。泥石流对路基的危害主要是通过堵塞、淤埋、冲刷、撞击等造成的，也可通过压缩、堵塞河路使水位上升，淹没上流沿河路基，或者迫使主河槽改道，引起对岸的冲刷，造成间接水毁。

泥石流的形成原因主要有以下几个方面。

①流域内有丰富的松散固体物质。

②地形陡峻，沟槽纵坡较大。

③流域中上游有大量的降雨、急剧消融的冰雪或渠道、水库的溃决。

### 5. 不良地质和水文条件造成的路基破坏

公路通过不良地质水文地区，或遭受较大的自然灾害作用，如巨型滑坡、泥石流、地震及特大暴雨等，均能导致路基的大规模破坏。

（1）水毁

水的作用对路基的影响是非常大的。这里说的水毁指的是因暴雨、洪水造成路基的损毁。实际上水的损坏有两个方面，一方面是自然因素的影响所造成的水毁，比如暴雨；另一方面是人为因素的影响所造成的水毁，比如人为降低公路设计标准、养护人员对道路的人工构造物检查不够，一部分被水冲刷的涵洞、挡墙、桥梁等构造物没有及时修复，导致再次洪水来临时冲毁涵洞、挡墙等。水毁路面如图 7.16 所示。

图 7.16　水毁路面

加强路基水毁的防治措施，根据相应公路技术等级标准要求，在满足设计洪水频率条件下，设置必要的防护工程，做到安全宣泄设计洪水，对现有公路根据其使用要求和当地自然条件进行针对性的治理工作。对水毁遗留工程做到修复一处治理一处，使水毁路段的重复发生率有效降低。在条件许可情况下，对公路进行技术改造；通过养护，有计划地提高公路技术等级；完善公路排水系统，增加公路抗灾能力。

（2）路基的冻胀和翻浆

在季节性冰冻地区，因路基土质不良、路基高度过小、路面抗冻厚度过小等原因，路基土含水率过大，在冬季负温影响下，路基中的水分不断向上迁移、积聚而冻结，导致路基体积膨胀，引起路面开裂，称为冻胀。春季气温升高时，路基上部冻土先融化，因水分无法及时排出而使路基土饱水稀软，在行车荷载作用下，泥浆沿路面裂缝被挤出，称为翻浆。

对于冻胀来说，土的含水量处理得不好，含水量过大它就会产生了冻胀。翻浆是由于含水量过大，土质选择不好。比如我们填筑的时候选择黏质土和粉质土，一旦有水进入时，它的强度会急剧降低，那么就造成了翻浆。处理方法是抠除后重新填筑，但是重新填筑时候，也要注意连接处及合理的抠除面积比例，如图 7.17 所示。

图 7.17　路基冻胀

## 二、对路基的基本要求

为了保证公路与城市道路最大限度地满足车辆运行的要求，提高车速、增强安全性和舒适性，降低运输成本和延长道路使用年限，要求路基具有下述一系列基本性能。

### 1. 承载能力

行驶在路面上的车辆，通过车轮把荷载传给路面，由路面传给路基，在路基结构内部产生应力、应变及位移。如果路基的强度或抗变形能力不足以抵抗这些应力、应变及位移，则路基会出现沉陷，路面会出现波浪或车辙，使路况恶化、服务水平下降。因此要求路基都具有与行车荷载相适应的承载能力。

结构承载能力包括强度与刚度两方面。路基结构应具有足够的强度以抵抗车轮荷载引起的各个部位的各种应力，保证不发生压碎、拉断、剪切等破坏。路基路面整体结构或各个结构层应具有足够的刚度，使得在车轮荷载作用下不发生过量的变形。

### 2. 稳定性

路基结构在使用过程中要受到大气温度、降水与湿度变化的影响，结构物的物理、力学性质将随之发生变化，处于另外一种不稳定状态。路基结构能否经受这种不稳定状态，而保持工程设计所要求的几何形态及物理力学性质，称为路基的稳定性。

在地表上开挖或填筑路基，必然会改变原地面地层结构的受力状态。原来处于稳定状态的地层结构，有可能由于填挖筑路而引起不平衡，导致路基失稳。例如在软土地层上修筑高路堤，或者在岩质或土质山坡上开挖深路堑时，有可能由于软土层承载能力不足，或者由于坡体失去支承而出现路堤沉落或坡体坍塌破坏。路线如选在不稳定的地层上，则填筑或开挖路基会引发滑坡或坍塌等病害出现。因此在选线、勘测、设计、施工中应密切注意，并采取必要的工程措施，以确保路基有足够的稳定性。

大气降水使得路基内部的湿度状态发生变化，低洼地带路基排水不良，长期积水会使得矮路堤软化，失去承载能力。山坡路基有时因排水不良会引发滑坡或边坡滑塌。因此防水排水是确保路基稳定的重要方面。

大气温度周期性的变化对路面结构的稳定性有重要影响。在严重冰冻地区，低温引起路基的不稳定是多方面的，低温会引起路基收缩裂缝；在地下水源丰富的地区，低温会引起冻胀，路基上面的路面结构也随之发生断裂。融冻期，在交通繁重的路段，有时会引发翻浆，路基路面发生严重的破坏。

### 3. 耐久性

路基工程投资昂贵，从规划、设计、施工至建成通车需要较长的时间，对于这样的大型工程都应有较长的使用年限，一般的道路工程使用年限至少数十年。因此路基工程应具有耐久的性能。

路基在车辆荷载的反复作用与大气水温周期性的重复作用下，使用性能将逐年下降，强度与刚度将逐年衰变，材料的各项性能也可能由于老化衰变而引起结构的损坏。路基的稳定性也可能在长期经受自然因素的侵袭后逐年削弱。因此提高路基的耐久性，保持其强度、刚度及几何形态经久不衰，除了精心设计、精心施工、精选材料之外，要把长年的养护、维修、恢复路用性能的工作放在重要的位置。

## 三、路基病害的处理方法和施工工艺

路基病害的处治应贯彻“预防为主，综合治理”的原则。地质、气候和水位等自然因素每时每刻都对路基产生影响，这就势必加剧病害的扩大与发展。调查发生病害的成因是治理病害的起点，而同一病害在不同时间、不同场所发生时，其根源往往不全相同。因此深入现场，综合分析，才能因地制宜地采取有效的措施。

为提高路基的稳定性，防治各种病害的产生，主要采取的措施包括正确设计路基横断面；选择良好的路基用土填筑路基，必要时对路基上层填土作稳定处理；采取正确的填筑方法，充分压实路基，保证达到规定的压实度；适当提高路基，防止水分从侧面渗入或从地下水位上升进入路基工作区范围；正确进行排水设计（包括地面排水、地下排水、路面结构排水以及地基的特殊排水）；必要时设计隔离层隔绝毛细水上升，设置隔温层减少路基冰冻深度和水分累积，设置砂垫层以疏干土基；采取边坡加固，修筑挡土结构物，土体加筋等防护技术措施，以提高其整体稳定性。

### 1. 崩塌的防治

崩塌的防治措施主要有加固边坡、拦截构造物、支挡构造物。

（1）加固边坡

对于土质路基，可种草或植树；对于风化的软质岩层，可修建干砌或浆砌片石护墙。同时还应及时清除滑塌的土石方。

（2）拦截构造物

在小型崩塌路段，若基岩破坏严重，可采用落石平台、落石槽、拦石堤、挡石墙等构造物。

（3）支挡构造物

支挡构造物主要防治公路上方的危岩、危石等，应根据地形和岩层情况，采取嵌补、支顶、支护、支撑等构造物进行加固。

### 2. 滑坡的防治

滑坡的防治措施主要有排水、减重、支挡措施。

（1）排水

滑坡体上及以外的地表水，应拦截引离，可采用截水沟、明沟、渗沟等排水构造物；地下水可采用支撑渗沟、边坡渗沟及截水渗沟等措施。

（2）减重

在滑坡体后沿挖除一定量滑坡体，以减小下滑力。此法常与其他方法配合使用。减重的弃土应尽量堆填于滑坡前沿，以稳定滑坡；减重后的坡面应注意整平、排水及防渗。

（3）支挡措施

根据滑坡性质，可采用干砌石垛、重力式防护挡土墙、锚杆及加筋挡土墙等构造物进行处理，具体可参见挡土墙施工部分的有关内容。

### 3. 沉陷处治

路基沉陷一般可用换土法、粉喷桩法、灌浆法等进行处治。

（1）换土法

换土法是先将路基一定范围内的松软土挖去，然后回填分层夯实的砂砾石或素土等强度较高的填土材料。其主要施工要点如下：

①基坑开挖。

②选用良好的填料，严禁用腐蚀土或有草根的土块，应分层填筑、分层夯实。

③填石路堤从下而上，应用由大到小的石块按序填筑，并用石渣或石屑填筑空隙。

④设置路基排水设施。

⑤原地面为软弱土层时，路堤高度较低且可中断行车时，应挖除换上良好的土料，然后按原高度填平夯实；路堤高度较高，且又不能中断行车时，可采用打砂桩、凝土桩或松木桩。

（2）粉喷桩法

粉喷桩法施工要点如下：

①移动钻机，准确对孔，对孔误差不得大于 50 mm。

②利用支腿油缸调平钻机，钻机主轴垂直度误差应不大于 1%。

③启动主电动机，根据施工要求，按 I、II、III 挡逐级加速的顺序，正转预搅下沉。钻至接近设计深度时，应用低速慢钻。钻机应原位转动 1 ~ 2 min。为保持钻杆中间的送风通道的干燥，从预搅下沉开始直到喷粉为止，应在钻杆内连续输送压缩空气。

④使用粉体材料，除水泥外，还有石灰、石膏及矿渣等，使用粉煤灰等作为掺加料。在国内工程中普通硅酸盐水泥的掺合量常为 180 ~ 240 kg/m$^3$。

⑤提升喷粉搅拌。在确认加固料已喷至孔底时，按 0.5 m/min 的速度反转提升。当提升到设计停灰高程时，应慢速原地搅拌 1 ~ 2 min。

⑥重复搅拌。为保证粉体搅拌均匀，须再次将搅拌头下沉到设计深度。提升搅拌时，其速度控制为 0.5 ~ 0.8 m/min。

⑦为防止空气污染，在提升喷粉距地面 0.5 m 处应减压或停止喷粉。在施工中，孔口应设喷灰防护装置。

⑧提升喷灰过程中，须有自动计量装置。该装置为控制和检验喷粉桩质量的关键，应予以足够的重视。

⑨钻具提升至地面后，钻机移位对孔，按上述步骤进行下一根桩的施工。

#### （3）灌浆法

灌浆法主要施工要点如下：

①钻孔。对于较浅的软土，可采用螺旋钻，较深则宜采用回转式钻机。为防止冒浆，孔径宜小一些，一般为 75 ~ 110 mm，垂直偏差 <1%。

②制浆。根据材料试验确定配比、选择浆体，制浆时应注意按程序加料，准确计量，掌握浆液性能，控制浆量；浆液应进行充分搅拌，并坚持灌浆前不断地搅拌，防止再次沉淀影响浆液质量。

③灌浆。灌浆是通过灌浆设备、输浆管路，将浆液注入目的层中。用于公路软弱地基处治工程的灌浆方法有自下而上式孔口封闭灌浆法和自上而下式孔口封闭灌浆法。

自下而上式孔口封闭灌浆法这种方法一次成孔，孔口用三角楔止浆塞封口，分段自下而上灌浆，灌浆段高度为 1.5 ~ 2.0 m。该方法对于黏性土层较多或地层下部分有少量中粗砂土层的软弱土层较为适用。

自上而下式孔口封闭灌浆法这种方法一次只钻成一段灌浆孔，孔口用三角楔止浆塞封口，分段自上而下灌浆，灌浆段为 1.5 ~ 2.0 m。该方法对于上部中粗砂土层较多的软弱土层较为适用。

在开始灌浆前，应进行现场灌浆试验，确定单孔灌浆量，然后按照所采用的灌浆工艺施工。在灌浆顺序上，先施工边缘帷幕孔，再施工加固孔，并宜按序次施工，即先注第 1 序次孔，再注第 2 序次孔，最后注第 3 序次礼，当灌浆达到设计要求时可终止灌浆。边缘帷幕孔孔距应为一般灌浆孔距的 1/2，以确保灌浆工程的质量。

在边缘帷幕孔施工后，应根据处治段水文地质情况决定是否施工排水孔。在地下水位较高地区，应在处治范围内用钻机钻成 1 ~ 3 个排水孔，其目的是将边缘帷幕孔所围范围内的地下水随灌浆施工排出，以便能更有效地保证灌浆质量。当排水孔周围灌浆施工时，排水孔内见到灌浆浆液时，可将该排水孔用灌浆浆液灌实，并封孔。

在灌浆过程中，当地面降起或地面有跑浆现象时，应停止灌浆。分析其原因，对下一个灌浆段宜减少灌浆量，并检查封孔装置、灌浆设备等，如仍然有地面降起或地面跑浆应结束该孔灌浆施工。

### 4. 翻浆处治

路基发生翻浆，可适当地选用下面的方法处治。

(1) 挖渗水坑

在翻浆路段的中心线上，顺路向每隔 4 ~ 6 m 挖一个圆坑，坑洞直径 30 ~ 40 cm。坑深要挖到冻土层以下 10 cm 左右，以便把融化的冰水引至坑内，然后挖除。这种处治方式适用于土路及粒料路面，应设立交通安全标志，以保证行车安全。

(2) 挖换土

将翻浆路段上的土挖出来，至稳定层，摊在路肩晾干后回填。翻浆严重地段，挖出翻浆土换水稳定性好的土。

(3) 换铺粒料

挖除稀泥，用碎石、炉渣等粒料换填，表面整平后直接通车，或在下面铺一层干土，再铺土粒料，整平后通车。此法也适用于翻浆严重地段。

(4) 掺石灰

在翻浆路段上，撒铺石灰块，并用木棍捣夯，使石灰进入路基里面去。此法适用于已经翻浆破坏了的路段。

### 5. 泥石流的处治

泥石流的防治措施主要有水土保持和跨越。

(1) 水土保持措施

在易发生泥石流地区植树造林，平整填洼，修筑截水沟、边坡渗沟等排水工程，设置支挡工程。

(2) 跨越措施

以桥梁、涵洞、过水路面、明洞、渡槽等形式跨越泥石流区域。

以上各项技术措施的宗旨在于限制水分侵入路基，使已侵入路基的水分迅速排除，保持干燥，提高路基的整体强度与稳定性。

## 拓展实训

**一、问答题**

1. 路基病害的类型有哪些？形成各自病害的原因是什么？

2. 路基病害原因的综合分析。

3. 滑坡的处治方法有哪些？

4. 沉陷的处治方法有哪些？

**二、单项选择题**

1. 陡峻的斜坡上，岩土体在自重作用下突然而迅猛地从高处崩落和倒塌下来的现象，称为（　　）。

A. 溜塌　　B. 剥落　　C. 崩塌　　D. 坍塌

2. 黏质土边坡的表面土被水饱和或迅速融化而沿坡面下溜，称为（　　）。

A. 溜塌　　B. 剥落　　C. 崩塌　　D. 坍塌

3. 易风化的软质岩石边坡或含易溶盐多的土质（黄土）边坡，其表而薄层岩土因物理风化易碎而同母体分离，在重力等作用下呈片状碎屑逐渐脱落下来，称为（　　）。

A. 溜塌　　B. 剥落　　C. 崩塌　　D. 坍塌

4. 路基边坡的土体发生推移和坍落的现象，称为（　　）。

A. 溜塌　　B. 剥落　　C. 崩塌　　D. 坍塌

5. 山坡岩土体被水侵蚀或下部支撑力量受到削弱，在重力作用下沿着一定的软弱面整体向下滑动的现象，称为（　　）。

A. 滑移　　B. 沉缩　　C. 沉落　　D. 滑坡

6. 路基因填料不当，填筑方法不合理和压实不足，在水分、自重和行车作用下，基身会逐渐压密而出现（　　）。

A. 滑移　　B. 沉缩　　C. 沉落　　D. 滑坡

7. 在较陡的山坡上填筑路基，如果原地面未经处理而为水所浸湿，下侧边坡坡脚又未加必要的支挡，则堤身就可能在自重等作用下沿原地面向下移动，称为（　　）。

A. 滑移　　B. 沉缩　　C. 沉落　　D. 滑坡

8. 在泥沼及软土地基上填筑较高的路堤时，由于地基土压缩性大，抗剪强度不足，路堤自重作用下使地基沉降或再侧向挤出，而引起堤身向下（　　）。

A. 滑移　　B. 沉缩　　C. 沉落　　D. 滑坡

第二篇 市政道路路基工程

# 项目八　一般路基设计

XIANGMUBA YIBAN LUJI SHEJI

## 项目导读

路基是由填筑或开挖而形成的直接支承轨道的结构，也叫作线路下部结构。本项目主要介绍一般路基设计方法与路基设计的基本内容、路基边坡的稳定性分析方法、路基边坡防护、路基加固处理，以及特殊路基设计。

## 学习任务

本项目的任务旨在让学生掌握路基设计的一般要求和路基设计的基本内容；掌握路基稳定性分析的几种方法；熟悉路基边坡防护的种类和相关措施；掌握路基加固处理的方法和工艺；熟悉特殊路基设计、路基填料的选择与压实等内容。

## 思政目标

通过本项目的学习，学生能够提高逻辑推理能力，在进行一般路基设计时，能谨守一般路基设计规则。

## 任务一　路基设计概述

### 一、路基工程相关的设施、准备工作及工程

路面的基础是公路路基。土体本身的自重和路面结构的重力主要由公路路基承受，同时路面传递下来的行车荷载也是由公路路基承受，所以路基是公路的主要承重体，也是公路工程的重要组成部分。

行车荷载作用下的路基，所承受的主要应力区深度一般在路基顶面以下 0.8m（或 1.2m）范围以内，此部分路基按其作用可视为路基结构的路床部分，其强度与稳定性要求应根据路基路面综合设计的原则确定。路基设计的重要性不言而喻，坚固的路基是路面强度与稳定性的重要保证，也能创造条件延长路面的使用寿命，所以路基路面的综合设计至关重要。

### 1. 路基工程的附属设施

为了确保路基的强度与稳定性，使路基在外界因素作用下，不致产生过量的变形，在路基的整体结构设计中，还需包含各项附属设施。

（1）路基排水。

（2）路基防护与加固。

（3）路基工程直接相关的设施，如弃土堆、取土坑、护坡道、碎落台、堆料坪及错车道等。

### 2. 路基设计之前的准备工作

（1）应做好全面调查研究，充分收集沿线地质、水文、地形、地貌、气象、地震等设计资料。

（2）改建公路还应收集历年路况资料及当地路基的翻浆、崩坍、水毁、沉降变形等病害的防治经验。

路基设计一般宜移挖作填，当出现大量弃方或借方时，应配合农田水利建设和自然环境等进行综合设计。应根据公路所在地区的自然因素与地质条件，设计完善的排水设施和防护工程，采取经济有效的病害防治措施。

### 3. 路基工程与其他有关工程项目的关系

在路线设计中，线型的布置和设计标高的控制必须考虑路基的稳定性、工程难易、土石方数量大小和占用农田多少及环境保护等因素。比如在多雨的平原区，地面平坦，地下水源充沛，地下水位较高，河沟纵横交错，因此保证路基稳定性的最小填土高度是路线设计标高的主要控制因素之一；在山岭区，地形变化大，地面自然坡度大，路线设计标高主要由纵坡和坡长所控制，但也要从土石方尽量平衡和路基附属工程合理等方面综合考虑。因此路基设计与路线设计是相辅相成的。

### 4. 路基工程与路面工程的关系

在路面结构设计时，应把土基和路面各结构层看作是一个有机整体。路基是路面的基础，路基的强度与稳定性是保证路面强度与稳定性的基本条件，可以适当减薄路面厚度、降低路面造价来提高路基的强度与稳定性，因此路基设计与路面设计应做综合考虑。

### 5. 路基工程与桥涵工程的关系

桥头引道路基与桥位选择和桥孔设计关系密切，其勘测与设计两者应相互配合，路基与涵洞等结构物也应配合恰当。故在路线纵断面设计中应考虑路基与桥涵在布置与标高方面的关系，处在河滩的桥头引道路基，还应进行稳定性设计与验算。

## 二、路基设计的一般要求

### 1. 具有足够的整体稳定性

路基是直接在地面上填筑或挖去一部分地面建成的。路基建成后，改变了原地面的天然平衡状态。在工程地质不良的地区，修建路基可能加剧原地面的不平衡状态；开挖路堑使两侧边坡土体失去支撑力，可能导致边坡坍滑或滑坡；天然坡面特别是陡坡面上的填方路堤可能因自重而下滑。

### 2. 具有足够的承载力

公路上的行车荷载通过路面传递给路基，对其产生一定压力，路基自重及路面的重力也给予路基和地基一定压力。这些压力都可以使路基产生一定的变形，使路面变形而遭到破坏，直接影响路面的使用品质。因此要求路基具有足够的承载力，抵御外力产生的各种应力，并不产生超过容许范围的变形。

### 3. 具有足够的水温稳定性和耐久性

路基在地面水和地下水作用下，其强度将显著降低。特别是在季节性冰冻地区，由于水温状况（湿度与温度状况）的变化，路基将发生周期性冻融破坏，使路基强度急剧下降。因此路基不仅应具有足够的强度，还应保证在最不利的水温状况下，强度不会显著降低，即要求路基具有足够的水温稳定性与耐久性。

### 4. 应符合环境保护要求

路基设计应符合环境保护要求，避免引发地质灾害，减少对生态环境的影响。

## 三、路基设计的基本内容

路基设计的任务是根据公路的性质、等级和技术标准，结合当地自然条件，拟定正确的路基设计方案，作为施工的依据。在工程地质和水文地质条件良好的地段修筑的一般路基设计包括以下内容。

（1）路基主体设计包括选择路基断面形式，确定路基宽度、路基高度、路基边坡坡度等。

（2）选择路堤填料与压实标准。

（3）确定边坡形状与坡度。

（4）路基排水根据沿线地表水流及地下水埋藏情况，进行沿线排水系统的总体布置，以及地面排水设施和地下排水设施的设计。

（5）路基防护与加固设计内容有坡面防护、冲刷防护及支挡结构物的布置、构造设计与计算等。

（6）路基工程的附属设施包括取土坑与弃土堆、护坡道与碎落台、堆料坪与错车道等的布置与计算。

# 任务二 边坡稳定分析的工程地质法

路线穿越砾石类、岩石类地区时，路堑边坡坡率主要运用工程地质法确定，即根据对自然山坡及已有的人工边坡进行稳定性分析，通过工程地质条件相对比，找到条件相类似的稳定边坡坡值，作为确定路堑边坡值的依据。

## 一、工程地质法需要调查的内容

采用工程地质法对路堑边坡比拟设计，关键是通过认真、详细地勘测调查，获得反映路线所经过地区的可靠水文地质资料，从而进行对比。因此野外应调查并收集下列资料。

（1）土或岩石的名称及其性质；岩石的种类、成因、节理、风化程度情况，岩石产状、层理和岩层厚度，有无夹层或遇水软化的夹层，以及有无断层或其他不良地质现象（岩溶、冰川、泥石流、地震等），这些都会对路基的稳定性产生一定的影响。

（2）地质结构面及各种软弱面的分布状况，如层理、节理、断层等，其产状与路线的关系；公路沿线的地形、地貌和海拔高度不仅会影响到路线的选定，也会影响到路基与路面的设计。

（3）岩石风化破碎程度或砾石类土密实程度。

（4）地面水、地下水的状况；平原、丘陵、山岭各区地势不同，路基的水温情况也不同。平原区地势平坦，排水困难，地表易积水，地下水位相应较高，因而路基需要保持一定的最小填土高度。

（5）当地地质条件相似的自然极限山坡和人工开挖边坡的坡度。

（6）采用的施工方法。

（7）废方的处理及弃土堆的设置。

（8）特殊地段的自然环境。丘陵区和山岭区地势起伏较大，路基路面的排水设计至关重要，否则会导致稳定性下降，出现破坏现象，影响路基路面的稳定性。

## 二、砾石类路堑边坡设计

应用工程地质法对砾石类路堑边坡设计，主要根据砾石土成因、岩块成分和大小、密实程度及其安息角，结合当地水文条件和边坡高度进行比拟分析，论证确定。

表 8.1 为砾石类土路堑边坡资料，可供设计时参考选用。表 8.2 为砾石类土密实度的野外鉴别方法。

表 8.1　砾石类土路堑边坡表

| 土体结合密实程度 | 边坡高度 /m | | |
|---|---|---|---|
| | 10 以内 | 10 ~ 20 | 20 ~ 30 |
| 胶结 | 1:0.3 | 1:0.3 ~ 1:0.5 | 1:0.5 |
| 密实 半胶结 | 1:0.5 | 1:0.5 ~ 1:0.75 | 1:0.75 ~ 1:1 |
| 中等密实 | 1:0.75 ~ 1:1 | 1:1 | 1:1.25 ~ 1:1.5 |
| 相密实 | 1:1 ~ 1:1.5 | 1:1.5 | 1:1.5 ~ 1:1.75 |
| 松散 | 1:1.5 | 1:1.5 ~ 1:1.75 | |

表 8.2　砾石类土密实度的野外鉴别方法

| 密实程度 | 骨架及充填物状态 | 开挖情况 |
|---|---|---|
| 密实 | 骨架颗粒含量超过总重 70%，呈交错排列，连续接触；或虽有部分骨架颗粒连续接触，但充填物呈密实状态（$e < 0.55$） | 锹、镐挖掘困难，用撬棍方能松动，井壁一般稳定 |
| 中等密实 | 骨架颗粒交错排列，部分连续接触；充填物包裹骨架颗粒，且呈中等密实状态（$0.55 \leqslant e \leqslant 0.70$） | 锹、镐可以挖掘，井壁有掉块现象；从井壁取出大颗粒处，能保持颗粒凹面形状 |
| 稍密实 | 骨架颗粒含量小于总量的 60% 排列混乱，大部分不接触，充填物包裹大部分骨架颗粒，且呈疏松状态（$e > 0.70$）或未填满 | 锹可以挖掘，井壁易坍塌，从井壁取出大颗粒后，砂性土立即坍塌 |

## 三、岩石路堑边坡设计

岩石路堑边坡的稳定性主要取决于岩石的性质、地质构造、风化破碎程度及边坡高度，因此设计前应对路线的工程地质条件、岩体特性结构、产状、破碎程度及公路等级、边坡高度和施工方法进行综合调查。根据长期的设计经验和部分地区的调查资料，岩石路堑边坡值可参照表 8.3 选定。

表 8.3　岩石路堑边坡坡度

| 岩石种类 | 风化破碎程度 | 边坡高度 /m | |
|---|---|---|---|
| | | < 20 | 20 ~ 30 |
| 各种岩浆岩<br>厚层灰岩、硅钙质砂砾岩<br>片麻、石英、大理岩 | 轻 度 | 1 ： 0.1~1 ： 0.2 | 1 ： 0.1~1 ： 0.2 |
| | 中 等 | 1 ： 0.1~1 ： 0.3 | 1 ： 0.2~1 ： 0.4 |
| | 严 重 | 1 ： 0.2~1 ： 0.4 | 1 ： 0.3~1 ： 0.5 |
| | 极 重 | 1 ： 0.3~1 ： 0.75 | 1 ： 0.5~1 ： 1.0 |
| 中薄层砂砾岩<br>中薄层灰岩<br>较硬的板岩、千枚岩 | 轻 度 | 1 ： 0.1~1 ： 0.3 | 1 ： 0.2~1 ： 0.2 |
| | 中 等 | 1 ： 0.2~1 ： 0.4 | 1 ： 0.3~1 ： 0.5 |
| | 严 重 | 1 ： 0.3~1 ： 0.5 | 1 ： 0.5~1 ： 0.75 |
| | 极 重 | 1 ： 0.5~1 ： 1.0 | 1 ： 0.75~1 ： 1.25 |

表 8.3（续）

| 岩石种类 | 风化破碎程度 | 边坡高度 /m | |
|---|---|---|---|
| | | ＜ 20 | 20 ~ 30 |
| 薄层砂页岩互层<br>千枚岩、云母、绿泥石片岩 | 轻 度 | 1 ： 0.2~1 ： 0.4 | 1 ： 0.3~1 ： 0.5 |
| | 中 等 | 1 ： 0.3~1 ： 0.5 | 1 ： 0.5~1 ： 0.75 |
| | 严 重 | 1 ： 0.5~1 ： 1.0 | 1 ： 0.75~1 ： 1.25 |
| | 极 重 | 1 ： 0.75~1 ： 1.25 | 1 ： 1.0~1 ： 1.5 |

岩石的风化破碎程度是地质动力作用与长期风化的共同作用结果。表 8.4 为岩石风化破碎程度外观特征分级表。

表 8.4　岩石风化破碎程度分级表

| 分级 | 外观特征 | | | | |
|---|---|---|---|---|---|
| | 颜色 | 矿物成分 | 结构构造 | 破碎程度 | 强度 |
| 轻度 | 较新鲜 | 无变化 | 无变化 | 节理不多、基本上是整体、节理基本不张开 | 基本上不降低，用锤敲很容易回弹 |
| 中等 | 造岩矿物失去光泽，色变暗 | 基本不变 | 无显著变化 | 开裂成 20 ~ 50 cm 的大块状，大多数节理张开较小 | 有减低，用锤敲声音仍较清脆 |
| 严重 | 显著改变 | 有次生矿物产生 | 不清晰 | 开裂成 5 ~ 20 cm 的碎石状，有时节理张开较多 | 有显著降低，用锤敲声音低沉 |
| 极重 | 变化极重 | 大部成分已改变 | 只具外形，矿物间已失去结晶联系 | 节理极多，爆破以后多呈碎石土状，有时细粒部分已具塑性 | 极低，用锤敲时不易回弹 |

由于地表岩层和自然条件变化极大，且存在地区性差异，运用表 8.4 时，应结合当地的工程地质和水文条件，主要参照现有的自然稳定山坡和人工成型稳定边坡，加以对比选用。必要时应结合路基排水、防护与加固措施，进行个别设计和稳定性验算。

## 任务三　路基边坡防护

由岩土筑成的路基直接暴露于大气之中，长期受自然因素的影响，在水温变化作用下，岩土的物理、力学性质将发生变化——浸水后湿度增大，土的强度降低；岩性差的岩体，受水温变化影响，加剧风化；路基表面在温差作用下经受胀缩循环，在湿差作用下经受干湿循环，导致强度衰减和剥蚀；地表水流冲刷，地下水浸入，使岩土表层失稳，易加剧路基的水毁病害；沿河路堤在水流冲击、淘刷和侵蚀作用下，易遭破坏。综上，路基坡面防护工程的目的分为以下三个方面。

（1）防止自然因素所引起的路基破坏和过量变形。路基破坏和过量变形如图 8.1 所示。

图 8.1 路基破坏和过量变形

（2）稳定路基、美化路容，提高公路的使用品质，如图 8.2 所示。

图 8.2 美化路容

（3）防护与加固工程重点在于路基边坡防护及湿软地基的加固。

因此，一方面需要合理的路基设计，应对路基位置、横断面尺寸、岩土组成等方面作综合考虑；另一方面，为确保路基的强度与稳定性，路基的防护与加固也是不可缺少的工程技术措施。随着公路等级的提高，为维护正常的交通运输，减少公路病害，确保行车安全，保持公路与自然环境协调，路基的防护与加固尤为重要。实践证明，在公路建设中，防护工程对保证公路使用品质、提高投资效益均具有重要的意义。

路基的防护与加固主要有边坡坡面防护和冲刷防护等。

## 一、坡面防护

坡面防护是指为防止边坡受水及各种自然因素对坡面的破坏作用而对坡面上所做的各种铺砌和栽植。

坡面防护的作用主要用以防护易受自然因素影响而破坏的土质与岩石边坡：保护路基边坡表面，免受雨水冲刷；防止和延缓岩土表面的风化、剥落等，确护路基边坡的整体稳定性；公路与环境的美化。

坡面防护设施，虽不承受外力作用，但必须保证坡面整体稳定牢固。简易防护的边坡高度与坡度不宜过大，土质边坡坡度一般不陡于 1∶1 ~ 1∶1.5，地面水的径流速度一般不超过 2.0 m/s 且无集中汇流。当雨水集中或汇水面积较大时，应与排水设施相配合，如在挖方边坡顶部设截水沟，高填方的路肩边缘设拦水埂等，如图 8.3 所示。

（a）防护前　　（b）防护后

图 8.3　坡面防护

常用的坡面防护措施有植物防护（种草、铺草皮、植树等）和工程防护（抹面、喷浆、勾缝、石砌护面等）。前者可视为有“生命”（成活）防护，后者属于无机物防护。有“生命”防护以土质边坡为主，无机物防护以石质路堑边坡为主。在某种程度上，有“生命”防护在稳定边坡和改善路容方面，优于无机物防护。

我国《公路路基设计规范》（JTG D30—2015）规定，对受自然因素作用易产生破坏的边坡坡面，应根据气候条件、岩土性质、边坡高度、边坡坡率、水文地质条件、施工条件、环境保护、水土保持要求等因素，分为以下几种类型。

### 1. 植物防护

植物防护是指人工培植边坡植被覆盖表土以防止雨水冲刷，并调节土壤湿度以防止表土干裂及剥落的措施。植物防护主要是由人工培植植被，植物的根系深入土层加固稳定边坡，枝叶保护坡面，调节边坡土的湿度与温度，减少降雨对边坡的冲刷。

植物防护的作用很明显，有美化路容，协调环境，调节边坡土的湿度与温度，起到固结和稳定边坡的作用。它对于坡高不大、边坡比较平缓的土质坡面而言，是一种简易有效的防护设施，其方法包括种草、铺草皮、植树（如种植灌木和喷混植生），防护方式有植被防护，还有三维植被网防护、湿式喷播、客土喷播等方式。

#### （1）种草

种草防护适用于坡度不陡于 1 : 1，冲刷轻微，流速不超过 0.6 m/s，宜于草类生长的土质边坡。

草的品种根据防护目的、气候、土质、施工季节确定，最好选用易成活、生长快、根系发达、叶茎低矮或有匍匐茎、枝叶茂盛的多年生草种。宜于选择便于局部生态系统平衡的草种混播方式，种植的最小土层厚度不应小于 0.15 m。当边坡较高时，植草可与土工网、土工网垫结合防护。

拉伸网草皮是指在土工网或土工垫等土工合成材料上铺设 3 ~ 5 cm 厚的种植土层，经过撒种、养护后形成的人工草皮。固定草种布（也称植生带）是指在土工织物纺织时将草种固定于土工织物中，然后在现场铺筑以促使草皮生长的一种土工合成材料草皮制品。网格固定撒种是指先将土工网固定于需防护的边坡上，然后撒播草种形成草皮的一种边坡防护方法。

种草施工方式有喷播、直播、三维植被网等，如图 8.4 所示。

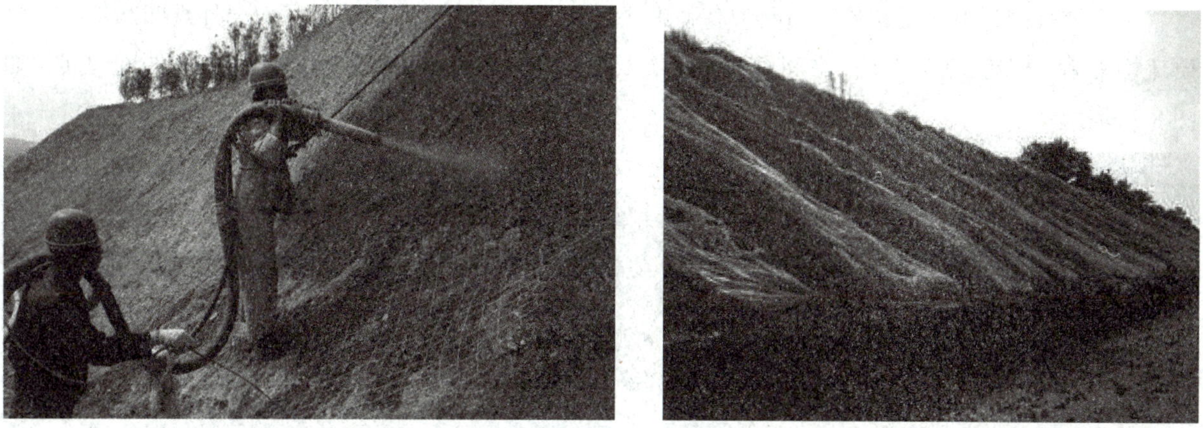

图 8.4　喷播

①湿式喷播适用于土质边坡、土夹石边坡、严重风化岩石边坡且坡率缓于 1∶0.5 的路堑和路堤边坡及中央分隔带、立交区、服务区及弃土堆的绿化。

湿式喷播需要采用专门的设备（喷播机）施工。种子在较短时间内萌芽、生长成株、覆盖坡面，达到迅速绿化、稳固边坡的目的，如图 8.5 所示。

图 8.5　湿式喷播防护

②客土喷播适用于风化岩石、土壤较少的软质岩石、养分较少的土壤、硬质土壤、植物立地条件差的高大陡坡面和受侵蚀显著的坡面。当坡率为 1∶1 时，宜设置挂网或混凝土框架。

客土喷播使用专用机械设备，将客土、基材、植物种子和各种添加物均匀地混合在一起，以压缩空气或高压水流为输送载体，把混合物喷涂于立地条件较差的边坡表面使之形成稳定的营养土层，以达到保护边坡、恢复植被的目的，如图 8.6 所示。

图 8.6　客土喷播防护

③三维植被网防护适用于砂性土、土夹石及风化岩石，且坡率缓于 1∶0.75 的边坡防护。

三维植被网是由多层塑料凹凸网和高强度平网复合而成的立体网结构。面层外观凹凸不平，材质疏松柔韧，留有 90% 以上的空间可填充土壤及沙粒，将草籽及表层土壤牢牢护在立体网中间，如图 8.7 所示。

图 8.7　三维植被网防护

④骨架植物防护适用于土质和强风化的岩石边坡，防止边坡受雨水侵蚀，避免土质边坡面上产生沟槽。

骨架植物防护有拱形骨架、菱形骨架、人字形骨架等形式，如图 8.8 所示。

图 8.8　拱形防护、菱形防护、人字形骨架防护

⑤浆砌片石或水泥混凝土骨架植物防护适用于缓于 1∶0.75 土质和全风化的岩石边坡。当坡面受雨水冲刷严重或潮湿时，坡率应缓于 1∶1。

浆砌片石或水泥混凝土骨架植物防护应视边坡坡率、土质和当地情况确定骨架形式，并与周围景观相协调。框架内应采用植物或其他辅助防护措施。在降雨量较大且集中的地区，骨架宜做成截水沟型，如图 8.9 所示。

图 8.9　浆砌片石或水泥混凝土骨架植物防护

⑥多边形水泥混凝土空心块植物护坡适用于坡率缓于 1∶0.75 的土质边坡和全风化、强风化的岩石路堑边坡，并视需要设置浆砌片石或混凝土骨架。

多边形水泥混凝土空心块植物护坡的多边形空心预制块的混凝土强度不应低于 C20，厚度不应小于 150 mm。空心预制块内应填充种植土，喷播植草，如图 8.10 所示。

图 8.10　多边形水泥混凝土空心块植物护坡

⑦锚杆混凝土框架植物防护适用于土质边坡和坡体中无不良结构面、风化破碎的岩石路堑边坡。

锚杆混凝土框架植物防护中，锚杆采用非预应力的全长黏结型锚杆，锚杆间距、长度应根据边坡地质情况而定。锚杆保护层厚度不应小于 20 mm。

框架应采用钢筋混凝土，混凝土强度不应低于 C25，框架几何尺寸应根据边坡高度和地层情况等确定，框架内宜植草，如图 8.11 所示。

图 8.11　锚杆混凝土框架植物防护

### （2）铺草皮

铺草皮防护适用于需要快速绿化，地面径流速度大于 0.6 m/s，容许最大速度为 1.8 m/s，坡率缓于 1∶1 的土质边坡及严重风化的软质岩石边坡。

当坡面冲刷比较严重，边坡较陡，应根据具体条件（坡度与流速等），分别采用平铺（平行于坡面）、水平叠铺。垂直坡面或与坡面成一半坡角的倾斜叠铺草皮，还可采用片石铺砌成方格或拱式边框，方格或框内再铺草皮，如图 8.12 所示。

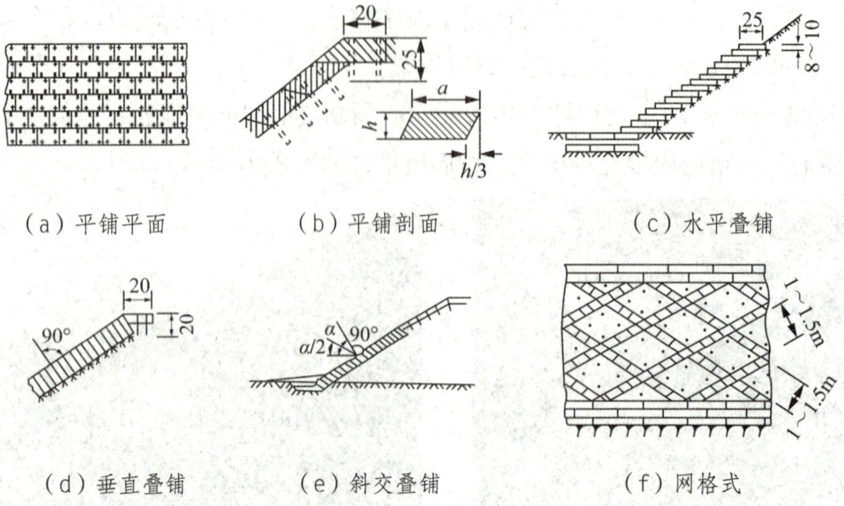


（a）平铺平面　（b）平铺剖面　（c）水平叠铺

（d）垂直叠铺　（e）斜交叠铺　（f）网格式

图 8.12　草皮防护示意图（除已注明尺寸单位外，其余尺寸单位为 cm）

注：图中 *h* 为草皮厚度，约 5 ~ 8 cm；*a* 为草皮边长，约 20 ~ 25 cm。

所铺草皮品种与种草相仿。草皮规格以不过于损坏根系、便于成活及运输而定，一般为 20 cm × 40 cm，厚约 60 ~ 100 mm。铺草皮前应将坡面整平，必要时加铺 50 ~ 100 mm 种植土层。具有根系发达、茎矮叶茂、且耐旱特点为宜。

铺草皮需预先备料，草皮可就近培育，切成整齐块状，然后移铺在坡面上。铺时应自下而上，并用竹木小桩将草皮钉在坡面上，使之稳固。草皮根部土应随草切割，坡面要预先整平，必要时还应加铺种植土，草皮应随挖随铺，注意相互贴紧。

（3）植树

植树防护适用于坡率不陡于 1 : 0.75 的土质和全风化的岩石边坡。

植树防护主要用在堤岸边的河滩上，用来降低流速，促使泥沙淤积，防止水直接冲刷路堤。多排林堤岸，若与水流方向斜交，还可起到挑水、改变水流方向的作用。在沙漠与雪害地区，防护林带还可起阻沙防雪作用，如图 8.13 所示。

树木的品种应选能迅速生长、根系发达、枝繁叶茂且耐旱的低矮灌木品种。沿河路堤植树，则以喜水、根深、杆粗的树种，并多排成行栽种，以起到导流、拦流、挑水、促使泥沙淤积，加固堤岸作用。

植树的平面布置、位置及宽度应根据防护要求、流水速度等因素，结合当地经验确定。城市或风景区的植物防护应与有关部门协调配合。

### 2. 工程防护

当不宜使用植物防护或考虑就地取材时，利用砂石、水泥、石灰等矿质材料进行坡面防护是常用的防护方式。

工程防护中的护坡分为干砌片石、浆砌片石、水泥混凝土预制块。

（1）干砌片石护坡

干砌片石护坡适用于坡率缓于 1 : 1.25 的土（石）质路堑边坡。干砌片石护坡厚度不宜小于 250 mm。

干砌片石护坡中，为提高整体强度，防止水分浸入，干砌片石宜用砂浆勾缝。铺砌层下应设置碎石或砂砾垫层，厚度不宜小于 100 mm。在无河水冲刷时，基础埋置深度一般为护坡厚度的 1.5 倍；沿河受水冲刷时，基础埋置深度在冲刷线以下 0.5 ~ 1.0 m 处，或采用石砌深基础，如图 8.14 所示。

图 8.13　植树防护

图 8.14　干砌片石护坡

路基坡面为防止地面水流或河水冲刷，可以使用干砌片石护面。图 8.15 所示为浸水路堤单层或双层护面示意图。重要路段或暴雨集中地区的土质高边坡，以及桥涵附近坡面与岩坡、地面排水沟渠等，也可使用干砌片石加固。片石护面，要求坡面稳固，先垫以砂层，然后自下而上平整地铺砌片石。片石应逐块嵌紧且错缝，护面厚度一般不小于 25 cm，干砌要勾缝。必要时改用浆砌片石护坡，厚度不宜小于 25 cm，护面顶部封闭，以防渗水，并应设置伸缩缝和泄水孔。

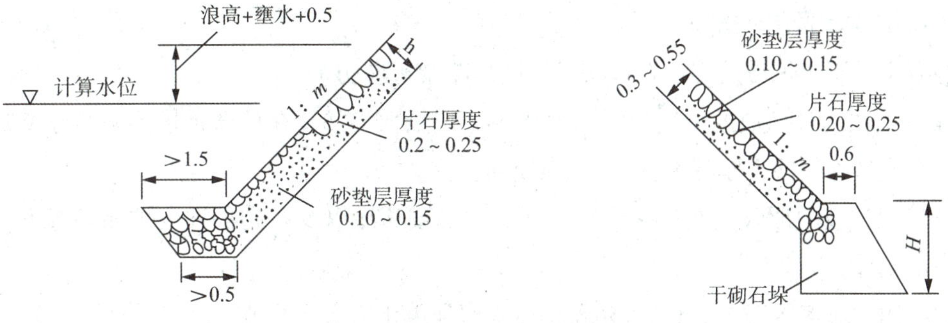


（a）单层

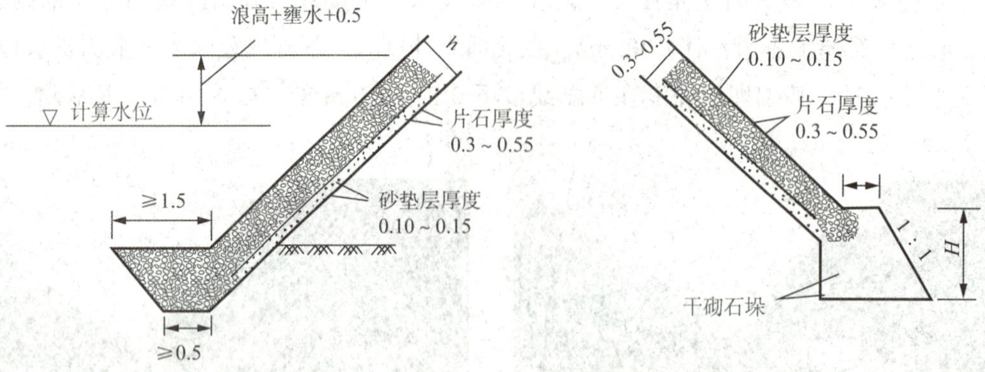


（b）双层

图 8.15　片石护面示意图（尺寸单位：m）

注：图中 $H$ 为干砌石垛高度，约 0.2 ~ 0.3m；$h$ 为护面厚度，不宜小于 0.25m。

### （2）浆砌片石护坡

浆砌片石护坡适用于坡率缓于 1 ∶ 1 的易风化的岩石和土质路堑边坡。

浆砌片（卵）石护坡的厚度不宜小于 250 mm，砂浆强度不应低于 M5，护坡应设置伸缩缝和泄水孔。铺砌层下应设置碎石或砂砾垫层，厚度不宜小于 100 mm。在无河水冲刷时，基础埋置深度一般为护坡厚度的 1.5 倍；沿河受水冲刷时，基础埋置深度在冲刷线以下 0.5 ~ 1.0 m 处，或采用片（卵）石砌深基础，如图 8.16 所示。

图 8.16　浆砌片石护坡

### （3）水泥混凝土预制块护坡

水泥混凝土预制块护坡适用于石料缺乏地区的路基边坡防护。

水泥混凝土预制块护坡的预制块混凝土强度不应低于 C15，在严寒地区不应低于 C20。铺砌层下应设置碎石或砂砾垫层，厚度不宜小于 100 mm。

另外，工程护坡的形式主要包括砂浆抹面、勾缝或喷涂以及石砌护坡或护面墙等形式，它们各自适合于一定条件。

①喷护适用于坡率缓于 1 ∶ 0.5、易风化但未遭强风化的岩石边坡。

喷护的喷浆防护厚度不宜小于 50 mm，采用的砂浆强度不应低于 M10。喷射混凝土防护厚度不宜小于 80 mm，混凝土强度不应低于 C15。喷护坡面应设置泄水孔和伸缩缝。伸缩缝间距为 15 ~ 20 m，泄水孔间距 2 ~ 3 m，孔径 100 mm，如图 8.17 所示。

图 8.17　喷护护坡

②锚杆挂网喷浆（混凝土）防护适用于坡面为碎裂结构的硬质岩石或层状结构的不连续地层以及坡面岩石与基岩分开并有可能下滑的挖方边坡。

锚杆挂网喷浆（混凝土）防护的锚杆应嵌入稳固基岩内，锚固深度应根据岩体性质确定。钢筋网喷射混凝土支护厚度不应小于 100 mm，也不应大于 250 mm。钢筋保护层厚度不应小于 20 mm，如图 8.18 所示。

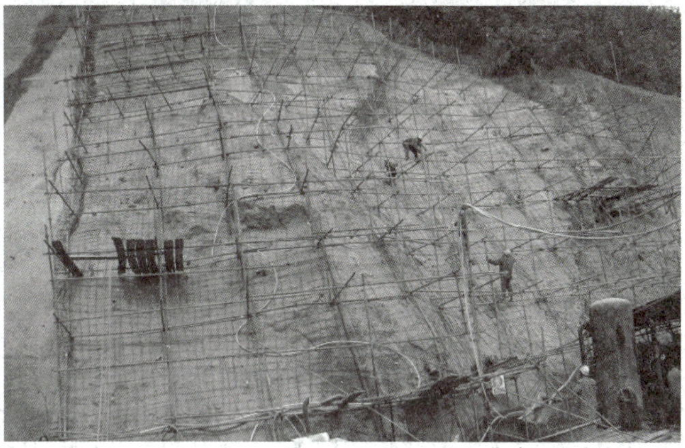

图 8.18　锚杆挂网喷浆（混凝土）防护

喷护和挂网喷护的水泥用量较大，重点工程可选用。喷护材料可采用砂浆或水泥混凝土，喷浆防护厚度不宜小于 50 mm，喷射混凝土防护厚度不宜小于 80 mm。锚杆挂网喷浆或喷射混凝土的喷护厚度不小于 0.10 m，且不应大于 0.25 m，钢筋保护层厚度不应小于 20 mm。喷护坡面应设置泄水孔和伸缩缝，应结合碎落台和边坡平台种植攀缘植物。

③勾缝与灌浆防护适用于较坚硬不易风化的岩石路堑边坡，节理裂缝多而细的用勾缝，裂缝大而深的用灌浆。

勾缝与灌浆应密实，防浸水。比较坚硬的岩石坡面，为防水渗入缝隙成害，视缝隙深浅与大小，分别予以灌浆、勾缝或嵌补等。

④护面墙防护适用于防护易风化或风化严重的软质岩石、较破碎岩石的挖方边坡以及坡面易受侵蚀的土质边坡，边坡不宜陡于 1 ∶ 0.5。

护面墙防护类型应根据边坡地质条件确定，窗孔式护面墙防护的边坡不应陡于 1 ∶ 0.75；拱式护面墙适用于边坡下部岩层较完整而上部需防护的路段，边坡应缓于 1 ∶ 0.5。

护面墙是浆砌片石的坡面覆盖层，用于封闭各种软质岩层和较破碎的挖方边坡；要求墙面紧贴坡面，表面砌平，厚度可不一。护面墙石料应符合规格。护面墙除自重外，不承受其他荷载，也不承受墙背土压力，其构造与布置如图 8.19 所示。其墙高与厚度及路堑边坡的关系见表 8.5。

表 8.5 护面墙厚度

| 护面墙高度 $H$/m | 路堑边坡 | 护面墙厚度 /m | |
|---|---|---|---|
| | | 顶宽 $b$ | 底宽 $d$ |
| $H \leqslant 2$ | 1 : 0.5 | 0.40 | 0.40 |
| $H \leqslant 6$ | 陡于 1 : 0.5 | 0.40 | 0.40 + 0.1H |
| $6 < H \leqslant 10$ | 1 : 0.5 ~ 1 : 0.75 | 0.40 | 0.40 + 0.05H |
| $10 < H \leqslant 15$ | 1 : 0.75 ~ 1 : 1 | 0.60 | 0.60 + 0.05H |

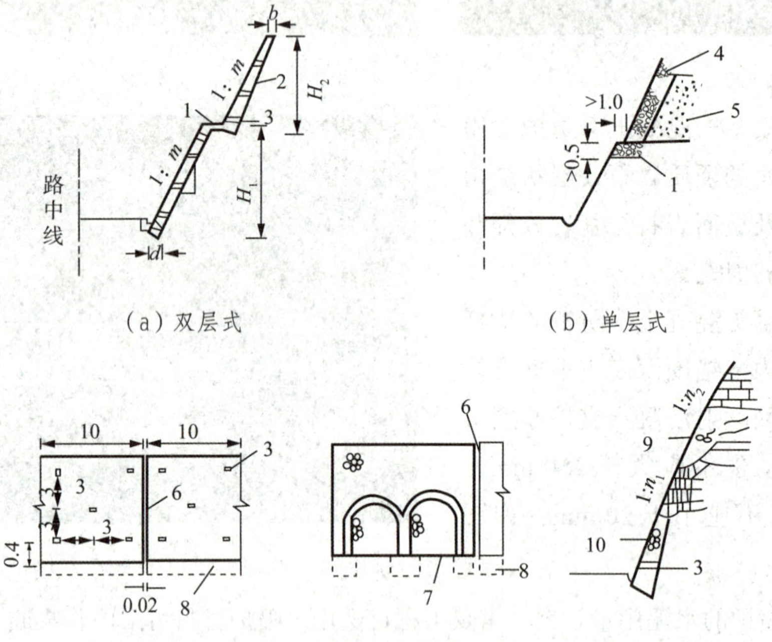


1—平台；2—耳墙；3—泄水孔；4—封顶；5—松散夹层；6—伸缩缝；7—软地基；8—基础；9—支补墙；10—护面墙

图 8.19 护面墙示意图（尺寸单位：m）

单级护面墙的高度不宜超过 10 m，并应设置伸缩缝和泄水孔；若超过 10 m，可以分级砌筑，每一级高度 6 ~ 10 m，中间设平台，墙背可设耳墙，纵向每 10 m 设置一条伸缩缝，墙身应预留泄水孔，基础要求稳固，顶部应封闭，护面墙前趾应低于边沟铺砌的底面。墙基软硬不均匀，可设拱跨过软弱地基。坡面常有各种不同地质现象，开挖后形成凹陷，应以石砌圬工填塞平整，称为支补墙。护面墙基础应设置在稳定的地基上，埋置深度应根据地质条件确定，冰冻地区应埋置在冰冻深度以下不小于 250 mm。护面墙前趾应低于边沟铺砌的底面，如图 8.20 所示。

⑤封面防护适用于坡面较干燥、未经严重风化的各种易风化岩石边坡，但不适用于由煤系岩层及成岩作用很差的红色黏土岩组成的边坡。封面防护使用年限为 8 ~ 10 年，高速公路路基边坡不宜采用抹面防护。

封面厚度不宜小于 30 mm，表层可涂软化点稍高于当地气温的沥青保护层。

封面防护适于石质挖方坡面，岩石表面易风化，但比较完整，尚未剥落，如页岩、泥砂岩、千枚岩的新坡面。对此应及时予以封面，以预防风化成害。常用的抹面材料有石灰浆等，其中石灰为胶结料，要求精选。混合料（如加纸筋或竹筋）可提高强度，防止开裂；掺加适量制盐副产品卤水，因含有氯化钙与氯化镁，可使抹面加速硬化和预防开裂。抹面厚度视材料与坡面状况而定，一般为 2 ~ 10 cm。操作前，应清理坡面风化层、浮土与松动碎块，填坑补洞，洒水润湿。抹面后，应拍浆、抹平和养生。

图 8.20　护面墙

⑥捶面防护适用于边坡坡率缓于 1 ∶ 0.5、易受冲刷的土质边坡或易风化剥落的岩石边坡。捶面防护使用年限为 10 ~ 15 年，高速公路路基边坡不宜采用捶面防护。捶面宜采用等厚截面，其厚度不宜小于 100 mm。

上述防护方法可以局部处治，综合使用，并与放缓边坡等方法加以比较，力求实用和经济。如果在坡面防护时着色或修饰，还有助于改善路容。

## 二、冲刷防护

### 1. 冲刷防护的注意事项

（1）沿河地段路基当受水流冲刷时，应根据河流特性、水流性质、河道地貌、地质等因素，结合路基位置，选用适宜的防护工程类型、导流或改河工程。

（2）冲刷防护工程顶面高程应为设计水位加上波浪侵袭、壅水高度及安全高度。基底埋设在冲刷深度以下不小于 1 m 或嵌入基岩内。当冲刷深度较深、水下施工困难时，可采用桩基、沉井基础或适宜的平面防护。

（3）设置导流建筑物时，应根据河道地貌、地质、水流特性、河道演变规律和防护要求等设计导治线，并应避免农田、村庄、公路和下游路基的冲刷加剧。在山区河谷地段，不宜设置挑水导流建筑物。

冲刷防护主要是用于防护水流对路基的冲刷与淘刷，也是对沿河滨海路堤、河滩路堤及水泽区路堤，也包括桥头引道，以及路基边坡堤岸等的防护。此类堤岸常年或季节性浸水，受流水冲刷、拍击和淘洗，造成路基浸湿、坡脚淘空，或水位骤降时路基内细粒填料流失，致使路基失稳，边坡崩坍。所以堤岸的冲刷防护与加固，主要针对水流的破坏作用而设，起防治水害和加固堤岸的双重功效。

### 2. 冲刷防护的类型与措施

冲刷防护的类型有直接防护和间接防护，其中直接防护包括植物防护、砌石或混凝土护坡、抛石、石笼、浸水挡土墙、土工膜袋等。间接防护设置导治结构物，包括丁坝、顺坝、防洪堤、拦水坝等，必要时进行疏浚河床、改变河道，以改变流水方向，避免或减缓水流对路基的直接破坏作用。

我国《公路路基设计规范》（JTG D30—2015）规定沿河路基受水流冲刷时，应根据河流特性、水流性质、河道地貌、地质等因素，结合路基位置，按表 8.6 经技术经济比较后，选用适宜的防护工程类型或采取改移河道等措施。

表 8.6 冲刷防护类型及适用条件

| 冲刷防护类型 | | 适用条件 |
| --- | --- | --- |
| 植物防护 | | 可用于允许流速为 1.2 ~ 1.8 m/s、水流方向与公路路线近似平行、不受洪水主流冲刷的季节性水流冲刷地段防护。经常浸水或长期浸水的路堤边坡，不宜采用 |
| 砌石或混凝土护坡 | | 可用于允许流速为 2 ~ 8 m/s 的路堤边坡防护 |
| 土工织物软体沉排、土工膜袋 | | 可用于允许流速为 2 ~ 3 m/s 的沿河路基冲刷防护 |
| 石笼防护 | | 可用于允许流速为 4 ~ 5 m/s 的沿河路堤坡脚或河岸防护 |
| 浸水挡墙 | | 可用于允许流速为 5 ~ 8 m/s 的峡谷急流和水流冲刷严重的河段 |
| 护坦防护 | | 可用于沿河路基挡土墙或护坡的局部冲刷深度过大、深基础施工不便的路段 |
| 抛石防护 | | 可用于经常浸水且水深较大的路基边坡或坡脚，以及挡土墙、护坡的基础防护 |
| 排桩防护 | | 可用于局部冲刷深度过大的河湾或宽浅性河流的防护 |
| 导流 | 丁坝 | 可用于宽浅性河段，保护河岸或路基不受水流直接冲蚀而产生破坏 |
| | 顺坝 | 可用于河床断面较窄、基础地质条件较差的河岸或沿河路基防护，以调整流水曲度和改善流态 |

#### （1）直接防护措施

为了防止水流直接危害沿河、滨海路堤以及有关海、河堤坝护岸的堤岸边坡和坡脚，必须采取一定的防冲刷措施。

①植物防护适用于允许流速小于 1.2 ~ 1.8 m/s 的季节性水流冲刷。

设计时要需符合坡面处治的有关规定；经常浸水或长期浸水的路堤边坡，不宜采用种草防护。在沿河路基外的河滩上植造防护林带，树种应具有喜水性，如图 8.21 所示。

图 8.21 植物防护

②砌石或混凝土护坡适用于允许流速 2 ~ 8 m/s 的路堤边坡。

用于冲刷防护的砌石或混凝土护坡应符合坡面处治的有关规定；浆砌片（卵）石护坡厚度应按流速及波浪的大小等因素确定，并不应小于 350 mm。护坡底面应设厚度不小于 100 mm 反滤层，如图 8.22 所示。

图 8.22　砌石或混凝土护坡

③抛石防护适用于经常浸水且水深较大的路基边坡或坡脚，以及挡土墙、护坡的基础防护。抛石一般多用于抢修工程。

抛石边坡坡度和选用石料粒径应根据水深、流速和波浪情况确定，石料粒径应大于 300 mm，坡度不应陡于所抛石料浸水后的天然坡角，厚度不应小于所用最小石料块径的两倍，如图 8.23 所示。

图 8.23　抛石防护

抛石防护类似在坡脚处设置护脚，也称抛石垛，如图 8.24 所示。抛石不受气候条件限制，路基沉实以前均可施工，季节性浸水或长期浸水均可用。抛石垛的边坡坡度不应陡于抛石浸水后的天然坡角，边坡坡率 $m_1$ 一般为 1.5 ~ 2.0，$m_2$ 一般为 1.25 ~ 3.0；石料粒径视水深与流速而定，一般为 15 ~ 50 cm。

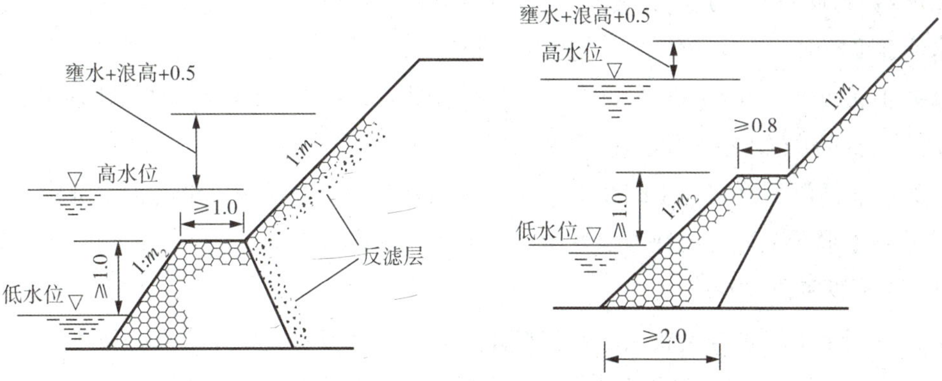


（a）新堤石垛　　（b）旧堤石垛

图 8.24　抛石防护示意图（尺寸单位：m）

④石笼防护适用于受水流冲刷和风浪侵袭，且防护工程基础不易处理或沿河挡土墙、护坡基础局部冲刷深度过大的沿河路堤坡脚或河岸。

石笼内所填石料应采用重度大、浸水不崩解、坚硬且未风化石块，粒径应大于石笼的网孔，如图 8.25 所示。

图 8.25　石笼防护

石笼用铁丝编织成框架，内填石料，设在坡脚处，以防急流和大风浪破坏堤岸，也可用来加固河床，防止淘刷。铁丝框架可以是箱形或圆柱形，如图 8.26（a）、（b）所示。笼内填石的粒径最小不小于 4.0 cm，一般为 5 ~ 20 cm，外层应用棱角突出的大石料，内层可用较小石块填充。石笼在坡脚处排列，用于防止冲刷淘底时，应平铺并与坡脚线垂直，而且堤岸一端固定，另一端不必固定，淘刷后可以向下沉落贴于底面；用于防止堤岸边坡冲刷时，则垒码平铺成梯形，如图 8.26（c）、（d）所示。单个石笼的大小以不被相应速度的水流冲动为宜，铺设时须用碎（砾）石垫层铺平，底层各角可用铁棒固定于基底。

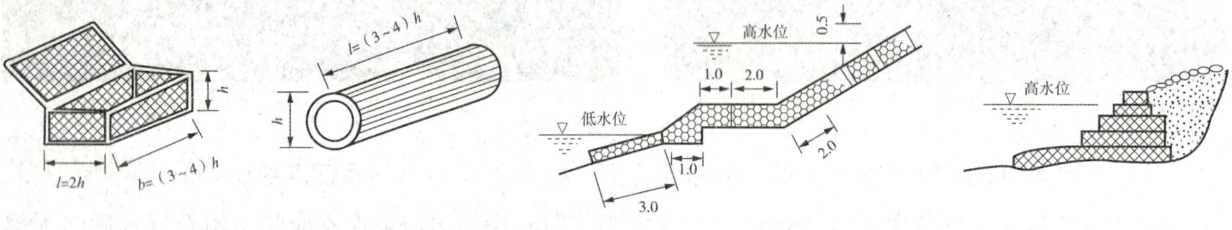


（a）箱形笼　（b）圆柱形笼　（c）防止淘底　（d）防护岸坡

图 8.26　石笼防护示意图（尺寸单位：m）

植物防护与石砌防护，与坡面防护所述基本类同，但堤岸的冲刷主要是因为洪水急流，水位变迁不定，水流速度较大，相应的防护要求更高。在盛产石料的地区，当水流速度达到 3.0 m/s 或更高，植树与石砌防护无效时，可采用抛石防护。当水流速度达到或超过 5.0 m/s 时，则改用石笼防护，也可用竹笼防护，必要时也可以采用土工织物软体沉排护坡。

⑤土工织物软体沉排是在土工织物上以块石或预制混凝土块体为压重的护坡结构。土工织物软体沉排护坡适用于水下工程及预计可能发生冲刷的河床和岸坡土面上。土工织物软体沉排护坡主要有单片垫和双片垫两种结构形式。

单片垫是利用土工织物拼接成大面积的排体；双片垫是将两块单片垫重叠后按一定距离和形式将两片垫连接在一起而构成管状或格状空间，其中再填充透水性砂石料（如砂卵石等），以起到防冲与反滤的作用，双片垫的结构形式如图 8.27 所示。

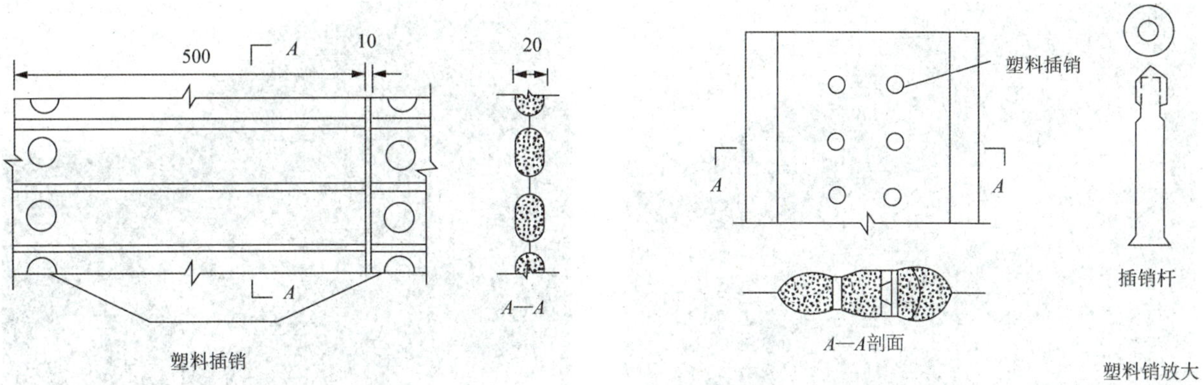


图 8.27　双片垫形式（尺寸单位：cm）

⑥土工膜袋护坡所用的土工膜袋是一种双层织物袋，袋中充填流动性混凝土或水泥砂浆或小粒径石料混凝土，凝固后形成高强度和高刚度的硬结板块。采用土工膜袋护坡的坡度不得陡于 1 ∶ 1。土工膜袋护坡主要应用场合及铺设形式如图 8.28 所示。土工膜袋材料应满足表 8.7 的技术要求。充填混凝土时，粗集料最大粒径应符合表 8.8 的要求，其坍落度不宜小于 20 mm，强度等级不低于 C10；充填砂浆时，其强度等级不低于 M2.5。

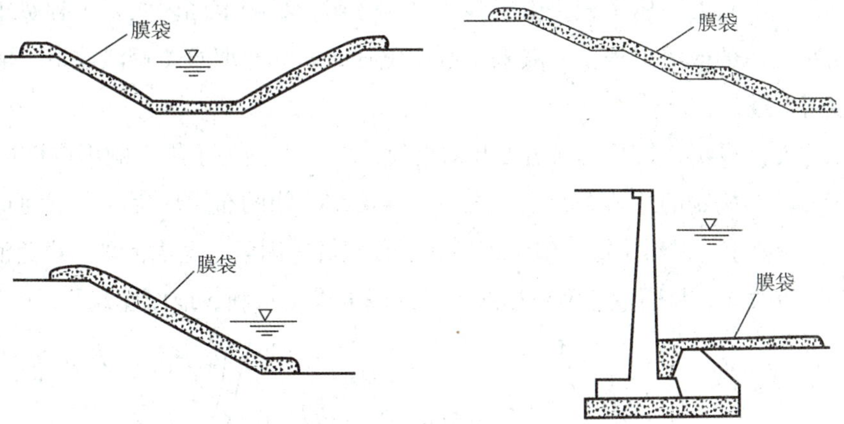


图 8.28　土工膜袋的应用及铺设

表 8.7　土工膜袋材料要求

| 指标内容 | 指标要求 | 指标内容 | 指标要求 |
| --- | --- | --- | --- |
| 顶破强度 /N | ≥ 1500 | 等效孔径 O95/mm | 集料最大粒径 /mm |
| 渗透系数 /（$cm \cdot s^{-1}$） | 0.86 ～ 10 | 延伸率 /% | ≤ 15 |

表 8.8　混凝土集料的最大粒径要求

| 土工膜袋厚度 /mm | 集料最大粒径 /mm | 土工膜袋厚度 /mm | 集料最大粒径 /mm |
| --- | --- | --- | --- |
| 150 ～ 250 | ≤ 20 | ≥ 250 | ≤ 40 |

如果在水下施工，水流速度不宜大于 1.5 m/s。膜袋选型应根据工程要求和当地土质、地形、水文、经济与施工条件等确定。应根据流水量选定膜袋滤水点分布数量。当选用无滤水点膜袋时，应增设渗水滤管。膜袋应采用尼龙绳缝制，如图 8.29 所示。

图 8.29　土工膜袋护坡

（2）间接防护措施

间接防护主要是指设置导治结构物，也包括必要的河道改移。设置导治结构物可改变水流方向，消除和减缓水流对堤岸的直接破坏，同时可解除水流对局部堤岸的损害，起到安全保护作用。导治结构物是桥涵和路基的重要附属工程，由于涉及水流方向，影响范围较大，工程费用较高，务必慎重选用。用于防护堤岸的改河工程，一般限于小型工程，如裁弯取直、挖滩改道、清除孤石等，可在小河的局部段落上进行。

导治结构物主要是设坝，按其与河道的相对位置，一般可分为丁坝、顺坝或格坝。图 8.30 所示为桥梁附近设置导治结构物的总体布置示例之一。导治结构物的布置应综合考虑河道宽窄、水流方向、地质条件、防护要求、材料来源、施工条件和工程经济等因素，全面治理，避免河床过多压缩，或因水位提高和水流改向，从而危害河对岸或附近地段的农田水利、地面建筑及堤岸等。

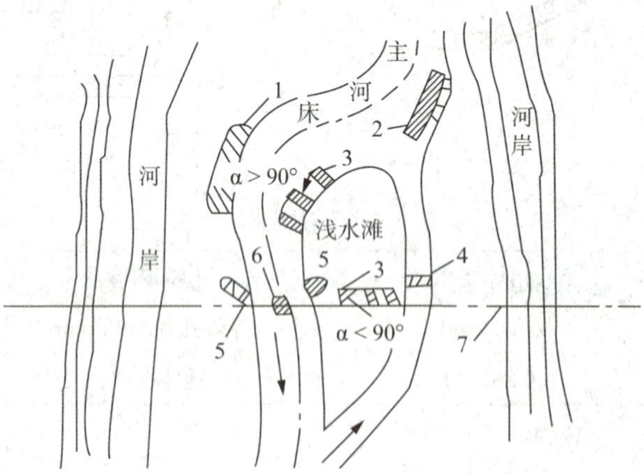


1—顺坝；2—格坝；3—丁坝（挑水坝）；4—拦水坝；5—导流坝；6—桥墩；7—路中线

图 8.30　导治结构物综合布置示例

①顺坝适用于河床断面较窄、基础地质条件较差的河岸或沿河路基防护。顺坝可导流、束水、调整流水曲度、改善流态，因此顺坝也称导流坝。

②丁坝适用于宽浅变迁性河段，用以挑流或减低流速，减轻水流对河岸或路基的冲刷。丁坝大致与堤岸垂直或斜交，将水流挑离堤岸，束河归槽，改善流态，因此丁坝也称挑水坝。

③格坝在平面上呈网格状，设于顺坝与堤岸之间，防止高水位时水流溢入，冲刷坝内岸坡和坡脚，并促进格间的淤积。

导治结构物的布置是工程成败的关键。布置恰当能收到预期效果，布置不当反而恶化水流，造成水毁。关键在于合理设计导治线，使之符合预定的河轴线和河岸线要求，也取决于导治水位选择，确保不致出现不利的冲刷情况。导治线与导治水位应根据水流和河岸、河床地形、地质情况、水流对上下游堤岸的影响等因素，通过综合分析和设计计算而定。顺坝与丁坝均用石块修建成梯形横断面，坝体分为坝头、坝身和坝根三个组成部分，横断面尺寸根据构造要求、施工条件和使用需要而定，并应进行稳定性计算。

公路工程中的改河，其主要目的是将直接冲刷路基的水流引向旁处；路基占用河槽后，需要拓宽河道；挖滩改河，清除孤石，改移河道，以保护路基；裁弯取直，有利于布置路线或桥涵。这些措施如经过论证可行，确有必要且效益高时，方可通过设计计算，最后实施。

### 三、支挡建筑物

为防止路基变形或支挡路基本体或山体的位移，以保证其稳定性，通常会在山体合适位置设置支挡建筑物。

支挡建筑物常用类型有以下两种：

（1）路基边坡支撑（挡土墙、土垛、石垛及其他具有承重作用的构造物）。

（2）堤岸支挡（沿河驳岸、浸水挡土墙）。驳岸与浸水挡土墙主要区别在于，前者主要起防水作用，后者既防水，又兼起支挡路基的土侧压力。

## 任务四 路基加固处理

路基铺设于天然地基上，自身荷载较大，要求地基应具有足够的承载能力，以保持地基稳定；另外应使某些自然因素（如地下水、坑穴、湿陷、胀缩等）不致产生对路基的有害变形。路基加固区别于防护，各有特点。

路基防护与加固工程中，一般把防止风化和冲刷，主要起隔离、封闭作用的措施称为防护工程。防护工程不能承受外力作用，所以要求路基本身必须是稳定的。

把防止路基或山体因重力作用而坍滑，地基承载力不足而沉陷，主要起支承、加固作用的结构物称为加固工程。它们当中有些措施往往兼有防护与加固作用。

### 一、换填土层法

湿软地基含水量高、孔隙比大、承载力低，以防路基沉陷、滑移或发生其他病害，通常采用换填土层法。

换填土层法，即将基底下一定深度范围的湿软土层挖去，换以强度较大的砂、碎（砾）石、灰土或素土，以及其他性能稳定、无侵蚀性的土类，并予以压实。换填材料的不同，其应力分布虽然有所差异，但其极限承载力比较接近，而且沉降特点亦基本相似，因此大致按砂垫层的计算方法，结果相差不大。

砂垫层可提高承载力，减少沉降量，加速软弱土层的排水固结，防止冻胀，消除膨胀土的胀缩作用，亦可处理暗穴。砂垫层的作用因工程性质而有所不同，对路基而言，主要是排水固结。素土（或灰土）垫层，可以消除湿陷性黄土 3.0 m 深度范围内的湿陷性。

砂垫层厚度一般在 0.6 ~ 1.0 m 之间，太厚则施工难，太薄则效果差。砂料以中粗砂为宜，要求级配良好，颗粒的不匀系数不大于 5，含泥量不超过 3% ~ 5%。

## 二、碾压夯实法

控制最佳含水率，对路基分层压实，提高强度和降低压缩性，是路基施工的基本要求。如果使用压实功能较大的压实方法，还能处理杂填土和地表的松散土。

对于非黏性土及松散杂填土而言，振动压实法效果良好。振动压实效果，因土质和振动时间而不同，一般是振动时间越长，效果越好，但时间过长就会无效。对于主要由矿渣、碎砖、瓦块为主的建筑垃圾，时间约 1 min 即可；含细炉渣等细颗粒填土，振动时间为 3 ~ 5 min，有效深度为 1.2 ~ 1.5 m。

重锤夯实法加固地基，可提高地基表层土的强度。对湿陷性黄土，可降低地表的湿陷性，对杂填土，可减少表层土的强度不均一性。重锤夯实法适用于地下水位 0.8 m 以下稍湿的一般黏性土、砂土、湿陷性黄土、杂填土等。重锤夯实法一般采用钢筋混凝土制成截头圆锥体（底部垫钢板），重量宜 1.5 t 或稍重，锤底直径为 1 ~ 1.5 m，起重设备的能力为 8 ~ 15 t，落距高一般为 2.5 ~ 4.5 m。重锤的夯击遍数，一般以最后两次的平均夯沉量不超过规定值来控制，即一般黏性土和湿陷性黄土为 1 ~ 2 cm，砂土为 0.5 ~ 1.0 cm。实践结果表明，一般是 8 ~ 12 遍，作用深度约为锤底直径的一倍左右。

在重锤夯实法的基础上，经过研究和实践，20 世纪 60 年代末期出现所谓强夯法，也称动力固结法。它是以 8 ~ 12 t（甚至 20 t）的重锤，8 ~ 20 m 的落距（最高达 40 m），对路基进行强力夯击，利用冲击波和动应力，达到路基加固的目的。此项新技术的出现，迅速在国际上得到广泛运用，效果十分显著，我国亦正在研究和运用。

实践证明，强夯过程中，土体中因含可压缩的微气泡而产生几十厘米的沉降，土体产生液化，使土的结构破坏，强度下降至最小值，随后在夯击点周围出现径向裂隙，成为加速孔隙水压力消散的主要通道，继而因黏性土的触变性，使土基的强度得到恢复和增强。这一过程无法用传统的固结理论解答，因而就有饱和土是可压缩的重要机理。现有研究成果表明，由于土中有机物的分布，第四纪土中多数含有以微气泡形式出现的气体，含气量约为 1% ~ 4%，在强夯过程中，气相体积被压缩，加上孔隙水被挤出，两者体积有降低。重复夯击作用，气体被压缩接近于零时，土体变成不可压缩，相应的孔隙水压力上升到与覆盖压力相等的能量级时，土即产生液化，吸附水变成了自由水，土的强度达到最小值；继续施加外界能量，对强度提高无效，需要停止夯击，等待强度恢复。与此同时，夯点四周形成有规则的垂直裂缝，出现涌水现象。当孔隙水压力消散到小于土粒间的侧向压力时，裂隙即自行闭合，土中水的运动又恢复常态。随着孔隙水压力的消散，土的抗剪强度和变形模量有了大幅度增长，这是由于土粒间紧密接触，以及新吸附水层逐渐固定所致，这是土的触变性所致。基于上述基本原理，按弹簧活塞模型，对动力固结（强夯）的机理做出新的解释，以与传统的静力固结理论相比较。

强夯法具有施工简单、加固效果好、使用经济、运用面较广等优点。资料表明，经强夯法处理的地基，其承载力可提高 2 ~ 5 倍，压缩性降低 2 ~ 10 倍，可广泛用于杂填土（各种垃圾）、碎石土、砂土、黏性土、湿陷性黄土及泥炭和沼泽土，不但陆地上使用，也可水下夯实。强夯法的缺点是需要相应的机具设备，操作时噪声和振动较大，不宜在人口密集或附近防振要求高的地点使用。

## 三、排水固结法

饱和软土在荷载作用下，排水固结后，抗剪强度可得到提高，则达到加固的目的。此法在建筑工程中，常用于加固软弱地基，包括天然沉积层和人工充填的土层，如沼泽土、淤泥及淤泥质土、水力冲积土等。

排水固结法的实际效果，取决于土层固结特性、厚度、预压荷载和预压时间。厚度小于 5 m 的浅软土层，或固结系数较大（大于 $1\times10^{-2}$ $cm^2/s$ 以上）的土层，较短时间预压即可。

排水固结是运用堆载预压，挤出土中的过多含水，达到挤紧土粒和提高强度的目的。为了缩短预压时间，加设砂井竖向排水通道或铺设砂垫层，效果甚好。美国加州公路局曾采用砂井处理沼泽地段的路基，获得满意结果。利用路基填土自重压密地基，不需另备预压材料，所以砂井堆载预压法在路基工程中是一种经济有效的方法。

砂井堆载预压需进行地基固结计算，以确定加载以及砂井布置的有关数据。一般情况下，加载量大致与设计荷载接近，预压至 80% 固结度。砂井直径多为 8 ~ 10 cm，间距大约是井径的 6 ~ 8 倍。砂井长度应穿越地基可能的滑动面，井长如能穿越主要受压层，对沉降有利，如果软土层较浅，有透水性下卧层，则井长深入透水层，对排水固结更有利。为加速排水，缩短固结时间，在设置竖井的同时，可加设井顶砂垫层或纵横连通砂井的排水砂沟，砂垫层厚度约为 0.5 ~ 1.0 m。

砂井成孔有沉管法和水冲法两类。沉管法是用锤击或振动方式将带靴的钢管沉入地基，管内灌砂，在振动作用下拔出钢管，最后在土中形成砂井。水冲法是利用高压水冲孔，孔内灌砂，此法施工速度快，但难以保证孔径匀称，质量较差。砂井用砂，以中粗粒径为宜，含泥量不宜大于 3%，灌砂量（按质量计），大于井管外径所形成体积的 95%。

排水固结法中除采用砂井堆载预压外，还可采用降水预压和真空预压等技术。

## 四、挤密法

路基中成孔后，在孔中灌以砂、石、土、灰土或石灰等材料，捣实成直径较大的桩体，利用横向挤紧作用，使地基土粒彼此靠紧，空隙减少，而且孔被填满和压紧，形成具有较高承载能力的桩体，群桩的面积约占松散土加固面积的 20%，以致桩和原土组成复合地基，达到加固的目的。

孔中灌砂，形成砂桩，它与上述砂井相比，形式相仿，但作用不同。砂井的作用是排水固结，井径较小而间距较大；砂桩的作用是将地基土挤紧，井径较大，而间距宜小。砂井适用过湿软土层，而砂桩适用于处理松砂、杂填土和黏粒含量不大的普通黏性土，亦可有效地防止砂土基底的振动液化。饱和软黏土的渗透性较小、灵敏度较大，夯击过程中土内产生的超孔隙压力不易迅速扩散，砂桩的挤密效果较差，甚至能破坏地基土的天然结构。

孔中填石灰而成灰桩，用于挤密软土地层，是近年来在国外广泛应用的一种新方法。石灰桩主要作用是挤密，而生石灰的吸水、膨胀、发热及离子交换作用，使桩体硬化，改善了原地基土的性质，此外还可减小因周围土的蠕变所引起的侧向位移。利用石灰桩加固软土地基，关键在于石灰桩在地下水中能否结硬。试验表明：水中含有酸根是石灰桩结硬的基本条件。由于石灰桩在水下结硬的速度远比在空气中慢得多，所以将石灰和水就地拌和，增加石灰与外界的接触，结构比纯石灰桩好得多，可提高桩的早期强度。石灰桩吸水膨胀和对土体的挤压作用，是石灰桩加固地基的特殊功能。石灰桩施工的基本要求：生石灰必须密封储存，最好选用新鲜灰块；灰块必须粉碎至一定要求。

砂桩和石灰桩的布置与尺寸需通过设计计算而定，一般桩径约 20 ~ 30 cm，桩的间距约为桩径的 3.5 倍，可在平面上按梅花形布置。桩的长度与加固土层厚度及加固要求关系到桩孔的施工方法，有冲击和振动力等工法，在湿陷性黄土中还可用爆扩成孔法，即先钻孔，孔直径约 10 cm，孔内每隔 50 cm 置炸药筒，引爆扩孔挤压，再灌以黄土或灰土，分层捣实，可以消除黄土的湿陷性。

20 世纪 30 年代在国外开始采用振动水冲法加固松砂地基，50 年代开始用于加固软黏土地基，我国 70 年代后期也开始引进，用以提高地基承载力，减少地基沉降和差异沉降，提高抗地震液化能力，均取得满意效果。

振冲法是以起重机吊起振冲器、电动振冲器产生高频振动，水泵喷射高压水流，在振动和高压水的联合作用下，振冲器沉入土中预定深度，经过清孔用循环水带出孔中稠泥浆，向孔中逐段添加填料，予以振动挤密，在地基土中形成振冲桩。振冲器的起重能力为 10 ~ 15 t，水压力宜大于 500 kPa，供水量大于 20 $m^3$/h，加料量的供应能力不小于 0.4 ~ 0.8 $m^3$/min。

## 五、化学加固法

利用化学溶液或胶结剂，采用压力灌注或搅拌混合等措施，使土颗粒胶结起来，达到对土基加固的目的，称为化学加固法，又称胶结法。此法加固效果取决于土的性质和所用化学剂，也与施工工艺有关。

### 1. 化学溶液

目前化学溶液主要有以下几种。

（1）以水玻璃溶液为主的浆液，其配方较多，常用的是水玻璃浆液和氯化钙浆液配合使用，其价格昂贵，使用受到限制。

（2）以丙烯酸氨为主的浆液，我国研制的丙强是其中一种，加固效果较好，因价高也难以广泛采用。

（3）水泥浆液，是由高强度等级的硅酸盐水泥，配以速凝剂而组成的浆液。

（4）以纸浆溶液为主的浆液，如重铬酸盐木质素和木铵，加固效果好，但有毒性，且易污染地下水。

以上 4 类，目前以水泥浆液使用较多。今后发展的关键应是研制高效、无毒、易渗的化学浆液。

### 2. 施工工艺

化学加固的施工工艺有注浆法、旋喷法和深层搅拌法。

注浆法（灌浆）是利用机械压力将浆液通过注入管，均匀注入地层，浆液以填充和渗透方式，排挤土粒间或石隙中的水分和空气，占据其位置，待一定时间后，浆液凝固，可使原土层或缝隙固结成整体。注浆法的用途甚广，路基中除用于防护坡面和堤岸外，亦可用于加固土基和整治滑坡等病害，用于加固流沙或流石地基，可以提高强度和不透水性，改善地下工程的开挖条件等。

注浆法所用的浆液，分为无机和有机两种。以水泥为主的浆液为无机类，其料源多、价格较低，但不易灌入孔隙细微的土内，一般常用于砂卵石及岩石较大裂隙的地质条件中。水泥浆的水灰比，大约 0.8 ~ 1.0。为了改善浆液性能，可加掺外加剂。如速凝时，加水玻璃或氯化钙等；缓凝时，加岩粉或木质亚酸等。化学浆液的种类很多，以水玻璃和纸浆废液为主剂。水泥及化学浆液均属无机化学材料，其共同特点是速凝（几分钟）、强度高（水泥浆液 28 d 试验样品的抗压强度达 7.0 MPa 以上）、固结率高、可灌性好，但弯拉强度低（0.14 MPa 左右）、适宜用于潮湿条件或水中（暴露空气中会龟裂剥落）、不耐冻、难以注入细缝隙内。

其他化学浆液中有丙强、木铵、丙烯酰胺及碱液等，各自适用于一定条件。

旋喷法是在注浆法基础上发展起来的一项新技术，又称为化学搅拌成型法。旋喷法是用钻机钻孔至设计深度，用高脉冲泵、通过安装在钻杆下端的特殊喷射装置，向土中喷射化学浆液，在喷浆的同时，钻杆以一定速度旋转并逐渐往上提升，高压射流使一定范围内的土体结构破坏，强制破坏的土体与化学浆液混合，胶结硬化后在土层中形成直径较匀称的圆柱体。旋喷的浆液以水泥浆液为主，如果土的渗水性较大或地下水流速较快，为防止浆液流失，可在浆液中加速凝剂（如三乙醇胺和氯化钙等）。

以上仅简略介绍已有的几种地基加固方法，有的已在国内公路路基工程中运用，有的技术（如土工布、土工格栅、强夯、水冲及旋喷等）国内还在研讨，关键是机械设备和料源。可以预测，随着公路建设的高速发展，公路技术等级的提高，包括地基加固在内的路基防护与加固，在理论和实践上必将有新的发展与突破。

## 任务五　特殊路基设计

特殊路基包括特殊土（岩）路基、不良地质路基和特殊条件下路基。对于特殊路基首先是“能避则避”，实在无法避开时，应进行综合地质勘察，查明特殊地质体的性质、成因、类型、规模、稳定状况及发展趋势；特殊路基设计所需要的物理力学参数，宜采用原位测试的数据，并结合室内试验资料综合分析确定。

特殊路基设计应考虑地质和环境等因素对路基的影响，以及这些因素的发展变化规律。路基病害整治应遵循以防为主、防治结合、力求根治的原则，通过综合技术经济比较，因地制宜，采取合理的整治方案和有效的工程措施。如果分期整治，应保证在各种因素的变化过程中不降低路基的安全度。存在多种特殊土（岩）或特殊地质条件路基的断面应进行综合设计。

特殊路基的理论计算方法大部分在本项目前文中已有介绍，本任务主要从各种特殊路基在设计中应注意的基本原则和技术要点的角度进行概略介绍，具体应用中还需根据实际工程情况，结合具体的规范指标要求进行设计。

另外，采空区路基的设计原则与岩溶地区类似，滨海、水库地区路基以防水、防冲刷为主要设计原则，雪害与涎流冰路段路基以导、防措施为主，与泥石流地区路基设计有一定相似性，本节都不再介绍。

## 一、滑坡地段路基

### 1. 滑坡

对于规模较大、性质复杂的滑坡区，由于整治工程大，且性质不明、工程可靠度低，一般应进行绕避与整治的比较，以绕避为主。

滑坡是山区公路的主要病害之一，对山区公路建设及交通设施危害较大。因此应重视滑坡的调查工作，通过工程地质综合勘察，查明滑坡的形成原因及性质，判断滑坡的稳定程度以及对工程建设的危害性，提供滑坡防治措施与计算参数。

滑坡整治，原则上应一次根治，不留后患。对规模大、性质复杂、变形缓慢以及短期内难以查明其性质的滑坡，在确保路线安全的前提下，采取“全面规划、分期整治”的原则，先修建有利于稳定滑坡的应急工程，建立必要的观测系统，掌握滑坡的变化规律资料，达到根治的目的。

滑坡的形成与发展是多种因素造成的结果，其治理应考虑各种因素，分清主次，有针对性，综合整治。水是导致滑坡的首要因素，应防止水进入滑动带和排除滑坡体的水。减载对减缓滑坡的变形、保证施工期间安全、减少支挡工程十分有效。滑坡类型较多，即使是同一种类型，其情况也各不相同，因此应具体分析各种情况，运用各种技术，综合治理。

在西南地区和多雨地区，松散岩堆深路堑、破碎软质岩高边坡、具有不利软弱层面的路堑高边坡、斜坡软土等容易产生滑坡的工程路段，应采取预防措施，设置预加固工程，避免产生滑坡。

对有可能产生滑坡的路基，应进行滑坡稳定性验算。验算方法与不平衡推力法的原理类似。不平衡推力法也称传递系数法，是已知滑动土体形态时，针对危险滑裂面进行分析所采用的方法。

滑坡稳定性计算应考虑的三种工况，同路堤边坡稳定性分析采用的工况。

滑坡稳定安全系数不得小于表 8.9 所列稳定安全系数值。对非正常工况，路基稳定性分析方法及稳定安全系数应符合现行《公路工程抗震规范》的规定。

表 8.9　滑坡稳定安全系数

| 公路等级 | 滑坡稳定安全系数 | |
|---|---|---|
| | 正常工况 | 非正常工况 |
| 高速公路、一级公路 | 1.20 ~ 1.30 | 1.10 ~ 1.20 |
| 二级公路 | 1.15 ~ 1.20 | 1.10 ~ 1.15 |
| 三、四级公路 | 1.10 ~ 1.15 | 1.05 ~ 1.10 |

滑坡稳定性分析应考虑的荷载包括滑体重力、滑坡体上建筑物等产生的附加荷载、地下水产生的静水压力和动水压力、汽车荷载等永久荷载，以及地震作用力、作用在滑体上的施工临时荷载。

土体的抗剪强度指标应尽量选用岩体直剪试验方法采集。当滑坡为首次滑动时，可采用峰值强度；当为经常滑动或滑动位移量很大时，应进行多次剪切或环剪试验，可采用残余强度；当滑带滞水时，应做饱和快剪试验或控制含水率下的快剪试验；当滑带的灵敏度较高时，应在原位进行试验，反之可在室内进行试验；当滑带物质中粗颗粒的含量超过 30% 时，应做大面积直剪试验，反之可用小试样做。

### 2. 滑坡地段路基安全问题防治

滑坡地段路基安全问题防治时，应从以下三个方面入手。

（1）防水排水

与路基排水设施设计相协调，使滑坡体水分渗入通道，设立地面排水与地下排水设施，减少降雨、地下水等改变滑坡土体含水率的外在因素的影响，保证滑坡体及滑裂面物理力学指标稳定。

（2）减载反压

根据滑坡体构造特征，采用滑坡前缘减重、后缘反压的技术措施，减小滑坡体自重，增大抗滑力，但要充分论证不增加新的滑动风险。

（3）抗滑支挡

考虑采用挡墙、锚固、抗滑桩等支挡结构。

在施工过程中要跟踪监测，必要时调整设计，通过以上措施的综合应用，保障滑坡地段路基在使用期的安全性。

## 二、崩塌与岩堆地区路基

### 1. 崩塌路段路基防治原则

（1）边坡或自然坡面比较平整、岩石表面风化呈零星坠落时，宜进行坡面防护。

（2）崩塌岩块体积不大时，可全部清除并放缓边坡。

（3）岩体严重破碎，经常落石路段，宜采用柔性防护系统或拦石墙与落石槽等拦截构造物，并应考虑崩塌冲击荷载的影响。

（4）边坡上局部悬空的岩石，但岩体仍较完整的，可视具体情况采用钢筋混凝土立柱、浆砌片石支顶或柔性防护系统。

（5）易引起崩塌的高边坡，宜采用边坡锚固。

（6）当崩塌体较大、发生频繁且距离路线较近而设拦截构造物有困难时，可采用明洞、棚洞等遮挡构造物处理。洞顶应有缓冲层，并应考虑石块荷载的堆积和冲击。

#### 2. 岩堆路段路基防治措施

（1）处于发展中的岩堆地段路基，应尽量减少开挖，采取挡土墙、坡面封闭等防护措施，也可采用拦石墙与落石槽或修建明洞、棚洞等遮挡构造物。

（2）岩堆地段路基，根据其在岩堆的不同位置应采取不同的处治策略：位于岩堆上部时，宜采用台口式路基，并放缓边坡或沿基岩面清除路基上方的岩堆堆积物；位于岩堆中部时，挖方边坡应设置挡土墙；位于岩堆下部时，宜采用填方路基通过岩堆。

（3）对活跃的岩堆补给区，应根据其面积、岩体类型和规模，采取拦截或加固工程措施。

（4）岩堆地段路基稳定性不足时，宜设置抗滑挡土墙或抗滑桩。

### 三、泥石流地区路基

#### 1. 跨越措施

桥梁适用于跨越流通区的泥石流沟或者洪积扇区的稳定自然沟槽。桥梁设计时应综合分析，采用合理的跨度及形式。

隧道适用于路线穿过规模大、危害严重的大型或多条泥石流沟。隧道方案应与其他方案作技术、经济比较后确定。

泥石流地区不宜采用涵洞，在活跃的泥石流洪积扇上禁止采用涵洞。对于三、四级公路，当泥石流规模不大、固体物质含量低、不含较大石块，并有顺直的沟槽时，方可采用涵洞。

过水路面适用于穿过小型坡面泥石流沟的三、四级公路。过水路面的路基横断面应为全封闭式，可与桥梁、涵洞等联合使用。路基坡脚设抑水墙以防止冲刷。

#### 2. 排导措施

排导沟适用于有排沙地形条件的路段。排导沟出口应与主河道衔接，出口高程应高出主河道 20 年一遇的洪水水位。排导沟纵坡宜与地面坡度一致。排导沟的横断面应根据流量计算确定，排导沟应进行防护。

渡槽适用于排泄流量小于 30 m/s 的泥石流，且地形条件应能满足渡槽设计纵坡及行车净空要求，路基下方有停淤场地。渡槽应与原沟顾直平滑衔接，纵坡不小于原沟纵坡，出口应满足排泄泥石流的需要。渡槽设计荷载按泥石流满载计算，并考虑冲击力，冲击系数取 1.3。

当在堆积扇的某一区间内，需要控制泥石流的走向或限制其影响范围时，可设置导流堤以防止泥石流直接冲击路堤或壅塞桥涵。导流堤的高度应为设计使用年限内的淤积厚度与泥石流的沟深之和；在泥石流可能受阻的地方或弯道处，还应加上冲起高度和弯道高度。

#### 3. 拦截措施

拦挡坝适用于沟谷的中上游或下游没有排沙或停淤的地形条件，且必须控制上游产沙的河道，以及流域来沙量大，沟内崩塌、滑坡较多的河段。位置应根据设坝目的，结合沟谷地形及基础的地质条件综合考虑确定，并注意坝的两端与岸坡的衔接和基础埋置深度。坝体的最大高度不宜超过 5 m，坝顶宜采用平顶式；当两端岸坡有冲刷可能时，宜采用凹形。

格栅坝适用于拦截流量较小、大石块含量少的小型泥石流。格栅间隔按拦截大石块、排除细颗粒的要求布置，其过水断面应满足下游安全泄洪的要求。坝的宽度应与沟槽相同。坝基应设在坚实的地基上。

### 四、岩溶地区路基

岩溶地区路基设计时，首先应采用遥感、物探、钻探及其他有效方法查明岩溶地质详情及地面水、地下水活动规律。

#### 1. 无需处治的情况

在溶洞与路基相对位置较远或溶洞上保护层（顶板）较厚时，可不进行处治。

当溶洞顶板岩层未被节理裂隙切割或虽被切割但胶结良好时，其溶洞顶板的安全厚度可按厚跨比法确定。当顶板的厚度与路基跨越溶洞的长度之比大于 0.8 时，溶洞的顶板岩层可不作处理。

当岩溶地貌位于路基两侧时，应判定岩溶对路基的影响。对于开口的岩溶地貌，可参照自然边坡来判别其稳定性及其对路基的影响。对于地下溶洞，可按坍塌时的扩散角计算其影响范围。如在顶板岩层上有覆盖土层，则自土层底部用 45° 角向上绘制斜线，求出与地面的交点，路基坡脚应在交点范围以外。路基坡脚处于溶洞坍塌扩散的影响范围之外时，该溶洞可不作处理。

#### 2. 处治措施

对于路基范围内的溶洞，应先判明溶洞是否仍在发展。对于已停止发展的溶洞可按一般地基进行评价，需加固时宜采用注浆、复合地基等方法进行处理；对于还在发展中的溶洞，宜采用构造物跨越。

（1）排水

路基上方的岩溶泉和冒水洞，宜采用排水沟将水截流至路基外。对于路基基底的岩溶泉和冒水洞，宜设置集水明沟或渗沟，将水排出路基。如需保持溶洞内流水通畅时，应设置排水通道。

（2）填充

对于稳定路堑边坡上的干溶洞，洞内宜采用干砌片石填塞。位于路基基底的开口干溶洞，当溶洞的体积不大、深度较浅时，宜予以回填夯实；对于有顶板但顶板强度不足的干溶洞，可炸除顶板后进行回填。

（3）加固与支护

通过溶洞围岩分级或计算判断下伏溶洞有坍塌可能时，对于洞径大、洞内施工条件好的无充填溶洞，宜采用浆砌片石或钢筋混凝土的支撑墙、支撑柱进行加固；对于有填充物且深而小的溶洞，宜采用注浆、旋喷等技术加固。

（4）跨越

深而小的溶洞且不便于洞内加固时，宜采用石盖板或钢筋混凝土盖板跨越可能的破坏区；当路基基底的开口干溶洞体积较大或深度较深时，宜采用构造物跨越；对于顶板强度不足炸开的大型干溶洞可设构造物跨越；此外，跨越还适用于其他不适宜填充、加固与支护的情况。

以上技术措施要根据其经济性和有效性综合对比分析后采用。

## 五、软土地区路基

我国软土分布面积较广，在进行软土地区路基设计时，必须特别重视路基稳定性分析，并在路基施工中和施工后进行变形观测，以控制施工期软土地基稳定性及工后沉降等指标。软土地基一般高程较低，路基形式以路堤为主，当路堤高度大于 5 m 时，就要进行稳定性分析。

软土地基路堤的稳定验算可采用瑞典圆弧滑动法中的有效固结应力法或改进总强度法，有条件时也可采用简化Bishop法或Janbu普遍条分法。验算时应按施工期和运营期的荷载分别计算稳定系数。施工期的荷载只考虑路堤自重，运营期的荷载应包括路堤自重、路面的增重及行车荷载。软土地基上路堤稳定安全系数应符合表 8.10 的要求。当计算的稳定系数小于表 8.10 规定值时，应针对稳定性进行地基处理设计。

表 8.10　软土地基路堤的稳定安全系数容许值

| 指标 | 固结应力法 | | 改进总强度法 | | 简化 Bishop 法、Janbu 法 |
|---|---|---|---|---|---|
| | 不考虑固结 | 考虑固结 | 不考虑固结 | 考虑固结 | |
| 直接快剪指标 | 1.1 | 1.2 | — | — | — |
| 静力触探、十字板剪切指标 | — | — | 1.2 | 1.3 | — |
| 三轴有效剪切指标 | — | — | — | — | 1.4 |

注：当需要考虑地震力时，表列稳定安全系数减少 0.1。

软土地基的沉降分析与监测、路基稳定性分析相关理论等已在前面介绍，这里简要介绍软土地区路基设计的要点和原则。

（1）首先需要通过地质钻探等勘探方式，查明软土的类型、层厚、深度、含水率，并现场或取样进行物理力学指标测试，以便进行稳定性分析时采用。

（2）根据软土分布形态，结合公路等级与重要性、路堤高度等因素，综合考虑是否需要进行软土地基处治，一般情况下软土地基是需要进行处治的，基于技术经济性比选合理的加固处治措施。

（3）在路基横断面设计时适当增大路基底宽、减小路基高度，进行路基稳定性分析。

（4）按设计的路基断面进行路基变形分析。

（5）根据软土的强度指标与固结特性，拟定软土地基上路基的填筑施工方案，并设计相应的沉降和侧向位移监测方案。

（6）施工中监测沉降速率，控制填筑速度，直至施工完成，此后监测工后沉降。

## 六、多年冻土地区路基

多年冻土指的是冻结状态持续多年的温度低于0℃且含冰的土。多年冻土地区路基设计应以“保护”为主要原则，避免改变冻土的温度状况，冻土融化后其强度将大幅度降低且产生大变形，对路基安全稳定非常不利。

### 1. 一般设计原则

路基位于少冰冻土、多冰冻土地段，可按一般路基设计；路基位于富冰冻土、饱冰冻土、含土冰层地段，以及冰丘、冰锥、多年冻土沼泽、热融湖（塘）、地下水路堑地段，应进行特殊设计。路基设计应与路面结构设计综合考虑，减少路基过大变形或不均匀沉降引起的路面结构性破坏。

路基填料设计应考虑冻结层上水的发育情况及填料的冻胀敏感性，有条件时应优先采用卵石土或碎石土作填料。严禁使用塑性指数大于12、液限大于32%的细粒土和富含腐殖质的土及冻土。保温护道填料应就地取材，可采用泥炭、草皮、塔头草或细粒土。

冻土沼泽（沼泽化湿地）、热融湖（塘）地段应以路堤通过为原则，路堤高度应高出沼泽暖季积水水位、毛细水上升高度、有害冻胀高度之和0.5 m，且满足保温厚度的要求，通过较大的热融湖（塘），还需考虑波浪壅水的影响。

按工程环境特点和工程建设不同阶段采用区段设计和场地设计相结合的原则。根据冻土的类型及年平均地温采用保护、一般保护和一般路基的设计原则。

### 2. 高含冰量冻土地段路基

路堤的设计应计算地基的融化沉降量和压缩沉降量，并按竣工后的沉降量确定路基预留加宽与加高值。按保护或一般保护多年冻土的原则设计时，路堤最小填土高度不仅要满足防止冻胀翻浆的要求，而且必须保证冻土上限不下降。路堤也不宜过高，以防止路堤纵裂等次生病害。

路堤较高时，可采用土工格栅或土工格室等加强措施。路堤高度不能满足保护冻土上限不变的最小高度时，可设置工业保温材料层。

填挖过渡段、低填方地段应进行基础换填，换填厚度经热工计算确定，换填基底与挖方地段换填基底应顺接。采用卵砾石作为换填材料时，应在地面上设置复合土工膜防渗层，防止地表水渗入，防渗层顶面横坡不应小于4%。

路堑边坡、基底根据冻土层的分布、坡面朝向、地温情况及填料的来源采用全部或部分换填处理，换填厚度应通过计算确定，边坡坡率不宜陡于1 ∶ 1.75。路堑堑顶应采用包角式断面形式，堑顶包角高程一般高出原地面0.8 m，宽度为1.0 m，外侧边坡坡率为1 ∶ 1.75，内侧边坡坡率与路堑边坡一致。

当填方基底为饱冰细粒土或含土冰层，且地下冰层较厚时，可在边坡坡脚设置保温护道及护脚，并在填方基底设置保温层。保温设施可利用当地苔藓、草皮、塔头草、泥炭或黏质土等材料。

不稳定多年冻土区的路基应根据冻土的分布、填料、路基填挖及地温的情况采用冷却地基、设置保温层等措施综合处理，保温层设置应根据热工计算确定。

高含冰量冻土厚度较小、埋藏较浅的地段，经技术经济比较后，也可采用清除高含冰量冻土的措施。以上措施仍不能保证路基稳定时，宜采用桥梁代替填土路基。

不稳定多年冻土地段高含冰量冻土路基，宜采用土工合成材料加筋结构。

### 3. 不良冻土工程地段路基

位于冰锥、冻胀丘下方地段的路堤，在其上方设排水沟，以截排冰锥、冻胀丘附近涌出的水流。属常年性融区，并有较大的地下水流，应设保温渗沟，将地下水引到路堤以外，必要时设桥通过。位于冰锥、冻胀丘上方地段的路线通过方案应慎重采用。必须通过时，应在路堤上方坡脚外不小于20 m处，设较深的排水沟和冻结沟。若存在冻结层下水，应设保温渗沟将地下水引排至路基以外。若积冰量很大，或有大量地下水横穿路基，且截排有困难时，宜设桥通过。

路基通过融穿性湖塘，当湖塘面积不大时，可抽干积水，换填砂砾或抛石挤淤；若湖塘面积较大，可设围堰抽干水，挖除基底松软土层，换填透水性材料。路堤宽度与高度应考虑预留沉落量，沉落量除考虑路基本体填土压实影响外，还需考虑基底土层压密沉降的影响。

沼泽地段的路堤应根据沼泽特点、积水深度、多年冻土类型，按照保护多年冻土的原则，应采取加强排水、预留沉降、消除冻害的综合措施。

### 4. 路基排水

高含冰量冻土地段应避免修建排水沟、截水沟，宜修建挡水埝。挡水埝断面尺寸应通过计算确定，并采取防渗和保温措施，必要时应采取加固措施。

在高含冰量冻土地段设计排水沟、截水沟时，应充分考虑冻土及冰层的埋藏深度，采用宽浅的断面形式，断面尺寸按计算确定。富冰冻土、饱冰冻土地段，排水沟、截水沟、挡水埝内侧边缘，至保温护道坡脚、堑顶或路堤坡脚（无保温护道）的距离不得小于5 m；含土冰层地段不得小于10 m。

应根据地下水类型、水量、积水和地层情况，采用冻结沟、积冰坑、挡冰堤、挡冰墙或渗沟等措施，排除对路基有危害的地下水。

采用渗沟排除地下水时，渗沟及检查井均应采取保温措施。渗沟出水口的位置应选在地势开阔、高差较大、纵坡较陡、向阳、避风处，并采用掩埋式锥体或其他形式的保温措施。路堑边坡有地下水出露时，必须将水引排，并应在边坡上采取保温措施。

### 5. 取土坑和弃土堆

取土坑（场）应符合多年冻土地区环境保护要求，适当远离路线，分段集中取土。设置应考虑减少取土后取土坑对周围地层的热平衡影响，避免造成天然上限下降，引起热融沉陷与滑坍等新的不良地质病害，影响路基稳定。应选择在路堤上侧植被稀疏的少冰、多冰冻土山坡或融区、河滩谷地取土，饱冰、富冰冻土及含土冰层地段不得取土。

路堑挖方为高含冰冻土时，不得作为路基或保温护道填料。

## 七、风沙地区路基

### 1. 一般设计原则

在风沙地区筑路，应调查当地治沙经验，结合不同的沙漠类型和公路工程的特点，确定有利于风沙流顺畅通过的路线线位和路基横断面形式及防止路基被风沙吹蚀和积沙掩埋的工程或生物防护措施。

风沙地区应根据不同区域沙漠地貌类型设防。在风沙流比较严重的过干沙漠地区，应按照就地取材、因地制宜、综合治理的原则，除对路基采取防护措施外，还应在路基两侧建立完善的综合防沙体系；对干旱沙漠地区宜采用工程和生物相结合的防护措施；对于微湿和半干旱沙地地区宜采用生物防治或生态恢复措施。

沙漠地区路基在重点做好综合防沙设计的同时，也应注意路基填料、整体强度和稳定性问题，同时还应考虑今后养护维修和管理方便等问题。

干旱流动沙漠地区路基可不设置边沟等排水设施，但对于有浇灌要求的路段也应考虑排水设计，宜设置宽浅形边沟和大孔径桥涵。

沙漠公路修筑不得随意破坏当地脆弱的生态，取弃土不得随意堆放，在防止形成沙害的同时，应注重环境保护。保护路基两侧地表原有植被和地表硬壳。

### 2. 填方路基

风沙地区路基应以低路堤为主，填土高度应根据路堤上的风向、风速变化等情况确定，一般路堤高度宜比路基两侧 50 m 范围内沙丘的平均高度高出 0.5 ~ 1.0 m。当路线通过高大复合型沙垄或复合型沙丘链地段时，路基高度以填方略大于挖方或接近平衡为宜。

风沙地区填方路基应采用缓边坡或流线型横断面，高速公路、一级公路可采用分离式缓边坡路基形式，不宜采用凸形中央分隔带。路肩与边坡相交处宜设成圆弧形。

风沙地区一般路堤边坡坡度应根据填料、填土高度、风向、路侧地形及防护情况确定；对于微湿和半干旱沙地地区的高速公路和一级公路，路堤边坡坡度宜采用 1 ∶ 3。

风沙地区路基填料应满足一般路基填料的要求。纯风积沙地区可采用土工布等材料进行加固修筑路基，水源缺乏地区的沙基可采用振动干压实技术。

路基取土宜取自挖方断面，或取自上风侧阻风沙丘，以减少沙害。当纵向调运较远，采用路侧取土时，取土坑应设在背风侧坡脚 5 m 以外，并设计成弧形的浅槽。必要时，对取土坑应采取防护措施。平沙地路段不宜取土，应加以保护。

应根据公路等级、材料来源、风力、风向等对路肩及边坡进行防护。在气候条件容许的情况下，宜采用生物防护。各种工程防护设施应坚固可靠。

### 3. 挖方路基

风沙地区路基应避免采用长度大于 200 m 的路堑。

风沙地区路堑宜采用敞开式、缓边坡路基横断面，挖方边坡坡率应根据挖方深度、风力、风向、路侧地形及防护措施确定；深路堑边坡坡脚应设置积沙平台，以便于养护；对于微湿和半干旱沙地地区的高速公路和一级公路，路堑边坡坡率宜缓于 1 ∶ 3。

路线与主导风向正交时，应使路堑顶宽与路堑深度的比值接近 20 ~ 30，二级及二级以下公路可适当降低，但不得低于 12。

挖方弃土宜用于填方路基，多余弃土应置于背风一侧的低洼处，距离路堑坡顶不应小于 10 m，必要时，应采取防护措施。

路堑应根据公路等级及筑路材料，在路肩、边坡坡面和坡顶外 20 ~ 50 m 范围内进行防护。

填挖结合路基应将挖方侧路基适当加宽，上下两侧宜采用缓边坡，边坡变坡点处宜设成圆弧形，同时对上下边坡进行加固。

### 4. 路侧防沙工程

防沙工程应根据公路等级采取固、阻、输、导等工程或生物措施，总体布置形成完善的综合防护系统。防沙工程设置范围和部位应根据风沙活动特征、风况、输沙量、地形、防护材料性质、当地气象、土壤地质、自然生态环境及公路使用要求等确定。

在适宜植物生长的微湿和半干旱沙地地区，应优先选用灌、草等植物固沙。在干旱沙漠地区宜采用工程和植物相结合，先工程后植物的固沙方法。固沙植物应选用根系发达、耐旱、固沙能力强，适应当地生长条件的植物品种，固沙带宽度可参照工程固沙宽度适当减小。在无条件栽种植物的过干沙漠地区，可利用当地材料、土工格室等材料固沙。

在路基迎风侧，可利用柴草类材料在路基迎风侧设置立式沙障固沙，有条件时可采用乔、灌结合的植物沙障。低立式沙障距离路基应大于 20 m，高立式沙障距离路基应大于 50 m。

在沙源极为丰富的风沙地区，应在路基迎风侧 100 m 以外设置墙式、堤式、栅式、带式或植物等类型的阻沙障，以拦截风沙和限制积沙移动。

在平坦的流动沙地和风沙流地区以及路线与主导风向交角为 45° ~ 90° 的流动沙丘地段，可采取必要的输沙措施，如设置浅槽、聚风板等，以使流沙顺利越过路基而不产生堆积。

路线与主导风向交角为 25° ~ 30° 时，可采取改变风沙流或沙丘运动方向的导流方法，宜在路基迎风侧 50 ~ 100 m 以外设置导沙墙、导沙板等措施。有条件时可种植乔灌结合的植物，形成导沙屏障。

在流沙危害严重的路段，路基两侧 20 ~ 30 m 范围内的地面应保持平顺，地上的突起物均应铲除，并予以整平，形成平整带。

综合植物防护系统的设置应与当地治沙规划相结合。当采用防护林带时宜采用种草、灌木和乔木相结合、先期树种和后期树种相结合，以及乡土树种和引进树种相结合的原则进行栽植。设置宽度应根据沙源、风沙流活动强度和沙丘移动特征等因素确定。迎风侧不宜小于 200 m；背风侧如为单向风时，可不设。如有反向风时，则应设置宽度不小于 50 m 的防护带。

有条件时应在两侧防护林带之外，根据风沙严重程度设置植被保护带。植被保护带宽度一般在路基的迎风侧不应小于 300 m，在路基的背风侧不应小于 100 m。

采用植物防沙措施时，应结合当地植物立地条件，选择适宜的植物种类，确定合适的植物结构和种植方式，同时建立完善的灌溉措施和管理组织。

在缺乏筑路或固沙材料的干旱沙漠地区，可在试验验证可行的前提下采用化学方法加固沙漠公路路基或进行防护。

## 八、其他特殊土质路基

特殊土质路基包括湿陷性黄土、红黏土、膨胀土、高液限土和盐渍土等。

湿陷性黄土是指在自重或一定压力下受水浸湿后，土体结构迅速破坏，并产生显著下沉现象的黄土。红黏土是指碳酸盐类岩石在温湿气候条件下经风化后形成的褐红色粉土或黏性土。膨胀土是含亲水性矿物并具有明显的吸水膨胀与失水收缩特性的高塑性黏土。高液限土是液限（100g 锥试验）超过 50% 的细粒土。盐渍土是易溶盐含量大于规定值的土。需要指出的是，不良土质的工程性质变化往往伴随含水率的变化，因此排水设计在不良土质地区路基设计中需特别注意。

在上述不良土质地区进行路基设计时，有可能面临两类技术问题：不良土质地基与不良土质路基填料。实际工程中需根据原地基情况，决定是否要对不良土质地基进行处治，而作为路基填料时，大部分情况下，不良土质都必须进行专门的处治才能使用。

特殊土质地区的路基设计主要从以下五个方面进行有针对性的处理。

### 1. 地基处理

对不良土质路基的处治方法主要有夯实法、超挖换填、石灰桩、碎石桩等，其处治方法与软土地基处理在技术上具有一定相似性。

### 2. 横断面设计

不良土质路基的填、挖方断面设计时，根据需要可放缓边坡坡率以提供路基的稳定性。

### 3. 填料处治

（1）物理改性

物理改性是在不良土中按一定的比例掺入无机料（如风积土、非活性矿渣、砂砾石等或其混合物）来改善不良土质工程性质的一种方法。特别是掺入粗颗粒土其改良效果是行之有效的，其本质是改变了路基填料的粒度组成，其可行性取决于粗颗粒土的土源和运距。

（2）化学改性

化学改性是利用有机或无机改性剂改变不良土质的化学组成，从而改善其工程性质的一种方法。依据化学改性剂的性质可以分为无机改性法、有机改性法两种。通过石灰与不良土质产生阳离子的交换、凝聚与结块、碳化作用与凝聚等反应，可使土的强度和稳定性提高。这是目前最常用的不良土质改性处治方法。

（3）隔离保湿

通过稳定不良土质路基施工后的含水率，避免其受到水的影响而产生工程性质变化的一种不良土质路基填料处治方法。目前比较成功的保湿方法有暗沟保湿、预湿和帷幕保湿等。

此方法路基构造复杂，施工困难，在降雨量大的地区，实施后效果可能有限。

### 4. 排水、隔水与反滤

与隔离保湿的目的相同，通过在地基表面设置隔水层（如碎石、卵石等粒料层），在路基顶面或坡面设置反滤层（如反滤土工布等），同时设置截水沟、渗井等排水设施，维持不良土质路基使用期含水率稳定，避免其工程性质的显著变化。

### 5. 加固与支挡

在上述技术措施不能保证特殊土质路基安全时，要考虑设计加固与支挡结构。

## 拓展与实训

### 一、简答题

1. 什么是一般路基？什么是特殊路基？什么是高填深挖路基？什么是矮路堤？

2. 路基病害防治的主要原则是什么？

3. 路基变形分析的主要内容是什么？在什么情况下才是必要的？为什么监控沉降速率可以保证软土地基的施工期稳定性？

4. 路基排水的构造物有哪些？进行路基排水设计的一般过程是什么？

5. 特殊土质路基设计的主要原则是什么？

6. 路基防护与加固的设施主要有哪些？

7. 边坡坡面植物防护有哪些主要方法？各适宜怎样的水流冲刷速度？边坡坡面工程防护有哪些主要形式？石砌护坡是否需要考虑其结构受力？

8. 冲刷的间接防护有哪些种类？如何应用？

# 项目九　挡土墙施工

XIANGMUJIU DANGTUQIANG SHIGONG

## 项目导读

为了满足公路线形和路基稳定性的要求，在地形起伏较大的丘陵及山岭地区修建公路将会用到大量的支挡结构。支挡结构的整体稳定性和局部稳定性分析与设计是支挡结构形式优选和设计的关键，它不仅与断面结构设计有关，还与填料类型、排水方式、地基条件等有关。

本项目主要介绍挡土墙的相关知识。

## 学习任务

本项目的任务旨在让学生熟悉挡土墙的类型和使用条件；掌握挡土墙的构造和布置；掌握挡土墙设计的基本原则；熟悉不同挡土墙施工要求与工艺。

## 思政目标

通过本项目的学习，学生可以了解安全问题的重要性、质量的重要性，在以后的工作中能够做到谨守道德底线。

## 任务一　挡土墙基础知识

为保证边坡稳定与安全，需对边坡采取支挡、加固与防护措施，即形成支挡结构。在路基工程中，支挡结构可用于稳定路基和路堑边坡，减少土石方工程量和占地面积，防止水流冲刷路基，并经常用于整治塌方、滑坡等路基病害。

支挡结构的采用一定要根据工程需要而设。路基在遇到下列情况时可考虑修建支挡结构。

（1）陡坡路堑边坡薄层开挖、路堤边坡薄层填方地段，或为加强路堤本体稳定地段。

（2）为避免大量挖方、降低高边坡或加强边坡稳定性的路堑地段。

（3）不良地质条件下，为加固地基、边坡、山体、危岩或拦挡落石地段。

（4）水流冲刷影响路堤稳定的沿河、滨海路堤地段。

（5）为节约用地、少占农田或为保护重要的既有建筑物地段。

（6）其他特殊情况的需要，如环境景观等方面的要求等。

支挡结构包括挡土墙、抗滑桩、预应力锚索等支撑和锚固结构。其中挡土墙是一种能够抵抗侧向土压力，用来支撑天然边坡或人工边坡，保持土体稳定的建筑物，如图 9.1 所示。

随着人们对环境景观等方面要求的日益提高，挡土墙除发挥其保持土体结构稳定的基本功能外，在景观美化等方面的应用也日渐广泛。

图 9.1 挡土墙

## 一、挡土墙的类型和适用范围

挡土墙的类型有很多，在路基工程中，一般可按设置位置、结构材料和结构形式划分。

### 1. 按设置位置划分

按支挡结构的设置位置不同，挡土墙可分为路堑式挡土墙、路堤式挡土墙、路肩式挡土墙和山坡式挡土墙等。

（1）路堑式挡土墙

路堑式挡土墙设置在路堑边坡底部，用于支撑开挖后不能自行稳定的山坡。当路堑式挡土墙设置在山坡陡峻处时，可减少挖方数量，降低挖方边坡的高度，避免山坡因开挖而不稳定；当设置在地质不良地段时，用以支挡可能滑坍的山坡坡体，如图 9.2 所示。

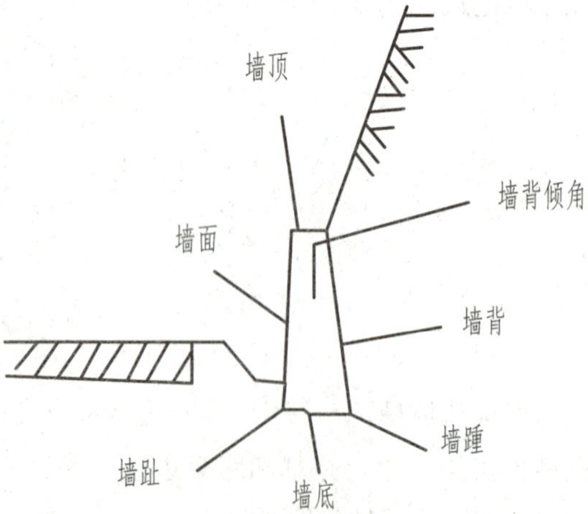


图 9.2 路堑式挡土墙

（2）路堤式挡土墙

路堤式挡土墙设置在高填土路提或陡坡路堤的下方，可以防止路堤边坡或路堤沿基底滑动，收缩路堤坡脚，减少填方数量，减少拆迁和占地面积，保证沿河路堤不受水流冲刷。当路堤式挡土墙设置在陡山坡上填筑路堤时，用以支挡路堤，防止下滑，如图 9.3 所示。

（3）路肩式挡土墙

路肩式挡土墙设置在路肩部位，墙顶是路肩的组成部分，其用途与路堤挡土墙相同。它还可以保护临近路线的既有的重要建筑物。因此其主要作用有：支挡边坡路堤，防止下滑；抬高公路路基高程；收缩坡脚，减少占地，减少填方量，如图 9.4 所示。

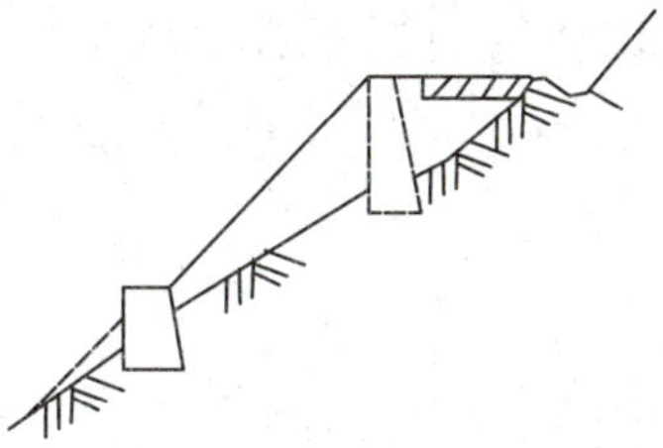

图 9.3　路堤式挡土墙

图 9.4　路肩式挡土墙

（4）山坡式挡土墙

山坡式挡土墙设置在路堑或路堤上方，用于支撑山坡上可能坍滑的覆盖层、破碎岩层或山体滑坡，防止下滑，如图 9.5 所示。

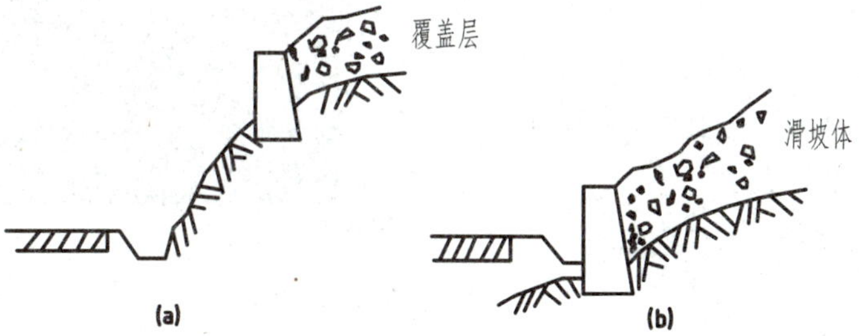


图 9.5　山坡式挡土墙

（5）桥头式挡土墙

桥头式挡土墙用于支承桥梁上部建筑及保证桥头填土稳定，如图 9.6 所示。

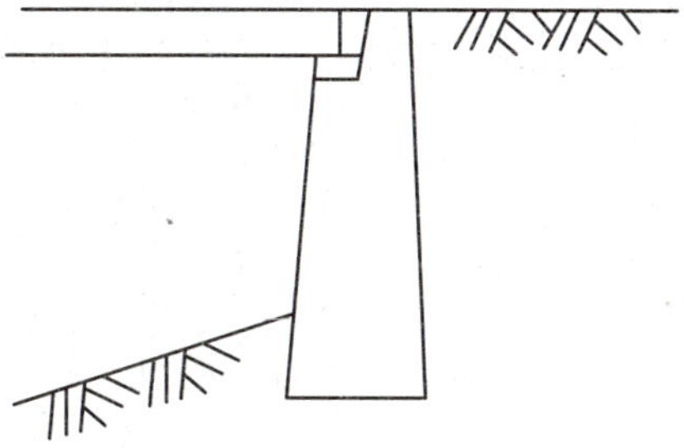

图 9.6　桥头式挡土墙

### 2. 按墙体材料划分

按支挡结构的墙体材料不同，挡土墙可分为石砌挡土墙、混凝土挡土墙、钢筋混凝土挡土墙、砖砌挡土墙、木质挡土墙和钢板墙等。

### 3. 按结构形式划分

支挡结构根据其结构形式与作用机理，可分为重力式挡土墙、加筋土式挡土墙、锚杆式挡土墙、悬臂式挡土墙、扶壁式挡土墙、抗滑桩、土钉墙、预应力锚索等多种结构形式。

路基工程中，各类支挡结构物的建造费用较高，故路基设计时，应与其他可能的工程方案进行经济比较，择优选定。支挡结构类型的选择应根据与所支挡土体的稳定平衡条件，考虑荷载的大小和方向、地形、地质状况、冲刷深度、基础的埋置深度、基底的承载力设计值和不均匀沉降、可能的地震作用、与其他构造物的衔接、墙面的外观美感、施工难易、造价高低、环境特点等因素综合比较确定。

#### （1）重力式挡土墙

重力式挡土墙指的是依靠墙体的自重抵抗墙后土体的侧向推力（土压力），以维持土体的稳定的挡土墙，如图 9.7 所示。

重力式挡土墙依靠墙身自重承受土压力，结构简单、施工简便，由于墙身重，对地基承载力的要求也较高。墙身一般用浆砌片石或块石砌筑。在墙身不高时，也可用干砌，在缺乏石料地区或条件许可时，也可用混凝土浇筑。

重力式挡土墙适用于一般地区、浸水地区和地震地区的路肩、路堤和路堑等支挡工程。墙高不宜超过 12 m，干砌挡土墙的高度不宜超过 6 m。高速公路、一级公路不应采用干砌挡土墙。

图 9.7　重力式挡土墙

#### （2）加筋土式挡土墙

加筋土式挡土墙由面板、拉筋和填料三部分组成，依靠拉筋与填料之间的摩擦力来抵抗侧向土压力，并以拉筋端部分墙面板连接挡土，面板可预制，如图 9.8 和图 9.9 所示。

加筋土式挡土墙适用于缺乏石料地区及在较软弱地基上修筑路肩式挡土墙、路堤式挡土墙，但不应修建在滑坡、水流冲刷、崩塌等不良地质地段。高速公路、一级公路墙高不宜大于 12 m，二级及二级以下公路不宜大于 20 m。当采用多级墙时，每级墙高不宜大于 10 m，上、下级墙体之间应设置宽度不小于 2 m 的平台。

#### （3）锚杆式挡土墙

锚杆式挡土墙是靠锚杆锚固在山体、岩土层内的锚杆的水平拉力以承受土体侧压力的挡土墙。锚杆式挡土墙由肋柱、挡板钢筋混凝土板和锚杆组成，肋柱、挡板可预制，一般常用于墙身较高的路堑墙或路肩墙，如图 9.10 所示。

锚杆式挡土墙宜用于墙高较大的岩质路堑地段，可用作抗滑挡土墙，可采用肋柱式或板壁式单级墙或多级墙。锚杆式挡土墙每级墙高不宜大于 8 m，多级墙的上、下级墙体之间应设置宽度不小于 2 m 的平台。

图 9.8　加筋土式挡土墙

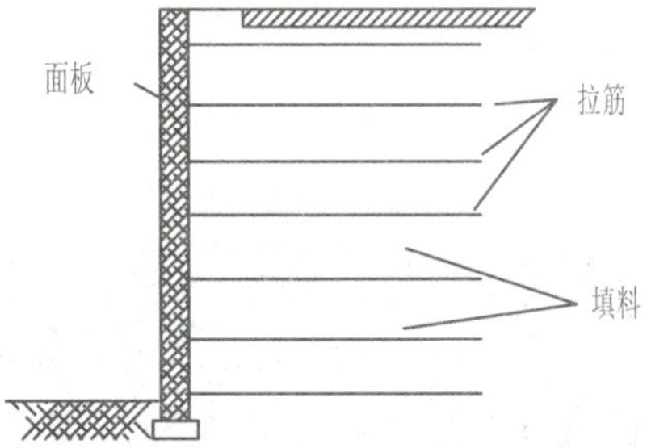


图 9.9　加筋土式挡土墙

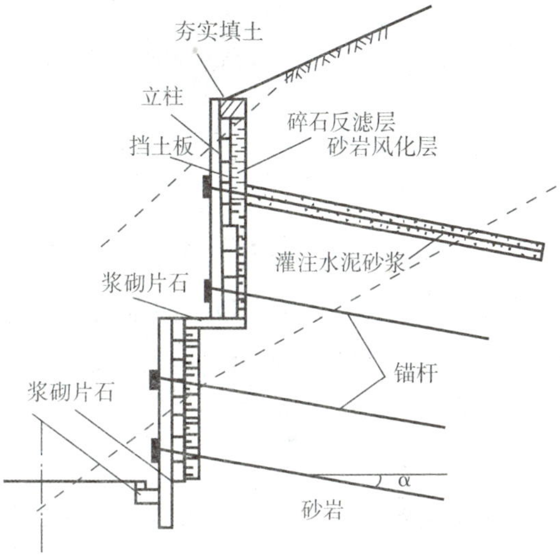


图 9.10　锚杆式挡土墙

### （4）锚定板式挡土墙

锚定板式挡土墙类似于锚杆式，仅锚杆的固定端用铺定板固定在山体内，借助于埋在填土内的锚定板的抗拔力抵抗侧土压力，保持墙的稳定。锚定板式挡土墙适用于路堤墙与路堑墙。锚定板式挡土墙宜使用在缺少石料地区的路肩墙或路堤式挡土墙，但不应建筑于滑坡、坍塌、软土及膨胀土地区。锚定板式挡土墙可采用肋柱式或板壁式，墙高不宜超过 10 m。肋柱式锚定板挡土墙可采用单级墙或双级墙，每级墙高不宜大于 6 m，上、下级墙体之间应设置宽度不小于 2 m 的平台。上下两级墙的肋柱宜交错布置，如图 9.11 所示。

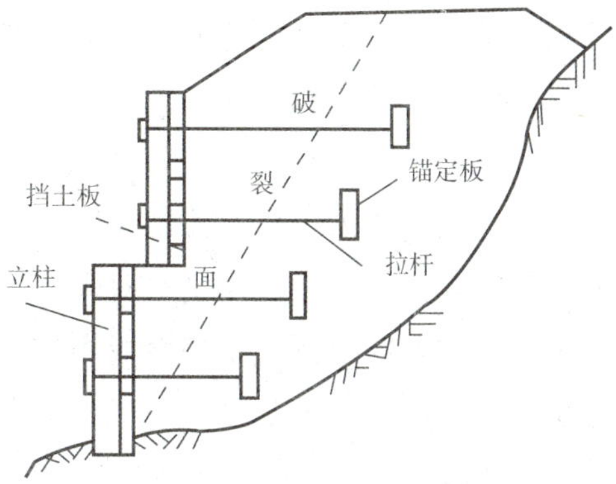


图 9.11　锚定板式挡土墙

(5)薄壁式挡土墙

薄壁式挡土墙有两种，一种是悬臂式挡土墙，另一种是扶壁式挡土墙，如图 9.12 所示。

悬臂式挡土墙由立壁、墙趾板和墙踵板三部分组成。立壁下部弯矩较大，特别是墙高时，需设置的钢筋较多。墙身及基础均采用钢筋混凝土浇筑而成，用墙背踵板上的地基抗力抵抗土的压力。悬臂式挡土墙的断面尺寸较小、自重轻，能修建在较软弱的地基上，宜在适用于城市或缺乏石料的地区，且地基承载力较低的填方路段采用。墙高不宜超过 5 m。

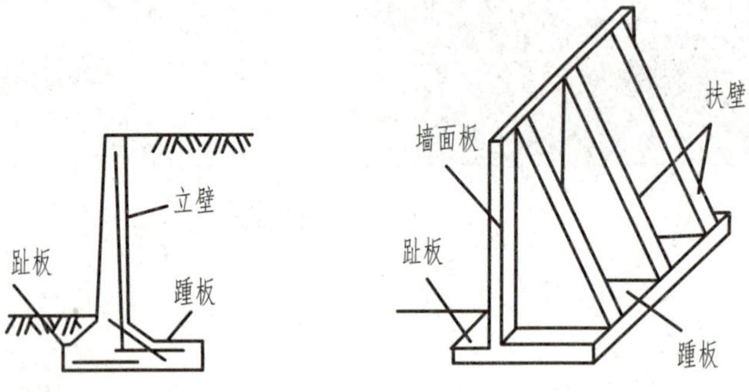


(a) 悬臂式　　(b) 扶壁式

图 9.12　薄壁式挡土墙

扶壁式挡土墙，相当于沿悬臂式墙的墙长，每隔一定距离设置一道扶壁，增强墙面板（立壁）与墙踵板的连接，以承受较大的弯矩作用，如图 9.13 所示。当墙高时较悬臂式墙经济，墙高不宜超过 15 m。扶壁式挡土墙宜在石料缺乏、地基承载力较低的填方路段采用。

图 9.13　扶壁式挡土墙

(6)衡重式挡土墙

衡重式挡土墙是指利用衡重台上的填土使墙身重心后移，增加墙身稳定，以抵抗土体侧压力的挡土墙。上墙背俯斜而下墙背仰斜，可降低墙身及减少基础开挖，以及节约墙身断面尺寸。衡重式挡土墙适用于陡坡的路肩墙、路堤墙和路堑墙（兼有拦挡落石作用）。

(7)土钉式挡土墙

土钉式挡土墙由土体、土钉和护面板三部分组成，如图 9.14 所示。利用土钉对天然土体就地实施加固，并与喷射混凝土护面板相结合，形成类似于重力式挡土墙的加强体，从而使开挖坡面稳定。土钉式挡土墙对土体适应性强、工艺简单、材料用量与工程量较少，可随挖方施工逐步推进，自上而下分级施工。土钉式挡土墙常用于稳定挖方边坡，也可作为挖方工程的临时支护。

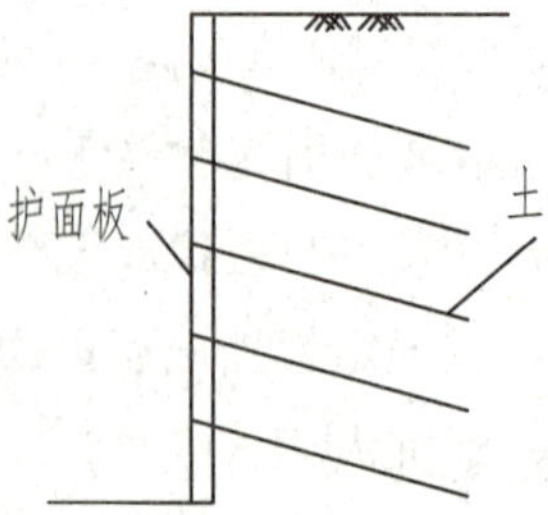


图 9.14　土钉式挡土墙

## 二、挡土墙的使用条件

挡土墙是最常用的路基支挡结构。我国《公路路基设计规范》（JTG D30—2015）规定应根据路基横断面、地形、地质条件和地基承载能力，合理确定挡土墙位置、起讫点、长度和高度，并按表 9.1 进行技术经济比较后，选择适宜的挡土墙类型。

表 9.1　挡土墙类型及适用条件

| 挡土墙类型 | 适用条件 |
|---|---|
| 重力式挡土墙 | 适用于一般地区、浸水地段和高烈度区的路堤和路堑等支挡工程。墙高不宜超过 12 m，干砌挡土墙的高度不宜超过 6 m |
| 半重力式挡土墙 | 适用于不宜采用重力式挡土墙的地下水位较高或较软弱的地基上。墙高不宜超过 8 m |
| 石笼式挡土墙 | 可用于地下水较多的土质、风化破碎岩石路段 |
| 悬臂式挡土墙 | 宜在石料缺乏、地基承载力较低的填方路段采用。墙高不宜超过 5 m |
| 扶壁式挡土墙 | 宜在石料缺乏、地基承载力较低的填方路段采用。墙高不宜超过 15 m |
| 锚杆挡土墙 | 宜用于墙高较大的岩质路堑地段。可用作抗滑挡土墙。可采用肋柱式或板壁式单级墙或多级墙。每级墙高不宜大于 8 m，多级墙的上、下级墙体之间应设置宽度不小于 2 m 的平台 |
| 锚定板挡土墙 | 宜使用在缺少石料地区的路肩墙或路堤式挡土墙，但不应建筑于滑坡、坍塌、软土及膨胀土地区。可采用肋柱式或板壁式，墙高不宜超过 10 m。肋柱式锚定板挡土墙可采用单级墙或双级墙，每级墙高不宜大于 6 m，上、下级墙体之间应设置宽度不少于 2 m 的平台。上下两级墙的肋柱宜交错布置 |
| 加筋土挡土墙 | 可分为有面板加筋土挡土墙和无面板土工格栅加筋挡土墙。有面板加筋挡土墙可用于一般地区的路肩式挡土墙、路堤式挡土墙，无面板土工格栅加筋土挡土墙可用于一般地区的路堤式挡土墙，但均不应修建在滑坡、水流冲刷、崩塌等不良地质地段；高速公路、一级公路墙高不宜大于 12 m，二级及二级以下公路不宜大于 20 m；当采用多级墙时，每级墙高不宜大于 10 m，上、下墙体之间应设置宽度不小于 2 m 的平台 |
| 桩板式挡土墙 | 用于表土及强风化层较薄的均质岩石地基，挡土墙可较高，也可用于地震区的路堑或路堤支挡或滑坡等特殊地段的治理 |

# 任务二　挡土墙的构造与布置

## 一、挡土墙的构造

作为最主要的路基支挡结构的挡土墙，一般由墙身、基础、排水设施与伸缩缝等构成。

### 1. 墙身

挡土墙靠近回填土的一面称为墙背；暴露在外侧的一面称为墙面或墙胸；墙的顶面称为墙顶；

墙的底面称为基底；挡土墙的底部称为基础或基脚，根据需要可与墙身分开建造，也可整体建造成为墙身的一部分；基底的外侧前缘部分称为墙趾；基底的内侧后缘部分称为墙踵。挡土墙组成示意图如图 9.15 所示。

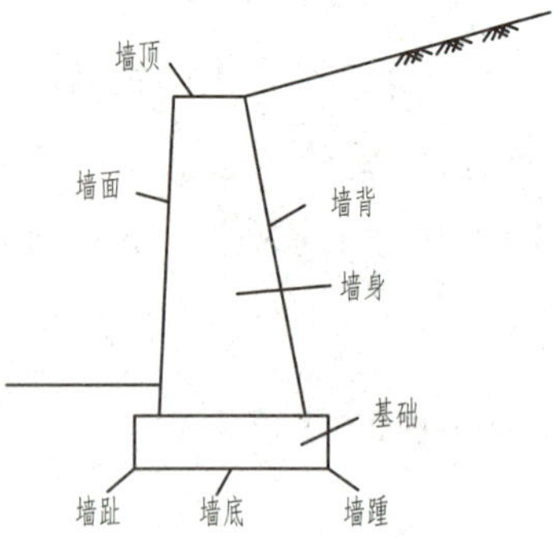


图 9.15 挡土墙组成示意图

(1) 墙背

根据墙背倾斜方向的不同，墙身断面形式可分为仰斜、垂直、俯斜、凸形折线式和衡重式等几种，如图 9.16 所示。

通过分析，仰斜、垂直和俯斜三种不同墙背所受的土压力可见，仰斜墙背所受的压力最小，垂直墙背次之。因此仰斜式的墙身断面较经济，且当用作路堑墙时，墙背与开挖的边坡较贴合，所以开挖与回填量均较小；但当墙趾处地面横坡较陡时，采用仰斜式墙背会使墙高增加，断面增大，因此仰斜式墙背不宜用于地面横坡较陡处。对于仰斜式挡土墙，墙背越缓，所受土压力越小，但施工越困难，故仰斜式墙背不宜过缓，一般常控制 $a < 14°$ （即墙背的斜度为 1：0.25）。

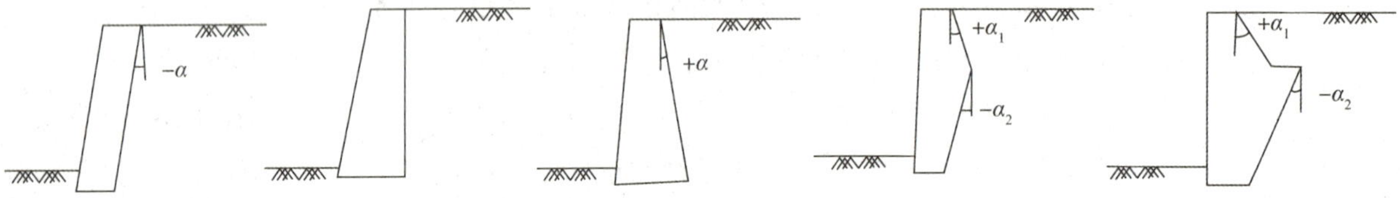


(a) 仰斜　(b) 垂直　(c) 俯斜　(d) 凸形折线式　(e) 衡重式

图 9.16 石砌挡土墙断面形式图

俯斜墙背所受的土压力较大，因此墙身断面比仰斜式要大。但当地面横坡较陡时，俯斜式挡土墙可采用陡直的墙面，从而减小墙高。俯斜墙背的坡度减缓固然对施工有利，但所受土压力也随之增加，致使断面增大，因此墙背坡度不宜过缓，通常控制 $a < 21°\ 48'$（即墙背的斜度为 1：0.4）。

凸形折线式墙背的上部俯斜、下部仰斜，所以其断面较为经济。衡重式墙背可视为在凸形折线式的上下墙之间设一衡重台，并采用陡直墙面。上墙墙背的坡度通常为 1：0.25 ~ 1：0.45，下墙墙背的坡率通常为 1：0.25 左右，上下墙的墙高比通常采用 2：3。

(2) 墙面

通常，基础以上的墙面均为平面，墙面坡度除应与墙背的坡度相协调外，还应考虑墙趾处地面的横坡度。当地面横坡较陡时，墙面可直立或外斜，一般外斜的坡率为 1：0.05 ~ 1：0.2，以减小墙高；当地面横坡平缓时，墙面可放缓，一般采用 1：0.20 ~ 1：0.35 较为经济，但不宜缓于 1：0.4，以免过多增加墙高。

(3) 墙顶

对于石砌挡土墙墙顶的最小宽度，浆砌的不小于 50 cm，干砌的不小于 60 cm。当用作路肩墙时，墙顶一般用粗料石或低强度等级混凝土做成帽石，帽石厚度约为 40 cm。对于路堑墙与路堤墙通常可不做帽石，墙顶选用大块石砌筑，并用砂浆抹平。

（4）护栏

当挡土墙高度较大时，为增加驾乘人员心理上的安全感，保证行车安全，墙顶应设置护栏。护栏所采用的材料及护栏高度、宽度应符合有关规范规定。护栏距路面边缘的距离应满足路肩最小宽度的要求。

### 2. 基础

基础设计主要包括基础形式的选择和基础埋置深度的确定。

挡土墙通常采用浅基础，只有在特殊情况下，才使用桩基。

绝大多数挡土墙的基础直接设置在天然地基上。当地基软弱，墙身较高时，为减少基底压应力，增加稳定性，墙趾可伸出台阶，以拓宽基底，台阶宽度不小于 20 cm，高宽比可采用 3 ∶ 2 或 2 ∶ 1。

地基为较弱土层时，可采用砂砾、碎石、矿渣或石灰土等质量较好的材料换填，以提高地基承载力。

基础埋置深度取决于地质条件、水文情况、冻结深度、邻近建筑物的基础影响等。为保证挡土墙的稳定，基础埋置深度应满足下列要求。

（1）当冻结深度小于或等于 1 m 时，基底应在冻结线以下不小于 0.25 m，并符合基础最小埋置深度不小于 1 m 的要求。

（2）当冻结深度超过 1 m 时，基底最小埋置深度应不小于 1.25 m，还应将基底至冻结线以下 0.25 m 深度范围的地基土换填为弱冻胀材料。

（3）受水流冲刷时，应按路基设计洪水频率计算冲刷深度，基底应置于局部冲刷线以下不小于 1 m。

（4）路堑式挡土墙基础顶面应低于路堑边沟底面，且不小于 0.5 m。

（5）在风化层不厚的硬质岩石地基上，基底一般应置于基岩表面以下 0.15 ~ 0.6 m；在软质岩石地基，基底最小埋置深度不小于 1 m。

建筑在斜坡地面上的挡土墙基础前趾埋入地面的深度和距地表的水平距离，应不小于表 9.2 的规定。

表 9.2　斜坡地面基础埋置条件

| 土层类别 | 最小埋入深度 | 距地表水平距离 /m |
|---|---|---|
| 较完整的硬质岩石 | 0.25 | 0.25 ~ 0.50 |
| 一般硬质岩石 | 0.60 | 0.60 ~ 1.50 |
| 软质岩石 | 1.00 | 1.00 ~ 2.00 |
| 土层 | ≥ 1.00 | 1.50 ~ 2.50 |

### 3. 排水设施

挡土墙的排水处理是否得当，直接影响到挡土墙的安全及使用效果。因此挡土墙应设置完善的排水设施，以疏干墙后填料中的水分，防止地表水下渗造成墙后积水，使墙身承受额外的静水压力；消除黏性土填料因含水率增加而产生的膨胀压力；减小季节性冰冻地区填料的冻胀压力。

挡土墙的排水设施通常由地面排水设施和墙身排水设施两部分组成。

(1) 地面排水设施

地面排水主要是防止地表水渗入墙背填料或地基。因此，可设置地面排水沟，以引排地面水；夯实回填土顶面和地表松土，防止雨水和地面水下渗，必要时应加设铺砌，封闭处理；对路堑挡土墙墙趾前的边沟应予以铺砌加固，以防边沟水渗入地基。

(2) 墙身排水设施

墙身排水主要是为了迅速排除墙后积水。墙较高时，通常可在墙上部、非干砌的挡土墙身的适当高度处设置一排或数排泄水孔，如图 9.17 所示。泄水孔尺寸视泄水量大小分别采用 5 cm × 10 cm、10 cm × 10 cm、15 cm × 20 cm 的方孔，或直径为 5 ~ 10 cm 的圆孔。

对于重力式、悬臂式、扶壁式等整体式墙身的挡土墙，应沿墙高和墙长设置泄水孔，泄水孔应具有向墙外倾斜的坡度，其间距一般为 2.0 ~ 3.0 m；对于浸水挡土墙泄水孔间距为 1.0 ~ 1.5 m，孔眼上下交错设置。折线墙背可能积水处，也应设置泄水孔，干旱地区可适当加大。最下排泄水孔的底部出口应高出地面 0.3 m，若为路堑墙，应高出边沟水位 0.30 m，若为浸水挡土墙，应设于常水位以上 0.3 m 处。

泄水孔的进水侧应设粗粒料反滤层，厚度不应小于 0.3 m，以免孔道堵塞。为防止水分渗入地基，在最下排泄水孔的底部，应设置 30 cm 厚的黏土隔水层。当墙背填料为非渗水性土时，填土透水性不良或可能发生冻胀，应在最底排泄水孔至墙顶以下 0.5 m 高度范围内，填筑厚度不小于 0.3 m 的砂、砾石竖向反滤层，反滤层的顶部应以 0.3 ~ 0.5 m 厚的不渗水材料做封闭，如图 9.17 (c) 所示。当泄水量大时，可在排水层底部加设纵向渗沟，配合排水层把水排至墙外。干砌挡土墙因墙身透水，可不设泄水孔。

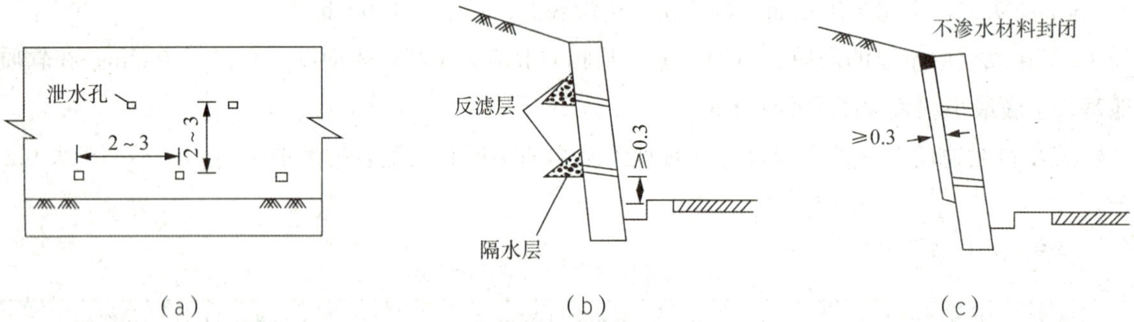


图 9.17 挡土墙的排水设施示意图（尺寸单位：m）

一般情况下，墙身可不设防水层，但在严寒地区或附近环境水有侵蚀性时，应做防水处理。通常，防水处理时，对石砌挡土墙先抹一层水泥砂浆，再涂以热沥青；对混凝土挡土墙则直接涂以热沥青。

(3) 挡土墙的排水设施要求

按设计设置，疏干墙后填料中的水分。路堑墙墙后的地面在施工时应先做好排水处理；挡土墙墙面应按设计要求的间距设置泄水孔；当墙后填料为黏性土时，按设计要求在填料与墙背之间，用渗水材料（砂砾或碎石）填筑墙顶至最下排泄水孔间的连续排水层，上下两端以黏土作封闭层；墙后填料为渗水土时，按设计要求在泄水孔进水端设置砂砾反滤层。

#### （4）墙背填料

墙背填料采集前应做好标准击实试验，提出填料的最佳含水量和最大干密度，以及相应的物理化学指标，据以控制压实质量。

当墙背采用透水性不良的填料时，除应做到拌和均匀，控制黏土块含量，控制最佳含水量外，还应按要求在墙背设置连续排水层。

挡土墙的墙体应达到设计强度的 75% 以上时，方可进行墙后填料施工。

墙后必须回填均匀，摊铺平整，填料顶面横坡符合设计要求。

### 4. 沉降缝与伸缩缝

为避免因地基不均匀沉陷而引起墙身开裂，需根据地基地质条件及墙高、墙身断面的变化情况，设置沉降缝。为了减少圬工砌体因硬化收缩和温度变化作用而产生的裂缝，须设置伸缩缝。

设计时，一般将沉降缝与伸缩缝合并设置，统称为沉降伸缩缝或变形缝。布置容纳构件收缩、膨胀及适应不均匀沉降情况的变形缝构造，沿路线方向设置，缝宽 2 ~ 3 cm。缝内一般可用胶泥填塞，但在渗水量大、填料容易流失或冻害严重地区，则宜用沥青麻筋或涂以沥青的木板等具有弹性的材料，沿内、外、顶三方填塞，填深不宜小于 0.15 m；当墙后为岩石路堑或填石路堤时，可设置空缝。

干砌挡土墙，沉降缝或伸缩缝的两侧应选用平整石料砌筑，以便砌成垂直通缝。

各类挡土墙应根据构造特点，重力式、半重力式、悬臂式、扶壁式等具有整体式墙身的挡土墙，一般沿墙长 10 ~ 15 m 或与其他建筑物连接处应设置伸缩缝；挡土墙高度突变或基底地质、水文情况变化处，应设沉降缝；平曲线路段挡土墙按折线布置时，转折处宜设沉降缝。伸缩缝与沉降缝可全高设置，其宽度宜取 0.02 ~ 0.03 m，缝内沿墙内、外、顶三边填塞沥青麻筋或沥青木板，塞入深度不应小于 0.15 m。当墙背为填石且冻害不严重时，可仅留空隙，不塞填料。钢筋混凝土挡土墙表面须设置垂直的 V 形槽，间距不大于 10 m，设槽处钢筋不截断；在沉降或伸缩缝处水平钢筋应截断，接缝可做成企口或前后墙面槽口式。干砌挡土墙可不设伸缩缝与沉降缝。位于岩石地基上的整体式墙体的挡土墙，设缝间隔可适当增长，但不应大于 20 m。加筋土挡土墙的分段设缝距离可适当加长，但不应大于 25 m。

综上，沉降缝、伸缩缝的基本要点有：沉降缝、伸缩缝的缝宽一般为 2 ~ 3 cm，缝宽应整齐一致，上下贯通；沿墙的内、外、顶三边缝内填塞胶泥并捣实，自墙顶一直做到基底。

## 二、挡土墙的布置

挡土墙的布置是挡土墙设计的一个重要内容，通常是在路基横断面图和墙趾纵断面图上布设。个别复杂的挡土墙尚应做平面布置。

### 1. 挡土墙的横向布置

挡土墙的横向布置主要是在路基横断面图上进行，其内容为确定断面形式、选择挡土墙的位置。

挡土墙的断面形式和位置均应根据实际情况分析计算后确定。例如若路肩墙与路堤墙的墙高与圬工数量相近，基础情况也相仿时，宜做路肩墙，因为采用路肩墙，可减少填方和占地；但若路堤墙的墙高或圬工数量比路肩墙显著降低，且基础也可靠时，则宜做路堤墙。不论是路肩墙，还是路堤墙，当地形陡峻时，可采用俯斜式或衡重式；当地形平坦时，则可采用仰斜式。对路堑墙来说，宜用仰斜式或折线式。

### 2. 挡土墙的纵向布置

挡土墙纵向布置在墙趾纵断面图上进行，布置后绘成挡土墙正面图，如图 9.18 所示。

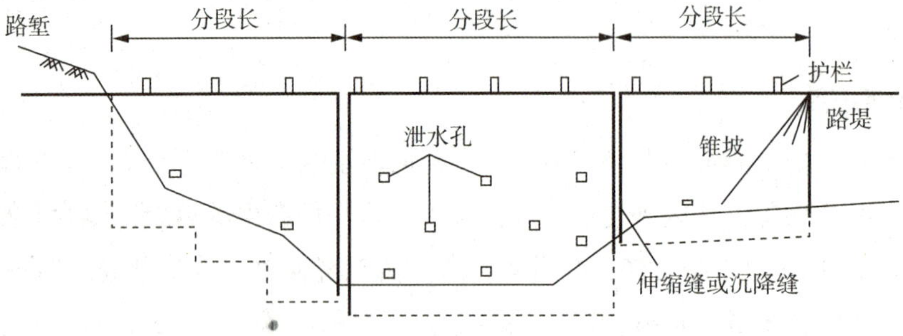


图 9.18 挡土墙的正面图

纵向布置的内容如下：

（1）确定挡土墙的起讫点和墙长，选择挡土墙与路基或其他结构物的衔接方式。

路肩挡土墙端部可嵌入石质路堑中，或采用锥坡与路堤衔接；与桥台连接时，为了防止墙后回填土从桥台尾端与挡土墙连接处的空隙中溜出，需在台尾与挡土墙之间设置隔墙及接头墙。路堑挡土墙在隧道洞口处应结合隧道洞门、翼墙的设置做到平顺衔接；与路堑边坡衔接时，一般将墙高逐渐降低至 2 m 以下，使边坡坡脚不致伸入边沟内，有时也可与横向端墙连接。

（2）按地基及地形情况进行分段，确定伸缩缝与沉降缝的位置。

（3）布置各段挡土墙的基础。墙趾地面有纵坡时，挡土墙的基底宜做成不大于 5% 的纵坡。但地基为岩石时，为减少开挖，可沿纵向做成台阶。台阶尺寸视纵坡大小而定，但其高宽比不宜大于 1 ∶ 2。

（4）布置泄水孔的位置，包括数量、间隔和尺寸等。

在布置图上注明各特征点的桩号，以及墙顶、基础顶面、基底、冲刷线、冰冻线、常水位线或设计洪水位的高程等。

### 3. 挡土墙的平面布置

对于个别复杂的挡土墙，例如高或长的沿河挡土墙和曲线挡土墙，除了横、纵向布置外，还应做平面布置，并绘制平面布置图。

在平面图上，应标示挡土墙与路线平面位置的关系，与挡土墙有关的地物、地貌等情况。对于沿河挡土墙，还应标示河道及水流方向，以及其他防护、加固工程等。

挡土墙的布置往往需要在横、纵、平三面上多次反复比较，方能取得技术上可靠、经济上合理且照顾到施工简便的最佳方案。

# 任务三　挡土墙设计

## 一、挡土墙的荷载组合

施加于挡土墙的作用（或荷载）按性质划分见表 9.3。常用作用（或荷载）组合见表 9.4。

表 9.3　施加于挡土墙的作用或荷载

| 作用（或荷载）分类 | | 作用（或荷载）名称 |
|---|---|---|
| 永久作用（或荷载） | | 挡土墙结构重力 |
| | | 填土（包括基础襟边以上土）重力 |
| | | 填土侧压力 |
| | | 墙顶上的有效永久荷载 |
| | | 墙顶与第二破裂面之间的有效荷载 |
| | | 计算水位的浮力及静力水压 |
| | | 预加力 |
| | | 混凝土收缩及徐变 |
| | | 基础变位影响力 |
| 可变作用（或荷载） | 基本可变作用（或荷载） | 车辆荷载引起的土侧压力 |
| | | 人群荷载引起的土侧压力 |
| | 其他可变作用（或荷载） | 水位退落时的动水压力 |
| | | 流水压力 |
| | | 波浪压力 |
| | | 冻胀压力和冰压力 |
| | | 温度影响力 |
| | 施工荷载 | 与各类挡土墙施工有关的临时荷载 |
| 偶然作用（或荷载） | | 地震作用力 |
| | | 滑坡、泥石流作用力 |
| | | 作用于墙顶护栏上的车辆碰撞力 |

表 9.4　常用作用（含荷载）组合

| 组合 | 作用（或荷载）名称 |
|---|---|
| Ⅰ | 挡土墙结构重力、墙顶上的有效永久荷载、填土重力、填土侧压力及其他永久荷载组合 |
| Ⅱ | 组合Ⅰ与基本可变荷载相结合 |
| Ⅲ | 组合Ⅱ与其他可变荷载、偶然荷载相结合 |

## 二、挡土墙的设计原则

挡土墙设计计算采用以极限状态设计的分项系数法为主的设计方法。挡土墙设计极限状态分为构件承载力极限状态和正常使用极限状态。

### 1. 承载力极限状态

承载力极限状态是指当挡土墙出现以下任何一种状态，即认为超过了承载力极限状态。

（1）整个挡土墙或挡土墙的一部分作为刚体失去平衡。

（2）挡土墙构件或连接部件因材料承受的强度超过极限而破坏，或因过量塑性变形而不适于继续承载。

（3）挡土墙结构变为机动体系或局部失去平衡。

挡土墙按构件承载能力极限状态设计时，采用下列表达式：

$$\gamma_0 S \leqslant R(\cdot) \tag{9.1a}$$

$$R(\cdot) = R\left(\frac{R_k}{\gamma_f} \quad \alpha_d\right) \tag{9.1b}$$

式中 $\gamma_0$——结构重要性系数，按表9.5的规定选用；

$S$——作用（或荷载）效应的组合设计值；

$R$（·）——挡土墙结构抗力函数；

$R_k$——抗力材料的强度标准值；

$\gamma_f$——结构材料、岩土性能的分项系数，按表9.5的规定选用；

$\alpha_d$——结构或结构构件几何参数的设计值，当无可靠数据时，可采用几何参数标准值。

表 9.5 结构重要性系数

| 墙高 /m | 公路等级 | |
|---|---|---|
| | 高速公路、一级公路 | 二级及二级以下公路 |
| ≤ 5.0 | 1.0 | 0.95 |
| ＞ 5.0 | 1.05 | 1.0 |

### 2. 正常使用极限状态

正常使用极限状态是指挡土墙出现下列状态之一时，即认为超过了正常使用极限状态。

（1）影响正常使用或外观变形。

（2）影响正常使用或耐久性的局部破坏（包括裂缝）。

（3）影响正常使用的其他特定状态。

挡土墙按正常使用极限状态设计时，通常采用表 9.6 所列的各分项系数；当 $\gamma_G$ 取为 0.9 或 1.2 时，滑动稳定方程计算结果与总安全系数法比较，安全度水平提高或降低过大，故采用 1.1；当 $\gamma_G$ 取为 0.9 时，抗倾覆稳定方程验算与总安全系数法比较，安全度水平略有下降，且最大负误差超过 10%，故

取 $\gamma_G = 0.8$ 较适宜；当对挡土墙进行基础合力偏心距计算时，除被动土压力 $\gamma_{Q2}$ 采用 0.3 外，其他全部荷载系数规定采用 1.0。

表 9.6　斜坡地面基础埋置条件 承载能力极限状态作用（或荷载）分项系数

| 情况 | 荷载增大对挡土墙结构起有利作用时 | | 荷载增大对挡土墙结构起不利作用时 | |
|---|---|---|---|---|
| 组合 | Ⅰ，Ⅱ | Ⅲ | Ⅰ，Ⅱ | Ⅲ |
| 垂直恒载 $\gamma_G$ | 0.90 | | 1.20 | |
| 恒载或车辆荷载的主动土压力 $\gamma_{Q1}$ | 1.00 | 0.95 | 1.40 | 1.30 |
| 被动土压力 $\gamma_{Q2}$ | 0.30 | | 0.50 | |
| 水浮力 $\gamma_{Q3}$ | 0.95 | | 1.10 | |
| 静水压力 $\gamma_{Q4}$ | 0.95 | | 1.05 | |
| 动水压力 $\gamma_{Q5}$ | 0.95 | | 1.20 | |
| 地震力 $\gamma_{Q6}$ | 0.90 | | 1.10 | |

## 三、挡土墙设计

### 1. 挡土墙稳定性验算

#### （1）抗滑稳定性验算

为保证挡土墙抗滑稳定性，应验算在土压力及其他外力作用下，基底摩阻力抵抗挡土墙滑移的能力，如图 9.19 所示。

①抗滑动稳定方程。

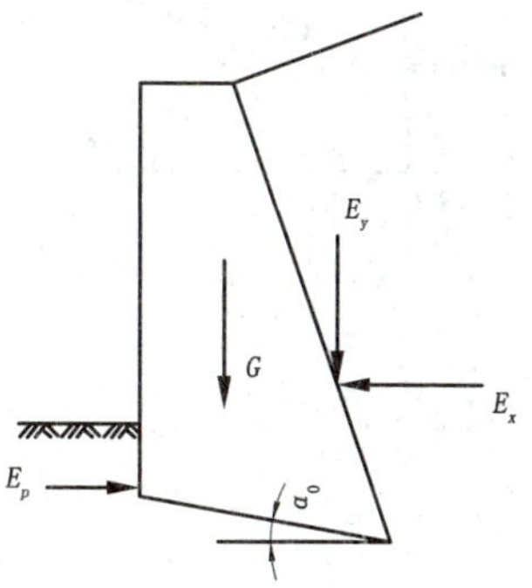


图 9.19　挡土墙的抗滑动稳定

$$\left[1.1G+\gamma_{Q1}\ E_{\gamma}\tan\alpha_0)-\gamma_{Q2}E_p\tan\alpha_0\right]\mu+(1.1G+\gamma_{Q1}E_{\gamma}\quad\tan\alpha_0-\gamma_{Q1}E_x+\gamma_{Q2}E_p>0 \tag{9.2}$$

式中 $G$——挡土墙自重力；

$E_x$、$E_y$——墙背主动土压力的水平与垂直分力（kN）；

$E_p$——墙前被动土压力的水平分量（kN），当为浸水挡土墙时，$E_p$=0；

$\alpha$——基底倾斜角（°）；

$\mu$——基底摩擦系数，可通过现场试验确定；无试验资料时，可参考表9.7的经验数据；

$\gamma_{Q1}$、$\gamma_{Q2}$——主动土压力和墙前被动土压力分项系数，可按表9.6的规定采用。

表 9.7 基底摩擦系数 $\mu$ 参考值

| 地基土分类 | $\mu$ | 地基土分类 | $\mu$ |
|---|---|---|---|
| 软塑黏土 | 0.25 | 碎石类粉土 | 0.5 |
| 硬塑黏土 | 0.3 | 软质岩石 | 0.4 ~ 0.6 |
| 砂类土、黏砂土、半干硬黏土 | 0.3 ~ 0.4 | 硬质岩石 | 0.6 ~ 0.7 |
| 砂类土 | 0.4 | | |

②抗滑动稳定系数 $K_e$

$$K_e=\frac{\left[N+\ E_x-E_p'\quad \tan\alpha_0\right]\mu+E_p'}{E_e-N\tan\alpha_0} \tag{9.3}$$

式中 $N$——作用于基底上合力的竖向分力（kN），浸水挡土墙应计浸水部分的浮力；

$E_p'$——墙前被动土压力水平分量的0.3倍（kN）。

（2）抗倾覆稳定性验算

为保证挡土墙抗倾覆稳定性，须验算其抵抗墙身绕墙趾向外转动倾覆的能力，如图 9.20 所示。

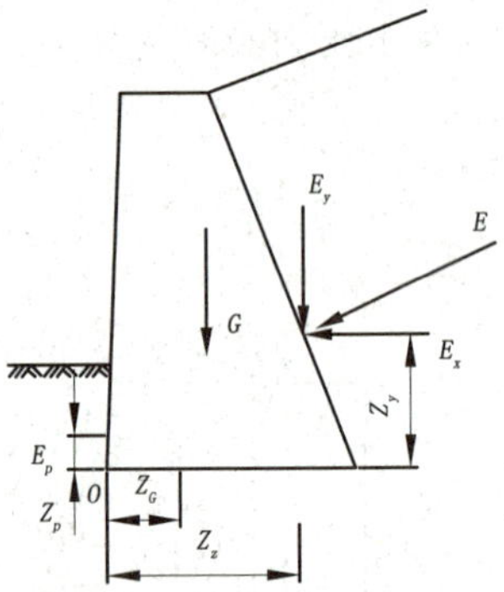


图 9.20 挡土墙的抗倾斜稳定

①抗倾覆稳定方程。

$$0.8GZ_G+\gamma_{Q1}(E_yZ_X-E_xZ_y)+\gamma_{Q2}E_pZ_p>0 \tag{9.4}$$

式中 $Z_G$——墙身、基础及其上的土重合力重心及作用于墙顶的其他荷载的竖向力合力重心到墙趾的水平距离（m）；

$Zx$——墙后主动土压力垂直分力作用点到墙趾的水平距离（m）；

$Z_y$——墙后主动土压力水平分力作用点到墙趾的垂直距离（m）；

$Z_p$——墙前被动土压力的水平分量到墙趾的距离（m）。

②抗倾覆稳定系数 $K_0$。

$$K_0=\frac{GZ_G+E_yZ_x+E_p^{'}Z_p}{E_xZ_y} \tag{9.5}$$

在规定的墙高范围内，验算挡土墙的抗滑动和抗倾覆稳定时，稳定系数不应小于表 9.8 的规定。验算结果如不满足以上要求，则表明抗滑稳定性或抗倾覆稳定性不够，应改变墙身断面尺寸重新核算。设置于不良土质地基、覆盖土层下为倾斜基岩地基及斜坡上的挡土墙，应对挡土墙地基及填土的整体稳定性进行验算，其稳定系数不应小于 1.25。

表 9.8　抗滑动和抗倾覆的稳定系数

| 荷载情况 | 验算项目 | 稳定系数 |
|---|---|---|
| 荷载组合Ⅰ、Ⅱ | 抗滑动 $K_e$ | 1.3 |
| | 抗倾覆 $K_0$ | 1.5 |
| 荷载组合Ⅲ | 抗滑动 $K_e$ | 1.3 |
| | 抗倾覆 $K_0$ | 1.3 |
| 施工阶段验算 | 抗滑动 $K_e$ | 1.2 |
| | 抗倾覆 $K_0$ | 1.2 |

### 2. 基底应力及合力偏心距验算

基础设计与稳定性计算应符合下列要求。

基底合力的偏心距 $e_0$ 可按式（9.6）计算：

$$e_0=\frac{M_d}{N_d} \tag{9.6}$$

式中 $M_d$——作用于基底形心的弯矩组合设计值（MPa）；

$N_d$——作用于基底上的垂直力组合设计值（kN/m）。

挡土墙地基应力验算时，在各类作用（或荷载）组合下，作用效应组合设计值计算式中的作用分项系数，除被动土压力分项系数 $\gamma_{Q2}=0.3$ 外，其余作用（或荷载）的分项系数规定均等于 1。重力式挡土墙轴向力的偏心距 $e_0$ 应符合表 9.9 的规定。

表 9.9　圬工结构轴向力合力的容许偏心距 $e_0$

| 荷载组合 | 容许偏心距 | 荷载组合 | 容许偏心距 |
|---|---|---|---|
| Ⅰ、Ⅱ | $0.25B$ | 施工荷载 | 0.33B |
| Ⅲ | $0.3B$ | | |

基底合力的偏心距 $e_0$，对土质地基不应大于 $B/6$，对岩石地基不应大于 $B/4$。基底压应力 $P$ 应按式（9.7a）计算，位于岩石地基上的挡土墙基底压应力可按式（9.7b）、式（9.7c）计算。基底压应力不应大于地基的允许承载力（$f_a$）；地基容许承载力值可按现行《公路桥涵地基与基础设计规范》（JTG 3363—2019）的规定采用，当为作用（或荷载）组合Ⅲ及施工荷载时，且 $f_a>150$ kPa 时，可提高 25%。

$$|e_0| \leqslant \frac{B}{6} \text{时} \ P_{1,2} = \frac{N_d}{A}\left(1 \pm \frac{6_{e0}}{B}\right) \tag{9.7a}$$

$$e_0 > \frac{B}{6} \text{时} \ P_1 = \frac{2N_d}{3\alpha_1}, P_2 = 0 \tag{9.7b}$$

$$\alpha_1 = \frac{B}{2} - e_0 \tag{9.7c}$$

式中 $P_1$——挡土墙趾部的压应力（kPa）；

$P_2$——挡土墙踵部的压应力（kPa）；

$B$——基底宽度（m），倾斜基底为其斜宽；

$A$——基础底面每延米的面积，矩形基础为基础宽度$B \times 1$（$m^2$）。

### 3. 重力式挡土墙强度验算

重力式挡土墙按承载能力极限状态设计时，在某一类作用（或荷载）效应组合下，作用（或荷载）效应的组合设计值可按式（9.8）计算。圬工构件或材料的抗力分项系数 $\gamma_f$，按表 9.10 采用。

$$S = \Psi_{ZL}(\gamma_G \sum S_{GiK} + \sum \gamma_{QiK}) \tag{9.8}$$

式中 $S$——作用（或荷载）效应的组合设计值；

$\gamma_G$、$\gamma_{Qi}$——作用（或荷载）的分项系数；

$S_{Gik}$——第$i$个垂直恒载的标准值效应；

$S_{Qik}$——土侧压力、水浮力、静水压力、其他可变作用（或荷载）的标准值效应。

$\Psi_{ZL}$——荷载效应组合系数，按表9.11采用。

表 9.10　圬工构建或材料的抗力分项系数 $r_f$

| 圬工种类 | 受力情况 | |
|---|---|---|
| | 受压 | 受弯、剪、拉 |
| 石料 | 1.85 | 2.31 |
| 片石砌体、片石混凝土砌体 | 2.31 | 2.31 |
| 块石、粗料石、混凝土预制块、砖砌体 | 1.92 | 2.31 |
| 混凝土 | 1.54 | 2.31 |

表 9.11　荷载效应组合系数 $\psi_{ZL}$ 值

| 荷载组合 | $\psi_{zL}$ | 荷载组合 | $\psi_{zL}$ |
|---|---|---|---|
| Ⅰ、Ⅱ | 1.0 | 施工荷载 | 0.7 |
| Ⅲ | 0.8 | | |

挡土墙构件轴心或偏心受压时，正截面强度和稳定按式（9.9）、式（9.10）计算。偏心受压构件除验算弯曲平面内的纵向稳定外，还应按轴心受压构件验算非弯曲平面内的稳定。

计算强度时：

$$\gamma_0 N_d \leqslant \frac{\alpha_k A R_a}{\gamma_f} \tag{9.9}$$

计算稳定时：

$$\gamma_0 N_d \leqslant \frac{\Psi_k \alpha_k A R_a}{\gamma_f} \tag{9.10}$$

式中 $N_d$——验算截面上的轴向力组合设计值（kN）；

$\gamma_0$——结构重要性系数；

$\gamma_f$——圬工构件或材料的抗力分项系数；

$R_a$——材料抗压极限强度（kN）；

$A$——挡土墙构件的计算截面面积（$m^2$）；

$\alpha_k$——轴向力偏心影响系数，按式（9.11）计算；

$\Psi_k$——偏心受压构件在弯曲平面内的纵向弯曲系数，按式（9.12）；轴心受压构件的纵向弯曲系数，按表9.12采用。

$$\alpha_k = \frac{1-256\left(\dfrac{e_0}{B}\right)^8}{1+12\left(\dfrac{e_0}{B}\right)^2} \tag{9.11}$$

式中 $e_0$——轴向力的偏心距（m）；挡土墙墙身或基础为圬工截面时，其轴向力的偏心距$e_0$应符合式（9.13）规定；

$B$——挡土墙计算截面宽度（m）。

表 9.12　轴心受压构件纵向弯曲系数 $\Psi_k$

| 2H/B | 混凝土构件 | 砌体砂浆强度等级 | |
|---|---|---|---|
| | | M10、M7.5、M5 | M2.5 |
| ≤3 | 1.00 | 1.00 | 1.00 |
| 4 | 0.99 | 0.99 | 0.99 |
| 6 | 0.96 | 0.96 | 0.96 |
| 8 | 0.93 | 0.93 | 0.91 |
| 10 | 0.88 | 0.88 | 0.85 |
| 12 | 0.82 | 0.82 | 0.79 |
| 14 | 0.76 | 0.76 | 0.72 |
| 16 | 0.71 | 0.71 | 0.66 |
| 18 | 0.65 | 0.65 | 0.60 |
| 20 | 0.60 | 0.60 | 0.54 |
| 22 | 0.54 | 0.54 | 0.49 |
| 24 | 0.50 | 0.50 | 0.44 |
| 26 | 0.46 | 0.46 | 0.40 |

表 9.12（续）

| 2H/B | 混凝土构件 | 砌体砂浆强度等级 | |
|---|---|---|---|
| | | M10、M7.5、M5 | M2.5 |
| 28 | 0.42 | 0.42 | 0.36 |
| 30 | 0.38 | 0.38 | 0.33 |

$$\Psi_k = \frac{1}{1 + a_s\beta_s\ \beta_s - 3\left[1 + 16\left(\frac{e_0}{B}\right)^2\right]} \tag{9.12}$$

$$\beta_s = \frac{2H}{B}$$

式中 $H$——墙高（m）；

$\alpha_s$——与材料有关的系数，按表9.13采用。

表 9.13　$\alpha_s$ 取值

| 圬工名称 | 浆砌砌体采用以下砂浆强度等级 | | | 混凝土 |
|---|---|---|---|---|
| | M10、M7.5、M5 | M2.5 | M1 | |
| $\alpha_s$ 值 | 0.002 | 0.0025 | 0.004 | 0.002 |

$$e_0 = \left|\frac{M_0}{N_0}\right| \tag{9.13}$$

式中 $M_0$——在某一类作用（或荷载）组合下，作用（或荷载）对计算截面形心的总力矩（kN·m）；

$N_0$——某一类作用（或荷载）组合下，作用于计算截面上的轴向力的合力（kN）。

重力式挡土墙轴向力的偏心距 $e_0$ 应符合表 9.9 的规定。

混凝土截面在受拉一侧配有不小于截面面积 0.05% 的纵向钢筋时，表中容许规定值可增加 0.05 $B$；当截面配筋率大于表 9.14 的规定时，按钢筋混凝土构件计算，偏心距不受限制。

表 9.14　按钢筋混凝土构件计算的受拉钢筋最小配筋率

| 钢筋牌号（种类） | 钢筋最小配筋率 /% | |
|---|---|---|
| | 截面一侧钢筋 | 全截面钢筋 |
| Q235 钢筋（Ⅰ级） | 0.20 | 0.50 |
| HRB400 钢筋（Ⅱ、Ⅲ级） | 0.20 | 0.50 |

## 四、增加挡土墙稳定性的措施

### 1. 增加抗滑稳定性的方法

#### （1）设置倾斜基底

设置向内倾斜的基底，可以增加抗滑力和减少滑动力，从而增强抗滑稳定性，如图 9.21 所示。基底倾斜角越大，越有利于抗滑稳定性，但应考虑挡土墙连同地基土体一起滑动的可能性，因此应对地基倾斜度加以控制。通常，对于土质地基，不应陡于 1 ∶ 5（$a_0 \leqslant 11°\ \ 10'$）；对于岩石地基，不应陡于 1 ∶ 3（$a_0 \leqslant 16°\ \ 42'$）。

此外，在验算沿基底的抗滑稳定性的同时，还应验算通过墙踵的地基水平面（图 9.21 中 I—I 水平面）的滑动稳定性。

（2）采用凸榫基础

在挡土墙基础底面设置混凝土凸榫，与基础连成整体，利用榫前土体产生的被动土压力，可以增强挡土墙的抗滑稳定性，如图 9.22 所示。

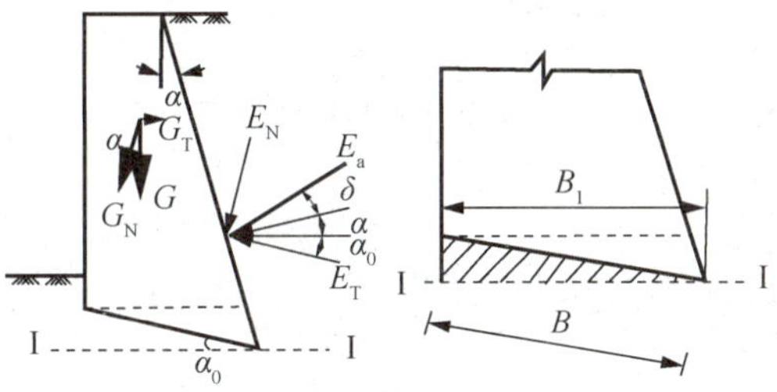


图 9.21　倾斜基底

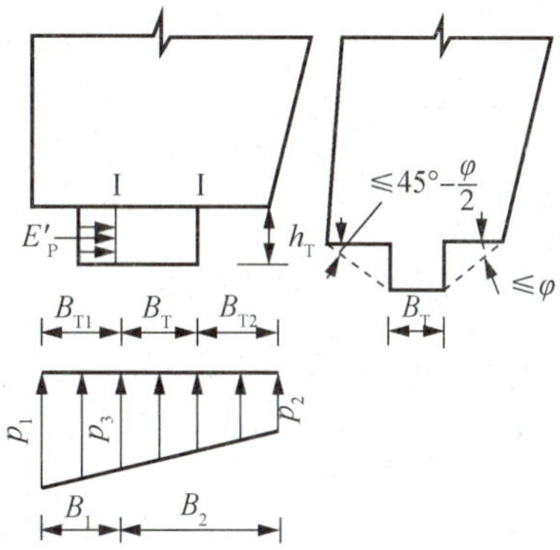


图 9.22　凸榫基础

为了增加榫前被动阻力，应使榫前被动土楔不超过墙趾。同时，为了防止因设凸榫而增加背的主动土压力，应使凸榫后缘与墙踵的连线与水平线的夹角不超过 $\varphi$ 角。因此应将整个凸榫置于通过墙趾并与水平线成 $45° - \varphi/2$ 角线和通过墙踵并与水平线成 $\varphi$ 角线所形成的三角形范围内。

当 $\beta = 0$（填土表面水平），$\alpha = 0$（墙背垂直），$\delta = 0$（墙光滑）时，榫前的单位被动土压力 $\sigma_p$ 按朗金（Rankine）理论计算：

$$\sigma_p = \gamma h\tan^2\left(45° + \frac{\varphi}{2}\right) \approx \frac{1}{2}(P_1 + P_3)\tan^2\left(45° + \frac{\varphi}{2}\right) \qquad (9.14)$$

其中，$P_1$、$P_3$ 由式（9.11）计算求得。

考虑到产生全部被动土压力所需要的墙身位移量大于墙身设计所允许的位移量，为工程安全所不允许，因此铁路规范规定，凸榫前的被动土压力按朗金被动土压力的 1/3 采用，即：

$$\begin{aligned} e_p &= \frac{1}{3}\sigma_p = \frac{1}{3}\left[\frac{1}{2}(p_1 + p_3)\tan^2\left(45° + \frac{\varphi}{2}\right)\right] \\ E'_p &= e_p \cdot h_T \end{aligned} \qquad (9.15)$$

在榫前 $B_T$ 宽度内，因已考虑了部分被动土压力，故未计其基底摩擦阻力。

按照抗滑稳定性的要求，令 $K_c = [K_c]$，代入式（9.15），即可得出凸榫高度 $h$ 的计算式：

$$h_T = \frac{[K_e]E_x - \frac{1}{2}(p_2 + p_3)B_2 f}{e_p} \qquad (9.16a)$$

式中 $f$——基底与基础的摩阻系数。

凸榫宽度 $B_T$ 根据以下两方面的要求进行计算，取其大者。

①根据截面 I — I 上的弯矩 $M_T$，$B_T$ 为

$$B_T=\sqrt{\frac{6M_T}{[\sigma_{WL}]}}=\sqrt{\frac{6\times\frac{1}{2}e_p h_T^2}{[\sigma_{WL}]}}=\sqrt{\frac{3h_T^2 e_p}{[\sigma_{WL}]}} \tag{9.16b}$$

式中 $[\sigma_{WL}]$——混凝土的容许弯拉应力。

②根据截面上的剪应力，$B_T$ 为

$$B_T=\frac{e_p h_T}{[\tau]} \tag{9.16c}$$

式中 $[\tau]$——混凝土的容许剪应力。

### 2. 增加抗倾覆稳定性的方法

为增加抗倾覆稳定性，可采取加大稳定力矩和减小倾覆力矩的办法。

#### （1）展宽墙趾

在墙趾处展宽基础以增加稳定力臂，是增加抗倾覆稳定性的常用方法。但在地面横坡较陡处，会由此引起墙高增加。

#### （2）改变墙面及墙背坡度

改缓墙面坡度可增加稳定力臂，如图 9.23（a）所示，改陡俯斜墙背或改为仰斜墙背可减少土压力，如图 9.23（b）、（c）所示。在地面纵坡较陡处，均须注意对墙高的影响。

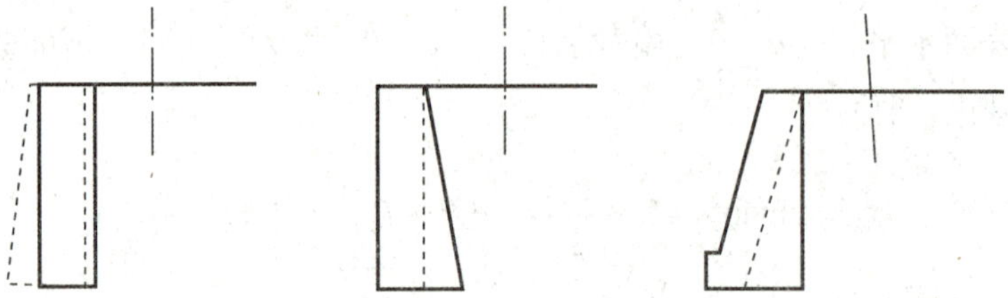

（a）改变胸坡　（b）改陡俯斜墙背　（c）改为仰斜墙背

图 9.23 改变胸坡及背坡

#### （3）改变墙身断面类型

当地面横坡较陡时，应使墙胸尽量陡立。这时可改变墙身断面类型，如改用衡重式墙或墙后加设卸荷平台、卸荷板，如图 9.24 所示，以减少土压力并增加稳定力矩。

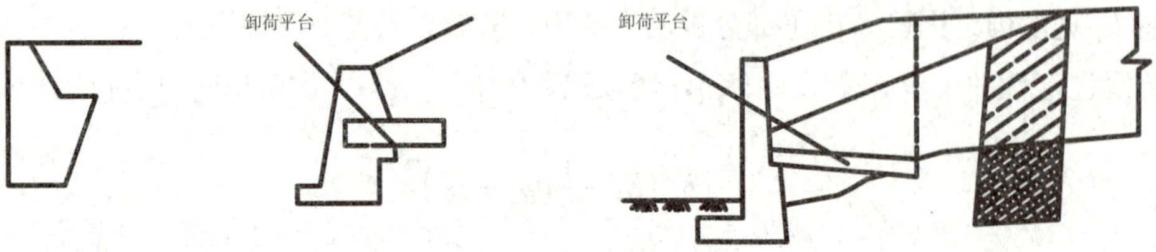


（a）　（b）　（c）

图 9.24 改变墙身类型措施

# 任务四 挡土墙的施工

挡土墙施工前需要进行施工准备：首先要进行清理施工场地与放线工作，然后技术和材料准备，以及水泥钢筋等原材料的准备。

## 一、挡土墙基础

### 1. 基坑开挖

挡土墙基础开挖注意的问题较多，大致有以下几点。

（1）应按照设计要求进行施工，基坑底平面一般宜大于基础外缘 0.5 ~ 1.0m。

（2）渗水基坑，应考虑基坑排水设施。

（3）基底土质与设计情况有出入时，应及时进行变更设计。

（4）任何土质基坑，挖至标高后不得长时间暴露或扰动。

（5）另外，基坑开挖不应破坏基底土的结构，挖基弃土堆置地点，不得妨碍其他作业或影响坑壁稳定。

### 2. 地基与基础

挡土墙施工需根据不同地基基础，按要求进行处理。

（1）当基础为倾斜基底及墙趾设台阶时，按照基底坡度、基底标高及台阶宽度开挖，保持地基土的天然结构。

（2）挡土墙基础置于风化岩上时，按基础尺寸凿除表面已风化的表面岩层，在砌筑基础的同时，将基坑填满、封闭。

（3）岩石地基挖基时如遇缺口，可采用局部拱形基础。

（4）基底为软弱土层时，应按有关规范作特殊处理。

（5）当地基岩层有孔洞裂缝时浇注饱满。基底岩层有外露软弱夹层时，宜在墙趾前对此层作封面保护。

（6）基坑完成后，放线复验，确认位置、标高无误并经监理签认后，方可进行基础施工。

## 二、石砌重力式挡土墙施工

在石砌重力式挡土墙施工中，主要材料片石或块石要符合规范要求，砂浆强度等级应不低于 M5。砌筑要分层进行，砌筑工艺常采用坐浆法和挤浆法。伸缩缝每隔 10 ~ 15m 设置一道，并应设置为垂直通缝。各层之间的垂直灰缝应相互交错，水平灰缝应平行。所有砌缝要求做到砂浆饱满密实。

### 1. 原材料要求

#### （1）片石

片石质地均匀、无裂缝、不易风化，抗压强度不低于 25 MPa；在地震区及严寒地区，不能低于 30 MPa；应具有两个大致平行的面，其厚度不应小于 15 cm，其中一条边长不小于 30 cm，体积不小于 0.01 $m^3$。

#### （2）砂浆

砂浆一般用水泥、砂和水拌和而成，也可用水泥、石灰、砂与水拌和，或石灰、砂与水拌和而成。它们分别简称为水泥砂浆、混合砂浆和石灰砂浆。砂浆强度等级代表其抗压强度。拌制砂浆必须符合设计要求，一般不得低于 M5。勾缝用砂浆应比砌筑用砂浆强度等级提高一级。

### 2. 施工工艺及要求

#### （1）准备工作

浆砌前应做好一切准备工作，主要包括工具配备，按照设计图纸检查和处理基底，放线，安放脚手架、跳板等施工设施，清除砌石上的尘土、泥垢等。

#### （2）砌筑顺序

砌筑时应分层进行。底层极为重要，它是以上各层的基础，若底层质量不符合要求，就会影响以上各层。较长的砌体除分层外，还要分段砌筑，两相邻段的砌筑高差不应超过 1.2 m，分段处应设在沉降缝或伸缩缝的位置。分层砌筑时，要先角石，后边石或面石，最后才填腹石。

#### （3）砌筑工艺

浆砌原理是利用砂浆胶结片石，使之成为整体，常用坐浆法和挤浆法等方法砌筑。

①坐浆法也称为铺浆法，砌筑时先在下层砌体面上铺一层厚薄均匀的砂浆，压下砌石，借石料自重将砂浆压紧，并在灰缝上加以必要的插捣和用力敲击，使砌石完全稳定在砂浆层上，直至灰缝表面出现水膜。

②挤浆法除基底为土质的第一层砌体外，每砌一块石料，要先铺底浆，再放石块，经左右轻轻揉动几下后，再轻击石块，使灰缝砂浆被压实。在已砌筑好的石块侧面安砌时，要在相邻侧面先抹砂浆，后砌石，并向下及侧面用力挤压砂浆，使灰缝挤实，砌体被贴紧。

#### （4）砌筑要求

砌体外圈定位行列与转角石应选择表面较平、尺寸较大的石块。浆砌时，石块应长短相间并与里层石块咬紧，上下层竖缝错开。缝宽要小于或等于 3 cm。分层砌筑要将大石块用于下层、每处石块形状及尺寸要合适。竖缝较宽者可塞以小石子，但不能在石块下用高于砂浆层的小石块支垫。排列时，要将石块交错，坐实挤紧，尖锐凸出部分敲除。

#### （5）砌缝要求

①错缝指砌体在段间、层间的垂直灰缝应互相交错，压叠成不规则的灰缝，每段上下层及段间的垂直距离在 8 cm 以上。

②通缝指砌体的垂直灰缝。它是砌体受力的薄弱环节，其承压能力较好，但受剪、抗拉、受扭的能力极差，砌体最容易在此损坏，所以砌体对通缝要求较高，不仅要求其砂浆饱满密实，而且要求成缝时不允许有干缝、瞎缝及大缝。

③勾缝包括平缝、凹缝和凸缝等。勾缝具有防止有害气体和风、雨、雪等侵蚀砌体内部，延长构筑物使用年限及装饰外形美观等作用。设计无特殊要求时，勾缝应采用平缝或凸缝，勾缝应用 1：（1.5 ~ 2）的水泥砂浆，要嵌入砌缝内约 2 cm。勾缝前，要先清理缝槽，用水冲洗湿润；勾缝要保持砌后的自然缝，不要有瞎缝、丢缝、裂纹和黏结不牢等现象。

## 三、加筋土挡土墙施工

加筋土挡土墙既是柔性结构，可承受地基较大的变形，又是重力式结构，可承受荷载的冲击、振动作用。加筋土挡土墙施工简便、外形美观、占地面积小，而且对地基的适应性强。它主要适用于缺乏石料的地区和大型填方工程。

加筋土挡土墙施工前要核对道路、桥梁设计图纸，测量人员要按照道路、桥梁的施工中线、高程控制点进行挡土墙平面与高程控制测量及施工测量。

对加筋土挡土墙的施工要求主要包括以下方面。

（1）加筋土土料按照设计规定选土，就近取土，不能用白垩土、硅藻土和腐殖土。施工前要对所用土料进行物理、力学试验。

（2）按照设计规定选择筋带材料，施工前对筋带材料进行拉拔、直剪、延伸复测试验，其指标符合设计规定后方可使用。采用钢质拉筋时，应按设计规定做防腐处理。

（3）控制加筋土的填土层厚度和压实度，每层松铺厚度要小于或等于 25 cm，压实度要符合设计规定，并要大于 95%（重型击实）。

（4）当填土中设有土工布时，土工布搭接宽度为 30 ~ 40 cm，并按照设计要求留出折回长度。

（5）挡土墙板缝在填土前要贴铺土工布，土工布必须超出缝边 30 cm 以上，且贴铺平整、牢固。

（6）安装预制挡土墙板前，应进行测量定线；安装挡土墙板，要向路堤内倾斜，其垂直度应控制在约 1% 范围内，并设测斜观测点。

（7）预制板安装后，经校测无误，方可浇筑基础槽口混凝土。

（8）加筋土填土开始后，按设计要求铺土工布、筋带，并做记录；铺土压实，每层应测压实度，并按照施工方案观测挡土墙板的位移，并做记录。

## 四、轻型挡土墙施工

重力式挡土墙具有构造简单、施工方便和就地取材等优点，但其稳定性主要靠墙身自重来保证，因而墙身断面较大，占地较多，不能充分发挥建筑材料的强度性能，也不易实行施工的机械化与工厂化。轻型挡土墙则常由钢筋混凝土构件组成，墙身断面较小，墙的稳定性不是或不完全是依靠自身重量来维持，因而结构较轻巧，圬工量省，占地较少，有利于机械化施工。轻型挡土墙的类型很多，下面仅介绍悬臂式挡土墙、锚杆挡土墙、锚定板挡土墙和加筋土挡土墙的形式和设计。

### 1. 悬臂式挡土墙

悬臂式挡土墙和扶壁式挡土墙统称为薄壁式挡土墙。薄壁式挡土墙是钢筋混凝土结构，属轻型挡土墙。薄壁式挡土墙的施工流程包括测量放线、挡土墙基槽开挖、挡土墙基础模板在垫层（找平层）上支设模板、挡土墙钢筋成型、浇筑挡土墙混凝土基础、挡土墙板安装、浇筑挡土墙顶混凝土、墙帽与护栏安装八个步骤。

#### （1）测量放线

测量放线应严格按照道路施工中线、高程点控制挡土墙的平面位置和纵断面高程。

#### （2）挡土墙基槽开挖

挡土墙基槽开挖时不得扰动基底原状土，若有超挖，应回填至原状，并按照道路击实标准夯实，确保基槽边坡稳定，防止塌方。做好排水与降水措施，保持基底干槽施工。对土坑、树坑应回填砂石或石灰土并夯实，以免基底不均匀沉降。对基底淤泥、腐殖土应清理干净，用回填性能较好的土或石灰土回填并夯实。

#### （3）挡土墙基础模板

在垫层（找平层）上支设模板。模板必须牢固，不得松动、跑模和下沉。模板拼缝应严密不漏浆。模内应保持清洁。

#### （4）挡土墙钢筋成型

钢筋表面应清洁，不得有锈皮、油渍、油漆等污垢。钢筋必须调直，调直后的钢筋表面不得有使钢筋截面积减小的伤痕。

钢筋弯曲成型后，表面不得有裂纹、鳞落或断裂等现象。所使用钢筋的种类、等级、规格、直径及各部尺寸经抽样检验均应符合设计要求。

绑扎成型时，绑丝必须扎紧，不得有松动、折断、位移等情况，绑丝头必须弯曲背向模板。

焊接成型时，焊前不得有水锈、油渍，焊缝处不得有咬肉、裂纹、夹渣，焊药皮应敲除干净。绑扎或焊接成型的网片或骨架必须稳定牢固，杯槽部位钢筋在浇筑混凝土时不得松动和变形。

#### （5）浇筑挡土墙混凝土基础

浇筑挡土墙混凝土基础时，混凝土配合比要符合设计强度要求。混凝土要振捣密实，杯槽部位更应加强振捣。预埋件按设计位置与基础钢筋焊牢，以避免振捣混凝土时发生变形和位移。

#### （6）挡土墙板安装

当基础混凝土强度达到设计强度标准的 75% 后，方可安装挡土墙板。墙板应符合设计强度要求，外观没有缺楞、掉角、裂缝。悬臂式墙板嵌入杯槽内，填实高强度细粒式混凝土，其强度不小于 30 MPa，并应将墙板预埋钢板或将钢筋与基础预埋件焊接牢固，焊接完成后进行复测，并对焊缝做检查，合格后填写验收记录单，进行防腐处理后，才能浇筑混凝土。扶壁式墙板就位后，立即将墙板预埋件与基础预埋件焊牢，之后同样封上混凝土。墙板间灌缝混凝土一定要振捣密实，两侧夹板卡牢，不得漏浆。板缝用原浆勾缝，要密实、平顺、美观。

#### （7）浇筑挡土墙顶混凝土

测量人员按道路纵断面高程控制模板高程。模板内侧压紧泡沫塑料条，严禁跑浆。浇筑前，将墙顶凿毛并刷素浆，有利于混凝土上下结合。

### （8）墙帽与护栏安装

墙顶帽石坐浆饱满，安装牢固，护栏与帽石联结稳固，防锈漆涂刷均匀、颜色一致。

钢筋混凝土悬臂式挡土墙是由立壁和底板组成，具有三个悬臂，即立壁、趾板和踵板，同时固定在中间夹块上，如图 9.25 所示。墙的稳定性依靠墙身自重和踵板上的填土重量来保证，而趾板的设置又显著地增加了抗倾覆力矩的力臂，因此结构形式比较经济。

悬臂式挡土墙构造简单，施工方便，能适应较松软的地基，墙高一般在 6 ~ 9 m 之间。当墙高较大时，立壁下部的弯矩大，钢筋与混凝土用量剧增，影响这种结构形式的经济效果，此时可采用扶壁式挡土墙。

## 2. 锚杆挡土墙

锚杆挡土墙是由钢筋混凝土墙面和钢锚杆组成，如图 9.26 所示，依靠锚固在稳定地层内的锚杆对墙面的水平拉力来保持墙身的稳定。墙面一般是由预制的立杆和挡土板组成，称为板柱式墙，也可以就地浇筑成整体的板壁式墙。使用的锚杆主要有楔缝式锚杆和灌浆锚杆两种。

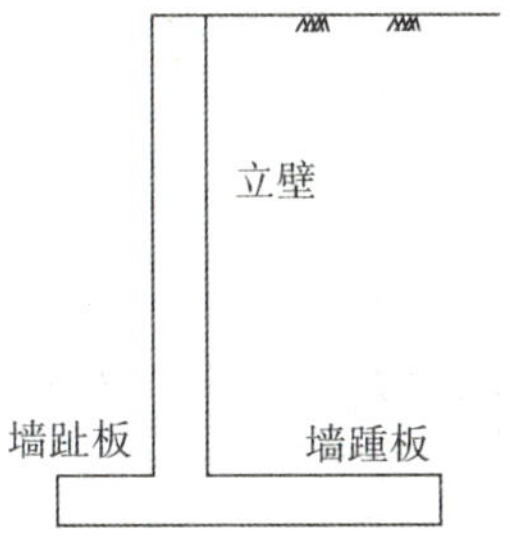


图 9.25 悬臂式挡土墙

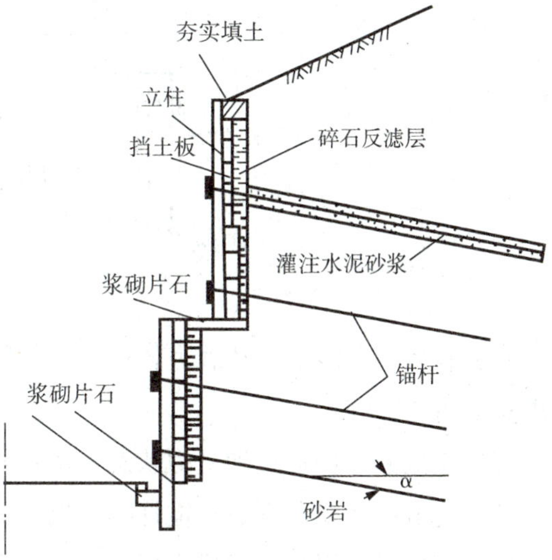


图 9.26 锚杆挡土墙

楔缝式锚杆俗称小锚杆，是对锚杆施加一定压力后，使杆端楔缝的楔子张开，从而将锚杆卡紧在岩石中。锚孔直径一般为 38 ~ 50 mm，深度为 3 ~ 5 m，用普通风钻即可施工。孔内压注水泥砂浆，用来防锈和提高锚杆抗拔力。楔缝式锚杆多用于岩石边坡防护及加固工程。

灌浆锚杆又称大锚杆，采用钻机钻孔，锚孔直径一般为 100 ~ 150 mm，锚杆插入锚孔后再灌注水泥砂浆。当用于土层时，由于土层与锚杆间的锚固能力较差，尚需采用加压灌浆或内部扩孔的方法来提高其抗拔力，称为预压锚杆或扩孔锚杆。国外还采用化学液体灌浆，利用化学液体的膨胀性来提高锚杆的抗拔能力。灌浆锚杆一般多用于路堑挡土墙。

当挡土墙较高时，应布置两级或两级以上，两级之间设 1 ~ 2 m 宽的平台。每级挡土墙不宜过高，一般为 5 ~ 6 m。为便于立柱及挡土板的安装，以竖直墙背为多。

确定立柱的间距应考虑工地的起吊能力和锚杆的抗拔能力，一般可选用 2.5 ~ 3.5 m。每根立柱视其高度可布置 2 ~ 3 根或更多的锚杆，锚杆的位置应尽可能使立柱的弯矩均匀分布，方便钢筋布置。

挡土板一般设计成矩形或槽形，长度比立柱间距短 10 cm 左右，以便留出锚杆位置。墙后应回填砂卵石等透水材料，由下部泄水孔将水排入边沟内。

### 3. 锚定板挡土墙

锚定板挡土墙是由钢筋混凝土墙面、钢拉杆、锚定板以及其间的填土共同形成的一种组合挡土结构如图 9.27 所示，其借助于埋在填土内的锚定板的抗拔力，来平衡挡土墙墙背水平土压力，从而改变挡土墙的受力状态，达到轻型的目的。

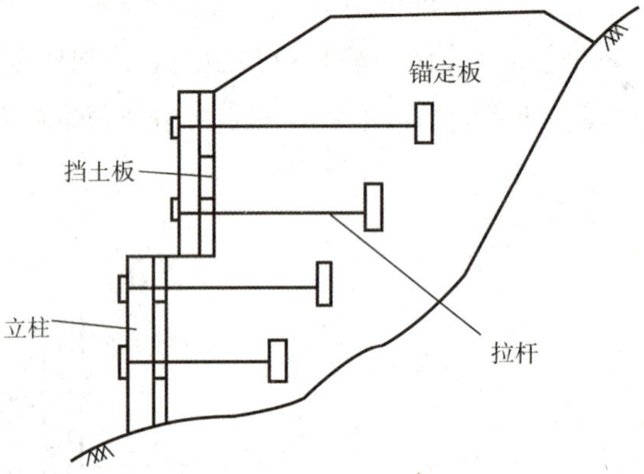


图 9.27　锚定板挡土墙

它具有省料省工、能适应承载力较低地区等特点，在我国铁路与公路工程中，已开始应用于路肩或路堤挡土墙和桥台。

锚定板挡土墙的结构形式和受力状态与锚杆挡土墙基本相同，都是依靠钢拉杆的抗拔力来保持墙身的稳定。它们的主要区别是：锚杆挡土墙的锚杆系插入稳定地层的钻孔中，抗拔力来源于灌浆锚杆与孔壁之间的黏结强度，而锚定板挡土墙的钢拉杆及其端部的锚定板都埋设在人工填土当中，抗拔力主要来源于锚定板前填土的被动抗力。

锚定板挡土墙的墙面是由挡土板和立柱组成的。挡土板通常为钢筋混凝土矩形板或槽形板，有时也可采用混凝土拱板。立柱为钢筋混凝土矩形截面柱；当墙面采用拱板时，立柱应具有六边形截面。立柱长度可依据施工吊装能力确定。在墙高范围内，立柱可设一级或多级。

当采用多级立柱时，相邻立柱间可以顺接，也可以错台。立柱间距多采用 1 ~ 2 m。根据立柱的长度和土压力的大小，每根立柱上可布置单根、双根或多根拉杆。为了便于施工安装，锚定板挡土墙一般采用竖直墙面。钢拉杆采用普通圆钢，外设防锈保护层。每根拉杆端部的锚定板通常为单独的钢筋混凝土方形板。

### 4. 加筋土挡土墙

加筋土挡土墙是利用加筋土技术修建的支挡结构物。加筋土是一种在土中加入拉筋的复合土，它利用拉筋与土之间的摩擦作用，改善土体的变形条件和提高土体的工程性能，从而达到稳定土体的目的。加筋土挡土墙由填料、在填料中布置的拉筋以及墙面板三部分组成，基本结构如图 9.28 所示。

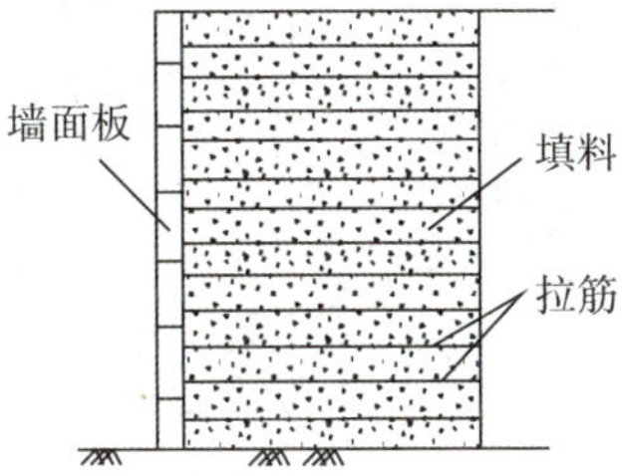


（a）

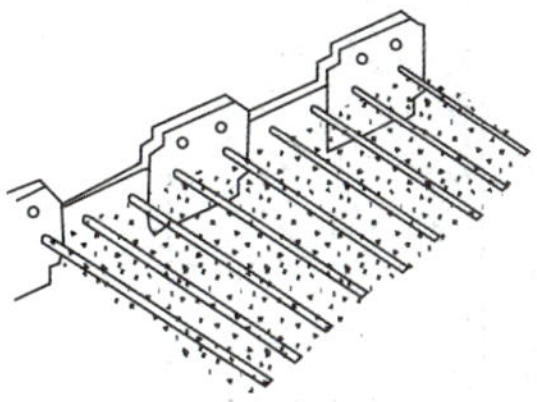

（b）

图 9.28 加筋土挡土墙基本结构

20 世纪 70 年代以后，加筋土挡土墙在公路建设中得到推广试用，特别是在地形平坦且宽敞的填方路段得到广泛应用。但在挖方路段或地形陡峭的山坡，由于不利于布置拉筋，应用得较少。

### （1）常见的加筋土挡土墙形式

①单面式加筋土挡土墙。

②双面式加筋土挡土墙，双面式中又分为分离式、交错式及对拉式加筋土挡土墙。

③台阶式加筋土挡土墙。

④无面板加筋墙。

### （2）加筋土的基本原理

加筋土的基本原理是借助于拉筋而提高填土的抗剪强度，从而保证土体平衡，通常用摩擦加筋原理或准黏聚力原理加以解释。

摩擦加筋原理认为，加筋土墙面板由筋带拉住，墙面板承受的土压力企图将筋带拉出，而筋带又被填土压住，土与筋带之间的摩擦力企图阻止筋带拉出。因此，只要筋带具有足够的强度并与土产生足够的摩擦力，则加筋土体即可保持稳定。

准黏聚力理论认为，加筋土结构可以看作是各向异性的复合材料，通常采用的拉筋其弹性模量远大于填土的模量，二者共同作用，由于填土的抗剪力、填土与拉筋的摩擦阻力及拉筋抗拉力的存在，使得加筋土的整体强度明显提高。

### （3）加筋土挡土墙的构造

加筋体墙面的平面线可采用直线、折线和曲线。相邻墙面的内夹角不宜小于 70° 。加筋体筋带一般应水平布设并垂直于面板，当一个结点有两条以上筋带时，应呈扇状分开。当相邻墙面的内夹角小于 90° 时，宜将不能垂直布设的筋带逐渐斜放，必要时在角隅处增设加强筋带。加筋体的横断面形式一般应采用矩形，如图 9.29（a）所示。当受地形、地质条件限制时，也可用图 9.29（b）或（c）的形式。断面尺寸由计算确定，底部筋带长度不应小于 3 m，同时不小于 0.4 $H$，加筋体填料压实度应满足表 9.15 的规定。

浸水地区的加筋体采用渗水性良好的土作填料，在面板内侧设置反滤层或铺设透水土工织物。季节性冰冻地区的加筋体宜采用非冻胀性土作填料，否则应在墙面板内侧设置不小于 0.5m 厚的砂砾防冻层。加筋体墙面下部应设宽不小于 0.3 m、厚不小于 0.2 m 的混凝土基础，如果面板筑于石砌圬工或混凝土之上、地基为基岩的可不设。

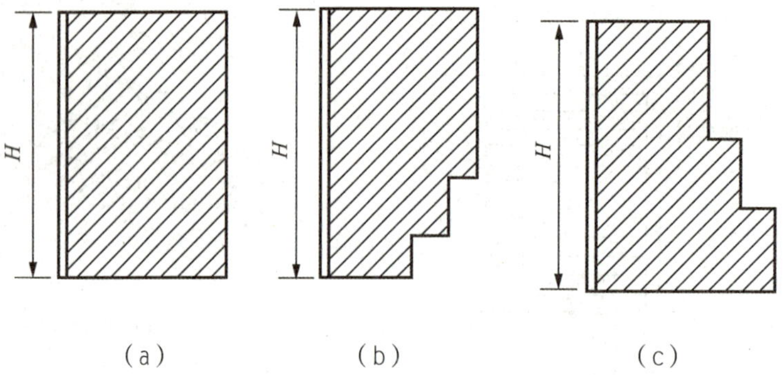


图 9.29 加筋体横断面形式

表 9.15 加筋体填料压实度

| 填土范围 | 路槽底面以下深度 /m | 压实度 /% | |
|---|---|---|---|
| | | 高速公路、一级公路 | 二、三、四级公路 |
| 距面板 1.0 m 以外 | 0 ~ 80 | ≥ 96 | ≥ 94 |
| | 80 以下 | > 94 | > 93 |
| 距面板 1.0 m 以内 | 全部墙高 | ≥ 93 | ≥ 92 |

注：1. 表列压实度按现行《公路土工试验规程》（JTG 3430—2020）重型击实试验标准确定。

2. 特殊干旱和特殊潮湿地区，表内压实度值可减少 2% ~ 3%。

3. 加筋体上填土按现行《公路路基设计规范》（JTG D30—2015）执行。

加筋体面板基础底面的埋置深度，对于一般土质地基不小于 0.6 m，当设置在岩石上时应清除表面风化层，当风化层较厚难以全部清除时，可采用土质地基的埋置深度。浸水地区与冰冻地区的加筋体面板基础埋置深度按现行《公路桥涵地基与基础设计规范》的有关规定确定。

季节性冰冻地区，当基础埋深小于冻结线时，基底至冻结线范围内的土应换填非冻胀性的中砂、粗砂、砾石等粗粒土，其中，粉、黏粒含量不应大于 15%。斜坡上的加筋体应设宽度不小于 1 m 的护脚，加筋体面板基础埋置深度从护脚顶面算起，如图 9.30 所示。

软弱地基上的加筋土工程，当地基承载力不能满足要求时，应进行地基处理。可选用换填砂砾(碎)石垫层、挤密桩（砂桩、石灰桩、碎石桩）、抛石挤淤、土工织物等方法处理。当加筋体背后有地下水渗入时，可设置通向加筋体外的排水层。排水层采用砂砾，其厚度不小于 0.5 m。

当加筋体顶面有渗水可能时，则要采用防渗封闭措施。非浸水加筋土工程，当基础埋深小于 1.0 m 时，在墙面地表处要设置宽为 1.0 m 的混凝土或浆砌片石散水，其表面做成向外倾斜 3% ~ 5% 的横坡。

加筋土挡土墙应根据地形、地质、墙高等条件设置沉降缝，其间距对于土质地基为 10 ~ 30 m，岩石地基可适当增大。当设置整体式路檐板时，应酌情设置伸缩缝，其间距一般与沉降缝一致。沉降缝、伸缩缝宽度一般为 1 ~ 2 cm，可采用沥青板、软木板或沥青麻絮填塞。

加筋土挡土墙高度大于 12 m 时，填料应慎重选择。墙高的中部宜设宽度不小于 1 m 的错台。墙高大于 20 m 时，应进行特殊设计。错台顶部设坡度为 20% 的排水横坡，采用混凝土板防护；当采用细粒填料时，上级墙的面板基础下宜设置宽不小于 1.0 m、高不小于 0.5 m 的砂砾或灰土垫层，如图 9.31 所示。

加筋土桥台类型分为整体式、内置组合式和外置组合式，如图 9.32 所示。整体式桥台适用于台高不大于 6 m，且跨径不大于 10 m 的梁（板）式桥。

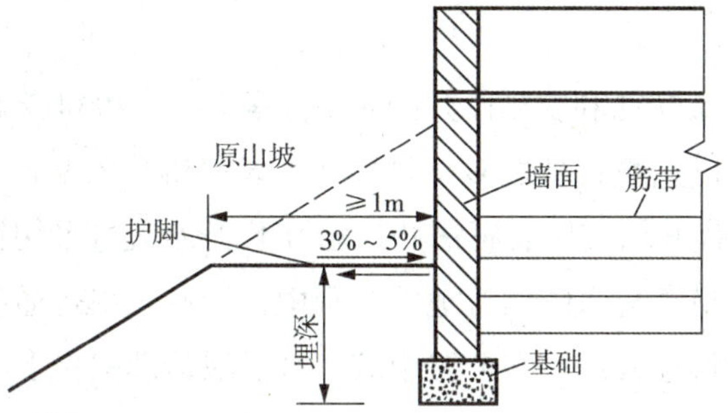


图 9.30　加筋体面板基础埋置深度

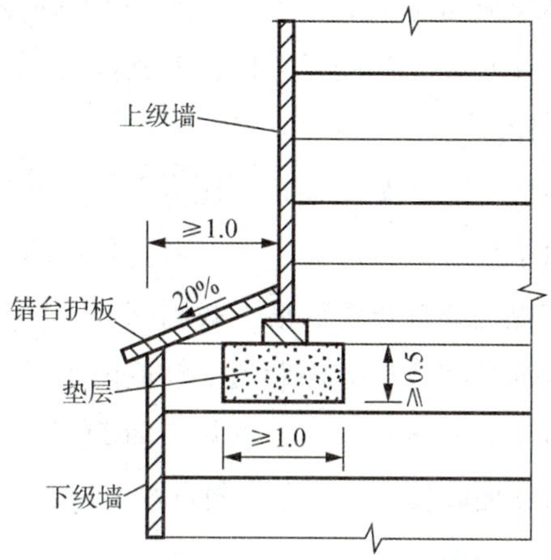


图 9.31　错台与垫层横断面图（尺寸单位：m）

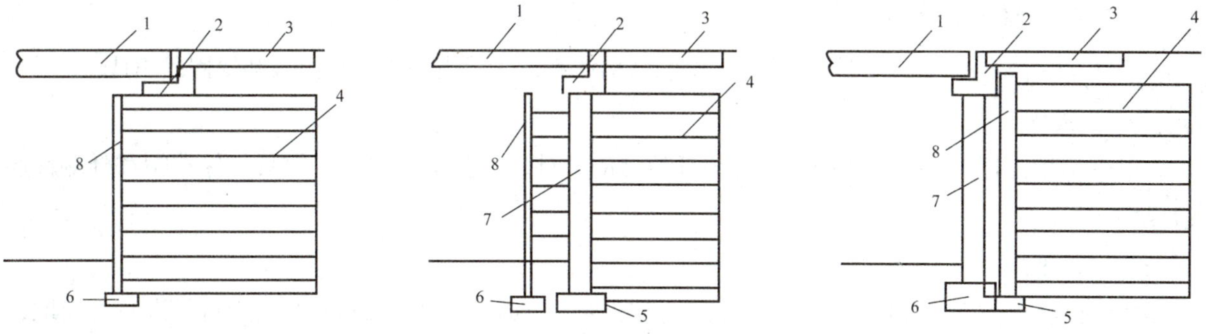


（a）整体式　（b）内置组合式　（c）外置组合式

1—上部结构；2—垫梁或盖梁；3—桥头搭板；4—筋条；5—基础；6—台柱；7—台身；8—墙面板

图 9.32　加筋土桥台类型图式

## 任务五　其他支挡结构

### 一、边坡锚固

#### 1. 岩土锚固技术的发展与应用

岩土锚固技术是将受拉杆件埋入地层中，以提高岩土自身强度和自稳能力的一种工程技术。由于这种技术大大减轻结构物的自重、节约工程材料，并确保工程的安全和稳固，具有显著的经济效益和社会效益，因而目前在工程中得到极其广泛的应用。岩土锚固技术的基本原理，就是利用锚杆（索）来调动周围地层岩土的抗剪强度从而传递结构物的拉力，或保持地层开挖面的自身稳定。由于锚杆锚索的使用，它可以提供作用于结构物上以承受外荷的抗力；可以使锚固地层产生压应力区并对加固地层起到加筋作用；可以增强地层的强度，改善地层的力学性能；可以使结构与地层联结在一起，形成一种共同工作的复合体，使其能有效地承受拉力和剪力。在岩土锚固中，通常将锚杆和锚索统称为锚杆。

1911 年美国矿山巷道利用岩石锚杆支护，1918 年西利安矿山开始使用锚索支护，1934 年舍尔法坝采用了预应力锚杆（索）。目前各类岩石锚杆已达数百种之多，并且许多国家和地区先后都制定了锚杆规范或推荐性标准。我国在 20 世纪 50 年代开始应用岩石锚杆，60 年代开始大量采用锚固技术，特别是在我国矿山巷道、铁路隧道、公路隧道、排水隧洞等地下工程中，大量采用普通黏结型锚杆与喷射混凝土支护。近年来随着高速公路的快速发展，在公路边坡大型滑坡治理中更多采用预应力锚索加固技术。岩土锚固技术几乎遍及土木工程的各个领域，如边坡、基坑、隧道、坝体、码头、船闸、桥梁等。

### 2. 锚杆（索）的结构

锚杆是一种将拉力传至稳定岩层或土层的结构体系，主要由锚头、自由段和锚固段组成。

#### （1）锚头

锚头是指锚杆外端用于锚固或锁定锚杆拉力的部件，由垫墩、垫板、锚具、保护帽和外端锚筋组成。

#### （2）锚固段

锚固段是指锚杆远端将拉力传递给稳定地层的部分，锚固深度和长度应按照实际情况计算获取，要求能够承受最大设计拉力。

#### （3）自由段

自由段是指将锚头拉力传至锚固段的中间区段，由锚拉筋、防腐构造和注浆体组成。

#### （4）锚杆配件

锚杆配件是指为了保证锚杆受力合理、施工方便而设置的部件，如定位支架、导向帽、架线环、束线环、注浆塞等。

### 3. 锚杆（索）的分类

锚杆的分类方法较多，通常可以按应用对象、是否预先施加应力、锚固形态以及锚固机理进行分类。

按应用对象，可分为岩石锚杆（索）和土层锚杆（索）。其中，岩石锚杆是指内锚段锚固于各类岩层中的锚杆，而自由段可以位于岩层或土层中；土层锚杆是指锚固于各类土层中的锚杆，其构造、设计、施工与岩石锚杆有共同点，也有其特殊性。

按是否预先施加应力，可分为预应力锚杆（索）和非预应力锚杆（索）。其中，非预应力锚杆是指锚杆锚固后不施加外力，锚杆处于被动受载状态；非预应力锚杆通常采用Ⅱ、Ⅲ级螺纹钢筋，锚头较简单，如板肋式锚杆挡土墙、锚板护坡等结构中通常采用非预应力锚杆，锚头最简单的做法就是将锚筋做成直角弯钩并设于面板或肋梁中。预应力锚杆是指在锚杆锚固后施加一定的外力，使锚杆处于主动受载状态；预应力锚杆在锚固工程中占有重要地位，图 9.33 和图 9.34 所示为典型的预应力锚杆（索）结构示意图。预应力锚杆的设计与施工较非预应力锚杆复杂，其锚筋一般采用精轧螺纹钢筋（$\phi$ 25 ~ $\phi$ 32）或钢绞线，目前在公路滑坡处治中广泛采用预应力锚索加固技术。

按锚固形态，可分为圆柱形锚杆、端部扩大头型锚杆（索）和连续球体型锚杆（索）。其中，圆柱形锚杆是国内外早期开发的一种锚杆形式，这种锚杆可以预先施加预应力而成为预应力锚杆，也可以是非预应力锚杆；锚杆的承载力主要依靠锚固体与周围岩土介质间的黏结摩擦强度提供。这种锚杆适用于各类岩石和较坚硬的土层，一般不在软弱黏土层中应用，因软黏土中的黏结摩阻强度较低，往往很难满足设计抗拔力的要求。

端部扩大头型锚杆是一种为了提高锚杆的承载力而在锚固段最底端设置扩大头的锚杆，如图 9.35 所示，锚杆的承载力由锚固体与土体间的摩阻强度和扩大头处的端承强度共同提供，因此在相同的锚固长度和锚固地层条件下，端部扩大头型锚杆的承载力远比圆柱形锚杆大。这种锚杆较适用于黏土等软弱土层以及比邻地界限制土锚固长度不宜过长的土层和一般圆柱形锚杆无法满足要求的情况；端部扩大头型锚杆可采用爆破或叶片切削方法进行施工。

连续球体型锚杆是利用设于自由段与锚固段交界处的密封袋和带许多环圈的套管（可以进行高压灌浆，其压力足以破坏具有一定强度 5.0 MPa 的灌浆体），对锚固段进行二次或多次灌浆处理，使锚固段形成一连串球状体，如图 9.36 所示，从而提高锚固体与周围土体之间的锚固强度。这种锚杆一般适用于淤泥、淤泥质黏土等极软土层或对锚固力有较高要求的土层。

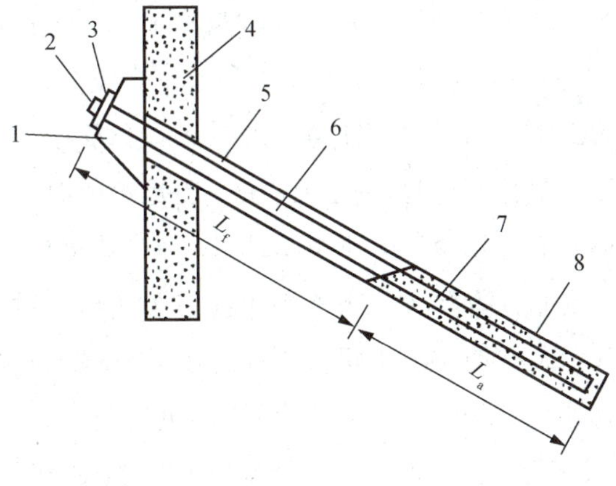


1- 台座；2- 锚具；3- 承压板；
4- 支挡结构；5- 自由隔离层；6- 钻孔；7- 钢筋；
8- 注浆体；$L_f$- 自由段长度；$L_a$- 锚固段长度

图 9.33　预应力锚杆结构示意图

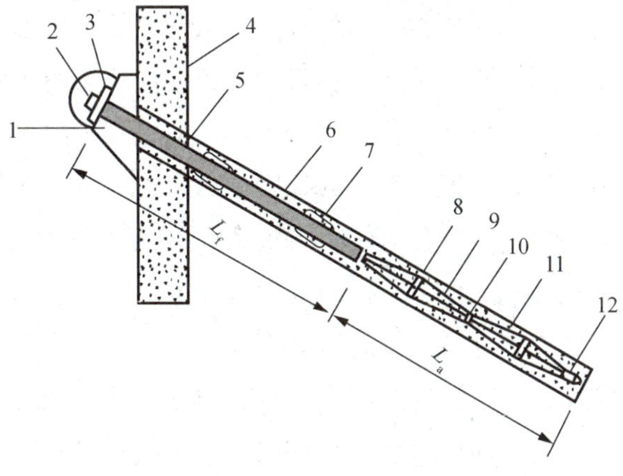


1- 台座；2- 锚具；3- 承压板；4- 支挡结构；
5- 自由隔离层；6- 钻孔；7- 对中支架；8- 隔离架；
9- 钢绞线；10- 架线环；11- 注浆体；12- 导向帽；
$L_f$- 自由段长度；$L_a$- 锚固段长度

图 9.34　预应力锚索结构示意图

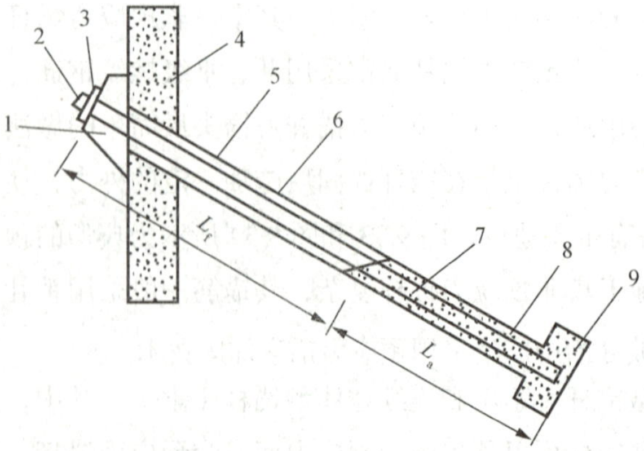


1- 台座；2- 锚具；3- 承压板；4- 支挡结构；
5- 自由隔离层；6- 钻孔；7- 钢筋；8- 注浆体；
9- 端部扩头体；$L_f$- 自由段长度；$L_a$- 锚固段长度

图 9.35 端部扩大头型锚杆

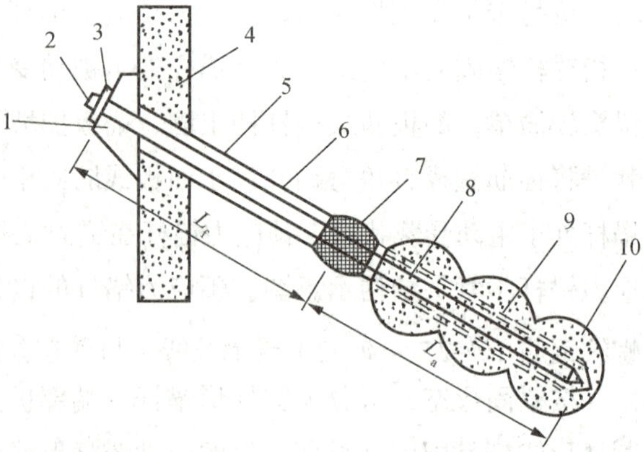


1- 台座；2- 锚具；3- 承压板；4- 支挡结构；
5- 自由隔离层；6- 钻孔；7- 止浆密封装置；8- 预应力筋；
9- 注浆导管；10- 锚固体；$L_f$- 自由段长度；$L_a$- 锚固段长度

图 9.36 连续球体型锚杆

除此之外，按锚固机理还可以分为有黏结锚杆、摩擦型锚杆、端头锚固型锚杆和混合型锚杆。目前在边坡加固工程中广泛采用锚钉，也是一种较短的黏结型锚杆，它是通过在边坡中埋入短而密的黏结型锚杆，使锚杆与坡体形成复合体系，以增强边坡的稳定性。这种锚杆一般适用于土质地层和松散的岩石地层。

## 二、土钉支护

土钉支护也称为土钉墙。土钉墙由被加固土体、放置在土中的土钉体和面板组成。天然土体通过土钉就地实施加固并与喷射混凝土面板相结合，形成一个类似重力式墙的挡土墙，以此来抵抗墙后传来的土压力和其他荷载，从而使得开挖坡面稳定。工程上将这种结构物（或构筑物）称为土钉墙，如图 9.37 所示。土钉融合了锚杆挡土墙和加筋土墙的长处，可应用于基坑支护和挖方边坡稳定。其有以下特点：形成土钉墙复合体，显著提高了边坡整体稳定性和承受坡顶超载的能力。设备简单，由于钉长一般比锚杆的长度小得多，故所用的施工设备要简单，不论是钻孔、注浆，还是喷射混凝土面板，施工单位均易办到。随基坑开挖逐次分段施工作业，不占和少占单独作业时间，施工效率高，一旦开挖完成，土钉墙也就建好了，这一点对膨胀土的边坡尤其重要。施工不需单独占用场地，对于施工场地狭小、放坡困难、有相邻低层建筑或堆放材料、大型护坡施工机械不能进场时，该技术尤其显示其优越性。土钉墙成本费用比护坡桩、板桩支撑墙等明显降低。土钉是用低强度钢材制作的，与永久性锚杆相比，大大地减少了防腐的麻烦。土钉施工噪声低，振动小。土钉墙本身的变形很小，对邻近建筑影响不大。土钉墙适合于地下水位以上或经排降水措施后的杂填土、普通黏性土和非松散砂土边坡。一般认为，土钉墙适合于标准贯入试验击数 $N$ 值在 5 以下的砂质土和 $N$ 值在 3 以上的黏性土。

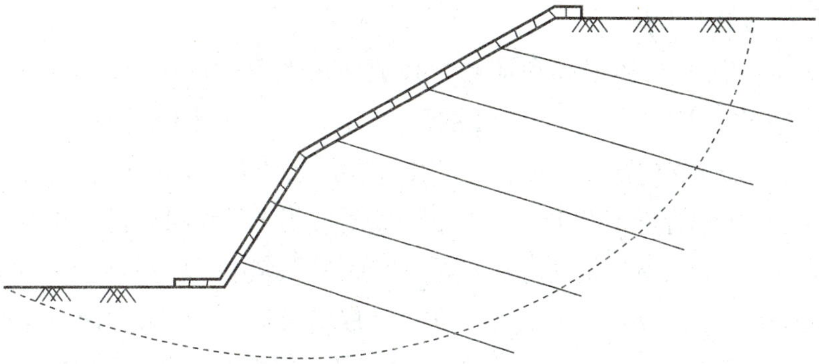

图 9.37 土钉支护结构（土钉墙）示意图

### 1. 土钉墙的作用原理

土体的抗剪强度较低，抗拉强度几乎可以忽略，但是土体具有一定的结构整体性，在基坑开挖时，可存在使边坡保持直立的临界高度，在超过这个深度或者在超载及其他因素影响下将发生突发性整体破坏。一般护坡措施均基于支挡护坡的被动制约机理，以挡土结构承受其后土侧压力，防止土体整体稳定性破坏。土钉墙技术则是在土体内放置一定长度和分布密度的土钉体，与土共同作用，弥补土体自身强度的不足。因此，通过以增强边坡土体自身稳定性的主动制约机理为基础的复合体，不仅有效地提高了土体整体刚度，还弥补了土体抗拉、抗剪强度低的弱点。通过相互作用，土体自身结构强度潜力得到充分发挥，改变了边坡变形和破坏形状，显著提高了边坡的整体稳定性。

### 2. 土钉墙的设计步骤

（1）确定土钉墙的平面和剖面尺寸及分段施工高度。

（2）确定土钉的布置方式和间距。

（3）确定土钉的直径、长度、倾角以及在空间的方向。

（4）确定土钉钢筋的类型、直径和构造。

（5）注浆配合比设计、注浆方式。

（6）喷射混凝土面板设计及坡顶防护设计。

（7）进行整体和内部稳定分析。

（8）施工图设计及说明。

（9）现场量测和质量控制设计。

### 3. 土钉墙的施工

#### （1）工作面开挖

土钉墙施工是随着工作面开挖而分层施工的，每层开挖的最大高度取决于该土体可以站立而不破坏的能力，在砂性土中每次开挖高度为 0.5 ~ 2.0 m，在黏性土中可以增大一些。开挖高度一般与土钉竖向间距相同，以便于土钉施工。每层开挖的纵向长度，取决于土体维持不变形的最长时间和施工流程的相互衔接，一般多采用 10 m 长。开挖用的机具应对土的扰动破坏最小，最后必须形成一个光滑而规则的坡面。在用挖土机挖土时，应辅以人工修整。

（2）钢筋网喷射混凝土面层

一般情况下，为了防止土体松弛和崩解，必须尽快做第一层面层，根据地层的性质，可以在安设土钉之前做，也可以在放置土钉之后做。对于临时支护来说，面层一般做一层，厚度为 50 ~ 150 mm，而对永久性支护则多用两层或三层，厚度为 100 ~ 300 mm。喷射混凝土强度等级不应低于 C15，混凝土中水泥含量不低于 300 kg/m$^3$，喷射混凝土最大粗集料尺寸不大于 15 mm，通常为 10 mm。两次喷射作业应留有一定的时间间隔。为使施工搭接方便，每层下部 300mm 暂不喷射，并做成 45° 的斜面形状。为了使土钉同面层能很好地联结成整体，一般在面层与土钉交接中间加设一块承压板。承压板后一般设置 4 ~ 8 根加强钢筋。在喷射混凝土中，一般配置一定数量的钢筋网，钢筋网对加强面板的作用和调整面层应力具有重要的意义。钢筋网间距通常为 200 ~ 300 mm，钢筋直径为 6 ~ 10 cm，在喷射混凝土面板中配置 1 ~ 2 层。

（3）安设土钉

一般情况下，土钉可使用锚杆工程中好的经验和规定。对注浆式土钉来说，钻孔直径一般为 70 ~ 150 mm，常用保护层厚度为 25 mm。由于土钉是群体起作用，故对钻孔误差的要求不像锚杆那样严格，且注浆可不加压力。

（4）钉及其防腐

随着科学技术的不断发展，可使用各种聚合材料作为钉杆材料，但目前实践中仍多用钢筋，打入式土钉则多用 50 mm × 50 mm × 5 mm 或 60 mm × 60 mm × 6 mm 的角钢和粗螺纹钢筋。一般情况下，防止土钉的锈蚀多采用水泥砂浆，有时可在钢筋表面涂一层防锈涂料。对永久工程来说，防腐工作应加强。为了使钢筋位于钻孔的中心，必须每 2 m 安设一套定位装置。

（5）边坡表面处理

对临时支护的土钉工程来说，只要求喷射混凝土同边坡面很好地黏结在一起就行。而对永久工程来说，边坡表面还必须考虑美观的要求，有时使用预制面板。与一般挡土墙相同，面板背面要有适当的排水措施。

（6）量测和检测

土钉墙的变形监测，可在面板后的土体中钻孔，安设测斜仪来观测地下土体的变形情况。在施工中和施工后可用经纬仪对整个边坡做整体变形的观测，这对掌握工程的整体效果具有重要的价值。

### 4. 土钉墙的优势

（1）经济效益

按照欧洲专家的说法，开挖大约 10 m 深的土坑，采用土钉比采用锚杆地下连续墙可节约 10% ~ 30% 的投资。我国的经验则表明，在软土基坑边坡支护中，采用土钉+锚杆比挖孔+锚杆可节约 40% 的投资。

（2）施工设备

土筋施工钻具和混凝土喷枪尺寸小、轻便、噪声低。这在城市环境噪声、振动和进场可能造成问题时，是一个很大的优点，同样在野外不可能调运大型设备打桩时，也是一个很大的优点。

（3）施工灵活性

土钉的施工速度快，施工开挖容易成型，是一项富有灵活性的技术。在开挖过程中较易适应不同的土层条件和施工程序。

（4）效果

现场观测表明，使土筋发挥作用所需要的总位移很小，这一般相当于 Peck（1969 年）分类中良好支挡系统（第 I 类）的位移。另外，土钉能在开挖后立即施工，紧随开挖面，这可减免土层扰动和减低引起邻近建筑物破坏的可能性。

### 5. 土钉墙的局限性

（1）土钉施工时一般要先开挖 1 ~ 2 m 深，在喷射混凝土和安装土钉前，需要在无支护情况下稳定至少几个小时，因此土层必须有一定的天然“凝聚力”或胶结力。否则，需先进行处理，如进行灌浆或喷浆等来维持坡面稳定，但这样会使施工复杂和造价加大。

（2）土钉施工时要求坡面无水渗出。若地下水从坡面渗出，则开挖坡面会出现局部坍滑，这样就不可能形成喷射混凝土面。

（3）在软土中开挖支护不宜采用土钉。因软土摩擦力小，为获得一定的稳定性，势必要求土筋长、密度高。这时采用抗滑桩或锚杆地下连续墙较为适宜。

## 三、抗滑桩

桩是涨入土层或岩层的柱形构件。边坡处治工程中的抗滑桩是通过桩身将上部承受的坡体推力传给下部的侧向土体或岩体，依靠桩下部的侧向阻力来承担边坡的下推力，而使边坡保持平衡或稳定，如图 9.38 所示。

抗滑桩与一般桩基类似，但主要是承担水平荷载。抗滑桩也是边坡防治工程中常见常用的处治方案之一。从早期的木桩，到近代的钢桩和目前在边坡工程中常用的钢筋混凝土桩，断面形式有圆形和矩形，施工方法有打入、机械成孔和人工成孔等方法，结构形式有单桩、排桩、群桩、锚桩和预应力锚索桩等。

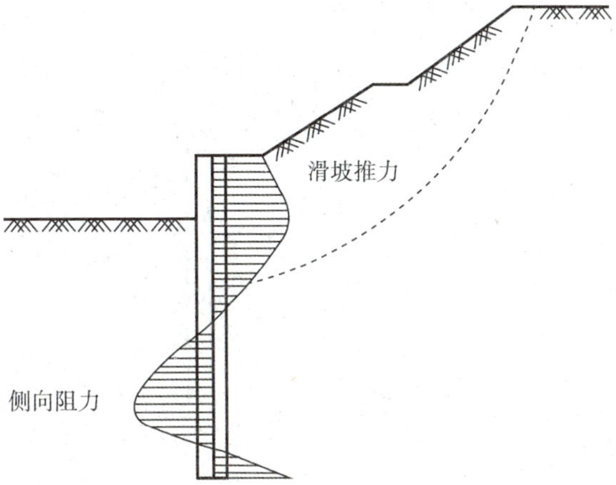


图 9.38　抗滑桩工作原理示意图

### 1. 抗滑桩的类型

抗滑桩按材质分类，有木桩、钢桩、钢筋混凝土桩和组合桩。

抗滑桩按成桩方法分类，有打入桩、静压桩和就地灌注桩。其中，就地灌注桩又可分为沉管灌注桩和钻孔灌注桩两大类。在常用的钻孔灌注桩中，又分为机械钻孔和人工挖孔桩。

抗滑桩按结构形式分类，有单桩、排桩、群桩和有锚桩。其中，排桩形式常见的有椅式桩墙、门式刚架桩墙、排架式抗滑桩墙，如图 9.39 所示；有锚桩常见的有锚杆和锚索，锚杆有单锚和多锚，锚索抗滑桩多用单锚，如图 9.40 所示。

抗滑桩按桩身断面形式分类，有圆形桩、方形桩和矩形桩、工字形桩等。

### 2. 各类桩型的特点及适用条件

木桩是最早采用的桩，其特点是就地取材、方便、易于施工，但桩长有限，桩身强度不高，一般用于浅层滑坡的处理、临时工程或抢险工程。钢桩的强度高，施打容易、快速，接长方便，但受桩身断面尺寸限制，横向刚度较小，造价偏高。钢筋混凝土桩是边坡处治工程广泛采用的桩材，桩断面刚度大，施工方式多样，可打入、静压、机械钻孔就地灌注和人工成孔就地灌注，其缺点是混凝土抗拉能力有限。

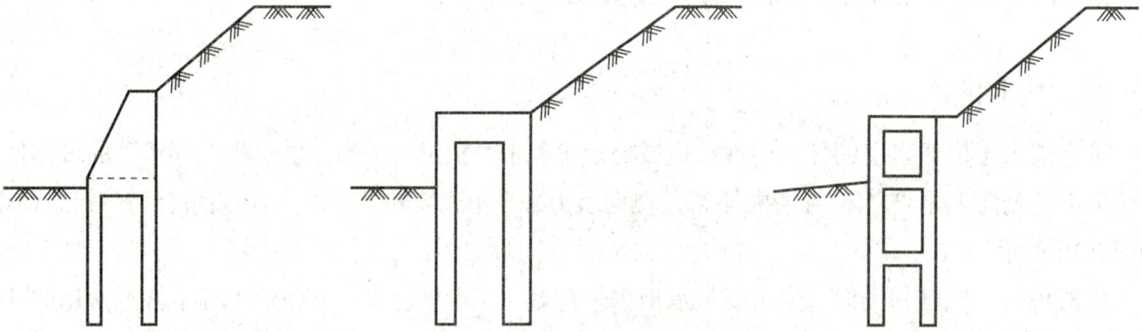

（a）椅式　　（b）门式　　（c）排架式

图 9.39　抗滑桩的排桩形式

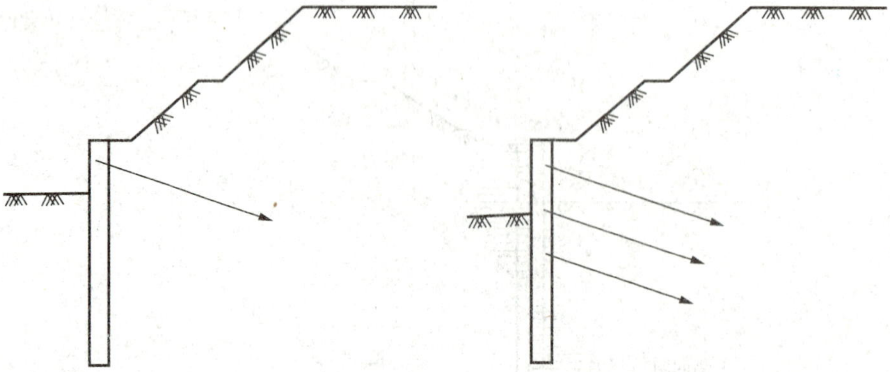

（a）单锚　　（b）多锚

图 9.40　有锚抗滑桩

抗滑桩采用打入施工时，应充分考虑施工振动对边坡稳定的影响，一般是全埋式抗滑桩或填方边坡采用，同时下卧地层应具有可打性。抗滑桩施工常用的是就地灌注桩，机械钻孔速度快，桩径可大可小，适用于各种地质条件，但对地形较陡的边坡工程，机械进入和架设困难较大；另外，钻孔时的水对边坡的稳定性也有影响。人工成孔的特点是方便、简单、经济，但速度较慢，劳动强度高，遇不良地层（如流沙）时处理相当困难。此外，桩径较小时人工作业困难，桩径一般应在1000mm以上才适宜人工成孔。

单桩是抗滑桩的基本形式，也是常用的结构形式，其特点是简单，受力和作用明确。当边坡的推力较大，用单桩不足以承受其推力或使用单桩不经济时，可采用排桩。排架桩的特点是转动惯量大，抗弯能力强，桩壁阻力较小，桩身应力较小，在软弱地层有较明显的优越性。有锚桩的锚可采用钢筋锚杆或预应力锚索，锚杆（索）和桩共同作用能够改变桩的悬臂受力状况，加上桩完全依靠侧向地基反力抵抗滑坡推力的机理，使桩身的应力状态和桩顶变位大大改善，是一种较为合理、经济的抗滑结构。但锚杆或锚索的锚固端需要有较好的地层或岩层。对锚索而言，更需要有较好的岩层以提供可靠的锚固力。

抗滑桩群一般指在横向两排以上、在纵向两列以上的组合抗滑结构，类似于墩台或承台结构，它能承担更大的滑坡推力，可用于特殊的滑坡治理工程或特殊用途的边坡工程。

### 3. 抗滑桩设计要求

（1）抗滑桩提供的阻力要使整个滑坡体具有足够的稳定性，即滑坡体的稳定安全系数满足相应规范规定的安全系数或可靠指标，同时保证坡体不从桩顶滑出，不从桩间挤出。

（2）抗滑桩桩身要有足够的强度和稳定性，即桩的断面要有足够的刚度，桩的应力和变形满足规定要求。

（3）桩周的地基抗力和滑体的变形在容许范围内。

（4）抗滑桩的埋深及锚固深度、桩间距、桩结构尺度和桩断面尺寸都比较适当，安全可靠，施工可行、方便，造价较经济。

### 4. 抗滑桩设计内容

（1）进行桩群的平面布置，确定桩位、桩间距等平面尺寸。

（2）拟定桩型、桩埋深、桩长、桩断面尺寸。

（3）根据拟定的结构确定作用于抗滑桩上的力系。

（4）确定桩的计算宽度，选定地基反力系数，进行桩的受力和变形计算。

（5）进行桩截面的配筋计算和一般的构造设计。

（6）提出施工技术要求，拟定施工方案，计算工程量，编制概（预）算等。

## 拓展与实训

**简答题**

1. 挡土墙纵向布置有哪些主要内容?

2. 挡土墙设置排水措施的主要目的及其作用是什么?挡土墙排水措施所包括的主要项目有哪些?挡土墙泄水孔设置要考虑什么要求?为什么干砌挡土墙不设泄水孔?

3. 对土质地基,挡土墙埋置深度一般应满足哪些要求?

4. 在路基挡土墙计算中,破裂面交于荷载中部与交于路基顶面荷载内侧或外侧的土压力计算方法有何异同点?

5. 挡土墙抗滑稳定、抗倾覆稳定或基底承载力不足时,应分别采用哪些改进措施?

6. 季节性浸水地区挡土墙设计与一般挡土墙设计相比,还需多考虑哪些具体因素?

7. 薄壁式挡土墙有何结构特点及主要类型?

第二篇 市政道路路基工程

# 项目十 道路排水设施

XIANGMUSHI DAOLU PAISHUI SHESHI

## 项目导读

路基的水主要是大气降水，水渠、自然沟渠中的水及地下水，所以路基的排水设施也分为地表排水设施和地下排水设施。路基内水分过多，会降低土基的承载力。地下水会使路基软化，不但会降低土基强度，还会造成边坡坍塌，严重时还会造成整个路基滑塌，严重影响公路的运营和使用。另外，为了保证路基及边坡的坚固和稳定，从保护环境、不损害当地农田水利设施考虑，也必须做好路基排水，同沿线的桥梁和涵洞形成一个完好的排水系统，并与地区排水规划相协调。在路基施工中，应重视施工排水，防止因各种原因造成的水患，给路基、路面施工造成不必要的损失。

本项目主要介绍排水的要求与原则、地表排水设施、地下排水设施，以及路基排水的综合设计。

## 学习任务

本项目的任务旨在让学生熟悉路基排水的目的与要求、布置的一般原则；掌握边沟、截水沟、排水沟、跌水、急流槽、拦水带、蒸发池的施工要点；掌握暗沟、渗沟、渗井、检查井的施工要点；熟悉路基排水的综合设计要求。

## 思政目标

本项目的学习，可以培养学生实事求是的思想精神和细致入微的探索精神。

# 任务一 路基排水的要求与原则

## 一、路基排水的要求

路基地面排水设施的作用是将可能停滞在路基范围内的地面水迅速排除，并防止路基范围外的地面水流入路基内。

路基施工中，首先应校核全线路基排水系统的设计是否完备和妥善，必要时应予以补充或修改，应重视排水工程的质量和使用效果。此外，应根据实际情况与需要，设置施工现场的临时性排水措施，以保证路基土石方及附属结构物在正常条件下进行施工作业，消除路基基底和土体内与水有关的隐患，保证路基工程质量，提高施工效率。

路基养护中，对排水设施应定期检查与维修，以保证排水设施正常使用，水流畅通，并根据实际情况不断改善路基排水条件。

路界地表排水的目的是把降落在路界范围内的表面水有效地汇集并迅速排除出路界，同时把路界外可能流入的地表水拦截在路界范围外，以减少地表水对路基和路面的危害以及对行车安全的不利影响。通常地表排水可以划分为路面表面排水、中央分隔带排水、坡面排水三部分。中央分隔带排水，视其宽度和表面横向坡度倾向，可以包括中央分隔带和左侧边缘带，或者仅为中央分隔带，而在设置超高路段，它还包括上侧半幅路面的表面水。坡面排水包括路堤坡面、路堑坡面和倾向路界的自然坡面的排水。

## 二、路基排水的一般原则

（1）排水设施要因地制宜、全面规划、合理布局、综合治理、讲究实效、注意经济，并充分利用有利地形和自然水系。一般情况下地面和地下设置的排水沟渠，宜短不宜长，以使水流不过于集中，做到及时疏散，就近分流。

（2）各种路基排水沟渠的设置，应注意与农田水利相配合，必要时可适当地增设涵管或加大涵管孔径，以防农业用水影响路基稳定，并做到路基排水有利于农田排灌。路基边沟一般不应用作农田灌溉渠道，两者必须合并使用时，边沟的断面应加大，并予以加固，以防水流危害路基。

（3）设计前必须进行调查研究，查明水源与地质条件，重点路段要进行排水系统的全面规划，考虑路基排水与桥涵布置相配合，地下排水与地面排水相配合，各种排水沟渠的平面布置与竖向布置相配合，做到路基路面综合设计和分期修建。对于排水困难和地质不良的路段，还应与路基防护加固相配合，并进行特殊设计。

（4）路基排水要注意防止附近山坡的水土流失，尽量不破坏天然水系，不轻易合并自然沟溪和改变水流性质，尽量选择有利地质条件布设人工沟渠，减少排水沟渠的防护与加固工程。对于重点路段的主要排水设施，以及土质松软和纵坡较陡地段的排水沟渠，应注意必要的防护与加固。

（5）路基排水要结合当地水文条件和道路等级等具体情况，注意就地取材，以防为主，既要稳固适用，又必须讲究经济效益。

## 任务二　地表排水设施

最常采用的地面排水设施是边沟、截水沟、排水沟、跌水、急流槽、拦水带及蒸发池等。这些排水设施分别设在路基的不同部位，各自的排水功能、布置要求或构造形式，均有所差异。对于高速公路和一级公路上的排水沟渠，一般都要求铺砌防护。

### 一、边沟

设置在挖方路基的路肩外侧或低路堤路基的坡脚外侧，用以汇集和排除路基范围内或流向路基的少量地面水的沟槽称为边沟。挖方地段和填土高度小于边沟深度的填方地段均应设置边沟。

一般情况下，边沟不宜与其他沟渠合并使用，如特殊情况需合并时，则应加大边沟断面，并予以加固。为控制边沟中的水不致过多，一般每隔 300 ~ 500 m（特殊情况 200 m）设排水涵一道，用以及时将边沟水排至路基范围之外。边沟沟底纵坡通常与路线纵坡一致，平坡路段，边沟宜保持不小于 0.5% 的纵坡，特殊情况容许采用 0.3%，但边沟口间距宜减短。边沟出水口附近，以及排水困难路段，如回头曲线和路基超高较大的平曲线等处，边沟应进行特殊设计，以免水流阻滞淤塞边沟。当纵坡大于 3% 时，应考虑加固，以免发生净刷。边沟长度一般不宜超过 300 m，三角形边沟不宜超过 200 m，尽量使沟内水流就近排至自然水沟或低洼地带，必要时设置涵洞，将边沟水横穿路基从另一侧排出。当纵坡超过 6% 时，水流速度大而冲刷严重，可采用跌水或急流槽的形式缓冲水流。另外，在设置超高的平曲线区段内，由于挖方地段路基内侧标高的改变，可能形成边沟积水，危害路基，因此应注意使平曲线段边沟沟底与曲线前后沟底平顺衔接。

边沟的横断面形式有梯形、矩形及三角形。边沟横断面一般采用梯形，梯形边沟内侧边坡为 1 : 1.0 ~ 1 : 1.5，外侧边坡坡度与挖方边坡坡度相同。石方路段的边沟宜采用矩形横断面，其内侧边坡直立，坡面应采用浆砌片石防护，外侧边坡坡度与挖方边坡坡度相同。少雨浅挖地段的土质边沟可采用三角形横断面，其内侧边坡宜采用 1 : 2 ~ 1 : 3，外侧边坡坡度与挖方边坡坡度相同。三角形边坡的水流条件较差，流量较大时沟深宜适当加大。

梯形边沟的深度和底宽一般不应小于 0.4 m，干旱地区及分水点可采用 0.3 m，一般取 0.4 ~ 0.6 m。降水量集中或地势偏低的路段、高速公路和一级公路的边沟断面应大一些，其深度和底宽可用 0.8 ~ 1.0 m，取高限或更大一些。流线型边沟是将路堤横断面的边角整修圆滑，可以防止路基旁侧积砂或堆雪，适用于沙漠或积雪地区的路基。边沟可采用浆砌片石、栽砌卵石、水泥混凝土预制块防护。砌筑用的砂浆强度，对于高速公路、一级公路采用 M7.5，其他等级公路采用 M5。边沟出水口附近，水流冲刷比较严重，必须慎重布置和采取相应措施。

图 10.1 所示是路堑与高路堤衔接处的边沟排水布置图，由于边沟泄出水流流向路堤坡脚处，两者高差大，必须因地制宜，根据地形与地质等具体条件，将出水口延伸至坡脚以外，以免边沟水冲刷填方坡脚。

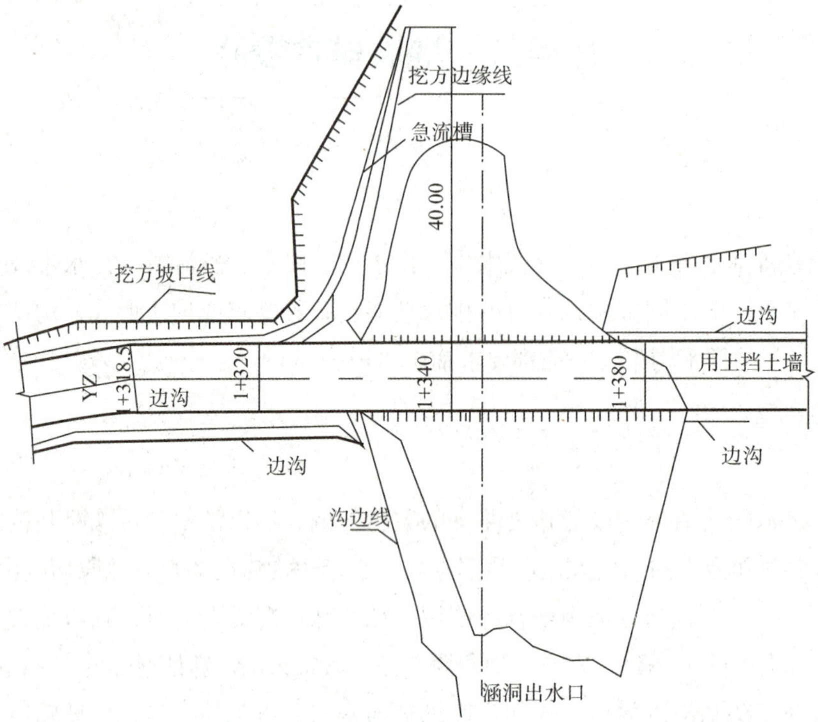


图 10.1　边沟排水布置图

边沟水流流向桥涵进水口时，为避免边沟流水产生冲刷，应作适当处治。此外还应根据地形等条件，在桥涵进口前或在其他水流落差较大处，设置急流槽与跌水等结构物，将水流引入桥涵或其他指定地点。

当边沟水流流至回头曲线处，一般边沟水较满，且流速较大，此时宜顺着边沟方向沿山坡设置引水沟，将水引至路基范围以外的自然沟中，或设急流槽或涵洞等结构物，将水引下山坡或路基另一侧，以免对回头曲线路段冲刷。

## 二、截水沟

截水沟，又称天沟，是设置在挖方路基边坡坡顶以外或山坡路堤的上方，垂直于水流方向，用以截引路基上方流向路基的地面径流的排水设施。

截水沟可以防止地表径流冲刷和侵蚀挖方边坡和路堤坡脚，并减轻边沟的泄水负担。降水量较少或坡面坚硬和边坡较低以致冲刷影响不大的路段，可以不设截水沟；反之，如果降水量较多，且暴雨频率较高，山坡覆盖层比较松软，坡面较高，水土流失比较严重的地段，必要时可设置两道或多道截水沟，如图 10.2 所示。截水沟的布置要求分为以下几点。

（1）截水沟的横断面形式一般为梯形，沟的边坡坡度因岩土条件而定，一般采用 1∶1。沟底宽度 $b$ 不小于 0.5 m，沟深 $h$ 按设计流量而定，也不应小于 0.5 m。

（2）沟底应具有 0.5% 以上的纵坡，沟底和沟壁要求平整密实、不滞流、不渗水，必要时予以加固和铺砌。截水沟的长度以 200 ～ 500 m 为宜。

（3）山坡路堤上方截水沟，距路堤坡脚≥ 2 m，用挖截水沟的土填在路堤与截水沟之间，修筑土台。

（4）截水沟应保证水流畅通，就近引入自然沟内排出，必要时配以急流槽或涵洞等泄水结构物将水流引入指定地点。

（5）截水沟水流不应引入边沟，当必须引入时，应增大边沟横断面，并进行防护。

（6）截水沟的位置，应尽量与绝大多数地面水流方向垂直，以提高截水效能和缩短沟的长度。

（7）填方路基上侧的路堤截水沟距填方坡脚的距离，应不小于 2 m。

（8）挖方路基的堑顶截水沟应设置在坡口 5 m 以外，并宜结合地形进行布设。挖方路基的截水沟一般分为无弃土堆、有弃土堆两种形式。

对于无弃土堆，一般土质，截水沟边缘距挖方路基坡顶的距离为 5 m，挖出的修成土台并夯实，台顶做成 2% 横坡。

对于有弃土堆，截水沟距弃土堆坡脚 1 ～ 5 m，弃土堆坡脚距路基挖方坡顶≥ 10 m。

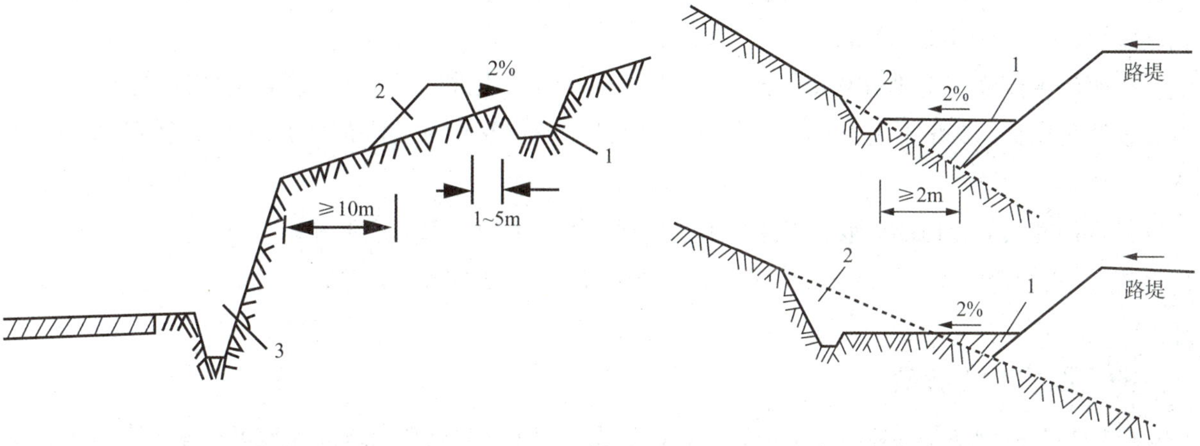


1—截水沟；2—弃土堆；3—边沟

（a）挖方截水沟

1—土堆；2—截水沟

（b）填方截水沟

图 10.2　截水沟

## 三、排水沟

排水沟的主要用途在于引水，将路基范围内各种水源的水流（如边沟、截水沟、取土坑、边坡和路基附近积水）引至桥涵或路基范围以外的河流或者洼地。

当路线受到多段沟渠或水道影响时，为保护路基不受水害，可以设置排水沟或改移渠道，以调节水流，整治水道。

排水沟一般采用梯形的横断面，尺寸大小应经过水力水文计算选定。

（1）用于边沟、截水沟及取土坑出水口的排水沟，横断面尺寸根据设计流量确定，底宽与深度应大于 0.5 m，土沟的边坡坡度为 1 ∶ 1 ～ 1 ∶ 1.5。

（2）距路基坡脚≥ 3 ～ 4 m，纵坡 20.3%，以 1% ～ 3% 为宜。

（3）线形应平顺，转弯处做成弧线形。

（4）排水沟出水口，设跌水和急流槽将水引出路基或引入排水系统。

（5）一般情况下，排水沟底是等宽的。沟底宽度不同时，要求徐缓相接，如图 10.3 所示。沟底渐变宽的长度上按公式 10.1 计算。

$$\frac{b_2-b_1}{L}=\frac{1}{10}\sim\frac{1}{5} \tag{10.1}$$

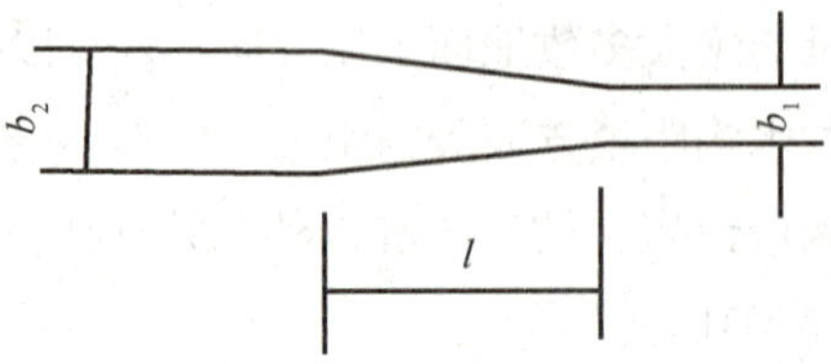


图 10.3　徐缓相接长度

排水沟的位置可根据需要并结合当地地形等条件而定，离路基尽可能远些，距路基坡脚不宜小于 2 m，平面上应力求直接，需要转弯时应尽量圆顺，做成弧形，其半径不宜小于 10 ~ 20 m，连续长度宜短，一般不超过 500 m。

排水沟水流注入其他沟渠或水道时，应使原水道不产生冲刷或淤积。通常应使排水沟与原水道两者成锐角相交，交角不大于 45°，有条件可用半径 $R=10\,b$（$b$ 为沟顶宽）的圆曲线朝下游与其他水道相接。

排水沟应具有合适的纵坡，以保证水流畅通，不致流速太大而产生冲刷，也不可流速太小而形成淤积。一般情况下，可取 0.5% ~ 1.0%，不小于 0.3%，也不宜大于 3%。

## 四、跌水与急流槽

跌水与急流槽是路基地面排水沟渠的特殊形式，用于陡坡地段，沟底纵坡可达 45°。一般在重丘、山岭地区，地形险峻，排水沟渠纵坡较陡，水流湍急，冲刷力强，为减小其流速，降低其能量，防止对路基造成危害，要求跌水与急流槽的结构必须稳固耐久，通常应采用浆砌块石或水泥混凝土预制块砌筑，并具有相应的防护加固措施。

### 1. 跌水

在陡坡或深沟地段设置的沟底为阶梯状沟槽，称为跌水。跌水的水流呈瀑布跌落式通过，此时排水的高差较大而距离较短、坡度陡峻，其作用是在较短的距离内降低流速和消减水的能量。

跌水的构造有单级和多级之分，沟底有等宽和变宽之别。

单级跌水适用于排水沟连接处，由于水位落差较大，需要消能或改变水流方向，路基边沟水流通过涵洞排泄时，采用单级跌水（相当于雨水井）。较长陡坡地段的沟渠，为减缓水流速度，并予以消能，可采用多级跌水。

多级跌水（5 m 以上）底宽和每级长度，可以采用各自相等的对称形，也可根据实地需要，做成变宽或不等长度与高度，如图 10.4 所示。

按照水力计算特点，跌水的基本构造可分为进水口、消力池和出水口三个组成部分。各个组成部分的尺寸由水力计算而定，其几何尺寸主要满足以下条件。

（1）一般情况下，如果地质条件良好，地下水位较低，设计流量小于 1.0 ~ 2.0 $m^3/s$，跌水台阶（护墙）高度 $p$ 最大不超过 2.0 m。

（2）常用简易多级跌水，$p$ 值约为 0.3 ~ 0.6 m。护墙要求石砌或混凝土浇筑。

（3）墙基埋置深度约为水深 $a$ 的 1.0 ~ 1.2 倍，并不得小于 1.0 m，且埋入冰冻线以下。

（4）石砌墙厚不小于 0.4 m，混凝土为 0.25 ~ 0.30 m。

（5）消力池起消能作用，要求坚固耐用，槽底且有 2% ~ 3% 的纵坡，底厚 0.2 ~ 0.4 m，槽壁高出计算水深的 0.2 m 以上，壁厚与护墙相类似。

（6）消力池末端设消力槛，其高度 $c$ 依计算而定，比池内水深低些，约为 0.2 ~ 0.3 $p$，一般取 0.15 ~ 0.20 m。

（7）槛顶厚度约为 0.3 ~ 0.4 m，底部预留 5 ~ 10 cm 孔径的泄水孔，间距 1 ~ 2 m，以便断流时池内不致积水。

跌水两端的土质沟渠应注意加固，保持水流畅通，不致产生水流冲刷和淤积，以充分发挥跌水的排水效能。

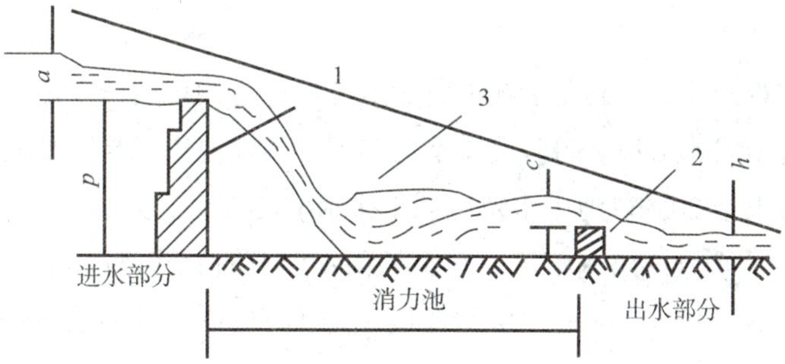


图 10.4　跌水组成部分

### 2. 急流槽

在陡坡或深沟地段设置的坡度较陡，水流不离开槽底的沟槽称为急流槽。急流槽是具有很陡坡度的水槽，其作用主要是在很短的距离内，水面落差很大的情况下进行排水，如图 10.5 所示。

图 10.5　急流槽

急流槽的纵坡比跌水的平均纵坡更陡，结构的坚固稳定性要求更高，是山区公路回头曲线沟通上下线路基排水及沟渠出水口的一种常见排水设施。急流槽主体部分的纵坡依地形而定，一般可达 67%（1 : 1.5），如果地质条件良好，需要时还可更陡，但结构要求更严，造价也相应提高，设计时应通过比较而定。

急流槽多用砌石（抹面）和水泥混凝土结构，也可利用岩石坡面挖槽。如果临时需要，可就地取材，采用竹木结构。按水力计算特点，也由进口、主槽（槽身）和出口三部分组成。

急流槽的进出口与主槽连接处，因沟槽横断面不同，为了能平顺衔接，可设过渡段，出口部分设有消力池。各个部分的尺寸依水力计算而定。其几何尺寸可以按照以下分类：

（1）若设计流量小于 1.0 $m^3/s$ 及槽底纵坡 1∶1 ～ 1∶1.5，急流槽的基础必须稳固，端部及槽身每隔 2 ～ 5 m，在槽底设耳墙埋入地面以下。

（2）槽身较长时，宜分段砌筑，每段长 5 ～ 10 m，预留伸缩缝，并用防水材料填缝。

（3）急流槽纵坡，一般不宜超过 1∶2。

（4）槽壁厚度，浆砌块石为 0.3 ～ 0.4 m；混凝土为 0.2 ～ 0.3 m。

### 五、拦水带

为避免高路堤边坡被路面汇集的雨水冲坏，可在路肩上作拦水带，将水流拦截至挖方边沟或在适当地点设急流槽引离路基。拦水带高出路肩 15 ～ 20 cm，埋入 25 ～ 30 cm，拦水带顶宽，浆砌片面为 25 cm，混凝土为 15 cm。设拦水带的内侧路肩应适当加固。

### 六、蒸发池

气候干旱、排水困难地段，可利用沿线的集中取土坑或专门设置蒸发池排除地表水。

蒸发池与路基边沟（或排水沟）间应设排水沟连接。蒸发池边缘与路基边沟距离不应小于 5 m，面积较大的蒸发池不得小于 20 m。池中水位应低于排水沟的沟底。

蒸发池的容量应以一个月内路基汇流入池中的雨水能及时完成渗透与蒸发作为设计依据。每个蒸发池的容水量不宜超过 200 ～ 300 m，蓄水深度不应大于 1.5 ～ 2.0 m。蒸发池的设置不应使附近地面形成盐渍化或沼泽化。

为了防止水流对排水沟渠的冲刷与渗漏，美化路容，提高公路使用品质，应采用各种措施对沟底和沟壁予以加固。沟渠加固类型与土壤类型、当地材料、公路等级、水流速度和沟底纵坡有关，其中沟底纵坡是选择加固类型的重要依据。

## 任务三　地下排水设施

当地下水位较高且路基标高受到限制时，往往会导致路基水温条件变差，影响路基的强度与稳定性。因此应设置地下排水设施。

地下排水设施是具有拦截、汇集、排除地下水或降低地下水位，或能兼排地面水的结构物。地下排水设施主要形式有暗沟、渗沟、渗井、专用地下管道。对于排除流量较大的地下水或地面水，应设置专用地下管道予以排除，如图 10.6 所示。

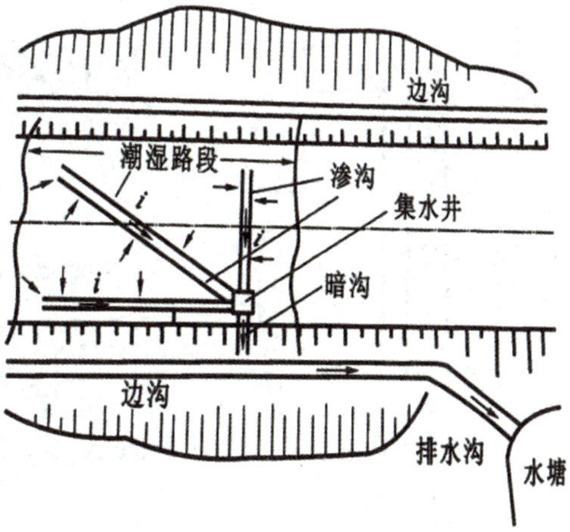


图 10.6　地下排水设施

由于地下排水设施埋置地面以下，不易维修，在路基建成后又难以查明失效情况，因此要求地下排水设施能牢固有效。

## 一、暗沟

相对于地面排水的明沟而言，暗沟又称盲沟，具有隐蔽工程的含义。从盲沟的构造特点出发，由于沟内分层填以大小不同的颗粒材料，利用渗水材料透水性将地下水汇集于沟内，并沿沟排泄至指定地点，此种构造相对于管道流水而言，习惯上称之为盲沟，在水力特性上属于紊流。

粗粒碎石两侧和上部，按一定比例分层（比例约 10 cm）填以较细粒径的粒料，逐层粒径比例大致按 6 倍递减。盲沟顶部和底面，一般设有厚 30 cm 以上的不透水层，或顶部设有双层反铺草皮。

### 1. 暗沟设置作用

暗沟的底部中间填以粒径较大（3 ~ 5 cm）的碎石，其空隙较大，水可在空隙中流动。设在地面以下引导水流的沟渠，无渗水和汇水作用。

### 2. 暗沟适用范围

把路基范围内的泉水或渗沟所拦截、汇集的水流引到路基范围之外。简易暗沟的排水能力较小，不宜过长，沟底具有 1% ~ 2% 的纵坡，出水口底面标高应高出沟外最高水位 20 cm，以防水流倒渗。

寒冷地区的暗沟，应做防冻保温处理或将暗沟设在冻结深度以下。

### 3. 暗沟断面形式

沟槽内全部填满颗粒材料，其构造比较简单，横断面呈矩形或者梯形，沟壁倾斜度约 1 : 0.2，底宽 $b$ 与深度 $h$ 大致为 1 : 3，深 1.0 ~ 1.5 m，则底宽 0.3 ~ 0.5 m。又分成洞式和管式两类，沟宽或管径 $b$ 按泉眼范围或流量大小决定，一般为 20 ~ 30 cm，净高 $h$ 约为 20 cm，其构造如图 10.7 所示。

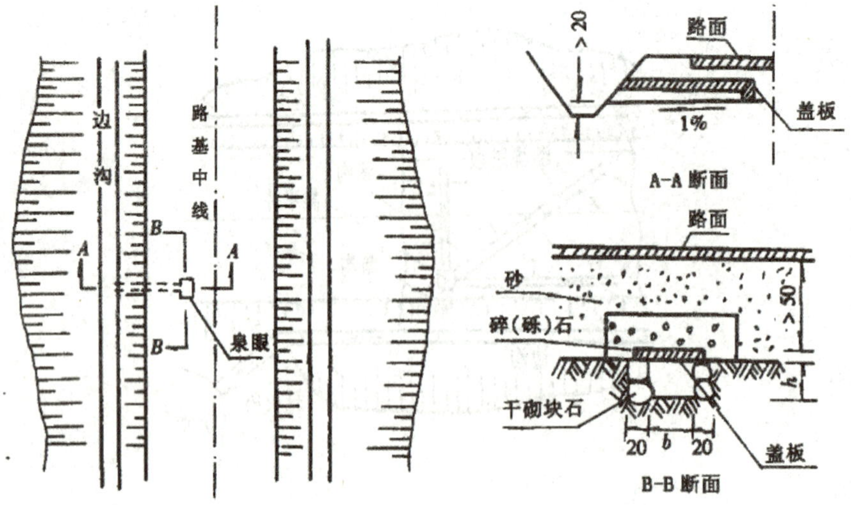


图 10.7　疏导路基泉水的暗沟构造图

#### 4. 暗沟的施工

(1) 施工流程

施工准备→测量放样→确定泉眼范围→开挖泉井→开挖沟槽→验槽→砌筑汇水井→砌筑沟壁→安装盖板→铺筑回填填土。

(2) 施工要点

①施工准备：施工前，应根据现场检查暗沟设计布置、出水口是否合理。

②测量放样：开挖位置确定后，用石灰撒出开挖线。

③开挖沟槽：机械开挖，开挖时从下游往上游进行。基底应预留 20 cm 左右采用人工挖土清底、清壁，不能扰动基底。

④验槽：基底开挖后，整修、清理基槽，检查基底高程、断面尺寸。

⑤砌筑：泉眼处，砌筑汇水井；盖板沟施工时应先沿槽底浇筑混凝土或砌筑浆砌片石（或预制块）基础，再砌沟壁，完成后沟壁内侧、砌筑式沟底用砂浆抹面。

⑥回填填土：据情况做闭水试验，强度应达到设计强度 70% 以上，回填材料以砂砾类或碎石类较好，回填时应注意控制回填土的密实度。

### 二、渗沟

采用渗透方式将地下水汇集于沟内，并通过沟底通道将水排至指定地点，此种地下排水设施统称为渗沟。它的作用是降低地下水位或拦截地下水，其水力特性是紊流，但在构造上与上述简易盲沟有所不同，如图 10.8 所示。

#### 1. 渗沟设置作用

盲沟式渗沟构造更为完善，采用渗透方式来汇集、拦截并排出流向路基的地下水。当地下水流量较大，要求埋置更深，则在沟底设洞或管，构成洞式渗沟和管式渗沟。

图 10.8　路基盲沟及排水

### 2. 渗沟适用范围

地下水埋藏较浅或有固定含水层时宜采用渗沟。

### 3. 渗沟设置位置

视地下排水的需要而定，沟的尺寸更大，埋置更深，而且要进行水力计算确定尺寸。

（1）渗沟应设在边沟、路肩、路中线以下或路基上侧山坡适当的位置。公路路基中，浅埋的渗沟在 2 ~ 3 m，深埋时可达 6 m 以上。渗沟底部设洞或管，底部结构相当于顶部可以渗水的涵洞。

（2）如果地基软弱还应铺设砂石基础；洞身埋在透水层中时，必要时在两侧和底部加设隔水层，以达到排水的目的。洞底设置不小于 0.5% 的纵坡，使集水通畅排出。

（3）当排除地下水的流量更大，排水距离较长时，可考虑采用管式渗沟。渗沟底部埋设的管道，一根为陶土或混凝土的预制管，管壁上半都留有渗水孔，渗水孔交错排列，设于边沟下的管或渗沟。管的内径由水力计算而定，一般 0.4 ~ 0.5 m，管底设基座。对于冰冻地区，为防止冻结阻塞，除管道埋在冰冻线以下外，必要时采取保温措施，管径也宜较大一些。

### 4. 渗沟的施工

#### （1）施工流程

施工准备→测量放样→开挖沟槽→清理沟槽与验槽→渗沟材料安装→回填及夯实。

#### （2）施工要点

①施工准备：清理现场。

②测量放样：撒石灰线。

③开挖沟槽：人工或机械开挖，开挖从下游往上游进行；控制基底高程、断面尺寸，做到不超挖、不扰动槽底基土；开挖过程中应边开挖边支撑；做好排水引流，避免基槽受水浸泡。

④清理沟槽与验槽：沟槽按设计开挖至预定深度后，应清理沟槽与验槽。

⑤渗沟材料安装：包括反滤土工布渗沟和集料反滤渗沟。

反滤土工布渗沟：将碎（卵）石填料分层倒入到已经裁剪好土工布铺放的沟槽内，并将其夯实；渗沟内排水层碎石填至预定高度后，及时封闭沟顶碎石，预防受到污染；顶面砌筑厚度 20 cm 浆砌片石或夯填厚度不小于 30 cm 的黏土，作为顶部封闭层。

集料反滤渗沟：细集料反滤，粗集料排水。集料边填边用木夯夯实，控制各层厚度；为防止隔板倾倒或变形，各层同时填筑、同时上升、同时夯实。砂石粒径小于 0.15 mm 颗粒含量应小于 5%。

⑥回填及夯实：边回填边夯实。

## 三、渗井

渗井属于水平方向的地下排水设备，当地下存在多层含水层，其中影响路基的上部含水层较薄，排水量不大，且平式渗沟难以布置，采用立式（竖向）排水，设置渗井，穿过不透水层，将路基范围内的上层地下水，引入更深的含水层中去，以降低上层的地下水位或全部予以排除，渗井构造如图 10.9 所示。

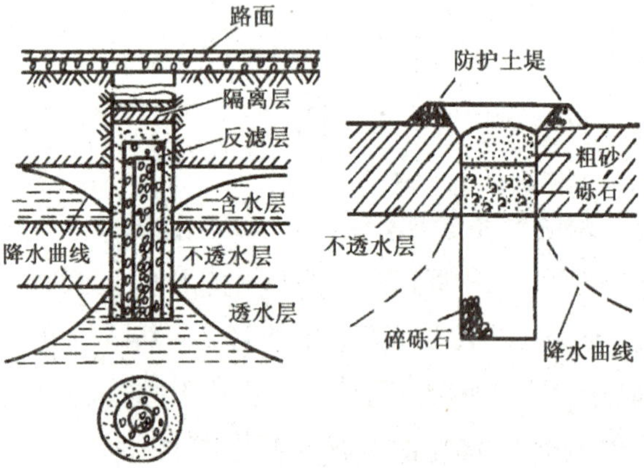


图 10.9　渗井构造

### 1. 渗井设置特点

渗井属竖直方向的地下排水；井深根据地层构造情况而定，井内由中心向四周按层次，分别填入由粗而细的砂石材料，粗料渗水，细料反滤。填充料要求筛分冲洗，施工时需用铁皮套筒分隔填入不同粒径的材料，要求层次分明，不得粗细材料混杂，以保证渗井达到预期排水效果。

### 2. 渗井适用范围

当地面以下存在多层含水层，上层排水量不大，渗沟难以布置，采用渗井穿透不透水层，将路基范围内的上层地下水引入更深的含水层。

（1）渗井施工不易，单位渗水面积的造价高于渗沟，一般尽量少用。

（2）渗井设计时应进行分析比较，有条件地选用。若因土基含水量较大，严重影响了路基、路面的强度，且其他地下排水设备不易布置，其他技术措施如隔离层的造价较高，此时渗井可作为方式之一。

### 3. 渗井构造

渗井上部为集水结构，下部为排水结构。渗井的平面布置，以及孔径与渗水量，按水力计算而定，一般为直径 1.0 ~ 1.5 m 的圆柱形，也可是边长为 1.0 ~ 1.5 m 的方形。

### 4. 渗井的施工

#### （1）施工流程

确定渗井位置和深度→开挖基坑→验基坑→渗井填充→井顶封闭→平整场地。

#### （2）施工要点

①施工准备：现场清理、放样打桩，撒开挖线。

②开挖基坑：人工开挖；开挖至预定深度后，检查井底是否位于透水层；开挖要连续进行，防止井壁坍塌，尽早填筑填充料。

③基坑验收：基坑挖好后，尽快验收井底高程、井身宽度、井底和井壁地质状况、清污程度等。

④渗井填充：渗井验收合格后，应尽早填筑经筛分冲洗过的填充料，填充时反滤层即可采用土工布或集料。

⑤井顶封闭：顶部四周用混凝土或黏土筑成围堰围护，用混凝土盖板盖严，以防渗井淤塞。进水口安装铁丝网或铁条格栅，防止杂物进入。

## 四、检查井

检查井用于检查维修渗沟。检查井一般采用圆形，内径不小于 1.0 m，在井壁处的渗沟底应高出井底 0.3 ~ 0.4 m，井底铺一层厚 0.1 ~ 0.2 m 的混凝土。井基如遇不良土质，应采取换填、夯实等措施。兼起渗井作用的检查井的井壁，应在含水层范围设置渗水孔和反滤层。深度大于 20 m 的检查井，除设置检查梯外，还应设置安全设备。井口顶部应高出附近地面 0.3 ~ 0.5 m，并设井盖。

# 任务四 路基排水的综合设计

## 一、综合设计的意义

上述各类排水结构物，均是针对某一水源，为满足某一方面的要求而设置的。

为了使各结构物都得以合理使用，需要进行路基排水综合设计。排水综合设计意义是使地上和地下排水协调，路基排水设施与桥涵结构物合理布置，排水工程与防护加固工程、农田水利及相关建设项目相互结合。

由于自然条件、路线布置及其他人为因素的不同，水源可能同时来自几个不同的方向，它们对路基危害程度不尽相同。因此单一互不联系的排水结构物，是不能完成全路基排水任务的。因此路基排水设计必须包括以下两部分内容。

（1）进行排水系统的总体规划，或者称排水系统设计；

（2）进行各单项结构物的设计。

实践证明，排水系统综合设计的好坏，对路基的稳定性影响很大，尤其在多雨山区，黄土高原地区，寒冷潮湿平原区，水网密布、地基湿软、与水有关的地质不良路段。建造高等级公路更应重视路基排水的综合设计。

## 二、综合设计的基本要求

排水综合设计，一般结合路线的平面、纵断面设计和沿线地形、地质、水文条件进行。对一般公路，常在路线平面图、地形图上予以反映。对高等级公路，排水不良、易受水流冲刷的特殊地区，如滑坡路段、隧道洞口、干线交叉道口、连续回头曲线等排水复杂路段，应作专项公路排水综合设计。排水综合设计示意图如图 10.10 所示。

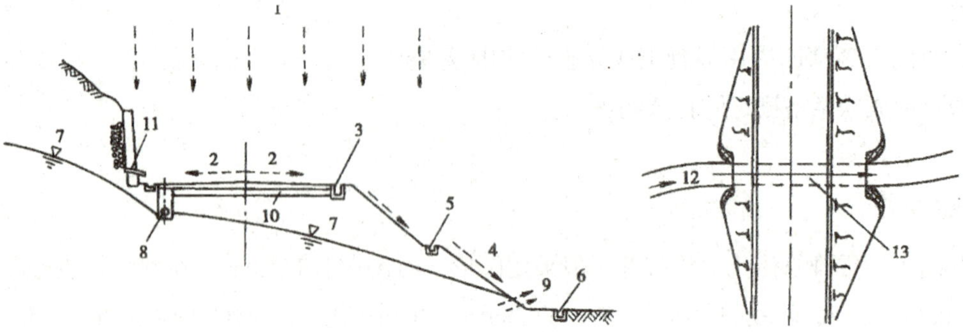


1—降水；2—路面排水；3—边沟；4—坡面排水；5—排水沟；6—坡脚排水沟；7—地下水位；8—地下排水渗沟；9—涌水；10—排水基层；11—挡土墙墙背排水；12—溪流；13—横断面排水

图 10.10 排水综合设计示意图

### 1. 设计要求

（1）流向路基的地面水和地下水需在路基外适当位置设置截水沟或渗沟拦截，并引离路基范围之外指定地点。路基范围内的水源分别采取边沟、暗沟、渗沟或渗井汇集或降低水位，通过排水沟排到指定地点，必要时设置跌水或急流槽、倒虹、桥涵。

（2）对明显的天然沟槽，一般宜“一沟一涵”，不要勉强改、并；对沟槽不明显的漫流，应在上游设置束流设施加以调节，尽量汇成沟槽，导流排除。

（3）为了提高截流效果，节省工程，地面沟渠应大体沿等高线布置，并尽可能垂直于流水方向直线布置，转弯处圆曲线相接。

（4）各种排水结构物均应设置于稳固的地基上，不得渗流、溢水或滞留，冲刷严重时应予以加固。

（5）水流应循最短通路迅速排出路基范围之外。

### 2. 设计内容

平面图上一般须标明下列主要内容。

（1）桥涵位置、中心里程、水流方向、进出口沟底标高及其附属工程等。

（2）地形等高线、主要沟渠，必要的路堤坡脚和路堑坡顶线。

（3）沿线取土坑、弃土堆的位置。

（4）路线交叉设施、防护与加固工程、不良地质边界、农田排灌渠道等。

（5）各种路基排水设备的类型、位置、排水方向与纵坡、长度、出水口与分界点的位置等。此外，根据工程设计的需要，还应附有路线及主要排水设备的纵、横断面图和结构设计图。

## 拓展与实训

**一、问答题**

1. 路基排水布置的一般原则是什么？

2. 地表排水主要有哪些形式？

3. 边沟、排水沟、截水沟的布置要点是什么？何谓跌水和急流槽？

4. 蒸发池有何作用？

5. 地下排水主要有哪些形式？

**二、单项选择题**

1. 可用于排地下水和地面水的排水设施是（　　）。

A. 排水沟　　B. 暗沟　　C. 渗沟　　D. 蒸发池

2. 下面哪种排水设施主要作用之一是将路基范围内的地下水位降低？（　　）

A. 截水沟　　B. 渗沟　　C. 急流槽　　D. 拦水带

3. 下面哪种排水设施主要作用是将可能停滞在路基范围内的地面水迅速排除？（　　）

A. 渗沟　　B. 暗沟　　C. 暗管　　D. 边沟

4. 排水沟施工线形要平顺、应尽可能采用直线形，转弯处宜为弧线形，其半径不宜小于（　　）。

A. 10 m　　B.20 m　　C.30 m　　D. 40 m

5. 洞式渗沟填料顶面宜高于地下水位。洞式渗沟顶部必须设置（　　）。

A. 土工布　　B. 封闭层　　C. 砂砾层　　D. 排水板

6. 填石渗沟石料应洁净、坚硬、不易风化。砂宜采用（　　）。

A. 石粉　　B. 粉砂　　C. 细砂　　D. 中砂

## 三、多项选择题

1. 路基工程的地下排水设施主要有（　　）。

A. 排水沟　B. 倒虹吸　C. 暗沟　D. 渗沟　E. 跌水

2. 用于路基工程地下排水设施主要有（　　）。

A. 渗沟　B. 渗井　C. 检查井　D. 涵洞　E. 急流槽

3. 当地下水位较高，潜水层埋藏不深，为了截流地下水及降低地下水位，可采用的排水设施为（　　）。

A. 渗沟　B. 渗井　C. 排水沟　D. 检查井　E. 截水墙

4. 排水沟的施工要点有（　　）。

A. 排水沟长度根据实际需要而定，通常不宜超过 500 m

B. 排水沟线形要平顺，转弯处宜为弧线形，其半径不宜小于 5 m

C. 排水沟沟底纵坡不宜小于 0.3%，与其他排水设施的连接应顺畅

D. 排水沟沟壁外侧应填以黏性土或砂浆阻水

E. 排水沟的出水口应设置跌水和急流槽，将水流引出路基或引入排水系统

5. 在渗沟的迎水面设置粒料反滤层时，粒料反滤层应用颗粒大小均匀的（　　）分层填筑。

A. 粉砂　B. 细砂　C. 中砂　D. 碎石　E. 砾石

第二篇 市政道路路基工程

# 项目十一　一般路基施工

XIANGMUSHIYI YIBAN LUJI SHIGONG

## 项目导读

路基是按照道路路线位置和横断面要求修筑的带状结构物。路基施工准备是路基施工的基础，路基施工前应熟悉路基施工图所包括的内容，以及路基施工附属设施的相互关系，明确施工前的准备工作与内容，掌握路基施工的测量放样工作。

就整个公路工程的施工而言，路基施工往往是施工组织管理的关键。本项目主要介绍路基施工的全过程，包括路基施工准备、路基施工、路基压实、地基处理以及路基施工质量控制等内容。

## 学习任务

本项目的任务旨在让学生熟悉一般路基设计的基本理论；掌握一般路基的施工方法；了解路基其他附属设施的设计原则与方法。

## 思政目标

本项目的学习，可以培养学生的沟通能力及团队协作、勇于创新的精神。

## 任务一　路基施工准备

### 一、路基施工重要性

路基是道路的主体和路面的基础，强度和整体稳定性是必须要求。路基施工质量直接影响路面使用效果。因此提高路基的强度和整体稳定性，提高路基施工质量，是道路施工质量的关键。

路基工程涉及范围广、影响因素多、灵活性大，岩土内部结构复杂多变，设计阶段难度较大，因此在施工过程中需要进一步完善，所以路基施工比路基设计更为重要。根据路基施工所耗费的人力、资源和财力，以及快速、高效与安全的施工要求，路基施工则显得更为复杂。

路基的土石方工程量大、分布不均匀、工序较多，施工方法与技术操作方面各具特点。路基施工不仅与路基工程相关的设施，如路基排水、防护与加固等相互制约，而且同道路工程的其他工程项目，如桥涵、隧道、路面及附属设施相互交错。路基施工在质量标准、技术操作、施工管理等方面具有其自己的特殊性，因此必须予以研究和不断改进，路基施工往往是施工组织管理的关键环节。

路基的隐蔽工程较多，路基质量不合标准会给路面及自身留下隐患，一旦产生病害，不仅损坏道路质量，妨碍交通，造成经济损失，而且会后患无穷，难以根治。因此要确保道路工程质量，实现快速、高效、安全施工，必须重视路基施工。施工不当还可能导致路基产生严重病害，进而影响道路的正常使用。最常见的路基病害是路基沉陷，较严重的路基沉陷可以直接影响道路顶面，从而造成长度不一、宽度不同的纵向反射裂缝和斜向反射裂缝。

路基支承路面是土工构筑物。在挖方地段，路基是开挖天然地层形成的路堑；在填方地段，则是用压实的土石填筑而成的路堤。路基必须承受使用过程中的行车荷载和各种特殊环境因素的影响，因此路基必须具有足够的强度、良好的水温稳定性和耐久性。所以路基施工是以设计文件和施工技术规范为依据，以工程质量为中心，有组织、有计划地将设计图纸转化为工程实体的建筑活动。

路基施工必须满足工程质量的高标准要求，高质量包括强度高、稳定性和耐久性等主要特性。良好的路基的作用有以下几点。

（1）有利于提高路面整体强度和使用性能，延长路面使用寿命。

（2）是路面结构的良好支承体系。

（3）可以降低路面工程造价和公路养护维修费用。

反之，若路基工程质量不按要求，将给路面和路基自身留下许多隐患。首先路面的品质和寿命会降低，严重的路基或路面破坏甚至会中断交通，造成重大经济损失。另外，路基自身存在的问题难以根治，公路建成后的养护维修费用将会大量增加。由此可见，必须重视路基施工，切实保证路基工程质量。

## 二、路基施工方法

路基施工的基本方法，按其技术特点大致可分为人力施工、机械化施工和综合机械化施工、水力机械化施工和爆破法施工等。

### 1. 人力施工

人力施工作为传统的施工方法，具有使用手工工具、劳动强度大、功效低、进度慢、工程质量难以保证等特点，但限于具体条件，短期内还必然存在。该法适用于地方道路和某些辅助性工作。为了加快施工进度，提高劳动生产率，实现高标准、高质量的施工，对于劳动强度大和技术要求高的工作，应配以数量充足、配套齐全的施工机械。

### 2. 机械化施工和综合机械化施工

机械化施工和综合机械化施工是保证高等级公路施工质量和施工进度的重要条件，对于路基土石方工程来说，更具有迫切性。实践证明，单机作业的效率比人力及简易机械施工要高得多，但需要大量的人力与之配合。由于机械和人力的效率相差过大，难以协调配合，单机效率受到限制，势必造成停机待料，机械的生产率很低。如果对主机配以辅机，相互协调，共同形成主要工序的综合机械化作业，工效就能大大提高。以挖掘机开挖土路堑为例，如果没有足够的汽车配合运输土方，或者汽车运土填筑路基，如果没有相应的摊平和压实机械配合，或者不考虑相应的辅助机械为挖掘机松土和创造合适的施工面，整个施工进度就无法协调，难以紧凑作业，功效也势必达不到应有的要求。因此实现综合机械化施工，科学地严密组织施工，是路基施工现代化的重要途径。

### 3. 水力机械化施工

水力机械化施工也是机械化施工的方法之一，它是运用水泵、水枪等水力机械，喷射强力水流，冲散土层并流运至指定地点沉积。水力机械适用于电源和水源充足，挖掘比较松散的土质及进行地下钻孔等。对于砂砾填筑路堤或基坑回填，水力机械化施工还可起到密实作用（称为水夯法）。

### 4. 爆破法施工

爆破法施工是石质路基开挖的基本方法，如果采用钻岩机钻孔与机械清理，也是岩石路基机械化施工的必备条件。除石质路堑开挖面外，爆破法施工还可用于冻土、泥沼等特殊路基施工，以及清除路面、开石取料与石料加工等。

上述施工方法的选择，应根据工程性质、施工期限、现有条件等因素而定，而且应因地制宜和综合使用各种方法。

高速公路、一级公路及在特殊地区或采用新技术、新工艺、新材料进行路基施工时，应采用不同的施工方案做试验路段，从中选出路基施工的最佳方案指导全线施工。试验路段位置应选择在地质条件、断面形式均具有代表性的地段，路段长不宜小于 100 m。

## 三、路基施工要求

路基品质的好坏主要取决于路基自身的强度、整体稳定性，以及各种自然因素对路基强度、整体稳定性的影响，所以路基要满足以下几个方面。

### 1. 具有足够的强度

路基的强度指在车辆荷载的作用下，路基抵抗变形和破坏的能力。在行车荷载及路基路面的自重作用下，路基受到一定的压力，这些压力可能使路基产生过大的变形，造成路基的破坏。因此，为保证路基在外力作用下不致产生超过允许范围的变形，要求路基应具有足够的强度。

### 2. 具有足够的整体稳定性

路基通常是直接在地面上填筑（或挖去）一部分土体修建而成的。建成后的路基，改变了原地面的自然平衡状态，有可能导致挖方路基两侧边坡因失去支撑而滑移（或填方路基因自重增大而滑移），使路基失去整体稳定性。为防止路基结构产生过大变形或破坏，必须因地制宜地采取一定的措施来保证路基整体结构的稳定性。

### 3. 具有足够的水温稳定性

路基的水温稳定性主要指路基在水和温度的作用下保持其强度的能力。路基在地面水及地下水的作用下，强度将发生显著降低。特别是季节性冰冻地区，由于水温状况的变化，路基会发生周期性冻融作用，形成冻胀与翻浆，使路基强度急剧下降。因此，对于路基，不但要求有足够的强度，而且要保证在最不利的水温状况下，强度不致显著降低，这必然要求路基具有足够的水温稳定性。

## 四、施工准备工作

### 1. 组织准备

开工前的组织准备工作包括建立健全施工组织机构和组建劳动组织机构两方面。明确各自的施工任务，制定施工过程中必要的规章制度，确定工程应达到的目标等。组织准备是其他准备工作的开始。

（1）建立施工组织机构

我国与国际施工管理接轨，工程建设已全部按照《FIDIC》合同条件进行施工与建立，因此对一个施工单位来讲，主要是实行项目经理负责制，即项目经理全面负责的目标责任制，其施工组织机构如图 11.1 所示。

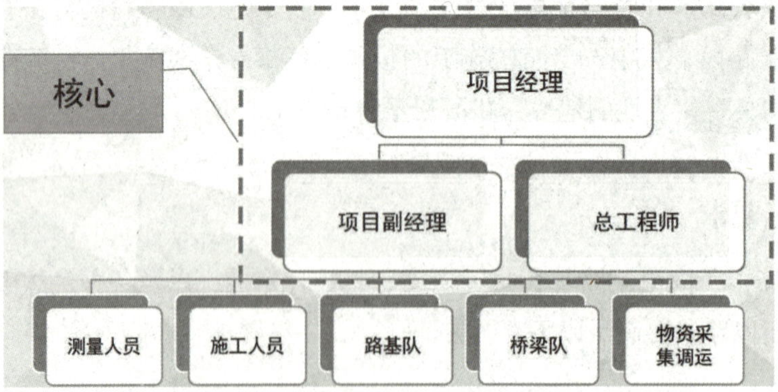


图 11.1　项目经理负责制的施工组织结构

（2）建立劳动组织体系

根据所承担的工程量的大小和工期要求，安排出总进度计划网络图，并进一步估算出全部工程用工日数，平均日出工人数，施工高峰期日出工人，以及技术工种、机械操作工作、普通工种等用工比例，选择能够适应其工程质量、工期进度要求的作业队伍，并与施工劳动作业单位签订《劳务合同》，实行合同管理。

考虑到所担负工程的具体情况，结合施工队伍施工特点、技术装备情况、技术熟练程度和施工能力，施工队伍应进行适当的培训，以满足工程施工的要求。

### 2. 物质准备

物质准备包括材料的采集、调运、运输、存储，机具设备购置或租赁，工程房屋修建或租赁，临时道路的修建，供水、供电、电信以及必需的生活设施等。

#### （1）机械设备准备

根据实施性施工组织计划，一次或分批配齐足够的施工机械和工具，如图 11.2 所示。机械设备要配套选择，充分发挥机械设备的性能，要保证机械设备的正常操作使用。施工设备的放置应考虑到施工的要求。

（a）静压路机

（b）振动压路机

（c）平地机

（d）旋挖机

（e）冲击钻

图 11.2　机械设备

#### （2）材料准备

路面用自采材料和外运材料，经检验和选择，按需要的规格和数量运到现场，堆放位置应根据实施性组织计划进行合理的设计，如图 11.3 所示。具体应做到以下几点。

①编好材料预算、提出材料的需用量计划及加工计划。

②根据施工平面图安排和落实材料的堆放及临时仓库设施。

③组织材料的分批进场。当场地狭小时，要考虑场地的多次周转使用，按时间、地点使用场地。

④组织材料的加工准备尽可能地集中加工，如对水泥混凝土、沥青混合料的集中配料拌和等。通过对材料的集中加工，可以减少材料消耗，提高材料的利用率，保证材料质量，也可以减轻劳动强度，提高机械化和专业化水平，还可以减少临时设施的规模，节约施工临时用地，有利于实现文明施工。

（a）土方

（b）碎石

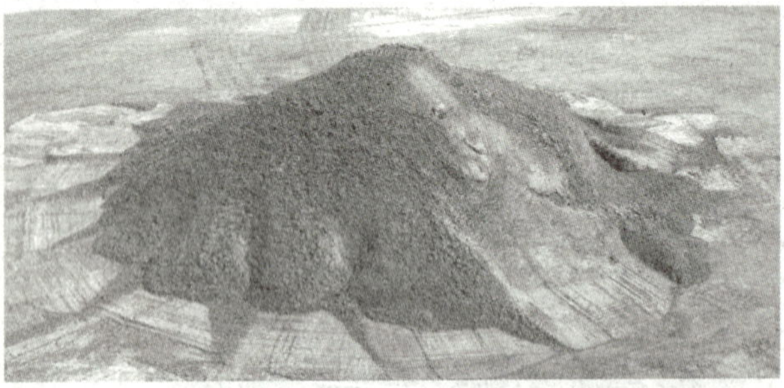

（c）水泥

（d）钢筋

图 11.3　材料准备

（3）生活设施准备

工地人员的食宿位置、办公地点、房舍区域和生活必需设备的准备。临建准备如图 11.4 所示。

（a）生活设施

（b）预制厂

（c）施工现场用电

（d）施工现场用水

（e）临时道路

图 11.4　临建准备示意图

(4) 安全防护准备

按照施工安全要求，切实做好防火、防爆工作，准备好各种安全防护和劳动防护用品，并要求全体人员严格遵守安全技术操作规程进行施工。安全工作要以预防为主，消除事故隐患。另外，不应把做好安全生产单纯看作技术性的工作，而必须从思想上、组织上、制度上、技术上采取相应的措施，综合治理才能奏效。

(5) 物资准备的注意事项

①无出厂合格证明或没有按规定进行复验的原材料、不合格的配件，一律不得进场和使用。严格执行施工物资的进场检查验收制度，杜绝假冒伪劣产品进入施工现场。

②施工过程中要注意查验各种材料、构配件的质量和使用情况，对不符合质量要求与原试验检测品种不符或有怀疑的，应提出复验的要求。

③进场的机械设备必须进行开箱检查验收，产品的规格和型号、生产厂家和地点、出厂日期等，必须与设计要求完全一致。

### 3. 技术准备

技术准备工作包括施工前的踏勘和调查、全面熟悉设计文件、设计交底、建立施工实验室、编写施工组织计划。根据核实的工程数量、工地特点、工期要求及设备准备情况等编制实施性施工组织设计文件等。

(1) 踏勘和调查

开工前应根据设计图样和资料进行沿线踏勘和调查，将发现的问题和意见逐一标明，会同设计单位和建设单位进行协调解决，并做出会议纪要。踏勘和调查的主要内容如下。

①核实工程范围。明确对工程有影响和需要征购的土地，拆迁的各种建筑物或构筑物的确切位置、结构和数量，以及相关公用设施的杆线、管道和附属设施的情况，并了解上述设施与场地可否供施工临时使用。

②确定沿线填土、挖土、借土的地价和数量，以及平衡调度土方。

③摸清沿线附近可利用的排水沟、河道，以及该地区下水道的管径、流向和以往暴雨后的积水情况等，以便考虑施工期间的排水设施。

④认真核实施工范围内的地下管线及地面设施，并取得可靠资料，在地面标出明显标志，以正确估计在路基施工碾压时，对地下管线的影响程度。

⑤改建工程必须核实两侧原有建筑物进出口的高程及原有道路和人行道的结构类型。

⑥需开挖的部分，应开挖样洞，并核实原工程结构。

(2) 全面熟悉设计文件

熟悉、审核施工图样是领会设计意图、明确工程内容、掌握工程特点的重要环节，其主要内容如下。

①进行施工前的现场调查，核对设计计算是否符合实际情况，工程质量能否保证。

②施工是否有足够的可靠性，对保证安全施工有无影响。

③核对设计是否符合施工条件，有无特殊的材料要求。图纸说明与土建工程设备安装有无矛盾，规定是否明确，施工中如何交叉衔接，构筑物的主要尺寸，位置、高程有无错误。

④通过熟悉设计图样和文件，确定与施工有关的各方面的准备工作，明确在施工中场外所需材料和构件等制备工程项目的安排。

(3) 技术交底

技术交底由建设单位主持，设计、监理及施工单位参加。设计单位说明工程设计依据、设计意图和功能要求，提出设计要求。施工单位则研究设计文件发现问题并提出设计变更意见，最后达成一致，形成纪要。

(4) 技术准备

建立工地实验室。技术准备主要内容包括以下几方面。

①进行原材料检测，如土、碎石、钢筋、水泥等。

②进行配合比实验，如混凝土配合比、坍落度等。

③准备实验室设备，如压力机、混凝土拌和机、灌砂桶等。

(5) 编制实施性施工组织设计文件

实施性施工组织设计必须具体、详细，以达到直接指导施工的目的，但应避免过于复杂、烦琐。编写施工组织计划，施工组织设计的内容包括工程概况与特点、施工质量保证计划、施工平面布置图、施工安全保证计划、文明施工、环保节能降耗保证、施工部署和管理体系、计划及辅助、配套的施工措施、施工方案及技术措施。

熟悉设计文件组织技术人员领会设计文件的意图，熟悉设计文件中的各项技术指标，仔细考虑其技术经济的合理性和施工的可行性。对设计文件中有疑问、错误或设计不妥之处，应及时与建设业主、设计单位和工程监理联系，到实地现场调查了解，选择合理的解决方案。对于一些不确定因素如阴雨、交通干扰等，技术人员应心中有数，以便对相应的施工环节作充分的考虑。设计文件主要内容见表11.1。

表11.1 设计文件主要内容

| 设计说明书 | 工程概要 | |
|---|---|---|
| | 设计概要 | 平面设计：平面位置、曲线半径、超高、加宽、视距、路口 |
| | | 纵断面设计：控制标高、最大纵坡、最小纵坡、竖曲线半径 |
| | | 横断面设计：红线及车道宽度与分配、分隔带、路拱及横坡、挡墙 |
| | | 路面结构设计：土基干湿类型、变形及回弹模量、路面结构及厚度 |
| | | 排水系统设计：排水方式、断面尺寸、排水出口 |
| | | 交通工程设计：交通安全、管理及服务设施 |
| | | 立交及道路照明设计：设置理由、规模及形式 |
| | | 环境保护设计：道路对环境的影响及采取的措施 |

## 4. 现场准备

施工现场是参加施工的全体人员为优质、安全、低成本和高速度完成施工任务而进行工作的活动空间；施工现场准备工作是为拟建工程施工创造有利的施工条件和物资保证的基础。其主要内容如下。

（1）拆除障碍物，搞好“三通一平”。

（2）做好施工场地的控制网测量与放线。

（3）搭建临时供电、供水、交通道路、通信线路和施工用房等各种临时设施。

（4）安装调试施工机具，做好建筑材料、构配件等的存放工作。

（5）做好冬雨期施工安排。

（6）设置消防、保安设施和机构。

### 5. 试验路段准备

高等级道路以及在特殊地区或采用新技术、新工艺，新材料进行路基施工时，应采用不同的施工方案做试验路段，并从中选出路基施工的最佳方案，指导全线施工。

试验路段的位曾应选在地质条件、断面形式均具有代表性的地段，长度大于 100 m。

通过试验确定不同机具压实不同填料的最佳含水率、适宜的松铺厚度和相应的压实遍数、最佳的配套机械和施工组织。

在整个试验段施工时，应加强对有关指标的检测，完工后及时写出试验报告，上报监理工程师审批。

### 6. 建立自检质量保证体系

为了保证道路工程的施工质量，施工单位必须有高度的质量意识，使所建工程经得起监理的抽检和政府质监部门的检查。因此施工单位必须建立自检质量保证体系。它主要由施工单位的主要负责人、有关的技术质量检查人员、施工设备及检测仪器等组成。

### 7. 开工报告

以上各项工作准备就绪后，可向监理工程师提出工程开工的申请报告。当监理工程师同意并签发开工令后，施工单位即可正式开工。

## 任务二　填方路基施工

填方路基施工是在原路基上进行路基填筑，其质量好坏直接影响着道路工程的整体质量。

## 一、基本要求

土质路基的挖填，需做到以下几点。

#### 1. 做好施工排水

首先必须做好施工排水，包括开挖地面临时排水沟槽及设法降低地下水位，以便始终保持施工场地的干燥。

#### 2. 有效控制土的含水率

土质路基的施工作业面不宜太大，以有利于组织快速施工，随挖随运，及时填筑压实成型，减少施工过程中的日晒、雨淋，以保持土的天然湿度，避免过干或过湿。

一般条件下，土的天然含水率接近最佳值，必要时，应考虑人工洒水或晾干措施。雨季施工，尤应按照施工技术操作规程的有关规定，加强临时排水，确保路基质量。过湿填土，碾压后形成弹簧现象，必须挖除重填，必要时可采取其他相应的加固措施。

#### 3. 事先拆除路基挖填范围内的地表障碍物

路基挖填范围内的地表障碍物，事先应予以拆除，包括原有房屋的拆迁，树木和丛林茎根的清除，以及表层种植土与设计文件或规程所规定杂物等的清除。清除后若有必要，则按设计要求对路堤上层进行加固。

#### 4. 路堤分层填平充分压实

一般情况下，土质路堤应在全宽范围内，分层填平充分压实。每日施工结束后，表层填土应压实完毕，防止间隔期间雨淋或暴晒。分层厚度视压实工具而定，一般压实厚度为 20 ~ 25 cm。路堤加宽或新旧土层搭接处，原土层应挖成台阶，逐层填新土。

### 二、填筑方案

土质路堤（包括石质土），按填土顺序可分为分层平铺和竖向填筑两种施工方案。分层平铺是基本的方案，如符合分层填平和压实的要求，则效果较好，且质量有保证，有条件时应尽量采用。竖向填筑是在特定条件下，局部路堤采用的方案。

#### 1. 水平分层平铺

水平分层填筑是按照横断面全宽分成水平层次，逐层向上填筑的方法。

水平分层平铺的优点有以下几点。

（1）施工操作方便、安全。

（2）压实质量容易保证。有利于压实，可以保证不同用土按规定层次填筑。

不同用土的填筑方案示意图，如图 11.5 所示。

正确的填筑方案应满足不同用土水平分层，能保证强度均匀。透水性差的用土，如黏性土等，一般宜填于下层，表面呈双向横坡，有利于排除积水，防止水害。同一层次有不同用土时，应使接搭处呈斜面，以保证在该层厚度范围内，强度比较均匀，防止产生明显变形。

不正确的填筑方案则表现为未水平分层，有反坡积水，夹有冻土块和粗大石块，以及有陡坡斜面等，易导致路堤强度不均匀和排水不利。此外，还应注意路堤填筑用土不应含有害杂质（草木、有机物等）及未经处治的劣质土（细粉土、膨胀土、盐渍土、腐殖土等）。桥涵、挡土墙等结构物的回填土，以砂性土为宜，可防止不均匀沉降，并按有关规程堆积回填和夯实。

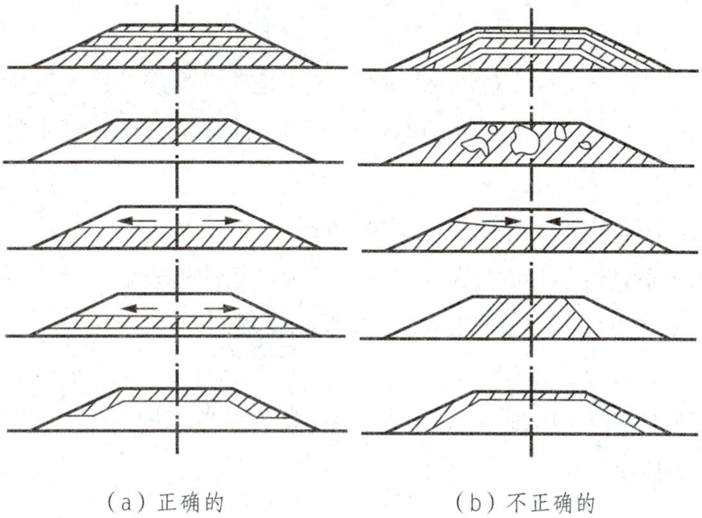


图 11.5　土质路堤填筑方案示意图

2. 竖向分层填筑

竖向分层填筑，也称纵向分层填筑，指沿路中心线方向逐步向前深填，如图 11.6 所示。竖向分层填筑适用于推土机或铲运机从路堑取土填筑运距较短的路堤。原地面纵坡小于 20° 的地段可用此法施工。

路线跨越深谷或池塘时，地面高差大，填土面积小，难以水平分层卸土，以及陡坡地段上填挖路基，局部路段横坡较陡或难以分层填筑等，可采用竖向填筑方案。

竖向填筑的质量在于填筑土的密实程度，为此宜采用必要的技术措施。如选用振动式或锤式夯击机，选用沉陷量较小及粒径较均匀的砂石填料；路堤全宽一次成型；暂不修建较高级的路面，容许短期内自然沉落。此外，尽量采用混合填筑方案，即下层竖向填筑，上层水平分层，必要时可考虑参照地基加固的注入、扩孔或强夯等措施，以保证填土具有足够的密实度。

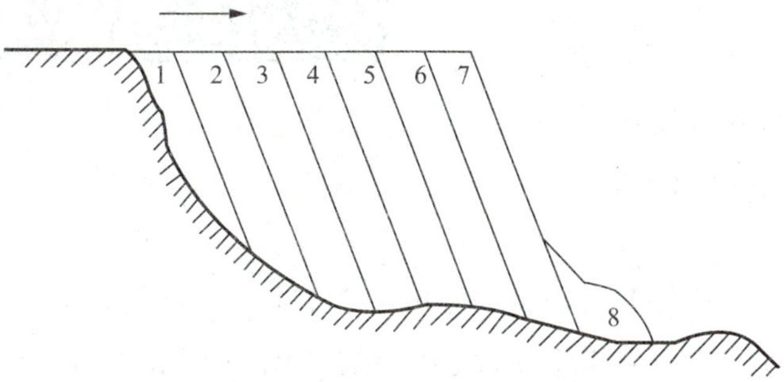


图 11.6　竖向分层填筑方案示意图

### 3. 横向填筑

横向填筑法是指从路基一端按各横断面的全部高度，填筑方向逐步推进填筑的方法。横向填筑适用于无法自下而上，分层填土的陡坡、断岩或泥沼地区。

### 4. 混合填筑

混合填筑主要针对当公路路线穿过深谷陡坡，尤其是要求上部的压实度标准较高时的情况，施工时下层采用横向填筑，上层采用水平分层填筑。不同土质的混合填筑要求是不一样的，需要满足以下几点。

（1）分层填筑时，不得混填；厚度应达 2 500 mm。

（2）稳定性好的土填在上部，不应覆盖在透水性大的土的边坡上。

（3）透水性差的土在下面时，做成 2% ~ 4% 双向横坡。

（4）优质土在上，强度差的填在下方。

（5）为防止相邻两段用不同土质填筑的路堤在交接处发生不均匀变形，交接处应做成斜面，并将透水性差的土填在斜面的下部。

## 任务三 挖方路基施工

挖方路基也就是路堑。在原地面线上填土，然后填到一定高度保证路基的稳定性，叫做路堤施工。挖方施工，在原地面线上下挖，也叫路堑施工。

### 一、土质路堑

土质路堑开挖，如图 11.7 所示。

图 11.7 土质路堑开挖

根据挖方数量大小及施工方法的不同，按掘进方向可分为纵向全宽掘进和横向通道掘进两种，同时又可在高度上分为单层或双层和纵横掘进混合等（以上掘进方向依路线纵横方向命名），如图 11.8 所示。

全宽掘进是在路线一端或两端，沿路线纵向向前开挖。单层掘进的高度，即等于路堑设计深度。掘进时逐段成型向前推进，运土由相反方向送出。单层纵向掘进的高度，受到人工操作安全及机械操作有效因素的限制。如果工期紧迫，对于较深路堑，可采用双层掘进法，上层在前，下层随后，下层施工面上留有上层操作的出土和排水通道。

图 11.8　纵向开挖及分段分层开挖

横向通道掘进是先在路堑纵向挖出通道，然后分段同时向横向掘出，如图 11.9 所示。此法可扩大施工面，加速施工进度，在开挖长而深的路堑时用。施工时可以分层和分段，层高和段长视施工方法而定。该法工作面多，但运土通道有限制，施工的干扰性增大，必须周密安排，以防在混乱中出现质量或安全事故。个别情况下，为了扩大施工面，加快施工进度，对土质路堑的开挖，还可以考虑采用双层式纵横通道的混合掘进方案，同时沿纵横的正反方向，多施工面同时掘进，如图 11.10（b）所示。混合掘进方案的干扰性更大，一般仅限于人工施工，对于深路堑，如果挖方工程数量大及工期受到限制时可考虑采用。

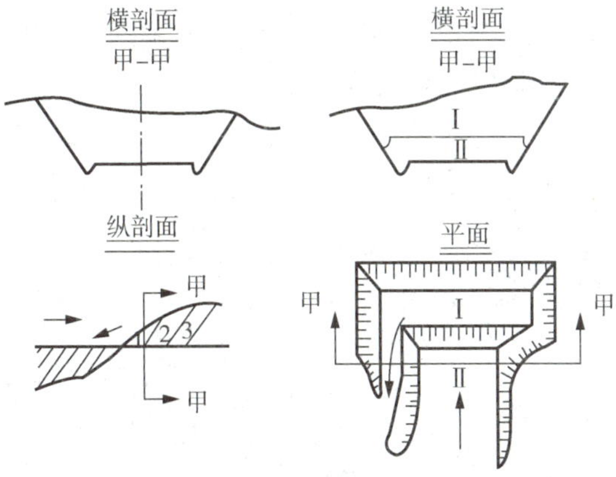


（a）单层　（b）双层

图 11.9　纵向掘进示意图

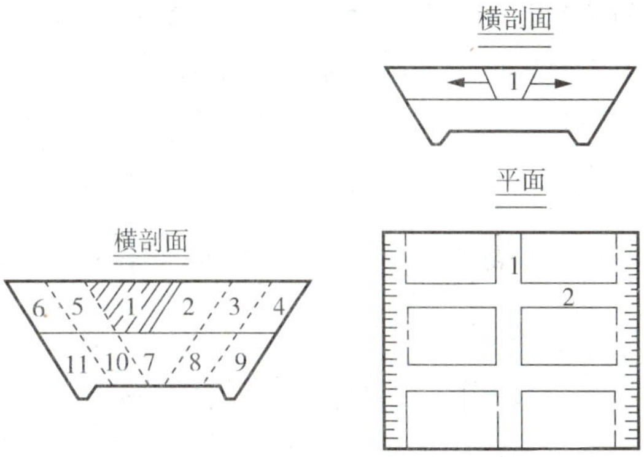


（a）双层横向　（b）双层混合

图 11.10　横向和混合掘进示意图

## 二、石方路堑

石方路堑的开挖方式主要有爆破法和松土法，其中爆破法主要包括钢钎法、深孔爆破、药壶爆破、光面 / 预裂爆破以及抛坍爆破。

石方路堑的开挖应根据不同地质、不同开挖断面、不同位置，选择不同的开挖方式，对深度小于 4 m 的路堑均采取线孔爆破，深路堑采用深孔爆破，边坡采用光面爆破，控制坡率，其他部位采用松动爆破。石方开挖前，应进行爆破试验，以便选择爆破最佳参数。爆破后，采用挖掘机装渣，自卸汽车运输，人工配合机械刷坡，修整路面。

## 三、挖方施工的注意事项

挖方施工需注意以下几个方面。

（1）施工工地条件不允许，只能容许一侧一侧去开挖，那就选用单向纵线开挖。

（2）施工工地条件允许，包括所有的配备的施工机械（如挖掘机、运输车、铲车、装载机足够的情况下）和施工工地的现场环境，最主要的是根据它的地形地貌来判断。

比如开挖的深度只有 2 ~ 3 m，可以采取一次开挖，用挖掘机直接挖到深度把土运走就可以了。若深度比较大，达到 10 ~ 20 m，那么就需要另一种开挖的方法了。在路堑施工，它是几种方法有效地结合在一起，形成一个更加有效的开挖工艺。

（3）需有效地组织各种开挖的方法。随着开挖深度的不同岩层的变化，可能运用各种有效的开挖方法。为了清除这种表层，可以采用推土机，再往下可以采用挖掘机，如果在往下开挖的过程中碰到比较坚硬的岩石，就肯定要采用爆破的方法。整个路基施工实际上是土的挖与填之间的调度问题。那么在挖的过程中，也一定要充分考虑这个问题。

有效地利用材料，如在岩石地区，整个路基施工过程中，碎石、片石、块石等岩石的利用是很多的，如果我们有效地利用会节约大量的成本。

（4）开挖宽度与深度的问题。首先来说开挖的深度。对于路堑开挖，从地面线到路基顶部，开挖的深度是 15 m，那么应该挖到 15 m，还是挖到 15.02 m，还是挖到 14.9 m。同样对于边坡，我们知道在开挖的时候要进行放坡的，尤其对于土质路基，整个深度范围内是土质的。路堤填筑要比实际的路基宽度增加 0.5 m 左右。这是为了保证路基的有效压实，保证边坡的修整。而在路堑开挖中，要求不要扩挖，就应不要超挖。

# 任务四　路基压实

## 一、路基压实的作用和意义

经过挖掘、搬运，填土的原状结构已被破坏，土粒之间产生了许多新孔隙。在荷载作用下，可能出现不均匀或过大的沉陷或坍落甚至失稳滑动。由于天然土体埋藏状态不同，在路堑挖方路段，土体虽未经扰动，但其密实程度不一定符合路基的要求，所以路基土必须进行压实。

（1）路堤填土需分层压实，使之具有一定的密实度。分层压实的路基顶面能防止水分干湿作用引起的自然沉陷和行车荷载反复作用产生的压密变形，确保路面的使用品质和使用寿命。压实良好的土基强度高，抗变形能力大，可以避免自然沉落或在重型汽车作用下土基产生进一步压实和沉陷；土质路堑开挖至设计标高后，需检验路基顶面工作区内天然状态土的密实度，该密实度通常低于设计要求，必要时应挖开后再分层压实，使之达到一定的密实度。

（2）路基压实可以明显减小土体的透水性，减小毛细水的上升高度和饱水量，增加其水稳定性。

（3）路基压实能在一定程度上防止冬季结冻期间土体的水分积聚和春融期间土基软化，从而为路面的正常工作和减薄路面厚度创造有利条件。经过压实的路基，其物理力学性质能得到很大的改善，可以提高土体的密实度和强度，调节路基水温状况。减小毛细水上升高度，降低透水性，减轻冻胀，阻止水分积聚，避免翻浆；增强对地表水侵蚀的抵抗力，防止不均匀变形，保证路基在不利季节有足够的稳定性。

因而，路基压实是路基施工中极其重要的环节，是改善土体工程性质的一种经济合理的措施。

## 二、路基压实原理

路基土是由土粒、水分和空气组成的三相体系，三者具有各自的特性，并相互制约，共存于一个统一体中，构成土的各种物理特性。若三者的组成情况发生改变，则土的物理性质也随之不同。压实路基就是利用人力与机械的方法，来改变土的结构，以达到提高土的强度和稳定性的目的。路基土受压时，土中的空气大部分会被排除在外，土粒则不断靠拢，重新排列成密实的新结构，土粒在外力作用下不断靠拢，使土的内摩阻力和黏聚力也不断地增加，从而提高了土的强度，土的强度与密度的这种关系可由试验加以验证。

由于土粒不断靠拢，使水分进入土体的通道减少，阻力增加，于是降低了土的渗透性。土的压实过程和结果受到多种因素的影响，包括土的含水率、土的物理力学性质、压实功能和压实机具等。弄清这些影响，对于深入理解土的压实原理和指导压实工作，具有重要的意义。

综上，土质路基的压实过程本质上是土体在压力作用下，克服土颗粒间的内聚力和摩擦力，使原有天然结构受到破坏，固体颗粒重新排列，大颗粒之间的间隙被小颗粒所填充，变成密实状态，达到新的平衡，如图 11.11 所示。

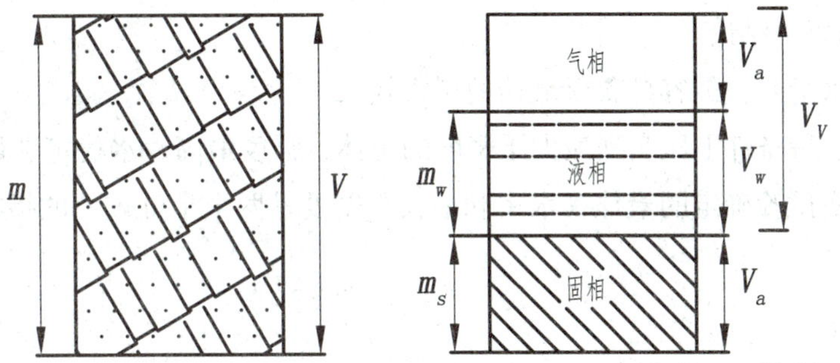


图 11.11 路基受压后的三相平衡

## 三、路基压实的影响因素

### 1. 含水率

通常某种土在一定压实条件下干密度的最大值称为最大干密度，相应的含水量称为最佳含水量。

土中含水率对压实效果的影响显著。当含水率较小时，土中孔隙大都互相贯通，水少而气多，在一定外部压实功能的作用下，虽然土孔隙中气体易被排出，密度可以增大，但由于水膜润滑作用不明显，所做的压实功能不足以克服土粒间的引力，土粒相对移动困难，因而压实效果比较差；含水率逐渐增大时，水膜变厚，引力变小，水膜起着润滑作用，外部压实功能比较容易使土粒移动，压实效果渐佳；当含水率过大时，孔隙中出现了自由水，压实功能不可能使气体排出，压实功能一部分被自由水抵消，减小了有效压力，压实效果反而降低。在土力学中，由土的击实试验可得击实曲线，曲线有一峰值，此处的干密度 $\rho_d$ 为最大，称为最大干密度 $\rho_{dmax}$；与之相应的含水率则称为最佳含水率 $\omega_0$，如图 11.12 所示。

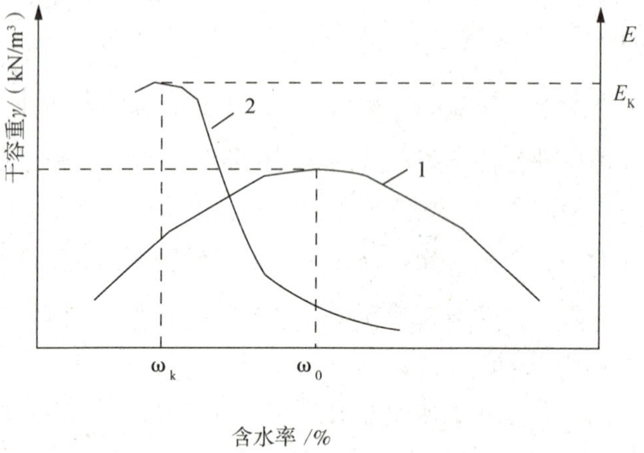


图 11.12 含水率对压实的影响

只有在最佳含水率的情况下压实效果才最好，才能被击实达到最大干密度。用透水性不良的土作为填料时，应控制其含水率在最佳含水率的± 2% 之内。

然而，当含水率较小时，土粒间引力较大，虽然干密度较小（其强度可能比最佳含水率时还要高），但由于其密实度较低，孔隙多，一经饱水，其强度便会急剧下降。

综上，就可得出以下结论。

（1）在最佳含水量时，最容易获得最佳的压实效果。

（2）在最佳含水量条件下压实到最大干密度的土体，强度最高，水稳定性最好。

（3）由土的击实试验确定的最佳含水率和最大干密度是两个十分重要的指标，对路基设计与施工都很重要。

### 2. 土的物理力学性质

一般规律是：不同的土质，有不同的 $\omega_0$ 与 $\rho_{dmax}$；分散性（液限、黏性）较高的土，其 $\omega_0$ 值较高，$\rho_{dmax}$ 值较低；砂性土的压实效果优于黏性土。无黏性土（如砂土）的颗粒呈松散状态，水分极易散失，最佳含水率的概念对它没有多大的实际意义。亚砂土和亚黏土的压实性能较好，而黏性土的压实性能较差。

### 3. 压实功能

压实功能是指压实工具的质量、碾压次数或锤落高度、作用时间等，它对压实效果的影响较大。经过压实实验可测得不同压实功能下土的 $\rho$-ω 关系曲线。击实试验适用于碎石土垫层和路基土。击实试验可以获得路基土压实的最大干密度和相应最佳含水率，击实试验是控制路基压实质量不可缺少的重要试验项目。

根据得到的 $\rho$-ω 关系曲线，同一种土的最佳含水率随压实功能的增大而减小，最大干密度随压实功能的增大而增大。

在相同含水率条件下，压实功能越大，土的密实度越大。据此规律，施工中，当土的含水率低于最佳含水率，而加水有困难时，可采用增加压实功能(重碾或增加压实遍数)的办法来提高其密实度。但是用增加压实功能的办法提高路基上压实的效果是有一定限度的，当压实功能增加到一定程度后，它的密实度增加就很有限了。如果超过某一限度，再采用增加压实功能的办法来提高土的密实度，不但经济上不合理，而且由于压实功能过大，甚至会破坏路基土结构，效果适得其反。相比之下严格控制最佳含水率，要比增加压实功能收效大得多。

因此在路基压实施工中，控制最佳含水率是关键。在此前提下，采取分层填土，控制有效土层厚度，必要时适当增大压实功能，才能使路基土压实取得良好效果。

#### 4. 压实机具

压实机具不同，压力作用深度也不同。夯击式机具作用深度最大，振动式次之，静力碾压式最浅。压实后土体表层密实度最高，随深度增加土的密实度递减。因此随压实机具的不同，压实的深度效果不同，分层压实时的土层厚度也不同。

当采用轻型压实机具时，压实深度较浅，荷载作用时间越长，土的密实度越高，但密实度的增长速度会逐渐减小，这是因为土体在荷载作用下逐渐密实，强度逐渐提高，变形逐渐减小的缘故。

当采用重型压实机具时，密实度随施荷时间增加而迅速增加，土的变形急剧增加；过重的机具，当超过土的强度极限时，会立即引起土体破坏。因此压实时宜采用轻、重机具结合，低速运行的方式，来获得理想的压实效果。常见压实机具如图 11.13 所示。

图 11.13　光轮压路机与轮胎压路机

综上所述，在路基压实施工中，必须控制土的最佳含水率，根据土质和压实机具的性能，通过试验，确定合适的分层松铺厚度、压实遍数及压实机具的行驶速度等，以获得最佳的压实效果。

### 5. 压实厚度

由于密实度随深度递减，一般情况下夯实不超过 20 cm。12 ~ 15 t 岩石压路机，夯实不宜超过 25 cm。

综上，路基压实主要受内部因素和外部因素两方面影响。

（1）内部因素主要指受土质好坏、土的含水量。

（2）外部因素主要指压实工具的类型、压实的方法。

## 四、填石路基和土石混填路基的压实

### 1. 压实机理

填料中石料粒径大于 40 mm 且含量超过 70% 的路基，称为填石路基。填料中石料含量为 30% ~ 70% 的路基，称为土石混填路基，两者的压实机理与土质路基类似，主要差别在于石质的压实及石质和土质的相互作用。

（1）石质的压实表现为外力作用使石与石之间镶紧。它包含排列过程、填装过程、分离过程和夯实过程。这四个过程虽然同时发生，但其中填装过程和夯实过程明显，排列过程和分离过程不明显。外力作用不能使石块内部组成改变，只能使石块及填隙料之间嵌挤、咬合，从而减少填石的空隙率。

（2）石质与土质的相互作用是大小颗粒在力的作用下克服颗粒间阻力产生位移的过程，即大小颗粒重新排列、相互靠近，使空隙体积减小，单位体积内固体颗粒数量增加的过程。

因此填石路基和土石混填路基压实应重点考虑外力作用和级配、保证石块之间能充分靠近，填隙料能充分填满石块之间的空隙，同时填隙料能充分受到挤压而密实。

### 2. 压实的质量控制

填石路基、土石混填路基的压实既要防止细粒土过度振实，又要避免石料“顶天立地”或被过度碾碎，同时土石不能产生离析。目前一般采用 50 t 凸块振动压路机、50 t 冲击压路机、30 ~ 50 t 压路机控制压实。

填石路基、土石混填路基控制压实一般根据试验路段得出不同吨位的压路机、不同土石比例的压实度 - 压实遍数关系曲线，采用压实遍数、沉降量观测（包括相邻两遍碾压高差不超过 3 mm）、局部位置用灌砂法检查等综合方法控制碾压。

填石路基在压实前，应先用大型推土机摊铺平整，个别不平处，应用人工配合找平。采用的压路机宜选用工作质量 12 t 以上的重型振动压路机、2.5 t 以上的夯锤或 8 t 以上的轮胎压路机。碾压时要求均匀压实，不得漏压。

土石混填路基的压实要根据混合材料中巨粒土含量的多少来确定。当巨粒土含量较少时，应按土质路基的压实方法进行压实；当巨粒土含量较多时，应按填石路基的压实方法压实。不论何种路基，碾压都必须均匀密实。

## 五、路基压实机具的选择与压实标准

### 1. 压实机具的选择

压实机具的选择以及合理的操作，会影响路基压实效果。

路基压实机具的类型较多，大致分为碾压式、夯击式和振动式三大类型。碾压式（又称静力碾压式），包括光面碾（普通的两轮和三轮压路机）、羊足碾和气胎碾等几种。夯击式中除人工使用的石硪、木夯外，机动设备中有夯锤、夯板、风动夯及蛙式夯机等。振动式中有振动器、振动压路机等。此外，运土工具中的汽车、拖拉机以及土方机械等，也可用于路基压实。

不同压实机具适用于不同土质及不同土层厚度，这是选择压实机具的主要依据。表 11.2 所列是几种常用压实机具的一般技术性能。一般情况下，对于砂质土的压实效果，振动式较好，夯击式次之，碾压式较差；对于黏质土，则宜选用碾压式或夯击式，振动式较差甚至无效。

在路基最佳含水率条件下，不同压实机具适应于一定的压实厚度以及压实遍数。表 11.3 是各种土质适宜的碾压机械的建议。

表 11.2 压实机具的一般技术性能

| 机具名称 | 最大有效压实厚度（实厚）/m | 碾压行程次数 | | | 适宜的土类 |
|---|---|---|---|---|---|
| | | 黏质土 | 粉质土 | 砂质土 | |
| 人工夯实 | 0.10 | 3 ~ 4 | 1 ~ 3 | 2 ~ 3 | 黏质土与砂质土 |
| 牵引式光面碾 | 0.15 | — | 7 | 5 | 黏质土与砂质土 |
| 羊足碾（2 个） | 0.20 | 10 | 6 | — | 黏质土 |
| 自动式光面碾 5 t | 0.15 | 12 | 7 | — | 黏质土与砂质土 |
| 自动式光面碾压 10 t | 0.25 | 10 | 6 | — | 黏质土与砂质土 |
| 气胎路碾 25 t | 0.45 | 5 ~ 6 | 3 ~ 4 | 1 ~ 3 | 黏质土与砂质土 |
| 气胎路碾 50 t | 0.70 | 5 ~ 6 | 3 ~ 4 | 2 ~ 3 | 黏质土与砂质土 |
| 夯击机 0.5 t | 0.40 | 4 | 2 | 1 | 砂质土 |
| 夯击机 1.0 t | 0.60 | 5 | 3 | 2 | 砂质土 |
| 夯板 1.5 t，落高 2 m | 0.65 | 6 | 2 | 1 | 砂质土 |
| 履带式 | 0.25 | 6 ~ 8 | 6 ~ 8 | 6 ~ 8 | 黏质土与砂质土 |
| 振动式 | 0.40 | — | 2 ~ 3 | 2 ~ 3 | 砂质土 |

表 11.3 各种土质适宜的碾压机械

| 机械名称 | 土的分类 | | | | 备注 |
|---|---|---|---|---|---|
| | 细粒土 | 砂类土 | 砾类土 | 巨粒土 | |
| 6 ~ 8 t 两轮光轮压路机 | A | A | A | A | 用于预压整平 |
| 12 ~ 18 t 两轮光轮压路机 | A | A | A | B | 最常使用 |
| 25 ~ 50 t 轮胎压路机 | A | A | A | A | 最常使用 |
| 羊足碾 | A | C 或 B | C | C | 粉土、黏土质砂可用 |

表 11-3（续）

| 机械名称 | 土的分类 | | | | 备注 |
|---|---|---|---|---|---|
| | 细粒土 | 砂类土 | 砾类土 | 巨粒土 | |
| 振动压路机 | B | A | A | A | 最常使用 |
| 凸块式振动压路机 | A | A | A | A | 最宜使用含水率较高的细粒土 |
| 手扶式振动压路机 | B | A | A | C | 用于狭窄地点 |
| 振动平板夯 | B | A | A | B 或 C | 用于狭窄地点，机械重量大于 800kN 的可用于巨粒土 |
| 手扶式振动夯 | A | A | A | B | 用于狭窄地点 |
| 夯锤（板） | A | A | A | A | 夯击影响深度最大 |
| 推土机，铲土机 | A | A | A | A | 仅用于摊平土层和预压 |

注：1. 表中符号：A 代表适用；B 代表无适当机械时可用；C 代表不适用。

2. 土的类别按现行《公路土工试验规程》（JTG 3430—2020）的规范划分。

3. 对特殊土和黄土（CLY）、膨胀土（CHE）、盐渍土等的压实机械可按细粒土考虑。

4. 自行式压路机宜用于一般路堤、路堑基底的换填等压实，宜采用直线式进退运行。

5. 羊足碾（包括凸块碾、条式碾）应有光轮压路机配合使用。

压实机具对土施加的外力应有所控制，以防功能太大，压实过度，造成失效、浪费。一般认为，压实时的单位压力不应超过土的极限强度。不同土的极限强度与压实机具的重量、相互接触面积、施荷速度及作用时间（遍数）等因素有关。表 11.4 所列是在最佳含水率条件下几类压实机具对不同土质作用时的强度，可供选择机具和控制压实功能时参考。

表 11.4　压实时土的极限强度

| 土类 | 土的极限强度 /MPa | | |
|---|---|---|---|
| | 光面碾 | 气胎碾 | 夯板（直径 70 ~ 100 cm） |
| 低黏性土（砂质土） | 0.3 ~ 0.6 | 0.3 ~ 0.4 | 0.3 ~ 0.7 |
| 中等黏性土（粉质土） | 0.6 ~ 1.0 | 0.4 ~ 0.6 | 0.7 ~ 1.2 |
| 高黏性土（黏质土） | 1.0 ~ 1.5 | 0.6 ~ 0.8 | 1.2 ~ 2.0 |

实践经验证明，路基压实时，在机具类型、土层厚度及碾压遍数已经选定的条件下，压实操作时宜先轻后重、先慢后快、先边缘后中间（超高路段等，则宜先低后高）。压实时，相邻两次的轮迹应重叠轮宽的 1/3，保持压实均匀，不漏压，对于压不到的边角，应辅以人力或小型机具夯实。压实全过程中，应经常检查含水率和密实度，以达到规定压实度的要求。

### 2. 路基压实标准

从影响压实的主要因素分析可知，最大干密度是路基压实的一项重要指标。它与土的强度和稳定性有十分密切的关系，反映了路基的内在质量。因此，一般都用它来衡量土压实的质量。但在路基野外施工时，受客观条件限制，一般不能达到室内标准击实试验所得的最大干密度，因此应根据工程实际需要与可能，拟定压实标准，使其满足工程的设计要求。我国以压实度作为控制路基压实的标准。压实度是工地实际达到的干密度与室内标准击实试验所得的最大干密度的比值。路基压实应采用重型击实标准控制。

$$K = \rho_0/\rho_{dmax} \times 100\% \tag{11.1}$$

式中 $K$——路基压实度（%）；

$\rho_0$——路基压实后的干密度（$g/cm^3$）；

$\rho_{dmax}$——土的标准最大干密度（g/cm）。

显然，$K$ 值越接近 100%，表示对压实质量的要求越高。

## 六、路基压实工作现场注意事项

路基土的压实以压实原理为依据，以尽可能小的压实功能获得良好的压实效果为目的，必须严格按操作规程进行施工。

### 1. 路基压实工作现场组织要点

（1）压实前应对填土层的松铺厚度、平整度和含水率进行检查，符合要求方可进行压实。

（2）压实机具应采用先轻后重、轻重结合的方式，以便能适应逐渐增长的路基强度。

（3）压实速度宜先慢后快，以免松土被机械推走，压路机最快速度不宜超过 4 km/h。

（4）压实工作直线段由两边向中间，小半径曲线段由内侧向外侧，纵向进退式进行。

一般碾轮每次要重叠 15 ~ 20 cm，约压实 5 ~ 8 遍至表面无显著轮印，应做到无漏压、无死角，确保压实均匀，且达到要求的压实度为止。

（5）使用夯锤压实时，首遍各夯位紧靠，或间隔不得大于 15 cm，次遍夯位应压在首遍夯位的缝隙上，夯实至规定的压实度。

（6）为保证达到规定的压实度，在压实施工过程中应经常进行压实工作的控制与检查，以便及时调整压实工作。

### 2. 路基压实工作的控制与检查

（1）确定压实后要求达到的干密度。取现场土样用规定的击实试验法求出最大干密度和最佳含水率，再根据道路等级、路基填挖情况、填筑的层位、地区的自然条件，按规范要求确定压实度，则压实后达到要求的干密度。

（2）合理选择压实机具，并根据土质和压实机具的效能，经试压后确定每层填土的松铺厚度和压实遍数。

（3）压实过程中严格控制土的含水率接近最佳含水率。含水率过大时，应将土翻开晾晒至理想的含水率（或掺石灰、水泥等）再进行压实；含水率过低时，需均匀加水至合适含水率再进行压实。可在前一天于取土地点浇洒或将其运至路堤再用水浇洒，并拌和均匀。

在压实过程中，应经常检查压实度是否符合要求。压实度试验方法可采用环刀法、灌砂法、核子密度湿度仪法等。环刀法适用于细粒土，灌砂法适用于各类土。核子密度湿度仪法应与环刀法、灌砂法等进行对比标定后才可应用。

每一压实层均应检验压实度，合格后方可填筑其上一层。

检验取样频率每 1 000 $m^2$ 抽检 1 组（3 点），必要时可增加检查点数，以防止压实不足处漏检。

压实（夯击）完成以后，应立即测定土样的含水率和湿密度，计算其干密度和压实度，并按规范规定判断其是否达到压实度标准。

一般土的最大干密度介于 1.6 ～ 1.9 g/$cm^3$ 之间，压实度每差 1% 反映在干密度的绝对值上只差 0.018 g/$cm^3$ 左右，因此在工地施工检查压实度时，取样和测定过程都需要非常注意，否则就容易出现误判的情况。

### 3. 市政道路沟槽回填土施工注意事项

市政道路路基范围内有大量地下管线，这是市政道路的特点之一，因而在市政道路沟槽回填土施工中还应注意以下几点。

（1）回填土应保证涵洞（管）、地下建（构）筑物结构安全及外部防水层和保护层不受破坏。

（2）涵洞的现浇混凝土基础强度及预制件装配接缝的水泥砂浆强度达 5 MPa 后，方可进行回填。砌体涵洞应在砌体砂浆强度达到 5 MPa，且预制盖板安装后进行回填；现浇钢筋混凝土涵洞，其胸腔回填土宜在混凝土强度达到设计强度的 70% 后进行回填，顶板以上填土应在混凝土强度达到设计强度后进行回填。

（3）涵洞两侧应同时回填，两侧填土高差不得大于 30 cm。

（4）对有防水层的涵洞靠防水层部位应回填细粒土，填土中不得含有碎石、碎砖及大于 10 cm 的硬块。

（5）涵洞位于路基范围内时，其顶部及两侧回填土应符合下列要求。

①管顶以上 50 cm 范围内不得用压路机压实。

②管道胸腔回填土的压实度不得小于 93%。

③管顶以上 25 cm 范围内填土压实度不得小于 85%；25 ～ 50 cm 范围内的压实度不得小于 87%。

④当管顶至路床覆土厚度大于或等于 80 cm 时，管顶以上 50 ～ 80 cm 范围内填土的压实度：对城市快速路、主干路不得小于 93%；对次干路及以下道路不得小于 90%。

⑤当管顶以上覆土厚度小于 80 cm 时，应对回填材料进行改性，或对管道进行加固。

⑥土壤最佳含水率和最大干密度应经试验确定。

⑦回填过程不得劈槽取土，严禁掏洞取土。

# 任务五　软土地基处理

所谓软土，从广义上讲，是指强度低、压缩性高的软弱土层。软土要求土的含水率大于 35%，天然孔隙比大于或等于 1.0，十字板剪切强度小于或等于 35 kPa。习惯上常把淤泥、淤泥质土、软黏性土称为软土。它的特性主要表现为天然含水率高、孔隙比大、压缩性高、抗剪强度低。

软土路基由于强度较低，一般不能直接在上面修筑路基，而需要经过特殊处理加固后方可修筑路基，其加固后，可按一般方法进行路基施工。软土路基加固的关键是排水和固结。本任务主要是介绍各种软土路基的处理方法。

在软土地基上修筑路基，若不加处理，将会发生路基失稳或过量沉陷，导致道路破坏或不能正常使用。

## 一、软土路基施工的准备工作

软土路基施工的准备工作如下。

（1）进行详细的现场调查，依据工程地质勘察报告核查特殊土的分布范围、埋深及地表水和地下水状况，根据设计文件、水文地质资料编制专项施工方案。

（2）做好路基施工范围内的地面、地下排水设施，并保证排水通畅。

（3）进行土工试验，提供施工技术参数。

（4）湖、塘、沼泽等地的软土路基宜在枯水期施工。

## 二、常用软土路基的处理方法

### 1. 换填土层法

换填土层法是采用人工、机械或爆破等方法，将基底一定深度及范围内的软土层挖除，换以强度大、稳定性好的砂砾、卵石、碎石、石灰土、素土等回填，并分层压实至规定的密实度的方法。换填砂垫层可起到加速软弱土层排水固结，提高承载力，减少沉降量的作用。换填土层法施工应符合下列要求。

（1）填筑前，应排除地表水，清除腐殖土、淤泥，如图 11.14 所示。

（2）填料宜采用透水性土。处于常水位以下部分的填土，不得使用非透水性土壤。

（3）填土应由路中心向两侧按要求分层填筑并压实，层厚宜为 15 cm。

（4）分段填筑时，接槎应按分层做成台阶形状，台阶宽不宜小于 2 m。

（5）砂垫层置换时，砂垫层应宽出路基边脚 0.5 ～ 1.0 m，两侧以片石护砌。

图 11.14　清除腐殖土

### 2. 抛石挤淤法

当软土层厚度小于 3.0 m，且位于水下或含水率极高的淤泥时，可使用抛石挤淤法。抛石挤淤法即直接在路基基底抛填片石，将软土层挤出路基范围，以提高路基强度。抛石挤淤法应符合下列要求。

（1）应使用不易风化的石料，石料中尺寸小于 30 cm 的粒径含量不得超过 20%。

（2）抛填方向应根据道路横断面下卧软土层坡度而定。坡度较小时，自地基中部渐次向两侧扩展；坡率大于 10% 时，自高侧向低侧抛填，并在低侧边部多抛填，使低侧边部约有 2 m 宽的平台顶面。

（3）抛石露出水面或软土面后，应用较小石块填平、压实，再铺设反滤层填土压实。

### 3. 反压护道法

反压护道法是在路堤的两侧或一侧填筑一定宽度的护道，达到使路堤稳定的目的。反压护道法应符合下列要求。

（1）反压护道的高度宜为路堤高度的 1/2，宽度应通过稳定性验算确定，且应满足路堤施工后沉降的要求。反压护道法所用的填筑材料应符合路堤填料的要求。

（2）采用反压护道法时，护道宜与路基同时填筑。当分别填筑时，必须在路基达到临界高度前将反压护道填筑完。

（3）压实度应符合设计规定，且不应低于最大干密度的 90%。

### 4. 土工合成材料处理法

土工合成材料具有加筋、防护、过滤、排水、隔离等功能，利用土工合成材料的抗拉、抗剪强度好的特性，可改善施工机械的作业条件，均匀支承路堤荷载，减小地基的沉降量和侧向位移，提高地基的承载力。土工合成材料的种类有土工网、土工格栅、土工模袋、土工织物、土工复合排水材料、土工垫等。土工合成材料处理法应符合下列要求。

（1）土工合成材料应由耐高温、耐腐蚀、抗老化、不易断裂的聚合物材料制成。其抗拉强度、顶破强度、负荷延伸率等均应符合设计及有关产品质量标准的要求。

（2）土工合成材料铺设前，应对基面压实整平。宜在原地基上铺设一层 30 ~ 50 cm 厚的砂垫层。铺设土工合成材料后，运料和铺料等施工机具不得在其上直接行走。

（3）每压实层的压实度、平整度经检验合格后，方可于其上设铺土工合成材料。土工合成材料应完好，发生破损应及时修补或更换。

（4）铺设土工合成材料时，应将其沿垂直于路轴线展开，并视填土层厚度选用符合要求的锚固钉固定、拉直，不得出现扭曲、折皱等现象。土工合成材料纵向搭接宽度不得小于 30 cm，采用锚接时其搭接宽度不得小于 15 cm，采用胶接时其胶接宽度不得小于 5 cm，且胶接强度不得低于土工合成材料的抗拉强度。相邻土工合成材料横向搭接宽度不得小于 30 cm。

（5）路基边坡留置的回填土工合成材料，其长度不得小于 2 m。

（6）土工合成材料铺设完后，应立即铺筑上层填料，其间隔时间不得超过 48 h。

（7）双层土工合成材料上、下层接缝应错开，错缝距离不得小于 50 cm。

### 5. 排水固结法

排水固结法是对天然地基，或先在地基中设置砂井（袋装砂井或塑料排水板）等竖向排水体，然后根据建筑物自重进行加载；或在建筑物建造前在场地上先行加载预压，使土体中的孔隙水排出，逐渐固结，地基发生沉降，同时强度逐步提高的方法。固结排水法可分为袋装砂井法和塑料排水板法。

#### （1）袋装砂井法

在直径约 7 cm 的圆筒状编织袋里装满砂，然后放入用锤击、振动、射水等方式形成的孔中，利用砂井将土内的水分排出，以尽快提高地基强度的方法称为袋装砂井法。袋装砂井法应符合下列要求。

①宜采用含泥量小于 3% 的粗砂或中砂作为填料。砂袋的渗透系数应大于所用砂的渗透系数。

②砂袋存放使用中不得长期曝晒。

③砂袋安装应垂直入井，不得扭曲、缩颈、断割或磨损，砂袋在孔口外的长度应能顺直伸入砂垫层不小于 30 cm。

④袋装砂井的井距、井深、井径等应符合设计要求。

#### （2）塑料排水板法

若用带沟槽的塑料芯板作为排水板代替砂井的砂做成排水井，这种方法称为塑料排水板法。塑料排水板法应符合下列要求。

①塑料排水板应具有耐腐性、柔韧性，强度与排水性能应符合设计要求。

②塑料排水板在贮存与使用中不得长期曝晒，应采取滤膜保护措施。

③塑料排水板敷设应直顺，深度符合设计规定，超过孔口长度应伸入砂垫层且不小于 50 cm。

### 6. 挤密法

挤密法是指用机械设备在路基中成孔后，在孔中灌以砂、石等材料，然后夯实，利用横向挤紧作用，使地基土粒彼此挤紧，孔隙减少，而且孔隙被填满和压紧，形成桩体。桩体具有较高的承载能力，群桩的面积约占松散土加固面积的 20%，可以使桩和原土组成复合地基，达到加固的目的。常用的挤密法包括砂桩法和碎石桩法。

（1）砂桩法

孔中灌砂，形成砂桩，它与前述砂井相比，形式相仿，但作用不同。砂井的作用是排水固结，其井径较小而间距较大；砂桩的作用是将地基土挤紧，其井径较大，而间距较小。砂井适用于过湿软土层，而砂桩适用于处理松砂、杂填土和黏粒含量不大的普通黏性土，可有效地防止砂土基底的振动液化。

砂桩法应符合下列要求。

①砂宜采用含泥量小于 3% 的粗砂或中砂。

②应根据成桩方法选定填砂的含水率。

③砂桩应砂体连续、密实。

④桩长、桩距、桩径、填砂量应符合设计规定。

（2）碎石桩法

若在成孔中灌以碎石，则形成碎石桩。碎石桩法应符合下列要求。

①宜选用含泥沙量小于 10%、粒径为 19 ~ 63 mm 的碎石或砾石作为桩料。

②应进行成桩试验，确定控制水压、电流和振冲器的振留时间等参数。

③应分层加入碎石（砾石）料，观察振实挤密效果，防止断桩、缩颈。

④桩距、桩长、灌石量等应符合设计规定。

### 7. 加固土桩法

加固土桩法是用某种专用机械将软土地基内局部范围的软土主体用无机结合料加固、稳定，使桩体与桩间的软土形成复合地基。改良后的加固土桩起置换作用，并具有应力集中效应，可以减小地基的总沉降量。常用的粉喷加固土桩法应符合下列要求。

（1）石灰应采用磨细 I 级钙质石灰（最大粒径小于 2.36 mm、氧化钙含量大于 80%）。

宜选用 $SiO_2$ 和 $Al_2O_3$ 含量大于 70%、烧失量小于 10% 的粉煤灰、普通硅酸盐水泥或矿渣硅酸盐水泥。

（2）工艺性成桩试验桩数不宜少于 5 根，获取钻进、拉斗、搅拌、喷气压力与单位时间喷入量等参数。

（3）根据固化剂的类型（浆液或粉体）确定喷入形式后，选择施工机械组合，并明确浆液搅拌、供浆或控制粉喷的要求。

（4）柱距、桩长、桩径、承载力等应符合设计规定。

# 任务六　石质路基爆破施工

在路基工程施工中，除了需要修筑路堤和开挖路堑外，当线路通过山区、丘陵以及傍山沿溪段时，还会遇到集中的和分散的岩土地区，这样就必须进行石方施工。此外，在路面和其他附属工程中也需要大量的石料，因此也需要开采加工。以往石方工程主要依靠人力施工，这样不但效率低、进度慢，而且劳动强度大。目前石方工程多采用钻孔爆破，而且药孔也逐渐由浅孔到深孔，并发展到综合爆破，同时又改进了炸药的配剂和混合工艺，不但提高了施工效率，而且使施工技术获得重大革新。

随着机械化水平的不断提高，对于路堑或半路堑岩石地段，多采用大孔径的深孔爆破和微差爆破法，使多至几百个药孔按顺序起爆，从而大大提高爆破威力。爆破后的清方和装运也基本实现机械化。

## 一、爆破的基本概念

所谓爆破，就是利用炸药爆炸时产生的热量和高压，使岩体和周围介质受到破坏和移位。

为了爆破某一岩体，可在岩体内或表面放置一定数量的炸药，这种炸药称为药包。药包在均质的岩体内爆炸时，爆炸力是向四周扩展的，紧靠药包部分的岩石，受到的冲击挤压力最大，随着离药包距离的增大，作用力也逐渐减弱。按照岩体受爆炸波作用而破坏的程度，可以把爆炸作用范围由近而远划分成四个作用圈，即压缩圈、抛掷圈、松动圈和振动圈。其中，压缩圈范围内的岩石受到极度压缩而粉碎；抛掷圈内的岩石由于受爆炸波的冲击较大，岩石被压碎成小块，如果岩体的抵抗力不足，就会被抛掷出去；松动圈内的岩石由于受爆炸波影响较小，岩体破裂而产生松动现象；振动圈内由于受爆炸影响很小，所以岩体只受到振动。这些作用圈的半径分别被称为压缩半径、抛掷半径、松动半径和振动半径。前三个圈统称为破坏圈，其半径称为破坏半径。

在一个岩体性质相同的地面下，不同的位置和不同的深度上，放置药量相等的药包，这时的地面是一个自由面，或称临空面。药包到自由面的垂直距离称最小抵抗线 $W$，是岩体抵抗力最弱的一个方向。当药包埋置较深，最小抵抗线 $W$ 较大时，爆破后药包周围的岩石产生粉碎和裂隙，自由面只受到振动，并无破坏，这种爆破称为压缩爆破，如图 11.15（a）所示。当最小抵抗线减少到某一临界值时，爆破后，药包以上直到表面岩石都受到破坏而松动，但无抛掷现象，这种爆破称为松动爆破，如图 11.15（b）所示。当最小抵抗线 $W$ 再减少时，爆破后岩石不但松动，而且有向四周抛出的现象，这种爆破称为抛掷爆破，如图 11.15（c）所示。

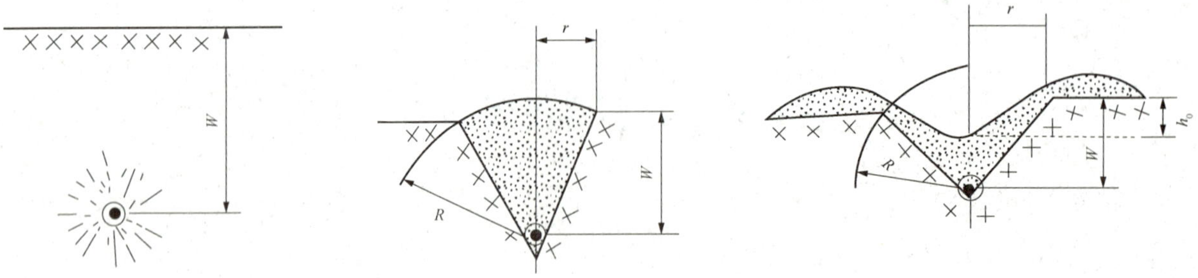

(a) 压缩爆破　(b) 松动爆破　(c) 抛掷爆破

图 11.15　药包爆破效果图

在松动爆破和抛掷爆破的情况下，从药包到临空面的上方形成一个漏斗状的爆坑，称为爆破漏斗。它由以下几个尺寸构成，即最小抵抗线 $W$、漏斗口半径 $r$ 和漏斗可见深度 $h$。很显然，$r$ 和 $W$ 两者的尺寸决定着爆破漏斗的基本形状，也反映了不同的爆破效果。通常 $r$ 和 $W$ 的比值称为爆破作用指数 $n$，即：

$$n=\frac{r}{W} \tag{11.2}$$

为了进一步区别不同的爆破效果，可将爆破漏斗按爆破作用指数 $n$ 的大小分为三种情况：

当 $n=1$ 时称为标准抛掷漏斗，爆破后只有部分岩石抛到漏斗外面，产生这种漏斗所用的炸药称为标准抛掷药包。

当 $n>1$ 时称为加强抛掷漏斗，爆破后绝大部分岩石抛掷到漏斗外部，所用药包称为加强抛掷药包。

当 $n<1$ 时称为弱抛掷漏斗，此时只有一小部分岩石抛到漏斗外面，所用药包称为弱抛掷药包。

当 $n=0.75$ 和 $n<0.75$ 时，所用药包分别形成松动爆破和压缩爆破。

抛掷爆破多用于大爆破工程，其中定向爆破就是抛掷方向、距离、数量和时间都有所控制的一种抛掷爆破。松动爆破多用在开挖路堑、巷道掘进以及采石工程等。压缩爆破多用在扩张桩基、水下压实等方面。

## 二、炸药、起爆器材和起爆方法

### 1. 炸药

炸药的种类很多，在石方爆破中常用的有起爆炸药和爆破炸药两种。

(1) 起爆炸药

起爆炸药是一种爆炸速度极高的烈性炸药，爆速可达 2 000 ~ 8 000 m/s，主要用于制造雷管和速燃导火索等。常用的有雷汞、叠氮铅等。

(2) 爆破炸药

爆破炸药指用于对岩石或其他介质进行爆破的炸药，其敏感性低，需在起爆炸药强力的冲击下才能爆炸。工程常用的爆破炸药有黑色炸药、硝铵炸药、胶质炸药、TNT（三硝基甲苯）等几种。

黑色炸药是由硝酸钾（或硝酸钠）、硫黄和木炭所组成的混合物，对火星和冲击极敏感，易燃烧爆炸，怕潮湿，威力低，适用于石料开采。

硝铵炸药是由硝酸铵、TNT 和少量木粉所组成的混合物，对冲击或摩擦不敏感，吸湿能力强，受潮后不能充分爆炸，常用的有岩石铵梯炸药、露天铵梯炸药、铵油炸药等几种。

岩石铵梯炸药有 1 号和 2 号两种（号数大的威力小）。岩石铵梯炸药特点是威力大，适用于没有煤尘和沼气爆炸危险的矿井和岩石爆破。

露天铵梯炸药有 1、2、3 号三种，这种炸药爆炸后产生的有毒气体较多，只能在露天爆破工程中使用。

铵油炸药的爆炸威力稍低于 2 号岩石铵梯炸药，但抛掷效果好，起爆较难，易受潮，制造方便，成本低，是目前露天爆破中使用最多的一种。

胶质炸药由硝化甘油和硝酸铵的混合物，另外混入一些木粉和稳定剂制成的。胶质炸药的特点是对冲击、摩擦和火星都很敏感，但抗水性较强，爆炸威力大，适用于水下和硬岩石爆破。

TNT（三硝基甲苯）呈结晶粉末状，淡黄色，压制后呈黄色，熔铸块呈褐色，不吸湿，爆炸威力大，但本身含氧不足，爆炸时产生有毒的一氧化碳气体，不宜用于地下作业。

### 2. 起爆器材和起爆方法

雷管是常用的起爆器材，按照引爆方式分为火雷管和电雷管。火雷管（普通雷管）是用导火线点燃起爆药包用的，一般分为 10 个规格，工程上常用规格为 6 ~ 8 号。电雷管与火雷管类似，所不同的是用电器点火装置代替了导火索起爆，分为即发、延发和毫秒雷管。

通过电爆网路实现起爆的称为电力起爆。电雷管的连接形式有串联、并联和混联三种。

火花起爆是利用导火索燃烧引爆雷管，从而使药包爆炸。

此外还有传爆线起爆法。传爆线的索芯是用高级烈性炸药制成，但着火较难，使用时须在药室外的一段传爆线上捆扎一个 8 号雷管来传爆。传爆网路与药包的连接方式有关，有串联、并联和并串联等。

## 三、凿岩工程

凿岩工程中的钻孔工作在整个爆破工程中所占的时间比例是较大的，因此提高钻孔工程的效率对工程进度影响相当重要。

在钻孔工程中，采用的机械设备有空气压缩机、凿岩机和穿孔机等。

根据使用的动力不同，凿岩机有风动、电动、液压以及内燃凿岩机等。目前使用较多的是风动式。

空气压缩机是风动凿岩机的动力源，目前使用的有活塞式、滑片式和螺杆式三种。各种类型的空气压缩机分移动式、半固定式。各种空气压缩机的特点如下。

（1）活塞式空气压缩机的特点是结构复杂，工作效率低，排出的压缩空气是间隔脉动的，但使用成本低，耐久性和使用寿命长，制造较容易，操作和维修方便。

（2）滑片式空压机，也叫旋转叶片式压缩机，是通过转动叶片来实现气体压缩，最终将机械能转化成风能的一种压缩机，它属于容积式压缩机的一种。滑片式空压机的滑片磨损快，使用寿命短，要有足够的润滑油来润滑滑片与气缸，这样排出的压缩空气混有油污，必须有专门的分离措施才能使用。

（3）螺杆式空气压缩机具有结构简单、可以高速旋转、效率高、运转平稳和体积小等优点，此外还有强制输气的特点，所以排气量几乎不随排气压力而变化。螺杆式空气压缩机的缺点是工作时噪声大，故必须设有良好的消声设备。由于螺杆式空气压缩机有上述优点，大有取代活塞式空气压缩机的趋势。

凿岩机与空气压缩机是通过输气管道连接的，一般多用高压胶管。在工程量大而集中、施工期长的工地中应选用钢管作为输出主管。输气管的内径应根据通过的总气量和输送的长短而定。其原理是保证最远的施工点有足够气压（不低于 600 kPa），以保证凿岩机正常工作。

凿岩机采用的钻孔工具有两种：一种是钢钎；另一种是活动钻头。前者钻杆和钻头制成一体，而后者是钻杆和钻头通过螺纹连接，一般钢钎和钻杆都是用六角形或圆形空心碳素钢制成的，因此只能用于硬度不大的岩石。钢钎磨钝后可用锻钎机修整。活动钻头在钻头的刃口处镶有硬质合金刀头（铬钨钢或铬钒钢），钻头磨钝后，可随时卸下更换，因此工作效率高，同时也减少锻钎过程所消耗的钢材。

## 四、爆破工程

石方爆破施工包括炮孔位置的选择、凿孔、装药、堵塞、引爆和清方等工序。

### 1. 炮孔位置的选择

炮孔位置的选择是十分重要的。因为炮孔的位置、方向和深度都会直接影响爆破效果。选择孔位时应注意岩石的结构，避免在层理和裂缝处凿孔，以免药包爆炸时气体由裂缝中泄出，使爆破效果降低或完全失效。炮孔应选在临空面较多的方位，如图 11.16（a）所示；或者有意识地改造地形，使第一次爆破为第二次爆破创造较多的临空面，如图 11.16（b）所示。其他爆破参数应根据工地的具体情况和实践经验来确定，一般经验数值如下。

#### （1）最小抵抗线

在工程爆破中，通常将药包中心或重心到最近自由面的最短距离，称为最小抵抗线，一般常用 $W$ 表示。抵抗线过大会使岩块过大，且容易残留炮根，过小会导致岩石飞散和炸药的消耗量增加，一般为梯段高度的 70% ~ 80%。

#### （2）炮孔深度

采用台阶式爆破时，炮孔的深度应使爆破后的地面尽量与原地面平齐。较硬的岩石易留炮眼，炮眼的深度 $L$ 应大于岩层厚度 $H$。对于软岩石可小于台阶高度，一般如下。

坚石　$L=(1.0\sim1.15)H$

次坚石　$L=(0.85\sim0.95)H$

软石　$L=(0.7\sim0.9)H$

(3) 炮孔距离

炮孔距离即两孔之间的距离，称为孔距 $a$。它的大小与起爆方法和最小抵抗线有关。

火花起爆　　$a=(1.4\sim2.0)W$

电力起爆　　$a=(0.8\sim2.3)W$

采用多排炮孔爆破时，炮孔应呈梅花形交错布置。两排炮孔之间行距 $b$ 约为 $0.86a$。

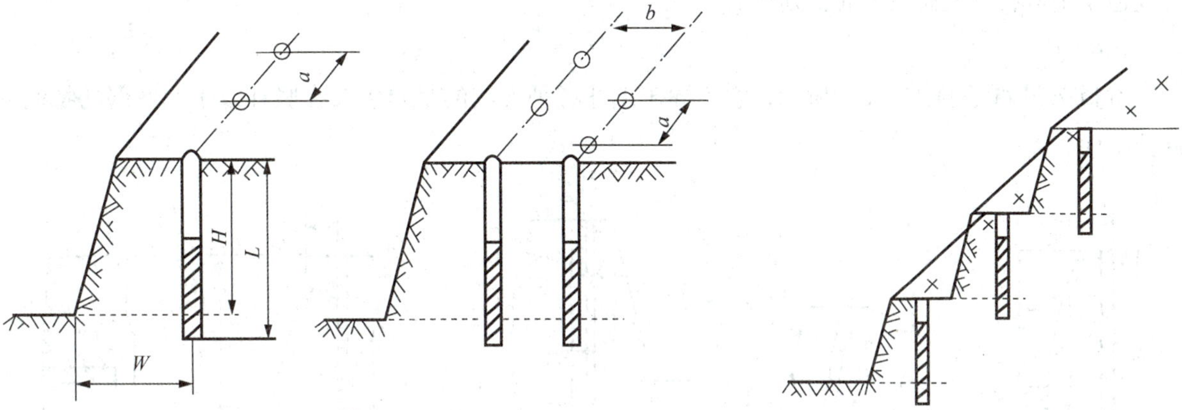


图 11.16　改造地形增加临空面

## 2. 凿孔

选孔工作完成后，即可进行凿孔。凿孔的技术要求与采用何种爆破方法有关。目前使用的有浅孔爆破和深孔爆破两种。

(1) 浅孔爆破

一般爆破的岩石数量不大，药包是装入平行排列的工作面内的，可凿成一行或多行炮孔。

通常多用手提式凿岩机凿孔，孔径在 75 mm 以内，孔深不超过 5 m，可用电力或速燃引爆线引起药包同时爆炸。这种爆破适用于工程不大的路堑开挖、采石和大块石的再爆破等。其用药量多根据炮孔深度和岩石性质而定。一般装药深度为孔深的 1/3 ~ 1/2。

(2) 深孔爆破

对孔深大于 5 m、孔径大于 75 mm 的炮孔进行爆破，称为深孔爆破。钻凿大型炮孔多采用冲击式钻机或潜孔钻机。深孔爆破因一次爆破的石方量大，从而可加快施工进度，如果有适当的装运机械配合，则可以全面实现机械化快速施工。由此可见，深孔爆破可能成为今后石方开挖的发展方向。

## 3. 装药

装药就是把炸药按照施工要求装入凿好的药孔内。装药的方式也是根据爆破方法和施工要求不同而各异，有以下几种。

(1) 集中药包

集中药包如图 11.17(a)、(b)所示，炸药完全装在炮孔的底部，这种方式对于工作面较高的岩石，崩落效果较好，但不能保证岩石均匀破碎。

（2）分散药包

分散药包如图 11.17（c）所示，炸药沿孔深的高度分散装置，这种方式可以使岩石均匀地破碎，适用于高作业面的开挖段。

（3）药壶药包

药壶药包如图 11.17（d）所示，它是在炮孔的底部制成葫芦形的储药室，以增大装药量。这种方式适用于岩石量大而集中的石方施工。

（4）坑道药包

坑道药包如图 11.17（e）所示，它不同于上述各种方法的是药包装在竖井或平洞底部的特制的储药室内。

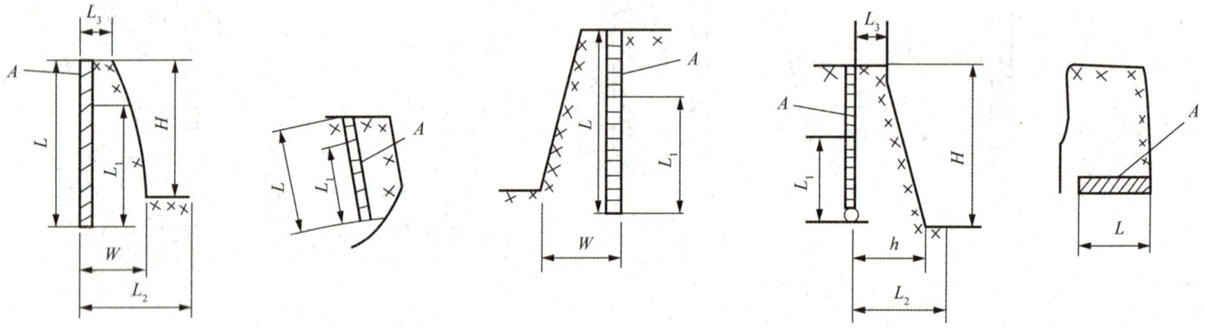


（a）集中药包　（b）集中药包　（c）分散药包　（d）药壶药包　（e）坑道药包

A—堵塞物；L—炮孔深度；$L_1$—药包高度；$L_2$—岸底面宽度；$L_3$—岩石顶面宽度；W—最小抵抗线；H—岩石厚度

图 11.17　药包装置形式

### 4. 堵塞

堵塞一般可用干砂、石粉、黏土和碎石等。堵塞物捣实时，切忌使用铁棒，一般用木棒或黄铜棒。棒的直径为炮孔直径的 0.75 倍，下端稍粗，约为炮孔直径的 0.9 倍。在棒的下端开有供导火索穿过的纵向导槽。

### 5. 引爆

引爆就是利用起爆炸药制成的雷管、引火剂或导火索从炮孔的外部引入炮孔的药室，使炸药爆破。目前工程中常用的有火花起爆、电力起爆等。

## 五、清方工程

当石方爆破后，还需按爆破次数分次清理，清理时一定要根据施工要求和石料的利用情况分别清理。如开挖路堑无填方工程时，则被清理的石料必须组织机械、配合运输工具运出施工现场，以利于下次爆破。如是傍山筑路半填半挖，则爆破的碎石可作填方用，此外可用推土机或装载机清方。由于路基施工不同于采石场和矿山开挖，一方面场地狭小，机械设备的布置和使用受限制，另一方面要求机械设备的能力大、效率高，又要机动灵活和有一定的越野性能和爬坡能力。

因此，在选择清方机械时，要考虑以下技术经济条件：工程期限所要求的生产能力；工程单价；爆破岩石和岩堆的大小；机械设备进入工地的运输条件以及机械撤离和重新进入工作面是否方便等。对以上条件应综合加以分析，而不能孤立地只考虑某一方面。如果只考虑爆破的块度便于正铲挖掘机的挖装，则对于某些结构的岩石来说，可能会大大增加爆破费用。反之，降低了爆破的费用，又会使块度增大，而挖掘机又无法铲装，因此清方机械的选配是比较复杂的。

一般来说，正铲挖掘机的适应性比较强，但进出工点比较缓慢；轮式装载机与挖掘机相比机动灵活。相同功率的正铲挖掘机和装载机相比，装载机是一种可以铲装较大块度的石块，而且可以用较少的斗数，装满载重量相等的运输工具，但装载机的卸载高度不如正铲挖掘机。

此外装载机可以自行铲运，挖掘机则不能。就经济性来说，运距在 30 ~ 40 m 以内用推土机推运较为经济；40 ~ 100 m 用装载机比较经济；100 m 以上用挖掘机配合自卸汽车比较经济。

# 任务七　路基工程施工质量控制与验收

道路路基施工过程中为了保证施工质量需进行中间检查，检查不合格不得进行下一道工序的施工；在冬雨期施工时应采取保证施工质量的措施；路基工程完工后，由施工单位会同监理单位按设计文件和施工规范要求对路基工程进行竣工验收。

## 一、路基季节性施工

### 1. 路基雨期施工

在我国南方地区，雨期时间较长，雨期施工无法避免，因此必须合理组织，以保证工程质量和进度。

#### （1）雨期施工前的准备工作

雨期施工的路基工程，应根据工程的特点，进行详细的现场调查研究，编制组织计划、合理安排机具，集中人力，组织快速施工，分段突击。本着完成一段再开一段的原则，当日进度当日完成，做到随挖、随填、随压。施工便道要保持晴雨畅通。注意在居住地、库房、车辆机具停放地修建临时排水设施，以保证雨期作业的场地能及时排除地面水，不被洪水淹没。

#### （2）雨期填筑路堤

在雨期填筑路堤，应选用透水性好的碎石土、卵石土、砂砾、石方碎渣和砂类土等作为填料，含水率过大无法晾干的土不得用作雨期施工填料。

路堤应分层填筑，每一层应做成 2% ~ 4% 的排水横坡度，整平压实、以防积水，对当日能填筑的土，应大堆存放，并设法防止雨淋，保证不被雨水浸泡。

（3）雨期开挖路堑

雨期开挖路堑应分层开挖，每层均应设置排水纵横坡、排水沟，使雨水及时排出。

（4）雨期施工技术措施

①修建晴雨天畅通无阻的施工便道。

②修建临时截水、排水设施，做到雨后能迅速排除施工范围内的积水。

③备用土料应堆置在高地，料堆周边应挖排水沟，备有防雨雨布，雨前应及时覆盖。储备一定数量透水性好的填料（砂砾土、石屑土、砂土）。

④缩短作业面。当天填土应当天压实成型，压实层顶面应平整，横坡度宜为 4%（双向）；路垂应从上至下分段、分层开挖，土质路基每开挖层的纵坡度不得小于 2%、横坡度不得小于 4%，每层均应开挖临时排水沟，并做到排水通畅。挖至路床设计高程上 30 ~ 50 cm 时应停止开挖，将横坡度修整成 4%，并加深内侧临时排水沟，做到雨后顶面无积水、排水通畅。

### 2. 路基冬期施工

昼夜平均温度在 −3℃以下并连续 10 d 以上时，需要进行路基施工的情况称为路基冬期施工。当昼夜平均气温上升到 −3℃以上，但冻土未完全融化时，也可看作路基冬期施工的情况，路基冬期施工应采取适当的冬期施工技术措施。

（1）冬期施工前的准备工作

根据冬期施工项目的先后次序，编制冬期施工组织计划，编制冬期施工组织计划时应考虑如下要点。

①冬期施工项目在冰冻前进行现场放样，保护好控制桩并做出明显标记，防止其被冰雪掩埋和冻胀移位。

②冰冻前应全部清除路基范围内的树根、草皮和杂物，挖好坡地上的填方台阶，并修通现场施工通道。

（2）冬期填筑路堤

①路堤填料应选用未冻结的砂类土、碎（卵）石土、开挖石方的石块、石渣等透水性良好的土。

②填土前应先清除地面的积雪、冰块，并根据设计需要决定是否刨出冻层，再分层夯实。

③用砂、砂砾、石块填筑路基，当室外平均气温高于 −5℃时，连续填土高度不受限制。

④填筑路堤，应按横断面全宽作业，每层松铺厚度应按正常减少 20% ~ 30%，且最大松铺厚度不得超过 30 cm；压实度不得低于正常时的施工要求；当天填土，当天压实。

⑤填土后立即铺筑高等级道路的路基，严禁用冻土填筑。路床顶以下范围内，不得用冻土填筑。容许使用冻土填筑时，冻土也必须与好土掺匀，严禁集中使用冻土。

## 二、路基工程质量检查

施工过程中当每一分项、分部工程完成后，应按设计文件及施工规范等进行中间检查。如路基原地面处理完毕，应检查基底处理情况；边坡加固前，应对加固方法、加固形式、填挖方边坡加固的适用性和边坡坡度是否适当等进行检查。若发现已完工路基受水浸淹损坏、取土及弃土超过设计、意外的填土下陷、填挖方边坡坍塌需增加土方及边坡加固工程数量时应进行中间检查。此外，在路基渗透回填土前、路基换土工作完成后，各类防护加固工程基坑开挖后必须进行中间检查验收，检查不合格不得进行下一道工序的施工。

## 三、路基工程竣工验收

路基工程完工后，由施工单位会同监理单位按设计文件和施工规范要求对路基工程进行竣工验收。

对路基进行竣工验收时，应对以下项目进行检查，验收；路基的平面位置、路基宽度、高程、横坡度和平整度；边坡坡度及加固设施；边沟等排水设施的尺寸及沟底纵坡；防护工程的修建位置和尺寸，填土压实度及表面弯沉值；隐蔽工程记录等。这些项目的具体评定应依据《城镇道路工程施工与质量验收规范》（CJJ 1—2008）进行。各种路基质量检验应符合下列规定。

### 1. 土方路基质量检验

#### （1）主控项目

①路基压实度向符合《公路工程施工质量验收规范》（DGJ 08—119—2005）中的规定，高等级公路路基的压实度应大于95%。

检查数量：每1 000 $m^2$、每压实层抽检1组（3点）。

检验方法：查检验报告（环刀法、灌砂法或灌水法）。

②弯沉值不应大于设计规定。

检查数量：每车道、每20 m测1点。

检验方法：弯沉仪检测。

#### （2）一般项目

①路床应平整、坚实、无显著轮迹、翻浆、波浪、起皮等现象，路堤边坡应密实、稳定、平顺等。

检查数量：全数检查。

检验方法：观察。

②土方路基允许偏差应符合表11.5的规定。

表11.5　土方路基允许偏差

<table>
<tr><th colspan="2" rowspan="2">项目</th><th rowspan="2">允许偏差</th><th colspan="4">检验频率</th><th rowspan="2">检验方法</th></tr>
<tr><th>范围/m</th><th colspan="3">点数</th></tr>
<tr><td colspan="2">路床纵断高程/mm</td><td>−20，+10</td><td>20</td><td colspan="3">1</td><td>用水准仪测量</td></tr>
<tr><td colspan="2">路床中线偏位/mm</td><td>≤30</td><td>100</td><td colspan="3">2</td><td>用经纬仪、钢尺量取最大值</td></tr>
<tr><td rowspan="3">平整度/mm</td><td rowspan="2">路基各压实层</td><td rowspan="2">≤20</td><td rowspan="3">20</td><td rowspan="3">路宽/m</td><td><9</td><td>1</td><td rowspan="3">用3 m直尺和塞尺连续量两尺，取较大值</td></tr>
<tr><td>9～15</td><td>2</td></tr>
<tr><td>路床</td><td>≤15</td><td>>15</td><td>3</td></tr>
<tr><td colspan="2">路床宽度/mm</td><td>不小于设计值+B</td><td>40</td><td colspan="3">1</td><td>用钢尺量</td></tr>
</table>

表 11.5（续）

<table>
<tr><th rowspan="2">项目</th><th rowspan="2">允许偏差</th><th colspan="4">检验频率</th><th rowspan="2">检验方法</th></tr>
<tr><th>范围 /m</th><th colspan="3">点数</th></tr>
<tr><td rowspan="3">路床横坡度</td><td rowspan="3">±0.3% 且不反坡</td><td rowspan="3">20</td><td rowspan="3">路宽 /m</td><td>＜9</td><td>2</td><td rowspan="3">用水准仪测量</td></tr>
<tr><td>9 ~ 15</td><td>4</td></tr>
<tr><td>＞15</td><td>6</td></tr>
<tr><td>边坡</td><td>不陡于设计值</td><td>20</td><td colspan="3">2</td><td>用坡度尺量，每侧 1 点</td></tr>
</table>

### 2. 填石路基质量检验

#### （1）主控项目

压实密度应符合试验路段确定的施工工艺，沉降差不应大于试验路段确定的沉降差。

检查数量：每 1 000 $m^2$，抽检 1 组（3 点）。

检验方法：水准仪测量。

#### （2）一般项目

①路床顶面应嵌缝牢固，表面均匀、平整、稳定，无推移、浮石。

检查数量：个数检查。

检验方法：观察。

②边坡应稳定、平顺，无松石。

检查数量：全数检查。

检验方法：观察。

③填石路基允许偏差应符合表 11.6 的规定。

表 11.6　填石路基允许偏差

<table>
<tr><th colspan="2" rowspan="2">项目</th><th rowspan="2">允许偏差</th><th colspan="4">检验频率</th><th rowspan="2">检验方法</th></tr>
<tr><th>范围 /m</th><th colspan="3">点数</th></tr>
<tr><td colspan="2">路床纵断高程 /mm</td><td>－20＋10</td><td>20</td><td colspan="3">1</td><td>用水准仪测量</td></tr>
<tr><td colspan="2">路床中线偏位 /mm</td><td>≤30</td><td>100</td><td colspan="3">2</td><td>用经纬仪、钢尺量取最大值</td></tr>
<tr><td rowspan="3">平整度 / mm</td><td rowspan="2">路基各压实层</td><td rowspan="2">≤20</td><td rowspan="3">20</td><td rowspan="3">路宽 / m</td><td>＜9</td><td>1</td><td rowspan="3">用 3 m 直尺和塞尺连续量两尺，取较大值</td></tr>
<tr><td>9 ~ 15</td><td>2</td></tr>
<tr><td>路床</td><td>≤20</td><td>＞15</td><td>3</td></tr>
<tr><td colspan="2">路床宽度 /mm</td><td>不小于设计值＋B</td><td>40</td><td colspan="3">1</td><td>用钢尺量</td></tr>
<tr><td colspan="2" rowspan="3">路床横坡度</td><td rowspan="3">±0.3% 且不反坡</td><td rowspan="3">20</td><td rowspan="3">路宽 / m</td><td>＜9</td><td>2</td><td rowspan="3">用水准仪测量</td></tr>
<tr><td>9 ~ 15</td><td>4</td></tr>
<tr><td>＞15</td><td>6</td></tr>
<tr><td colspan="2">边坡</td><td>不陡于设计值</td><td>20</td><td colspan="3">2</td><td>用坡度尺量，每侧 1 点</td></tr>
</table>

注：B 为施工必要的附加宽度。

### 3. 砌筑挡土墙质量检验

#### （1）主控项目

①地基承载力应符合设计要求。

检查数量：每道墙基槽 1 组（3 点）。

检验方法：查触（钎）探检测报告、隐蔽验收记录。

②砌块（砖）、石料强度应符合设计要求。

检查数量：每品种，每检验批 1 组（3 块）。

检验方法：查试验报告。

③砂浆平均抗压强度等级应符合设计规定，任一组试件抗压强度最低值不得低于设计强度的 85%。

检查数量：同一配合比砂浆，每 50 m 砌体中，做 1 组（6 块），不足 50 m 按 1 组计。

检验方法：查试验报告。

#### （2）一般项目

①挡土墙应牢固，外形美观，勾缝密实、均匀，泄水孔通畅。

②砌筑挡土墙允许偏差应符合表 11.7 的规定。

表 11.7 砌筑挡土墙允许偏差

<table>
<tr><th colspan="2" rowspan="2">项目</th><th colspan="4">允许偏差、规定值</th><th colspan="2">检验频率</th><th rowspan="2">检验方法</th></tr>
<tr><th>料石</th><th colspan="2">块石、片石</th><th>预制块（砖）</th><th>范围</th><th>点数</th></tr>
<tr><td colspan="2">断面尺寸 /mm</td><td>0<br>±0</td><td colspan="3">不小于设计规定</td><td rowspan="6">20 m</td><td>2</td><td>用钢尺量、上下各 1 点</td></tr>
<tr><td rowspan="2">基底高程<br>/mm）</td><td>上方</td><td>±20</td><td>±20</td><td>±20</td><td>±20</td><td>2</td><td rowspan="3">用水准仪测量</td></tr>
<tr><td>石方</td><td>±100</td><td>±100</td><td>±100</td><td>±100</td><td></td></tr>
<tr><td colspan="2">顶面高程 /mm<br>±10</td><td>±10</td><td>±15</td><td>±100</td><td>±10</td><td>2</td></tr>
<tr><td colspan="2">轴线偏位 /mm</td><td>≤10</td><td>≤15</td><td>≤15</td><td>≤10</td><td>2</td><td>用经纬仪测量</td></tr>
<tr><td colspan="2">墙面垂直度</td><td>≤0.5%H<br>且≤20 mm</td><td>≤0.2%H<br>且≤30 mm</td><td>≤0.5%H 且<br>≤30 mm</td><td>≤0.5%H<br>且≤20 mm</td><td>2</td><td>用垂线检测</td></tr>
<tr><td colspan="2">平整度 /mm</td><td>≤5</td><td>≤30</td><td>≤30</td><td>≤5</td><td rowspan="3">20 m</td><td>2</td><td>用 2 m 直尺和塞尺量</td></tr>
<tr><td colspan="2">水平缝平直度 /mm</td><td>≤10</td><td>—</td><td>—</td><td>≤10</td><td>2</td><td>用 20 m 线和钢尺量</td></tr>
<tr><td colspan="2">墙面坡度</td><td colspan="4">不陡于设计规定</td><td>1</td><td>用坡度板检验</td></tr>
</table>

注：表中 H 为构筑物全高。

路基其余各部分的质量检验标准详见规范《城镇道路工程施工与质量验收规范》。

## 拓展与实训

### 一、选择题

1. 路基填土中，不宜选用的填料为（　　）。

A. 土石混合料　　B. 砂　　C. 砂质土　　D. 粉质土

2. 填方路基应事先找平，当地面坡率陡于（　　）时，需修成台阶形式。

A.1 ∶ 10　　B.1 ∶ 5　　C.1 ∶ 6　　D.1 ∶ 8

3. 对一定压实功能作用下土的密实度与含水率之间关系说法错误的是（　　）。

A. 当土的实际含水率等于最佳含水率时，土的密实度有最大值

B. 当土的实际含水率小于最佳含水率时，随含水率增加，土的密实度增加

C. 当土的实际含水率大于最佳含水率时，随含水率增加，土的密实度增加

D. 压实到最佳密实度时土体的水稳性最好

4. 路基压实时出现局部“弹簧”现象，可采用（　　）。

A. 翻挖晾干、换土、掺灰　　B. 减轻压实

C. 减少压实遍数　　D. 不用处理

5. 路基压实中，应待压实土层的含水率在最佳含水率（　　）范围内进行压实。

A. ±1%　　B. ±2%　　C. ±3%　　D. ±4%

6. 一般情况下，路基压实采用的标准是（　　）。

A. 轻型击实　　B. 重型击实　　C. 压实系数　　D. 压实度

7. 路基施工基本方法中，工效最低的是（　　）。

A. 人工施工　　B. 简易机械化施工

C. 爆破施工　　D. 水力机械化施工

8. 路基按结构特点分为（　　）。

A. 填方路基、挖方路基　　B. 填方路基、挖方路基、半填半挖路基

C. 填方路基、半填半挖路基　　D. 挖方路基、半填半挖路基

9. 路基回弹模量的测定方法是（　　）。

A. 重型击实法　　B. 灌砂法　　C. 刚性承载板法　　D. 环刀法

10. 路基地面排水设施常用形式包括（　　）。

A. 边沟、蒸发池、排水沟　　B. 边沟、截水沟、排水沟

C. 截水沟、急流槽、排水沟　　D. 边沟、截水沟、排水泵站

11. 设置在挖方路基的路肩外侧或低路堤的坡角外侧，多与路中线平行，用以汇集和排除路面、路肩及边坡的水的排水设施是（　　）。

A. 排水沟　　B. 截水沟　　C. 边沟　　D. 跌水

12. 用于表征路基承载力的参数指标有（　　）等。

A. 抗剪强度　　B. 抗折强度　　C. 回弹模量　　D. 地基反应模量

E. 抗压强度

13. 常用的重力式挡土墙，一般由（　　）等部分构成。

A. 墙背　　B. 墙身　　C. 伸缩缝　　D. 墙面

E. 基础

二、简答题

1. 什么是一般路基？

2. 边坡防护的目的是什么？

3. 边坡防护的方法有哪些？

4. 路基施工的准备工作有哪些？

三、判断题

1. 土是三相体系，路基压实的过程是通过排出土孔隙中的空气和水，迫使土颗粒排列更为紧密的过程。（　　）

2. 路基压实时，最佳含水率随着压实功能的增大而增大。（　　）

3. 路基的压实效率影响路基路面的性质，土的最佳含水率越小，路基的压实效果越好。（　　）

4. 为保证压实功能不变，压路机压实速度增加，压实遍数也要增加。（　　）

5. 天然状态下的土，其含水率一般接近最佳值，因此组织快速施工，随挖随填，及时进行压实，对于提高路基压实效果具有一定作用。（　　）

6. 路基压实时，压实功能越大越好。（　　）

第三篇 市政道路路面工程

# 项目十二 路面工程概述

XIANGMUSHIER LUMIAN GONGCHENG GAISHU

## 项目导读

公路路面是用各种混合料铺筑在路基顶面的层状结构物。路面结构层有保护路基的作用，避免路基直接经受车辆和大气的破坏，从而使路基处于长期稳定状态。

路面工程是道路工程的主要组成部分。路面的好坏直接影响行车速度、运输成本、行车安全和舒适。

## 学习任务

本项目的任务是了解路面的要求及特点；掌握路面结构层的划分；掌握路面等级及分类；熟悉沥青路面结构及其特点。

## 思政目标

本项目的学习，可以培养学生实事求是的精神。

## 任务一 路面的要求及特点

路面是道路的主要组成部分，良好的路面能够保证车辆高速、安全、舒适地行驶，并能节约运输费用，充分发挥道路的功能。为满足行车的使用要求，提高行车速度，增强行车的安全性和舒适性，降低运输成本，延长道路的使用寿命，要求路面具有一系列性能。

## 一、强度和刚度

路面强度是指路面结构整体及各结构层抵抗在各种荷载作用下产生的应力（压应力、拉应力、剪应力）及破坏（裂缝、变形、车辙、沉陷、波浪）的能力。刚度是指其抵抗变形的能力。

## 二、稳定性

路面结构暴露在大气之中，会受到气温、降水与湿度变化的影响，其物理、力学性质也将随之不断发生变化，处于一种不稳定状态，路面结构经受这种不稳定状态，而保持结构设计所要求的几何形态及物理力学性质的性能，称为路面结构的稳定性。

## 三、耐久性

路面结构要承受车辆荷载与自然因素的重复作用，由此逐渐产生疲劳破坏或塑性变形的累积。此外，路面各结构层组成材料也可能由于老化而导致破坏。这些都将影响路面的使用性能与使用寿命，增加路面的养护维修费用。因此要求路面结构必须具有足够的抗疲劳强度、抗变形能力及抗老化能力。

## 四、表面平整度

不平整的路面会使车辆产生附加振动作用，并增大行车阻力。这种振动作用会造成行车颠簸，影响行车的速度和安全、驾驶的平稳和乘客的舒适。同时振动作用还会对路面施加冲击力，从而加剧路面的破坏、车辆机件的损坏及轮胎的磨损，并增加油料的消耗。而且不平整的路面还会因积水而加速路面的破坏。

## 五、表面抗滑性能

路面要求既平整又粗糙。汽车在光滑的路面上行驶时，车轮与路面之间缺乏足够的附着力或摩擦阻力，如在雨天高速行车，或紧急制动、突然启动，或爬坡、转弯时，车轮易产生空转或打滑，致使车速降低，油料消耗增多，甚至引起严重的交通事故。

## 六、环保性

路面环保性是指路面应具有低噪声、少扬尘等特点。降低行车噪声和扬尘应从道路设计、施工、养护和管理等方面综合考虑。

# 任务二 路面结构及层次划分

路面是用各种筑路材料铺筑在路基上供车辆行驶的层状构造物。

## 一、路面横断面

在路基顶面铺筑面层结构，沿横断面方向由行车道、硬路肩和土路肩所组成。随道路等级的不同，路面横断面可选择不同的形式，通常分为槽式横断面和全铺式横断面。

### 1. 槽式横断面

在路基上按路面行车道及硬路肩设计宽度开挖路槽，保留土路肩，形成浅槽，在槽内铺筑路面。也可采用培槽方法，在路基两侧培槽，或半填半挖的方法培槽。

### 2. 全铺式横断面

在路基全部宽度内都铺筑路面。在高等级公路建设中，有时为了将路面结构内部的水分迅速排出，在全宽范围内铺筑基层材料保证水分由横向排入边沟。有时考虑到道路交通的迅速增长，适应扩建的需要，将硬路肩及土路肩的位置全部按行车道标准铺筑面层。在盛产石料的山区或较窄的路基上，全宽铺筑中、低级路面。

## 二、路拱及路拱坡度

为了保证路面上雨水及时排出，减少雨水对路面的浸润和渗透，减弱路面结构强度，将公路做成中间高、两侧低的形状，称为路拱。路拱分为直线型或抛物线型两种。

路拱横坡度是指路表面高差与水平距离的百分比。

等级高的路面，平整度和水稳定性较好，透水性也小，通常采用直线型路拱和较小的路拱横坡度。等级低的路面，为了有利于迅速排除路表积水，一般采用抛物线型路拱和较大的路拱横坡度。

选择路拱横坡度，应充分考虑有利于行车平稳和有利于横向排水两方面的要求。在干旱和有积雪、浮冰地区，应采用低值，多雨地区采用高值；当道路纵坡较大或路面较宽，或行车速度较高时，或交通量和车辆载重较大时，或常有拖挂汽车行驶时，应采用平均横坡度的低值；反之应取用高值。

高速公路和一级公路设有中央分隔带。通常采用两种方式布置路拱横断面。若分隔带未设置排水设施，则做成中间高，两侧路面低，由单向横坡向路肩方向排水。若分隔带设置排水设施，则两侧路面分别单独作成中间高两边低的路拱，向中间排水设施和路肩两个方向排水。

路肩横坡度一般较路面横坡度大 1%。但是高速公路和一级公路的硬路肩采用与路面行车道相同的结构时，应采用与路面行车道相同的路面横坡度。

## 三、路面层级划分

行车荷载和自然因素对路面的影响，随深度的增加而逐渐减弱。因此对路面材料的强度、抗变形能力和稳定性的要求也随深度的增加而逐渐降低。为了适应这一特点，路面结构通常是分层铺筑的，按照使用要求、受力状况、土基支承条件和自然因素影响程度的不同，分成若干层次，如图 12.1 所示。通常按照各个层位功能的不同，划分为三个层次，即面层、基层和垫层，除此之外，还有联结层。

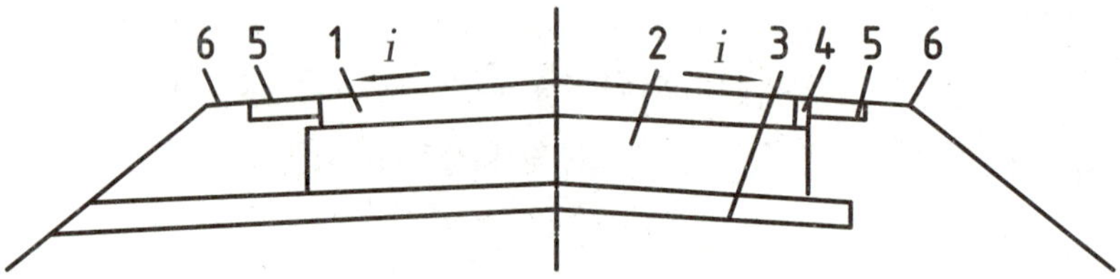


*i*—路拱横坡度；1—面层；2—基层（有时包括底基层）；3—垫层；4—路缘石；5—加固路肩；6—上路肩

图 12.1 路面结构层的划分示意图

### 1. 面层

直接承受车轮荷载反复作用和自然因素影响的结构层叫面层。面层是直接同行车和大气接触的表面层次，它承受较大的行车荷载的垂直力，水平力和冲击力的作用。同时还受到降水的浸蚀和气温变化的影响。因此同其他层次相比，面层应具备足够的强度和抗变形能力，较好的水稳定性和温度稳定性，还应具备耐磨性，不透水，其表面还应有良好的抗滑性和平整度。

面层有时分两层或三层铺筑，可由一至三层组成。以三层式沥背面层为例，自上而下分别称为上面层、中面层、下面层。尤其是上面层应具备较高的抗滑性和平整度。如高速公路沥青面层总厚度 18 ~ 20 cm，可分为上、中、下三层铺筑，并根据各分层的要求采用不同的级配等级。水泥混凝土路面也有分上下两层铺筑，分别采用不同标号的水泥混凝土材料。水泥混凝土路面上加铺 4 cm 沥青混凝土这样的复合式结构也是常见的。但是砂石路面上所铺的 2 ~ 3 cm 厚的磨耗层或 1 cm 厚的保护层，以及厚度不超过 1 cm 的简易沥青表面处治，不能作为一个独立的层次，应看作是面层的一部分。

面层对车辆行驶的安全、迅速、舒适影响大。修筑面层所用的材料主要有水泥混凝土、沥青混凝土、沥青碎（砾）石混合料、砂砾或碎石掺土或不掺土的混合料以及块料等。对于高等级道路，常用水泥混凝土、沥青混凝土、沥青碎石混合料等材料铺筑。

### 2. 基层

基层设置在面层之下，主要承受由面层传来的车辆荷载的垂直力，并与面层一起将车轮荷载的反复作用传递到底基层、垫层和土方路基中。实际上基层是路面结构中的承重层，它应具有足够的强度和刚度，并具有良好的扩散应力的能力。基层遭受大气因素的影响虽然比面层小，但是仍然有可能经受地下水和通过面层渗入雨水的侵蚀，所以基层结构应具有足够的水稳定性。基层表面虽不直接供车辆行驶，但仍然要求有较好的平整度，这是保证面层平整性的基本条件。因此要求基层材料应具有一定的抗压强度、密度、耐久性和扩散应力的能力（即应有较好的板体性）。由于基层不直接与车轮接触，故一般对基层材料的耐磨性不予严格要求，但因基层本身不能阻挡地下水和地表水的侵入，所以基层结构应具有足够的水稳性。底基层设置在基层之下，并与基层一起传递车轮荷载的反复作用，起次要承重作用。

修筑基层的材料主要有各种结合料（如石灰、水泥或沥青等）稳定土或稳定碎（砾）石、贫水泥混凝土、天然砂砾、各种碎石或砾石、片石、块石或圆石，各种工业废渣（如煤渣、粉煤灰、矿渣、石灰渣等）和土、砂、石所组成的混合料等。

基层厚度太厚时，为保证工程质量可分为两层或三层铺筑。当采用不同材料修筑基层时，基层的最下层称为底基层，对底基层材料质量的要求较低，可使用当地材料来修筑。基层按所用的材料可分为无机结合料稳定类（也称半刚性）、粒料类、沥青类等。各种常用基层、底基层分类见表12.1。

表 12.1 各种常用基层、底基层分类

<table>
<tr><td rowspan="4">无机结合料稳定类</td><td colspan="2">水泥稳定类</td><td>包括水泥稳定砂粒、砂粒土、碎石土、未筛分碎石、石屑</td></tr>
<tr><td colspan="2">石灰稳定类</td><td>包括石灰稳定土（石灰土）、天然砂粒土、天然碎石土，以及用石灰稳定级配砂粒和级配碎石</td></tr>
<tr><td rowspan="2">石灰工业废渣类</td><td>石灰粉煤灰类</td><td>包括石灰粉煤灰（二灰）、石灰粉煤灰土（二灰土）</td></tr>
<tr><td>石灰煤渣类</td><td>包括石灰煤渣、石灰煤渣土、石灰煤渣碎石</td></tr>
<tr><td rowspan="2">粒料类</td><td colspan="2">嵌锁型</td><td>包括泥结碎石、泥灰结碎石、填隙碎石等</td></tr>
<tr><td colspan="2">级配型</td><td>包括级配碎石、级配砾石、级配砂砾等</td></tr>
<tr><td rowspan="2">沥青类</td><td colspan="3">沥青混合料（沥青碎石）</td></tr>
<tr><td colspan="3">沥青贯入式碎石</td></tr>
</table>

### 3. 垫层

垫层是设置在基（底基）层和土方路基之间的层次，它的功能是改善土基的湿度和温度状况，以保证面层和基层的强度、刚度和稳定性不受土基水温状况变化所造成的不良影响。另一方面的功能是将基层传下的车辆荷载应力加以扩散，以减小土基产生的应力和变形。同时也能阻止路基土挤入基层中，影响基层结构的性能。因此它的主要作用是加强土方路基、改善基层的工作条件。

垫层往往是为蓄水、排水、隔热、防冻等目的而设置的，所以通常设在路基处于潮湿、过湿及有冰冻翻浆的路段。在地下水位较高地区铺设的垫层能起隔水作用，称为隔离层；在冰冻较深地区铺设的垫层能起防冻作用，称为防冻层。此外，垫层还能扩散由基层传下来的应力，以减小土方路基的应力和变形；而且也能阻止路基土挤入基层中，从而保证基层的结构性能。

修筑垫层的材料，强度要求不一定高，但水稳定性和隔温性能要好。常用的垫层材料分为两类，一类是由松散粒料，如砂、砾石、炉渣等组成的透水性垫层；另一类是用水泥或石灰稳定土等修筑的稳定类垫层。

现行的《公路沥青路面设计规范》(JTG D50—2017)重新定义了路面结构层由面层、基(底基)层、功能层组成，并定义了功能层的概念，是为了保证面层和基层不受路基水温状况变化所造成的不良影响，必要时设置的路面结构层。它的主要功能是加强路面结构层之间的联结、改善路基的湿度和温度状况。我们按习惯把设置在路基与基(底基)层间的功能层称为垫层。

#### 4. 联结层

联结层是在面层和基层之间设置的一个层次。它的主要作用是加强面层与基层的共同作用或减少基层的反射裂缝。实践证明，对于交通繁重的道路，不论哪一种基层，一般都要设置联结层才能保证面层有较好的使用效果，否则，路面会出现早期开裂。联结层所采用的材料一般是沥青贯入式碎石和沥青碎石。

应当指出，不是任何路面结构都需要上述几个层次，而应根据具体情况设定。而且，层次的划分也不是一成不变的，例如在道路改建中，旧路面的面层可成为新路面的基层。此外，为了保护沥青路面的边缘，一般要求基层比面层每边宽出 25 cm；垫层也要比基层每边宽出 25 cm，并大于上一层的结构厚度。

## 任务三 路面等级与分类

### 一、路面等级

通常按路面面层的使用品质、材料组成类型以及结构强度和稳定性，将路面分为四个等级，见表 12.2。

表 12.2 路面等级

| 面层类型 | 适用范围 |
|---|---|
| 沥青混凝土 | 高速、一级、二级、三级、四级公路 |
| 水泥混凝土 | 高速、一级、二级、三级、四级公路 |
| 沥青贯入、沥青碎石、沥青表面处治 | 二级、三级公路 |
| 砂石路面 | 四级公路 |

按面层的使用品质、交通功能，路面分级如下。

#### 1. 高级路面

高级路面的特点是强度和刚度高，稳定性好，使用寿命长，能适应较繁重的交通量，路面平整，无尘埃，能保证高速行车。高级路面养护费用少，运输成本低，但初期建设投资高，需要用质量高的材料来修筑。

### 2. 次高级路面

次高级路面强度和刚度低于高级路面，与高级路面相比，次高级路面使用寿命较短，所适应的交通量较小，行车速度也较低。次高级路面的初期建设投资虽较高级路面低些，但要求定期修理，养护费用和运输成本也较高。次高级路面面层类型为沥青贯入碎石、路拌沥青碎石、沥青表面处治等，适用等级为二级、三级公路。

### 3. 中级路面

中级路面的强度和刚度低，稳定性差，寿命短，平整度差，易引起扬尘，仅能适应较小的交通量，行车速度低。中级路面的初期建设投资虽然很低，但是养护工作量大，需要经常维修和补充材料，才能延长使用年限，运输成本也高。中级路面面层类型主要为泥结碎石、级配碎石、水结碎石等。

### 4. 低级路面

低级路面的强度和刚度都是最低，且水稳定性差，路面平整度差，易扬尘，故只能保证低速行车，所适应的交通量最小，在雨季有时不能通车。低级路面的初期建设投资最低，但要求经常养护修理，而且运输成本最高。低级路面面层类型主要为粒料、砂砾土、矿渣土，适用等级为四级公路。

## 二、路面分类

路面类型可以从不同角度来划分，但是一般都按面层所用的材料区划，如沥青混凝土路面、水泥混凝土路面、贯入式沥青碎石路面、上拌下贯式沥青碎石路面、沥青表面处治和稀浆封层路面、砌块路面等。路面面层类型的选用应符合表 12.2 的规定。路面按强度构成原理分类，可分为嵌锁类路面、级配类路面、结合料稳定类路面和铺砌类路面。

在工程设计中，主要从路面结构的力学特性和设计方法的相似性出发，将路面划分为柔性路面、刚性路面和半刚性路面三类。

### 1. 柔性路面

柔性路面的总体结构刚度较小，经过车辆荷载作用，易产生较大的弯沉变形，路面结构本身的抗弯拉强度较低，它通过各结构层将车辆荷载传递给土基，使土基承受较大的单位压力。综上，其优点是能适应较大的变形（地基较大不均沉降），缺点是不能承受较大的荷载（重载交通荷载），如粒料基层、沥青面层、碎（砾）石面层、块石面层等，如图 12.2 所示。

图 12.2　柔性路面

### 2. 半刚性路面

半刚性路面前期具有柔性路面力学性质，后期强度与刚度均大幅增长，但仍远小于水泥混凝土半刚性基层。其材料的刚性介于柔性路面与刚性路面之间。这类路面常用水泥、石灰等无机结合料处治的土或碎（砾）石及含有水硬性结合料的工业废渣铺筑基层，因此把这种基层和铺筑在它上面的沥青面层统称为半刚性基层。很多国家明确限制采用半刚性基层，且半刚性材料趋向做底基层。半刚性基层是我国主要的路面结构基层形式，但容易产生裂缝。级配碎石柔性基层可以减少和延缓沥青面层裂缝，如图 12.3 所示。

图 12.3 半刚性路面

### 3. 刚性路面

刚性路面主要指用水泥混凝土作面层或基层的路面结构。水泥混凝土的强度高，与其他筑路材料比较，有较高的弹性模量，故呈现出较大的刚性。当荷载作用产生的竖向变形很小时，可使结构层处于弹性的板体工作状态。由于板体的扩散及分布荷载作用，传递到板下基础上的单位压力较小。综上，其特点是抗弯拉强度高，整体刚度大，处于板体工作状态，竖向弯沉小，如水泥混凝土路面，如图 12.4 所示。

图 12.4 刚性路面

刚性路面、柔性路面和半刚性路面，这种以力学特性为标准的分类方法主要是为了便于从功能原理和设计方法出发进行区分，并没有绝对的定量分界界限。近年来材料科学的发展正在逐步改变这种路面属性，如水泥混凝土的增塑研究正在使它的刚性降低而保留它的高强性质，在保持其具有高强度优势的前提下，沥青的改性研究使得沥青混凝土随气候而变化的力学性质趋向于稳定，从而大幅度提高其刚度。事物都在相互转化之中。

# 任务四 沥青路面结构

## 一、面层

沥青混凝土面层的常用厚度和适宜层位可按使用要求结合各城市实践经验选用。

热拌热铺的沥青碎石可做双层式面层的下面层或单层式面层。做单层式面层时，为了达到防水和平整度要求，应加铺沥青封层或磨耗层。沥青碎石面层的常用厚度为 50 ~ 70 mm。

沥青贯入式碎( 砾 )石可做面层或沥青混凝土路面的下面层。做面层时，应加铺沥青封层或磨耗层。沥青贯入式碎（砾）石面层常用厚度为 40 ~ 80 mm。

沥青表面处治主要起防水层、磨耗层、防滑层或改善碎（砾）石路面的作用，沥青表面处治面层的常用厚度为 15 ~ 30 mm。

## 二、基层

基层是路面结构中的承重层，主要承受车辆荷载的竖向力，并把由面层下传的应力扩散到路基，故基层应具有足够的、均匀一致的承载力和刚度。基层受自然因素的影响虽不如面层强烈，但沥青类面层下的基层应有足够的水稳性，以防基层湿软后变形过大导致面层损坏。用于基层的材料主要有以下两种。

### 1. 整体型材料

整体型材料主要是指无机结合料稳定粒料，主要包括石灰粉煤灰稳定砂砾、石灰稳定砂砾、石灰煤渣、水泥稳定碎（砾）石等。整体型材料强度高，整体性好，适用于交通量大、轴载重的道路。

### 2. 级配型和嵌锁型材料

#### （1）级配型材料

常用的级配型材料有级配碎（砾）石。级配碎（砾）石应密实、稳定。为防止冻胀和湿软，级配碎（砾）石应控制粒径小于 0.5 mm 的颗粒含量和塑性指数。在中湿和潮湿路段，用作沥青路面的基层时，应掺石灰。符合标准级配要求的天然砂砾可用作基层。

不符合标准级配要求的天然砂砾只宜用作底基层或垫层，并应按路基干湿类型适当控制粒径小于 0.5 mm 的颗粒含量。为便于压实，其最大粒径宜不大于 60 mm。

（2）嵌锁型材料

常用的嵌锁型材料有泥灰结碎（砾）石。泥灰结碎（砾）石适用于中混和潮湿路段，掺灰量为其含土量的 8% ~ 12%。集料的粒径宜小于或等于 40 mm，并不得大于层厚的 70%。嵌缝料应与集料的最小粒径衔接。

## 三、垫层

垫层是介于基层和土方路基之间的层位，其作用是改善土方路基的湿度和温度状况，保证面层和基层的强度稳定性和抗冻胀能力，扩散由基层传来的荷载应力，以减小土方路基所产生的变形。因此垫层通常在土方路基湿度和温度状况不良时设置。

垫层材料应具备良好的水稳性。垫层应按以下要求设置。

（1）路基经常处于潮湿状态的路段，以及在季节性冰冻地区易产生冰冻危害的路段应设垫层。

（2）垫层材料有粒料稳定土和无机结合料稳定土两类。粒料包括天然砂砾、粗砂、炉渣等。采用天然砂砾或粗砂时，粒径小于 0.075 mm 的颗粒含量应小于 5%；采用炉渣时，粒径小于 2 mm 的颗粒含量宜小于 20%。

（3）垫层厚度可按当地经验确定，一般宜大于或等于 150 mm。

## 拓展与实训

### 一、选择题

1. 路面结构各层次中，主要起调节和改善路基水温状况作用的是（　　）。

A. 面层　　B. 基层　　C. 垫层　　D. 联结层

2. 道路各结构层次从上到下正确的一项是（　　）。

A. 面层、联结层、垫层　　B. 面层、基层、整平层、路基

C. 面层、基层、垫层、联结层、路基　　D. 面层、联结层、基层、垫层、路基

3. 为保护路面边缘，基层至少应比面层（　　）。

A. 每边宽 0.5 m　　B. 每边宽 0.25 m　　C. 每边宽 0.2 m　　D. 每边宽 0.15 m

4. 柔性路面结构层次中，基层主要起（　　）的作用。

A. 承受竖向力　　B. 承受水平力　　C. 承受水平力和竖向力 D. 整平

5. 下列对路面使用要求的说法中正确的是（　　）。

A. 路面应具有足够的强度和刚度

B. 路面应具有足够的稳定性，能长期承受温度、湿度变化和荷载的作用

C. 路面应具有足够的粗糙度，因而应适当降低平整度

D. 路面应具有足够的耐久性，使路面在外界因素作用下耐疲劳、耐老化

E. 路面应与周围环境相协调

6. 路面结构整体及各结构层抵抗在各种荷载作用下产生的应力及破坏的能力是指路面的（ ）。

A. 强度 B. 挠度 C. 刚度 D. 耐久性

7. 路面结构层次中直接与行车和大气相接触的表面层次是（ ）。

A. 面层 B. 基层 C. 垫层 D. 结构层

8. 沥青路面结构层次中的承重层是（ ）。

A. 面层 B. 基层 C. 垫层 D. 防水层

9. 按荷载作用下的力学性质划分。路面可分为（ ）。

A. 柔性路面、刚性路面、半刚性路面 B. 柔性路面、半柔性路面、半刚性路面

C. 柔性路面、刚性路面、半柔性路面 D. 半柔性路面、刚性路面、半刚性路面

10. 路面的最基本的功能是（ ）。

A. 为车辆提供快速、安全、舒适和经济的行驶环境

B. 给道路使用者留下美好的印象

C. 防止路基出现滑坡、崩塌等病害

D. 承受车辆荷载的垂直力，并下传给地基

**二、判断题**

1. 垫层设在底基层和土方路基之间，起排水、隔水、防冻、防污等作用。（ ）

2. 垫层的主要功能是承受车辆荷载的垂直力。（ ）

3. 路面是用各种材料或混合料，分单层或多层铺筑在路基顶面供车辆行驶的层状构造物。（ ）

4. 路面是道路的主要组成部分，它的好坏会直接影响行车速度。（ ）

第三篇

市政道路路面工程

# 项目十三 路面基层（底基层）施工

XIANGMUSHISAN LUMIAN JICENG (DIJICENG) SHIGONG

## 项目导读

路面基层是路面结构层中重要的组成部分，基层的整体强度和质量会直接影响整个路面。路基是路面结构的基础，具有足够强度与稳定性的路基可为路面结构长期承受车辆荷载提供重要的保证。路基和路面是不可分离的整体，应综合考虑其工程特点，综合解决两者的强度、刚度及稳定性等工程技术问题。

为此本项目把目前常用的粒料类基层和稳定类基层的施工作为实际工程施工任务，最后完成基层施工质量控制与验收任务。

## 学习任务

本项目的任务旨在让学生了解公路路面基层施工材料的分类、材料质量要求、混合料组成设计；掌握粒料类及稳定类基层及材料质量要求，及相应的施工方法；了解基层施工质量控制、检查验收。

## 思政目标

本项目的学习，可以培养学生类比理解记忆的学习能力，培养学生善于发现问题、独立分析问题和解决问题的能力。

## 任务一 粒料类基层施工

### 一、基层分类

根据材料组成及使用性能的不同，基层分为无结合料的粒料类和有结合料的稳定类。

无结合料的粒料类包括级配碎石、级配砾石、填隙碎石等。

有结合料的稳定类包括有机结合料的稳定类基层，如沥青碎石、沥青贯入式等；无机结合料的稳定类基层，如水泥、石灰、工业废渣等。

粒料类基层包括泥结碎石、泥灰结碎石、填隙碎石、级配碎石、级配砾石、符合级配的天然砂砾、部分砾石经轧制掺配而成的级配砾、碎石等。国外有些国家的高等级公路上用级配碎石或级配砾石修筑基层或底基层，级配碎石也可用作沥青面层与半刚性基层之间的联结层，如图 13.1 所示。

#### 1. 级配碎石

级配碎石就是当其颗粒组成符合密实级配要求时，粗细碎石集料和石屑各占一定比例的混合料。级配碎石的强度主要由碎石颗粒间的密实、填充作用形成，对碎石颗粒的强度要求高。级配碎石适用于各级公路。

#### 2. 级配砾石

级配砾石适用于底基层或二级及二级以下公路的基层。

#### 3. 填隙碎石

填隙碎石是指用单一尺寸粗碎石作为主骨料，用石屑作填隙料铺筑成的结构层。填隙碎石的强度来自嵌锁骨架，石屑填充以达密实。填隙碎石与级配砾石适用范围相同。

图 13.1　级配碎石、级配砾石、填隙碎石

### 二、粒料类基层的材料质量要求

#### 1. 粗集料

粗集料质量要求如下：

（1）宜用各种硬质岩石或砾石加工成的碎石，也可直接用天然砾石。

（2）高速公路和一级公路极重、特重交通荷载等级基层的 4.75 mm 以上粗集料应采用单一粒径的规格料。其级配规格要求符合《公路路面基层施工技术细则》（JTG/T F20—2015）要求。

（3）应采用适当的碎石加工工艺，用于破碎的原石粒径应为破碎后的碎石公称最大粒径的 3 倍以上。高速公路基层用碎石，宜采用反击式破碎机轧制的碎石。

（4）级配碎石或砾石用作基层时，高速公路和一级公路公称最大粒径应不大于 26.5 mm，二级及二级以下公路公称最大粒径应不大于 31.5 mm；用作底基层时，公称最大粒径应不大于 37.5 mm。级配碎石的颗粒组成见表 13.1。

表 13.1 级配碎石基层的集料级配范围

| 编号 | 通过以下筛孔（mm）的重量百分率（%） | | | | | | | | 液限（%） | 塑性指数 |
|---|---|---|---|---|---|---|---|---|---|---|
| | 40 | 30 | 20 | 10 | 5 | 2 | 0.5 | 0.075 | | |
| 1 | 100 | 90 ~ 100 | 75 ~ 90 | 50 ~ 70 | 30 ~ 55 | 15 ~ 35 | 10 ~ 20 | 9 ~ 10 | ＜28 | ＜6 或 9 |
| 2 | | 100 | 85 ~ 100 | 60 ~ 80 | 30 ~ 50 | 15 ~ 30 | 10 ~ 20 | 2 ~ 8 | ＜28 | ＜6 或 9 |

注：1. 潮湿多雨地区的基层采用塑性指数不大于 6，其他地区的基层采用塑性指数不大于 9。

2. 对于无塑性的混合料，小于 0.075 mm 的颗粒含量接近限高，使压实后的基层透水性小。

（5）作为高速公路、一级公路底基层和二级及二级以下公路基层、底基层被稳定材料的天然砂砾应级配稳定、塑性指数小于 9。

### 2. 水

符合现行《生活饮用水卫生标准》（GB 5749—2022）的饮用水可直接作为基层、底基层材料拌和与养生用水。拌和使用的非饮用水应进行水质检验，技术要求应符合《公路路面基层施工技术细则》（JTG/T F20—2015）的规定。

### 3. 石屑或其他细集料

石屑或其他细集料可以使用一般碎石场的细筛余料，也可用轧制沥青表面处治和贯入式用石料时的细筛余料，或专门轧制的细碎石。

当级配碎石中细料塑性指数偏大时，塑性指数与 0.5 mm 以下的细料含量的乘积应符合：在年降雨量小于 600 mm 的中干和干旱地区，地下水位对土基没有影响时，应不大于 120；在潮湿多雨地区，应不大于 100。

## 三、粒料类基层的施工方法

粒料类基层施工方法有路拌法施工和中心站集中厂拌法施工两种。

### 1. 路拌法施工

路拌法施工分为分层摊铺、现场移动式拌和机械拌和。

级配碎石路拌法施工的工艺流程相应顺序如下。

#### （1）下承层准备

在准备下承层时，下承层不宜做成槽式断面，有关事项要符合施工技术规范相关要求。下承层应是平整、坚实，具有规定的路拱，没有任何松散和软弱地点。

(2)施工放样

恢复中线，直线段应每 10 ~ 20 m 设一桩，平曲线段每 10 ~ 15 m 设一桩，并在两侧路肩边缘外设指示桩。在两侧指示桩上用明显标记标出水泥稳定土层边缘的设计高。

(3)备料(计算材料用量)

根据各路段基层或底基层的宽度、厚度及规定的压实干密度，并按确定的配合比分别计算各段需要的未筛分碎石和石屑的数量或不同粒级碎石和石屑的数量，计算每车料的堆放距离。未筛分碎石和混合料的含水量宜大于最佳含水量的 1%。

(4)运输集料

集料装车时，应控制每车料的数量基本相等。宜由远到近卸置集料。卸料距离应严格掌握，避免不够或过多。

(5)摊铺集料

应事先通过试验确定集料的松铺系数并确定松铺厚度。人工铺筑混合料时，其松铺系数约为 1.40 ~ 1.50；平地机摊铺混合料时，其松铺系数约为 1.25 ~ 1.35。

(6)拌和及整形

对于二级及二级以上公路，应采用专用稳定土拌和机拌和级配碎石。对于二级以下的公路，在无稳定土拌和机的情况下，可采用平地机或多铧犁与缺口圆盘耙相配合进行拌和。

①用稳定土拌和机应拌和两遍以上。拌和深度应直到级配碎石层底。在进行最后一遍拌和之前，必要时先用多铧犁紧贴底面翻拌一遍。

②用平地机进行拌和，宜翻拌 5 ~ 6 遍，使石屑均匀分布于碎石料中。平地机拌和的作业长度，每段宜为 300 ~ 500 m。平地机刀片的安装角度宜符合表 13.2 的要求。

表 13.2　平地机刀片安装角度

| 拌和条件 | 平面角 $\alpha$/(°) | 倾角 $\beta$/(°) | 切角 $\gamma$/(°) |
|---|---|---|---|
| 干拌 | 30 ~ 50 | 45 | 3 |
| 湿拌 | 35 ~ 40 | 45 | 2 |

拌和结束时，混合料的含水量应均匀，并较最佳含水量大1%左右，同时应没有粗细颗粒离析现象。

③用缺口圆盘耙与多铧犁相配合拌和级配碎石时，用多铧犁在前面翻拌，圆盘耙紧跟在后面拌和，即采用边翻边耙的方法，共翻耙 4 ~ 6 遍，应随时检查调整翻耙的深度。用多铧犁翻拌时，第一遍由路中心开始，将混合料向中间翻，同时机械应慢速前进。第二遍从两边开始，将混合料向外翻。拌和过程中，应保持足够的水分。拌和结束时，混合料的含水量和均匀性应符合②的要求。

④使用在料场已拌和均匀的级配碎石混合料时，摊铺后混合料如有粗细颗粒离析现象，应用平地机进行补充拌和。

⑤用平地机将拌和均匀的混合料按规定的路拱进行整平和整形，在整形过程中，应注意消除粗细集料离析现象。

⑥用拖拉机、平地机或轮胎压路机在已初平的路段上快速碾压一遍，以暴露潜在的不平整，再用平地机进行整平和整形。

（7）碾压

①整形后，当混合料的含水量等于或略大于最佳含水量时，立即用 12 t 以上三轮压路机、振动压路机或轮胎压路机进行碾压。直线和不设超高的平曲线段，由两侧路肩开始向路中心碾压；在设超高的平曲线段，由内侧路肩向外侧路肩进行碾压。碾压时，后轮应重叠 1/2 轮宽；后轮必须超过两段的接缝处。后轮压完路面全宽时，即为一遍。碾压一直进行到要求的密实度为止。一般需碾压 6 ~ 8 遍，应使表面无明显轮迹。压路机的碾压速度，头两遍以 1.5 ~ 1.7 km/h 为宜，以后用 2.0 ~ 2.5 km/h。

②路面的两侧应多压 2 ~ 3 遍。

③严禁压路机在已完成的或正在碾压的路段上掉头或急刹车。

④凡含土的级配碎石层，都应进行滚浆碾压，一直压到碎石层中无多余细土泛到表面为止。

（8）横向接缝的处理

两作业段的衔接处应搭接拌和。第一段拌和后，留 5 ~ 8 m 不进行碾压，第二段施工时，前段留下未压部分与第二段一起拌和整平后进行碾压。

（9）纵向接缝的处理

应避免纵向接缝。在必须分两幅铺筑时，纵缝应搭接拌和。前一幅全宽碾压密实，在后一幅拌和时，应将相邻的前幅边部约 30 cm 搭接拌和，整平后一起碾压密实。

### 2. 中心站集中厂拌法施工

级配碎石混合料可以在中心站用多种机械进行集中拌和，如强制式拌和机、卧式双转轴桨叶式拌和机、普通水泥混凝土拌和机等。

（1）备料

对用于高速公路和一级公路的级配碎石基层和中间层，宜采用不同粒级的单一尺寸碎石和石屑，按预定配合比在拌和机内拌制级配碎石混合料。不同粒级的碎石和石屑等细集料应隔离，分别堆放。细集料应有覆盖，防止雨淋。

（2）拌和

在正式拌制级配碎石混合料之前，必须先调试所用的厂拌设备，使混合料的颗粒组成和含水量都能达到规定的要求。

在采用未筛分碎石和石屑时，如未筛分碎石或石屑的颗粒组成发生明显变化，应重新调试设备。

（3）运输

将拌好的混合料从拌和机直接卸入自卸车，尽快送到铺筑现场。为了减少水分损失，自卸车上的混合料应该覆盖。运输的时间一般要限制在 30 min 内。

（4）摊铺

将级配碎石用于高速公路和一级公路时，应用沥青混凝土摊铺机或其他碎石摊铺机摊铺碎石混合料。摊铺机后面应设专人消除粗细集料离析现象。

级配碎石用于二级和二级以下公路时，如没有摊铺机，也可用自动平地机（或摊铺箱）摊铺混合料。

①根据摊铺层的厚度和要求达到的压实干密度，计算每车混合料的摊铺面积。

②将混合料均匀地卸在路幅中央，路幅宽时也可将混合料卸成两行。

③用平地机将混合料按松铺厚度摊铺均匀。

④设一个三人小组跟在平地机后面，及时消除粗细集料离析现象。对于粗集料“窝”和粗集料“带”，应添加细集料，并拌和均匀；对于细集料“窝”，应添加粗集料，并拌和均匀。

（5）碾压

用振动压路机、三轮压路机进行碾压，碾压方法应符合规范要求。

用平地机摊铺混合料后的整形和碾压均与路拌法施工相同。

（6）横向接缝处理

①用摊铺机摊铺混合料时，靠近摊铺机当天未压实的混合料，可与第二天摊铺的混合料一起碾压，但应注意此部分混合料的含水量。必要时，应人工补充洒水，使其含水量充足。

②用平地机摊铺混合料时，每天的工作缝可按路拌法方式处理。

（7）纵向接缝的处理

应避免纵向接缝。如果摊铺机的摊铺宽度不够，必须分两幅摊铺时，宜采用两台摊铺机一前一后相隔 5 ~ 8 m 同步向前摊铺混合料。在仅有一台摊铺机的情况下，可先在一条摊铺带上摊铺一定长度后，再开到另一条摊铺带上摊铺，然后一起进行碾压。

在不能避免纵向接缝的情况下，纵缝必须垂直相接，不应斜接，并按下述方法处理。

①在前一幅摊铺时，在靠后一幅的一侧应用方木或钢模板做支撑，方木或钢模板的高度与级配碎石层的压实厚度相同。

②在摊铺后一幅之前，将方木或钢模板除去。

③如在摊铺前一幅时未用方木或钢模板支撑，靠边缘的 30 cm 左右难于压实，而且形成一个斜坡，在摊铺后一幅时，应先将未完全压实部分和不符合路拱要求部分挖松并补充洒水，待后一幅混合料摊铺后一起进行整平和碾压。

## 任务二 稳定类基层材料概述

### 一、常用稳定类基层的种类

#### 1. 无机结合料稳定类基层

无机结合料稳定类基层是用无机结合料与集料或土组成的混合料铺筑的，具有一定厚度的路面结构层。这类基层具有整体性好、强度高、刚度大、水稳定性好、经济效益佳，同时也有收缩系数较大、抗变形能力较差、透水性差、表面易积水、破裂后不能愈合等缺点。无机结合料稳定类基层沥青路面是我国高等级公路的主要路面结构形式。

常见的无机结合料稳定类基层如下。

（1）石灰稳定类基层

石灰稳定类基层是以石灰为结合料，通过加水与被稳定材料共同拌和形成的混合料，包括石灰碎石土、石灰土等。

用石灰稳定细粒土得到的混合料，简称石灰土。石灰土的干缩和温缩特性十分明显，且都会导致裂缝，强度未充分形成时表面会遇水软化产生唧浆冲刷现象，已被严格禁止用于高等级道路的路面基层，只能用作底基层。

用石灰稳定粗粒土或中粒土得到的混合料，视所用原材料而定，当原材料为天然砂砾土时，简称石灰砂砾土；当原材料为天然碎石土时，简称石灰碎石土。

（2）水泥稳定类基层

水泥稳定类基层是以水泥为结合料，通过加水与被稳定材料共同拌和形成的混合料，包括水泥稳定级配碎石、水泥稳定级配砾石、水泥稳定石屑、水泥稳定土、水泥稳定砂等。

用水泥稳定细粒土得到的混合料，简称水泥土。水泥土的干缩系数、干缩应变和温缩系数都明显大于水泥稳定粒料，所产生的收缩裂缝也比水泥稳定粒料严重得多。水泥土强度未充分形成时表面会遇水软化，导致沥青路面龟裂破坏；水泥土的抗冲刷能力低，表面会遇水软化，易产生唧浆冲刷现象，导致路面裂缝、下陷扩展，因此水泥土只能用作高等级道路的底基层。

（3）石灰工业废渣稳定类基层

石灰工业废渣稳定类基层是以石灰或水泥为结合料，以煤渣、钢渣、矿渣等工业废渣为主要被稳定材料，通过加水拌和形成的混合料。混合料经摊铺、压实及养护后，当其抗压强度和耐久性符合规定要求时，称为石灰工业废渣稳定类基层。

石灰工业废渣材料可分石灰粉煤灰类和石灰其他废渣类两大类。其中应用最多最广的是石灰粉煤粉类，用石灰和粉煤灰稳定细粒土（含砂）得到的混合料，简称二灰土。用石灰和粉煤灰稳定级配砂砾和级配碎石得到的混合料，分别简称二灰砂砾和二灰碎石。二灰土有良好的力学性能、板体性、水稳性和一定的抗冻性，其抗冻性比石灰土高很多，同时也具有明显的收缩特性，但比石灰土和水泥土小。因此二灰土也被严格禁止用于高等级道路路面基层，只能用作底基层。

（4）综合稳定类基层

综合稳定类基层是以两种或两种以上材料的结合料，通过加水与被稳定材料共同拌和形成的混合料，包括水泥石灰稳定材料、水泥粉煤灰稳定材料、石灰粉煤灰稳定材料等。

**2. 有机结合料稳定基层**

有机结合料稳定材料有沥青稳定碎石、乳化沥青碎石、沥青贯入碎石。用沥青材料作结合料，黏结矿料、修筑面层，与各类基层和垫层从而组成沥青路面。由于沥青路面使用沥青结合料，因而增强了矿料间的黏结力，提高了混合料的强度和结构。与水泥混凝土路面相比，沥青路面具有表面平整、无接缝、行车舒适、耐磨、振动小、噪声低、施工期短、养护维修简便、适宜于分期修建等优点，因而得到越来越广泛的应用。沥青路面是我国高等级公路的主要路面形式。

(1)沥青稳定碎石基层

沥青稳定碎石属于沥青碎石混合料，属于骨架空隙结构，由连续级配矿质混合料和沥青组成。其特点是粗集料较多，粗集料彼此紧密相接，而细集料的数量较少，不足以充分填充空隙，从而形成骨架空隙结构。这种沥青混合料内摩擦角较高，黏聚力较低，受沥青材料性质的变化影响较小，因而热稳定性较好，耐久性较差。

(2)乳化沥青碎石基层

乳化沥青碎石是乳化沥青与矿料混合料在常温状态下拌和的。此类材料保持了类似沥青混合料的变形性能和应变松弛能力，其水泥用量远少于半刚性基层的水泥用量，不易开裂，可减少面层的反射裂缝，延长沥青路面的使用寿命。乳化沥青碎石基层属于半柔性基层，它减少了基层材料和沥青混合料材料的性能差异，解决了部分结构的不相容性和结构受力不合理的问题，可以避免和减少半刚性基层沥青路面的早期损害问题。

(3)沥青贯入碎石基层

沥青贯入式（碎石）路面在道路上的应用已有数十年的历史，其主要是指在初步碾压的集料层洒布沥青，再分层铺撒嵌压，并借行车压实而形成的路面。沥青贯入式碎石是靠颗粒间的锁结作用以及沥青的黏结作用获得较高的强度，有较大的荷载分布能力，在柔性路面的整体强度中，它可起较重要的作用。

## 二、稳定类基层的材料要求

### 1. 稳定类基层的材料

(1)水泥

强度等级 42.5，且满足《公路路面基层施工技术细则》（JTG/T F20—2015）的普通硅酸盐水泥均可使用。水泥初凝时间应大于 3h 以上和终凝时间应大于 6 h，且小于 10 h。如用散装水泥，在水泥进场入罐时，要了解其出炉天数。刚出炉的水泥，要停放 7 天，且安定性合格后才能使用。

水泥中如含有过量的游离石灰、氧化镁或三氧化硫，在凝结硬化时会发生不均匀的体积变化，出现龟裂、弯曲、松脆和崩溃等不安定现象。

(2)细集料

细集料应洁净、干燥、无风化、无杂质，并有适当颗粒级配。

①细集料规格要求应符合《公路路面基层施工技术细则》（JTG/T F20—2015）表 3.7.3 要求。对于 0 ~ 3 mm 和 0 ~ 5 mm 的细集料应分别严格控制大于 2.36 mm 和 4.75 mm 的颗粒含量。对 3 ~ 5 mm 的细集料应严格控制小于 2.36 mm 的颗粒含量。

②高速公路和一级公路，细集料小于 0.075 mm 的颗粒含量应≤ 15%；二级及二级以下公路，细集料中小于 0.075 mm 的颗粒含量应≤ 20%。

### 2. 稳定类基层混合料的强度要求

稳定类基层包括石灰类、水泥类、石灰工业废渣类。各类基层施工前，所使用的石灰、水泥、碎(砾)

石、细粒土、粉煤灰等无机结合料应满足相关规范规定的技术要求，同时应认真做好稳定类基层混合料组成设计，以满足强度、耐久性及稳定性要求。稳定类基层混合料组成设计的主要内容是确定无机结合料的剂量及混合料的最佳含水率和最大密实度。无机结合料剂量是指结合料质量占全部土颗粒的干质量的百分率，即无机结合料剂量=结合料剂量 / 全部土颗粒的干质量。目前，采用无侧限抗压强度作为稳定类基层混合料的强度指标。

考虑施工现场质量的波动性，工地实际采用的结合料剂量应比室内试验确定的剂量多 0.5% ~ 1.0%。

近年来，土壤固化剂在道路基层上推广应用，凡能改善和提高土壤技术性能的材料称为土壤固化剂。土壤固化剂可分为液粉状、粉状。

# 任务三　稳定类基层施工

## 一、稳定类基层施工要素

### 1. 理论知识准备

施工技术方案是根据施工组织设计的要求，按各专业编制的综合性的施工技术方案，主要是写明工程量、主要施工方法、施工程序、施工进度计划、劳动力组织、设备机具计划、材料用量等内容。

施工技术方案编写的内容主要包括以下七个方面：工程概况、编制依据、施工前准备、施工方法、质量保证措施、安全保证措施、文明施工与环境保护措施。

### 2. 施工准备

（1）机械设备已经到场，且均已安装调试完毕，各种原材料已检合格，现场管理人员和施工人员已经到位。

（2）导线点、水准点复测工作已经完成，水稳基层试验路段路线边桩放样、高程测量工作也已完成。

（3）水稳基层配合比设计已完成，并报驻地监理工程师获批准。

（4）项目部已组织了技术人员和相关施工人员认真学习并基本掌握了施工图纸和相关规范，同时进行了技术交底和安全交底。

（5）试验段基层已交工验收结束 7 天后即可进行上层水泥稳定碎石的施工。建议两层水泥稳定碎石施工间隔不宜长于 30 天。

### 3. 施工工艺

底基层检查、验收→施工测量放样→设置找平基线→拌和→运输→摊铺→碾压→接缝处理→洒水养生。

#### （1）底基层检查、验收

首先要在业主、监理及项目部协助下，对已经成型的底基层进行交工验收。交工底基层表面要平整、坚实并具有规则路拱，路床表面高程、宽度、平整度、密实度、弯沉等均要符合设计要求，尤其要注意弯沉控制，必须满足设计要求。底基层各项要求详见《公路工程质量检验评定标准第一册 土建工程》（JTG F80/1—2017）。施工前将底基层表面的浮土和积水清理干净。如果底基层表面干燥，应洒适量水，使其表面湿润。

#### （2）施工测量放样

根据复测合格的导线点和水准点，测量人员用全站仪在底基层上放出路线的边桩。

#### （3）设置找平基线

施工放样组根据放出的边桩，用石灰画出基层两侧边缘线，以利于引导摊铺机行走。根据高程测量，沿两侧设置钢丝，用于摊铺机控制标高和平整度。钢丝的高度为摊铺结构层的厚度乘以摊铺的松铺系数。

#### （4）混合料拌和

①采用具有自动进料和计量装置的拌和设备进行集中拌和。

②水泥罐仓配置水泥破拱器，在水泥计量螺旋出料口用红外线测温仪对水泥进行测温。

③在正式拌和前，先调试所用的厂拌设备，使混合料的颗粒组成和含水量都达到规定的要求。原集料的颗粒组成发生变化时，应重新调试设备。

④拌和前应先由试验员测定集料的含水量，根据含水量及时调整加水量。

#### （5）运输

①运输车辆在每天开工前，要检验其完好情况，装料前应将车厢清洗干净。

②应尽快将拌好的混合料运送到摊铺现场，在运输过程中，为减少混合料中水分的蒸发，运输车配有帆布遮盖。车内混合料运到工地现场的时间不应超过 1 h，超过 2 h 时应作为废料处置。

③在摊铺机前应配备一名熟练的工人指挥自卸车的卸料，以避免自卸车撞击摊铺机。自卸车与摊铺机相距 30 cm 左右为宜。

#### （6）摊铺

①摊铺前先将底基层适当洒水湿润，检查摊铺机各部分运转情况。

②混合料运到施工现场后，应立即开始摊铺混合料，摊铺厚度不小于 160 mm，最大厚度一般不大于 200 mm。

③摊铺机宜连续摊铺，应使用功率不低于 120 kW 的沥青摊铺机。摊铺机的摊铺速度一般宜为 1 m/min。

④如果两台摊铺机梯队作业，一前一后应保证其摊铺速度、摊铺厚度、松铺系数、路拱坡度、摊铺平整度、振动频率等一致，两机摊铺接缝平整，前后相距不大于 10 m，纵向应有 300 ~ 400 mm 的重叠。

（7）碾压

①每台摊铺机后面，应紧跟三轮或双钢轮压路机、振动压路机和轮胎压路机进行碾压，一次碾压长度一般为 50 ~ 80 m。

②碾压程序和碾压遍数应通过试验路段确定。碾压应遵循试验路段确定的程序与工艺，驱动轮朝向摊铺机方向，由路边向路中、先轻后重、先下部密实后上部密实、低速碾压，压路机碾压时应遵循重叠 1/3 轮宽的原则，避免出现推移、起皮和漏压的现象。压实时，遵循“初压（遍数适中，压实度达到 90%）→轻振动碾压→重振动碾压→稳压”的程序，压至无轮迹为止。

③压路机倒车应自然停车，无特殊情况不许制动；换挡要轻且平顺，不要拉动（底）基层；压路机须增设限速装置。

④碾压分初压、复压、终压进行。初压采用 1 台 DD125 双钢轮压路机，碾压速度暂按 1.5 ~ 1.7 km/h 控制；初压后及时进行复压，复压和终压碾压速度暂按 1.8 ~ 2.2 km/h 控制。碾压工艺为：初压采用双钢轮压路机静压 1 遍；复压采用单钢轮压路机振压 6 遍，2 台单钢轮压路机遵守先轻后重原则，轮胎压路机 2 遍；复压后紧接着进行终压，终压采用双钢轮压路机压 1 遍。

（8）接缝处理

水泥稳定碎石混合料摊铺时，应连续作业，如因故中断时间超过 2 h，应设置横缝；每天收工后，第二天开工的接头断面也要设置横缝。

（9）养生及交通管制

保湿养生时间应不少于 7 天。水泥稳定类混合料完成碾压后，需立刻养生，二灰稳定类混合料是在碾压完成后的第二或第三天开始养生。养生期结束，应立即铺筑沥青面层或做下封层。基层上未铺封层或面层时，不应开放交通。当施工中断，临时开放交通时，也应采取保护措施。

## 二、石灰稳定类基层施工

无机结合料稳定材料基层和底基层施工的天气要求有以下几点：

（1）宜在气温较高的季节组织施工。

（2）最低气温应在 5℃以上。

（3）第一次重冰冻（－3 ~ －5℃）到来的 15 ~ 30 d 之前完成施工。

（4）宜避免在雨季施工。

（5）不应在雨天施工。

石灰稳定类基层施工根据施工拌和方式的不同可分为路拌法和厂拌法。一般低等级道路多采用路拌法施工，高等级道路半刚性基层多采用厂拌法施工。

### 1. 路拌法施工

石灰稳定类基层施工一般采用路拌法，但在城镇人口密集区应使用厂拌法，不得使用路拌法。石灰稳定类基层路拌法施工的施工工序为：准备下承层→测量放样→备料→拌和洒水→摊铺→整形→碾压→养护→检测与交通管制。

(1) 准备下承层与施工放样

施工前应对下承层按质量验收标准进行验收，合格后，才能进行中线放样，并在内侧路面边缘外 0.3 ~ 0.5 m 处设指示桩，在指示桩上标出基（底基）层边缘设计高程及松铺厚度位置。

(2) 备料

根据各路段基（底基）层的宽度、平度及预定的土密度，计算各路段需要的干燥集料数量，根据混合料的配合比、材料的含水率及运输车辆的吨位，计算各种材料每车料的堆放距离。对于以袋为计量单位的石灰等结合料，应计算出每袋结合料的堆放距离。

准备使用的石灰应提前 2 ~ 3 d 洒水，使石灰充分消解，未能消解的石灰块应用孔径为 10 mm 的筛筛除。在潮湿多雨地区施工时，应采取有效措施使细粒土、结合料免受雨淋。

(3) 拌和洒水

使用灰土拌和机或稳定土拌和机“干拌”1 ~ 2 遍，使石灰分散到土中。不要求完全拌和好，而是预防加水过程中石灰成团，然后边洒水边拌和，进行“湿拌”。洒水车洒水时，不要中断，不得在正进行的路段上掉头或停留。拌和机械在洒水车后配合进行，拌和过程中，应及时检查混合料的含水率，一般宜比最佳含水率略大 1% ~ 2%，拌和直至水量足够、混合料颜色及含水率均匀为止。

在路基上铺拌时应随时检查拌和深度，严禁在底部留有“素土”夹层，也应防止过多破坏路基表面，以免影响混合料的石灰剂量及底部压实。

(4) 摊铺

摊铺施工包括土料层摊铺和石灰摊铺。

土料层摊铺前，应保持下承层表面湿润，摊铺过程中，应尽量使集料或土摊铺均匀，不出现离析现象。根据试验或试验路段确定的松铺系数（松铺系数为松铺厚度除以压实厚度）宜取 1.65 ~ 1.70。计算土料层的松铺厚度，摊铺厚度不符合要求时，应予以调整。摊铺好的土层上，除了洒水车外，严禁其他车辆通行。石灰摊铺应均匀，均匀铺完后，应检查石灰的松铺厚度，并校核石灰用量是否合适。

(5) 整形

混合料拌和均匀后应立即用平地机进行初平。一般在直线段由两侧向路中心刮平；在曲线段由内侧向外侧刮平。然后，用轮胎压路机、轮胎拖拉机或平地机快速碾压一遍。

不平整的地方用齿耙把表面 5 cm 耙松；必要时，用新拌的混合料刮平，再进行碾压。每次整平碾压，均需按要求调整坡度和路拱。

为避免出现薄层贴补现象，在总厚度满足要求的情况下，摊铺时宜“宁高勿低”；整平时，宜“宁刮勿补”。

(6) 碾压

整形后，当混合料处于最佳含水率不超过 1% ~ 2% 的范围时，方可进行碾压。如果表面水分不足，应适当洒水。

在人工摊铺和整形的情况下，应先用 6 ~ 8 t 两轮压路机或轮胎压路机碾压 1 ~ 2 遍，找平整形后再用重型轮胎压路机、振动压路机或 12 t 以上的三轮压路机进行碾压。初压时，碾压速度以 20 ~ 30 m/min 为宜；灰土初步稳定后，以 30 ~ 40 m/min 为宜。

在直线和不设超高的平曲线段，应由两侧向中心碾压；在设超高的平曲线段，应由内侧向外侧碾压，碾压过程中，石灰土的表面应始终保持湿润，如表面蒸发太快，应及时补充水分，防止表面开裂，同时如发现有“弹簧”、松散、起皮等现象，应及时翻开重新拌和，或用其他方法处理，使其达到质量要求。

碾压结束之前，用平地机终平一次，使高程、路拱和超高符合设计要求，局部低洼之处不得找补，以免出现薄层贴补现象。

（7）养护及交通管制

养护期应采取洒水保湿措施，在铺筑上层之前，至少养护 7 d 时间。养护方法根据情况可采用洒水、覆盖等方法。养护期间应封闭交通。

养护期结束，应立即施工上层，以免产生收缩裂缝；或先铺一封层，开放交通，待基层收缩完成后，再施工上层，以减少反射裂缝。

### 2. 厂拌法施工

厂拌法一般是在中心站用强制式拌和机、双转轴桨叶式拌和机等设备进行集中拌和。

用稳定土摊铺机、沥青混凝土摊铺机或水泥混凝土摊铺机进行摊铺。

（1）拌和

稳定土混合料正式拌制时，应将土块粉碎，使土块最大尺寸不超过 20 mm。配料要准确，拌和要均匀，加水量要略大于最佳含水量的 1% 左右，混合料运到现场摊铺碾压时，应正好接近最佳含水量。成品料运到现场摊铺前应覆盖，以防水分蒸发。

（2）摊铺

石灰土每次摊铺长度宜为一个碾压段。当分层摊铺时，应先将下层顶面拉毛，再摊铺上层混合料。摊铺机的生产能力应与拌和机的生产能力相适应。应尽量减少摊铺机摊铺过程中停机待料的情况。石灰土混合料的压实系数应通过试铺试压求得。

厂拌法的其他施工工序要求与路拌法相同。

## 三、水泥稳定类基层施工

市政道路中使用水泥稳定类混合料作基层时，宜采用厂拌法施工。

水泥稳定类基层厂拌法施工的施工工序：施工准备和放样→运输→摊铺→整形→碾压→接缝和掉头处的处理→养护。

### 1. 施工准备和放样

水泥稳定类基层的施工准备和放样要求同石灰稳定类基层。

### 2. 运输

常用大吨位自卸式汽车进行运输，运输时，应采取措施防止水分损失。运输车的数量应与拌和机的生产能力、摊铺机的生产能力相适应。应尽量减少摊铺机摊铺过程中停机待料的情况。

### 3. 摊铺

水泥稳定类混合料自搅拌至摊铺完成，不得超过 3 h。按当班施工长度计算用料量。分层摊铺时，应在下层养护 7 d 后，方可摊铺上层材料。松铺系数应在施工前通过试验确定，水泥土的松铺系数宜为 1.53 ~ 1.58，水泥稳定砂砾的松铺系数宜为 1.30 ~ 1.35。

### 4. 整形

要求同石灰土稳定类基层施工。

### 5. 碾压

宜用 12 ~ 18 t 压路机做初步稳定碾压，水泥稳定类混合料初步稳定后，再用大于 18 t 的压路机碾压至表面平整、无明显轮迹，且达到要求的压实度。要求在水泥初凝时间到达前碾压成活。

为满足水泥稳定类基层表面的平整，对于砂（砾）质土，适宜用轮胎压路机或钢轮压路机；对于砂质黏土，适宜用轮胎压路机；振动压路机适用性较广，且压实效果良好，现已被广泛用于工程中。压路机不得在已完成的或正在碾压的路段上掉头或急刹车，以避免破坏基层表面。

### 6. 接缝和掉头处的处理

用摊铺机摊铺混合料时不宜中断，如因故中断时间超过 2 h，应设置横向接缝，摊铺机应驶离混合料末端；人工将末端含水率合适的混合料弄整齐，紧靠混合料放两根方木，方木的高度应与混合料的压实厚度相同，整平紧靠方木的混合料；方木的另一侧用砂砾或碎石回填约 3 m 长，其高度应高出方木几厘米；将混合料压实，在重新开始摊铺混合料之前，将砂砾或碎石和方木除去，并将下承层顶面清扫干净。

摊铺机返回到已压实层的末端，重新开始摊铺混合料，如摊铺中断后，未按上述方法处理横向接缝，且中断时间已超过 2 h，则应将摊铺机附近及其下面未被压实的混合料铲除，并将已压实、高程和平整度符合要求的末端挖成与路中线垂直并垂直向下的断面，然后再摊铺新的混合料。在不能避免纵向接缝的情况下，纵向接缝必须垂直相接，严禁斜接，在前一幅摊铺时，在靠中央的一侧用方木或钢模板作支撑。方木或钢模板的高度应与稳定土层的压实厚度相同。养护结束后，在摊铺另一幅之前，拆除支撑木（或板）。

### 7. 养护

水泥稳定类混合料经拌和、压实后，洒水养护，也可用帆布、粗麻袋等覆盖保持湿润；采用乳化沥青养护时，应在其上撒布适量石屑；养护期间应封闭交通，经 7 d 养护后才能铺上一层结构层。

## 四、石灰工业废渣类基层施工

石灰工业废渣类混合料宜采用厂拌法，即采用强制式搅拌机在搅拌厂集中拌制而成。

### 1. 集中拌和及运输要求

（1）石灰工业废渣类混合料搅拌时应先将石灰、粉煤灰搅拌均匀，再加入砂砾（碎石）和水搅拌均匀。混合料含水率宜略大于最佳含水率。

（2）拌制石灰、粉煤灰、砂砾均应做延迟时间试验，以确定混合料在贮存场的存放时间及现场完成作业时间。

（3）混合料含水率应视气候条件适当调整。

### 2. 施工要求

石灰工业废渣类基层的施工要求与水泥稳定类基层一致，具体如下：

（1）混合料在摊铺前其含水率宜为最佳含水率 ±2%。

（2）混合料每层最大压实厚度为 20 cm，且不宜小于 10 cm。

（3）养护期间宜封闭交通。需通行的机动车辆应限速，严禁履带车辆通行。

# 任务四　道路基层施工质量控制与验收

## 一、施工中注意的问题

### 1. 施工季节

稳定类基层宜在春末或夏季组织施工，施工期的最低气温应在 5℃以上，并保证在冰冻前有一定的成型期，即第一次重冰冻（－5 ~ －3℃）到来之前半个月至一个月（水泥稳定类基层）及一个月至一个半月（石灰稳定类基层与石灰工业废渣类基层）完成。若不能完成则应覆盖上层，以防止冻融破坏。

在雨期施工水泥稳定类基层时，应特别注意气候变化，防止水泥稳定类混合料遭雨淋。同时应采取措施排除表面水，避免运到路上的集料过分潮湿。

### 2. 水泥稳定类混合料施工作业长度的确定

确定水泥稳定类混合料的施工作业长度，应综合考虑水泥的冷凝时间，因此施工时必须采用流水作业法，各工序必须紧密衔接，尽量缩短从拌和到完成碾压之间的延迟时间。一般情况下，每一流水作业段长度以 200 m 为宜。

### 3. 机械设备生产能力协调配套

这里包括两个方面的含义：第一是机械本身生产能力的配套，以形成真正的机械化施工流程，充分发挥各种机械的效能；第二是施工组织调度，配套组织合理、科学，工序间衔接有序，以充分体现机械运行间的协调性。

#### 4. 控制和保持最佳含水率

在稳定类混合料中，无论是水泥土，还是石灰土或二灰土等都要求在规定时间内完成整个作业过程，其主要原因是为了保证这些混合料处于初凝期内，而水分又是其重要条件。要实现此目标，其一是拌和设备能按规范要求加入定量的拌和用水，并保持混合料与水的均匀混合，使各材料颗粒间含有合适的水分；其二是减少运输过程中水分的丢失，尤其是气候炎热时应采取防止水分丢失的措施，如缩短运输周期，覆盖防晒苫布或采取增加 1% ~ 2% 含水率的预防措施；其三是尽快摊铺、尽快碾压，以减少水分丢失，一旦水分丢失要适当洒水。

#### 5. 摊铺机的作业速度调整

摊铺机摊铺作业的关键是保持其连续不间断作业。为此，进行摊铺作业前应有足够的混合料运到施工现场，一旦开始摊铺，就要求连续不断地进行。如果出现其他原因影响供料，造成供料不足，现场指挥调度人员应及时了解原因并采取有效措施，适当调整作业速度，以维持不间断作业。若因供料停机时间长，则应按摊铺作业结束来处理工作面。

### 二、施工质量控制

基层或底基层的质量控制可分为原材料标准试验、不同类型基层或底基层施工过程质量控制和外形尺寸管理三个方面，下面分别作介绍。

#### 1. 原材料标准试验

在组织现场施工以前以及在原材料（包括土）或混合料发生变化时，必须对拟采用的材料进行规定的基本性质试验，以评定材料质量是否符合要求，以及某种土是否适宜用水泥或石灰稳定。一般对用做基层或底基层的原材料应按表 13.3 所列的试验项目及方法进行检验。对初步确定使用的基层或底基层混合料，包括掺配后不用结合料稳定的材料，应按表 13.3 所列的试验项目进行检验。

表 13.3　底基层和基层原材料的试验项目

| 试验项目 | 材料名称 | 目的 | 频度 | 仪器和试验方法 |
| --- | --- | --- | --- | --- |
| 含水量 | 土、砂砾、碎石等集料 | 确定原始含水量 | 每天使用前测 2 个样品 | 烘干法、酒精燃烧法、含水量快速测定仪 |
| 颗粒分析 | 砂砾、碎石等集料 | 确定级配是否符合要求，确定材料配合比 | 每种土使用前测 2 个样品，使用过程中每 2 000 $m^3$ 测 2 个样品 | 筛分法 |

表 13.3（续）

| 试验项目 | 材料名称 | 目的 | 频度 | 仪器和试验方法 |
|---|---|---|---|---|
| 液限、塑性 | 土、级配砾石或级配碎石中 0.5 mm 以下的细土 | 求塑性指数，审定是否符合规定 | 每种土使用前测 2 个样品，使用过程中每 2 000 $m^3$ 测 2 个样品 | 液限塑限联合测定法测液限；滚搓法塑限试验塑限 |
| 相对毛体积密度、吸水率 | 砂砾、碎石等 | 评定粒料质量、计算固体体积率 | 使用前测 2 个样品，砂砾使用过程中每 2 000 $m^3$ 测 2 个样品，碎石种类变化重做 2 个样品 | 网篮法或容积 1 000 mL 以上的比重瓶法 |
| 压碎值 | 砂砾、碎石等 | 评定石料的抗压碎能力是否符合要求 | 同上 | 集料压碎值试验 |
| 有机质和硫酸盐含量 | 土 | 确定土是否适宜于用石灰或水泥稳定 | 对土有怀疑时做此试验 | 有机质含量试验，易溶盐试验 |
| 有效钙、氧化镁 | 石灰 | 确定石灰质量 | 做材料组成设计和生产使用时分别测 2 个样品，以后每月测 2 个样品 | 石灰的化学分析 |
| 水泥标号和终凝时间 | 水泥 | 确定水泥的质量是否适宜应用 | 做材料组成设计时测 1 个样品，料源或标号变化时重测 | 水泥胶砂强度检验方法，水泥凝结时间检验方法 |
| 烧失量 | 粉煤灰 | 确定粉煤灰是否适用 | 做材料组成设计前测 2 个样品 | 烧失量试验 |

### 2. 施工过程质量控制

施工过程质量控制的主要项目有含水量、集料级配、石料压碎值、结合料剂量性、压实度、弯沉值等。表 13.3 中列出了主要测定频度。

### 3. 外形尺寸管理

外形尺寸主要靠日常管理。外形管理的测量频度列于表 13.3 中。质量控制的项目、频度和质量标准应符合相关要求。

带上摊铺一定长度后，再开到另一条摊铺带上摊铺，然后一起进行碾压。

在不能避免纵向接缝的情况下，纵缝必须垂直相接，不应斜接，并按下述方法处理。

（1）在前一幅摊铺时，在靠后一幅的一侧应用方木或钢模板做支撑，方木或钢模板的高度与级配碎石层的压实厚度相同。

（2）在摊铺后一幅之前，将方木或钢模板除去。

（3）如在摊铺前一幅时未用方木或钢模板支撑，靠边缘的 30 cm 左右难于压实，而且形成一个斜坡，在摊铺后一幅时，应先将未完全压实部分和不符合路拱要求部分挖松并补充洒水，待后一幅混合料摊铺后一起进行整平和碾压。

## 三、检查验收

基层完工后，由施工单位会同监理单位按设计文件和施工规范要求对基层进行质量检验。检查验收的目的是判定完成的路面结构层是否满足设计文件与施工规范的要求。

基层或底基层检查内容包括竣工后的外形、质量，通常以1 km长的路段为评定单位。

采用大流水作业法施工时，可以每天完成的段落为评定单位。抽样检查必须是随机的。水泥或石灰剂量测定后，其置信下限应不小于设计值。对超出极限值的点，应找出其范围并进行局部处理。

## 拓展与实训

### 一、单项选择题

1. 关于级配碎石基层碾压方式，下列说法正确的是（　　）。

A. 直线无超高段，由两侧路肩向中心碾压

B. 直线无超高段，由中心向两侧路肩碾压

C. 在设超高的平曲线段，由外侧路肩向内侧路肩碾压

D. 哪种碾压方式便于施工就选择该方式

2. 不属于公路基层中用无机结合料作为稳定材料的基层是（　　）。

A. 水泥稳定类基层　　B. 石灰稳定类基层

C. 工业废渣稳定类基层　　D. 沥青稳定类基层

3. 平时习惯称为“二灰土”的基层属于（　　）。

A. 水泥灰稳定类　　B. 石灰泥稳定类

C. 石灰工业废渣稳定类基层　　D. 水泥石灰综合稳定类

4. 在路拌法水泥稳定土基层施工中，主要工艺流程有：①准备下承层；②洒水闷料；③拌和；④整形；⑤碾压；⑥养生。如下选项中排序正确的是（　　）。

A. ①②③④⑤⑥　　B. ②①③④⑤⑥

C. ①②④③⑤⑥　　D. ①③②④⑤⑥

5. 关于高速公路和一级公路无机结合料基层养生正确的说法是（　　）。

A. 每天碾压完成并经压实度检查合格后，应在第二天开始养生

B. 基层的养生期不宜少于7 d

C. 二灰基层宜采用沥青乳液进行养生，养生期为7 d

D. 水泥稳定土基层也可采用泡水养生法进行养生

### 二、多项选择题

1. 级配碎石适用于各级公路的（　　）。

A. 基层　　B. 面层　　C. 下面层

D. 上面层　　E. 底基层

2. 下列粒料适用于各级公路的底基层的有（　　）。

A. 级配碎石　B. 级配砾石　C. 填隙碎石

D. 级配碎砾石　E. 泥结碎石

3. 粒料类嵌锁型路面基层是（　　）。

A. 沥青结碎石基层　B. 泥结碎石基层　C. 水泥稳定碎石基层

D. 填隙碎石基层　E. 水泥粉煤灰基层

4. 属于嵌锁型粒料类路面基层或底基层的有（　　）。

A. 泥结碎石　B. 二灰碎石　C. 泥灰结碎石

D. 填隙碎石　E. 二灰土

5. 水泥稳定土基层可以由水泥和（　　）结合在一起。

A. 砂砾、砂砾土　B. 碎石土　C. 未筛分碎石

D. 石屑、土　E. 杂填土

6. 石灰稳定土施工时，石灰质量主要检验石灰的（　　）。

A. 含水量　B. 有效钙　C. 烧失量

D. 三氧化硫　E. 氧化镁

7. 石灰工业废渣稳定土可分为（　　）几类。

A. 石灰粉煤灰类　B. 石灰碎石土　C. 石灰土

D. 石灰砂砾土　E. 石灰其他废渣类

8. 无机结合料稳定基层施工可以分为以下（　　）几种方法。

A. 干法施工　B. 湿法施工　C. 路拌法施工

D. 中心站集中拌和法施工　E. 水法施工

**三、综合选择题**

某二级公路，K2+200 ~ K6+800 为干燥路段，路面结构：底基层为 30 cm 厚填隙碎石，基层为 20 cm 厚水泥稳定碎石，面层为 9 cm 厚的沥青混凝土。

路面底基层施工时，施工单位采用干法施工，其部分施工方法如下。

（1）初压：用振动压路机碾压 3 ~ 4 遍，使粗碎石平整。

（2）撒铺填隙料：用石屑撒布机将干填隙料均匀地撒铺在已压稳的粗碎石层上，松铺厚度 2.5 ~ 3.0 cm。必要时，用人工或机械扫匀。

（3）碾压：用振动压路机慢速碾压，将全部填隙料振入粗碎石间的孔隙中。

（4）再次撒铺填隙料：用石屑撒布机将干填隙料再次撒铺在粗碎石层上，松铺厚度 2.0 ~ 2.5 cm。必要时用人工或机械扫匀。

根据场景，回答下列问题：

1. 该底基层填隙料可用最大粒径小于 10 mm 的砂砾料或（　　）。

A. 粗砂　B. 细砂　C. 矿粉　D. 石灰

2. 该路的填隙碎石宜按（　　　　）层铺筑。

A. 1　　B. 2　　C. 3　　D. 4

3. 用于该路的填隙碎石，其最大粒径不应超过（　　　　）。

A.43 mm　　B.53 mm　　C.63 mm　　D.73 mm

4. 施工方法的四个步骤中，错误的一步是（　　　　）。

A. 初压　　B. 撒铺填隙料　　C. 碾压　　D. 再次撒铺填隙料

第三篇 市政道路路面工程

# 项目十四 沥青路面施工

XIANGMUSHISI LIQING LUMIAN SHIGONG

## 项目导读

沥青路面是一种柔性路面，具有表面平整、无接缝、行车舒适、耐磨、噪声低、施工期短、养护维修简便，适宜于分期修建等优点，因此得到了广泛的应用。沥青路面是我国高速公路的主要路面形式。沥青面层的主要类型有沥青混凝土、沥青碎石、沥青贯入式、沥青表面处治等。

本项目主要对沥青路面的材料要求、沥青混合料技术性质、沥青混合料的拌和、摊铺、碾压及沥青类路面常见病害与处治方法等问题进行探讨。沥青路面的施工过程主要包括拌和、运输、摊铺、碾压等工序，内容繁杂、实践性强。在学习过程中可参考现行沥青路面施工及验收规范，以巩固所学知识。在实际施工中，应按正确的工艺方法、科学地组织施工，确保工程质量与进度。

## 学习任务

本项目的任务旨在让学生了解公路沥青路面的特性、基本要求、分类与选择；掌握沥青路面材料种类及要求；掌握沥青混合料的技术性质；重点掌握热拌沥青混合料路面施工的工艺流程、机械的选择及其作业方式；熟悉其他形式的沥青路面及其施工方式。

## 思政目标

本项目的学习，可以培养学生严谨治学的能力，培养学生质量意识、安全意识。

# 任务一 沥青路面面层施工准备

## 一、沥青路面认知

### 1. 沥青路面优缺点

沥青路面是采用沥青材料作结合料，黏结矿料或混合料修筑面层的路面结构。沥青路面由于使用了黏结力较强的沥青材料作结合料，不仅增强了矿料颗粒间的黏结力，而且提高了路面的技术品质，使路面具有平整、耐磨、不扬尘、不透水、耐久等特点。由于沥青材料具有弹性、黏性、塑性，在汽车通过时，震动小、噪声低、略有弹性、平稳舒适，是高级公路的主要面层。

沥青路面的缺点是：易被履带车辆和坚硬物体所破坏，表面易被磨光面影响安全，温度稳定性差，夏天易软、冬天易脆并产生裂缝。此外铺筑沥青路面受气候和施工季节的限制。雨天不宜铺筑各种沥青面层，冰冻地区在气温较低时铺筑沥青面层难以保证质量。沥青路面属于柔性路面，其力学强度和稳定性主要依赖于基层与土基的特性。

### 2. 沥青路面原材料要求

（1）沥青材料分类

沥青路面的原材料包括沥青、粗集料、细集料、填料等。施工中，选择符合质量标准的原材料，是保证沥青混合料质量和路面质量的基础。

沥青材料的种类可分为道路石油沥青、液体石油沥青、乳化沥青和煤沥青等。

沥青应根据公路等级、气候条件、路面类型和施工方法等，结合当地的使用经验选用，见表14.1。

表 14.1　沥青等级及适用范围

| 沥青等级 | 适用范围 |
|---|---|
| A 级沥青 | 各个等级的公路，适用于任何场合和层次 |
| B 级沥青 | ①高速公路、一级公路沥青下面层及以下的层次，二级及二级以下公路的各层次<br>②用作改性沥青、乳化沥青、改性乳化沥青、稀释沥青的基质沥青 |
| C 级沥青 | 三级及三级以下公路的各个层次 |

（2）沥青材料技术要求

①应有防水措施，避免雨水进入沥青中。

②沥青应按来源、标号分别存放。

③沥青温度不低于 130℃、不高于 170℃。

④长期存放未使用的沥青，应检查各项指标。

(3) 粗集料技术要求

集料重量占总重量 92% ~ 96%，体积占总体积 75% ~ 85%，这类集料叫粗集料。

粗集料起骨架作用（作用占 60%），粗集料可分为碎石、破碎砾石、筛选砾石和矿渣等。

粗集料应洁净、干燥、坚硬、无风化、表面粗糙，其质量应符合规范的规定。

粗集料的适用范围有以下几种：

①高速公路和一级公路不得使用筛选砾石和矿渣。

②筛选砾石，用于交通量小的路面下面层、基层或联结层。

③交通量大的沥青面层，使用砾石，应至少掺 50% 的碎石或轧制砾石。

④钢渣，有 6 个月存放期，用于三级和三级以下公路。

(4) 细集料技术要求

细集料在路基中起填充空隙的作用，可分为机制砂、天然砂和石屑等类型，如图 14.1 所示。

图 14.1 细集料

其中，机制砂用于热拌沥青混合料；天然砂主要用于沥青混合料，其用量少于集料用量的 20%，沥青玛蹄脂碎石混合料和大空隙开级配排水式沥青磨耗层混合料不宜使用；高速、一级公路面层及抗滑层，不宜采用石屑。

细集料应洁净、干燥、无风化、无杂质，并有适当的颗粒组成，其质量要求应符合规范的规定。

(5) 填料

填料可增大比表面积，提高黏结力。填料主要分为石灰岩或岩浆岩经磨细得到的矿粉。填料要求干燥、洁净，无杂质。

(6) 纤维稳定剂

纤维稳定剂可以起加筋、稳定和增黏的作用。纤维稳定剂主要分为木质素纤维、聚酯纤维和矿物纤维等，常见纤维稳定剂如图 14.2 所示。

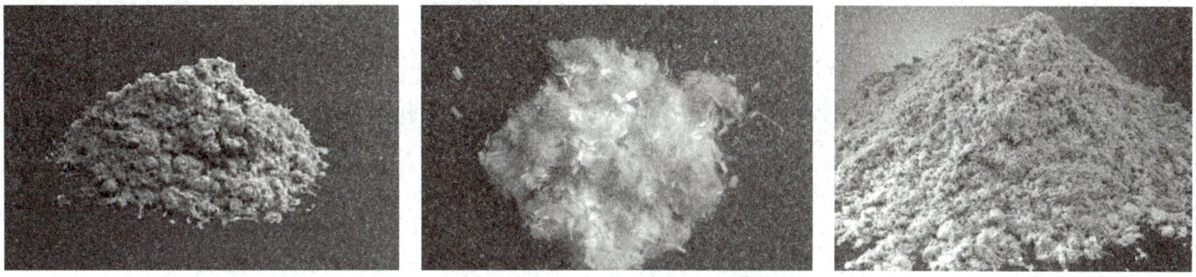

图 14.2 木质素纤维、聚酯纤维、矿物纤维

纤维稳定剂需要达到以下几个要求。

①拌和时不变质、不发脆，分散均匀。

②严格控制掺入比例。

③符合环保要求，存放在室内或有棚盖的地方。

在有冻胀现象的地区通常需设置防冻层，以防止路面冻胀产生裂缝。修筑沥青路面后，由于隔绝了土基与大气间气态水的流通，路基路面内部的水分可能积聚在沥青结构层下，使土基和基层变软，导致路面破坏，因此必须强调基层的水稳性。对交通量大的路段，为使沥青路面具有一定的抗弯拉和抗疲劳能力，宜在沥青面层下设置沥青混合料封层。采用较薄的沥青面层时，特别是在旧路面上加铺面层时，要采取措施加强面层与基层之间的黏结，以防止水平力作用而引起沥青面层的剥落、推挤、拥包等破坏。

修筑沥青路面一般要求等级高的矿料，等级稍差的矿料借助沥青的黏结作用，也可用来修筑路面。当沥青与矿料之间黏附不好时，在水分的作用下会逐步剥落，因此在潮湿地区修筑沥青路面时，应采用碱性矿料，或采取一定措施提高沥青与矿料间的黏结力。

## 二、沥青路面的分类与选择

沥青路面具有表面平整、无接缝、行车舒适、耐磨、噪声低、施工期短、养护维修方便，且适宜分期修建等特点，在路面工程中得到广泛的应用。

沥青路面的类型主要有沥青混凝土、沥青碎石、沥青贯入式、沥青表面处治等。这几种沥青路面按强度构成原理可分为嵌挤类和密实类，按施工工艺的不同可分为层铺法和拌和法两种形式。

选择沥青面层时，应综合考虑道路等级、交通类型、要求的使用期、设计年限内标准轴载的累计当量轴次、气候条件、筑路材料、施工机械以及养护条件等因素。

### 1. 沥青混凝土路面

沥青混凝土路面由几种不同粒径的矿料（如碎石、轧制砾石、石屑、砂和矿粉等），用沥青作结合料，按一定比例配合，在严格控制条件下拌和，经压实成型的路面。

#### （1）结构特点

沥青混凝土路面具备很高的密实度和强度，整体性强，透水性好，有较大的抵抗自然因素破坏作用的能力，使用寿命长、耐久性好。通常，为产生较大的黏结力，须在混合料中掺加一定的矿粉。同时，要求基层具有足够的强度。

沥青混凝土面层宜采用双层式结构，下层采用粗粒式或中粒式沥青混凝土，上层采用中粒式或细粒式沥青混凝土。对于高速公路，也可采用三层式结构。

沥青混凝土的温度稳定性较差，在高温季节易产生波浪、推挤和拥包现象，因此应严格控制施工温度。

#### （2）分类

按所用的沥青材料可分为石油沥青混凝土和煤沥青混凝土。

按摊铺时的温度可分为热拌热铺和热拌冷铺沥青混凝土。

按沥青混合料最大粒径可分为粗粒式、中粒式、细粒式和沥青砂。

按路面的结构型式可分为单层式、双层式和三层式。

目前，沥青混凝土面层广泛地用于重交通道路和高速公路的面层。粗粒式沥青混凝土常用于底面层（面层的下层），中粒式沥青混凝土主要用于面层的上层，或用于单面层。

### 2. 沥青碎石路面

沥青碎石路面是由几种不同大小的矿料，掺有少量矿粉或不加矿粉，用沥青作结合料，按一定比例配合，均匀拌和，经压实成型的路面。

## 三、施工前的准备

施工前的准备工作主要有料源的确定及进场材料的质量检验、机械选型与配套、拌和厂选择、修筑试验路段等项工作。

### 1. 确定料源及进场材料的质量检验

无论进口沥青还是国产沥青，应从质量和经济两方面综合考虑选用。对进场的沥青材料应抽样检测其技术指标。目前，高等级公路路面所用的沥青大部分为进口沥青。

在考虑经济性、开采条件、运输条件的情况下，选择质量满足技术标准的料场，并对料场内的石料、砂、石屑、矿粉等做必要的试验检测。

### 2. 拌和设备的选型及场地布置

应根据工程量和工期选择拌和设备的生产能力和移动方式（固定式、半固定式和移动式）。目前使用较多的是生产率在 300 t/h 以下的拌和设备。

配备足够的拌和、运输、摊铺、压实等施工设备和配件，开工前做好保养、试机工作，尽量避免在施工期间发生有碍施工进度和质量的故障。主要机械设备配备要求如下。

#### （1）拌和楼

应配置符合合同要求的拌和楼，并与实际摊铺能力相匹配。为使混合料拌和均匀，拌缸要满足一定长度。要求料仓上口必须安装钢筋网盖，筛除超出粒径规格的集料及杂物。拌合楼示意图如图 14.3 所示。

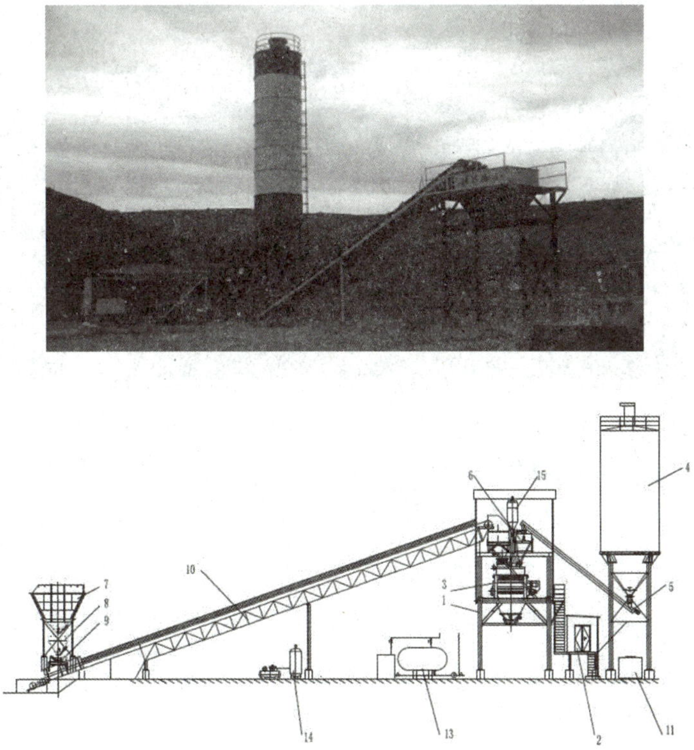

图 14.3　拌和楼

对高速公路和一级公路，混合料拌和设备的产量宜大于 500 t/h；拌和设备的料仓数目应与规定的备料档数相匹配，宜较规定的备料档数增加 1 个；各料仓之间的挡板高度应< 1 m。

高速公路的基层施工时，每个料斗与料仓下面应安装称量精度达到 ±0.5% 的电子秤，料斗、水箱、罐仓都要求装配高精度电子动态计量器，电子动态计量器应经有资质的计量部门进行计量标定后方可使用。

固定式沥青混合料拌和厂，应根据设备的数量、工作时产生的粉尘与噪声、供电与供水以及施工运输等条件选择厂址和确定场地面积。

半固定式和移动式沥青混合料拌和设备可安装在特制的平板挂车上，便于拆装、转移和使用。

(2) 摊铺机

应根据路面底基层、基层的宽度、厚度，选用合适的摊铺机械。摊铺机如图 14.4 所示。

图 14.4 摊铺机

(3) 压路机

压路机的吨位和台数必须与拌和楼及摊铺机生产能力相匹配，一般配备 12 ~ 15 t 压路机 1 ~ 2 台，18 ~ 20 t 的稳压用压路机 2 ~ 3 台和轮胎压路机 1 ~ 2 台，使从加水拌和到碾压终了的时间不超过 2 h，保证施工正常进行。压路机如图 14.5 所示。

图 14.5 压路机

(4) 自卸汽车、装载机、洒水车

自卸汽车、装载机、洒水车的数量与拌和设备、摊铺设备、压路机匹配，如图 14.6 所示。

(5) 水泥钢制罐仓

由拌和楼生产能力决定其容量（1 个 80 ~ 100 t 或 2 个 50 t），罐仓内应配有水泥破拱装置，以免水泥起拱停流。以上设备数量至少应满足每个工点、每日连续正常生产及工期要求。

图 14.6　洒水车、自卸车

### 3. 施工机械检查

基层工地试验室主要检测仪器设备按照规范要求配备。

开工前要求加强对拌和楼、检测仪器等设备的标定工作，确保拌和及检测数据真实可靠。施工过程中应加强对拌和楼、检测仪器等设备的检修、维护，以便能及时发现设备出现的问题。对拌和楼筛网应经常进行检查，发现堵塞和破损现象应及时清理和更换，以控制配合比。基层集料加工场的石料破碎机必须配备振动预筛喂料装置（筛网长度不小于 2 m），以减少集料中的含泥量。

拌和场地设立原材料标识牌，注明材料品名、用途、规格、产地、检验时间、检验结果；在拌和设备前设混合料配合比标牌，并严格按施工配合比施工。拌合料仓如图 14.7 所示。

图 14.7　拌和料仓

### 4. 修筑试验路段

正式开工前，应根据计划使用的机械设备和设计的混合料配合比铺筑试验路段，以确定合适的拌和时间和温度；摊铺温度和速度；压实机械的合理组合，压实温度及压实方法；松铺系数；合适的作业段长度。并在试验段中抽样检测沥青混合料的沥青含量、矿料级配、稳定度、流值、空隙率、饱和度、密实度等，最终提出混合料的生产配合比、机械的优化组合及标准施工方法。

# 任务二 热拌沥青混合料路面面层施工

## 一、热拌沥青混合料的拌和与运输

### 1. 试拌

根据室内配合比进行试拌，通过试拌及抽样试验确定施工质量控制指标。

（1）对间歇式拌和设备，应确定每盘热料仓的配合比；对连续式拌和设备，应确定各种矿料送料口的大小及沥青、矿料的进料速度。

（2）沥青混合料应按设计沥青用量进行试拌，取样做马歇尔试验，以验证设计沥青用量的合理性，或作适当的调整。

（3）确定适宜的拌和时间。

（4）确定适宜的拌和与出厂温度。石油沥青的加热温度宜为 130 ～ 160℃，不宜超过 6 h。沥青混合料的出厂温度宜控制在 130 ～ 160℃。

（5）确定适宜的拌和场地面积见表 14.2。

表 14.2 沥青混合料拌和场地面积参考表

| 生产能力 /（t/h） | 搅拌器容量（间歇式）/kg | 场地面积 /$mm^3$ |
|---|---|---|
| 30 ～ 50 | 500 | 3 000 |
| 35 ～ 40 | 750 | 1 500 |
| 60 ～ 70 | 1 000 | 6 500 |
| 90 ～ 100 | 1 500 | 9 000 |
| 120 ～ 140 | 2 000 | 12 000 |

### 2. 拌制

根据配料单进料，严格控制各种材料用量及其加热温度。拌和后的混合料应均匀一致，无花白、无离析和结团成块等现象。每班抽样做沥青混合料性能、矿料级配组成和沥青用量检验。

### 3. 运输

沥青混合料用自卸汽车运至工地，底板及车壁应涂一薄层油水（柴油 ∶ 水 = 1 ∶ 3）混合液。运输中应覆盖，至摊铺地点时的沥青混合料温度不宜低于 130℃。

## 二、热拌沥青混合料的摊铺

沥青混合料的摊铺包括下承层准备、施工放样、摊铺机各种参数的调整与选择、摊铺机摊铺等内容。

### 1. 下承层准备

摊铺沥青混合料时，其下承层可能是基层、路面下面层或中面层。基层完工后，一般浇洒透层油进行养生保护。因通车、下雨使表面发生破坏，出现松散、浮尘、下沉、泥泞等，在摊铺沥青混合料前，应进行维修、重新分层填筑并压实、清洗干净。对下承层表面缺陷进行处理后，即可再洒透层油或黏层油。

### 2. 施工放样

用测量仪器定出摊铺路面的边线位置，并在边线桩上标出路面面层顶的设计高程位置，以控制沥青混合料面层的厚度。对无自控装置的摊铺机，应根据下承层的实测高程和面层的设计高程，确定实铺厚度。

当下承层的表面高程变化较多，使得沥青路面的总厚度与路面顶面设计高程容许范围相矛盾时，应以保证厚度为主。

### 3. 摊铺机各种参数的调整与选择

摊铺前，需调整与选择摊铺机的参数主要有熨平板宽度与拱度、摊铺厚度与熨平板的初始工作迎角、摊铺速度。

#### （1）熨平板宽度与拱度的调整

为减少摊铺次数，每条摊铺带的宽度应按该型号摊铺机的最大摊铺宽度来考虑。宽度为 $B$ 的路面所需横向摊铺的次数按下式计算：

$$n=(B-x)/(b-x) \tag{14.1}$$

式中 $B$——路面宽度（m）；

$b$——摊铺机熨平板的总宽度（m）；

$x$——相邻摊铺带的重叠量（m），一般为0.025 ~ 0.08 m。

上式的含义是，路面的宽度应为摊铺机总摊铺宽度减去重叠后的整倍数。如果 $n$ 不能满足整数，尽可能在减少摊铺次数的前提下，使所剩的最后一条摊铺带宽度不小于该摊铺机的标准摊铺宽度。实在不足时，采用切割装置（截断滑靴）来切窄摊铺带。

确定摊铺带宽度时，上下铺层的纵向接茬应错开 30 cm 以上；摊铺下层时，熨平板的侧面与路缘石或边沟间应留有 10 cm 以上的间距；纵向接茬处应有一定的重叠量（平均为 25 ~ 5 m）；接宽熨平板时必须同时相应地接长螺旋摊铺器和振动梁，同时检查接长后熨平板底板的平直度和整体刚度。

熨平板宽度调整后，再调整其拱度，可在标尺上直接读出拱度的绝对数（mm）值或横坡百分数。拱度调整后要进行试铺校验，必要时再次调整。对大型摊铺机，有前后两副调拱机构，其前拱的调节量略大于后拱。

（2）摊铺厚度与熨平板的初始工作迎角

摊铺工作开始前，准备两块长方垫木，作为摊铺厚度的基准。垫木宽 5 ~ 10 cm，与熨平板纵向尺寸相同或稍长，厚度为松铺厚度。将摊铺机停置于摊铺带起点的平整处后，抬起熨平板，把两块垫木分别置于熨平板两端的下面。如果熨平板加宽，垫木则放在加宽部分的近侧边处。

垫木放好后，放下熨平板，让其提升油缸处于浮动状态。然后转动左右两只厚度调节螺杆，使它们处于微量间隙的中立位置。此时，熨平板以其自重落在垫木上。

熨平板放置妥当后，利用手动调整机构，调整初始工作迎角。每调整一次，须在 5 m 范围内做多点厚度检验，取平均值与设计值比较。

实际施工中，根据刮板输送器的生产能力和最大摊铺宽度，可方便地调整摊铺厚度。

（3）摊铺速度

现代摊铺机具有较宽的速度变化范围，可进行无级调节，调节的原则是保证摊铺机的连续作业。

实践中，摊铺速度还与混合料的种类、温度及铺筑的层次有关。一般面层的下层摊铺速度较快，约为 10 m/min，面层的上层摊铺速度较慢，为 6 m/min 以下。

摊铺机调整与选择的其他参数还有布料螺旋与熨平板前沿距离的调整、振捣梁行程调整、熨平板前刮料护板高度的调整等，可参阅有关资料。

### 4. 摊铺机的摊铺

（1）熨平板的加热

每次开始工作时，应对熨平板进行加热，以防混合料冷黏在板底上，拉裂铺层表面，形成沟槽和裂纹。加热后的熨平板对铺层起到熨烫作用，使路表面平整无痕。但过热，除了会使板变形和加速磨损外，还会使铺层表面烫出沥青胶浆和拉沟。

连续摊铺中，熨平板充分受热后，可暂停加热。对摊铺低温混合料和沥青砂，熨平板应连续加热，以使底板对材料经常起熨烫作用。

（2）摊铺机供料机构操作

供料机构的刮板输送器和向两侧布料的螺旋摊铺器的工作，应密切配合，速度匹配。

刮板输送器的运转速度一般确定后应保持稳定，供料量基本依靠闸门的开启高度来调整。摊铺室内合适的混合料量为料堆的高度平齐于或略高于螺旋摊铺器的轴心线，及稍微看见螺旋叶片或刚盖住叶片为度。

闸门的最佳开度，应在保证摊铺室内混合料处于正确料堆高度状态下，使刮板输送器和螺旋摊铺器在全部工作时间内都能不停歇地持续工作。为了保持摊铺室内混合料高度常处于标准状态，最好是采用闸门自控系统。

（3）摊铺方式

先按前述方法确定摊铺宽度，各条摊铺带的宽度最好相同，以节省重新接宽熨平板的时间。摊铺时，应先从横坡较低处开铺。使用单机进行不同宽度的多次摊铺时，应尽可能先摊铺较窄的那一条，以减少拆接宽次数。

若为多机摊铺，应在尽量减少摊铺次数的前提下，各条摊铺带的宽度可按梯队方式作业，梯队间距宜在 5 ~ 10 m，以便形成热接茬。若为单机非全幅作业，每幅铺筑应在 10 ~ 150 m 后掉头完成另一幅，并须接好接茬。

（4）接茬处理

①两条摊铺带相搭接处的纵向接茬可采用冷接茬和热接茬两种方法。

冷接茬是指新铺层与经过压实后的已铺层进行搭接。摊铺新铺层时，重叠搭接宽度为 3 ~ 5 cm，且与前一次摊铺带的松铺厚度应相同。同时，对已摊铺带接茬处边缘应铲齐、铲修垂直。

热接茬是在使用两台以上摊铺机梯队作业时采用，两条相邻摊铺带的混合料还处于压实前的热状态，较易处理，且连接强度较好。一般搭接宽度 2 ~ 5 cm。摊铺带的边缘应齐整，并在一侧设置导向线，作为摊铺机行驶时的标定方向。

②前后两条摊铺带的横向接茬处理时，应将第一条摊铺带的尽头边缘锯成垂直面，并与纵向边缘成直角。

## 三、热拌沥青混合料的压实

沥青混合料的压实包括碾压机械的选型与组合，及特殊路段的压实（陡坡与弯道）。

### 1. 碾压机械的选型与组合

目前，常用的压路机有三轮式静力光轮压路机、轮胎压路机和振动压路机。

三轮式静力光轮压路机，其质量为 2.5 ~ 16 t，主要用于沥青混合料的初压。轮胎压路机一般为 5 ~ 25 t，可用来进行接缝处的预压、坡道预压、消除裂纹、薄摊铺层的压实作业。

振动压路机中的自行式单轮压路机，一般质量为 4 ~ 12 t，常用于平整度要求不高的路面压实。压实度要求较高时，可采用串联振动压路机。在沥青混合料压实中，铰接转向和前后轮偏移铰接转向的串联振动压路机在边缘碾压时，能减少转弯中对路边缘的损坏，因此使用较为广泛。

结合工程实际，选择压路机种类、大小和数量，应考虑摊铺机的生产率、混合料特性、摊铺厚度、施工现场的具体条件等因素。一般地，摊铺层厚度小于 6 cm，宜使用振幅 0.35 ~ 0.6 mm 的中小型振动压路机（2 ~ 6 t）；压实较厚的摊铺层（大于 10 cm），宜使用高振幅（可达 1.00 mm）的大、中型振动压路机（6 ~ 10 t）。

### 2. 压实程序

压实程序分为初压、复压、终压三道工序。

初压时用 6 ~ 8 t 双轮压路机或 6 ~ 10 t 振动压路机（关闭振动装置即静压）压 2 遍，温度为 110 ~ 130℃。初压后检查平整度和路拱，必要时，应予以修整。若碾压时出现推移、横向裂纹等，应检查原因，进行处理。

复压时用 10 ~ 12 t 三轮压路机、10 t 振动压路机或相应的轮胎压路机碾压 4 ~ 6 遍，直至稳定和无明显轮迹。复压温度为 90 ~ 110℃。

终压时用 6 ~ 8 t 振动压路机（关闭振动装置）碾压 2 ~ 4 遍，终压温度为 70 ~ 90℃。

碾压时应由路两边向路中心，三轮压路机每次重叠宜为后轮宽的 1/2，双轮压路机每次重叠宜为 30 cm，压实速度可参考表 14.3。

表 14.3 压路机类型及压实速度

| 最大碾压速度 / 压路机类型 | 初压 /（$km \cdot h^{-1}$） | 复压 /（$km \cdot h^{-1}$） | 终压 /（$km \cdot h^{-1}$） |
|---|---|---|---|
| 光轮压路机 | 1.5 ~ 2.0 | 2.5 ~ 3.5 | 2.5 ~ 3.5 |
| 轮胎压路机 | | 3.5 ~ 4.5 | |
| 振动压路机 | 静压 1.5 ~ 2.0 | 振动 5 ~ 6 | 静压 2 ~ 3 |

碾压过程中，每完成一遍重叠碾压，压路机应向摊铺机靠近些，以保证正常的碾压温度。

在平缓路段，驱动轮靠近摊铺机，以减少波纹或热裂缝。碾压中，要确保滚轮湿润，可间歇喷水，但不可使混合料表面冷却。

每碾压一遍的尾端，宜稍微转向，以减小压痕。压路机不得在新铺混合料上转向、掉头、左右移动位置或刹车。碾压后的路面在冷却前，不得停放任何机械，并防止矿料、杂物、油料洒落在新铺路面上，直至路面冷却后才能开放交通。

### 3. 接茬处的碾压

接茬处的碾压应先压横向接茬后压纵向接茬。

（1）横向接茬

可使用较小型压路机对横向接茬进行横向碾压或纵向碾压。开始时，将轮宽的 10 ~ 20 cm 置于新铺的沥青混合料上进行碾压，然后逐步横移直至整个滚轮在新铺层上。有时，也可先用压路机静压，再用振动碾压。

（2）纵向接茬

当热料层与冷料层相接时，可将压路机位于热沥青混合料上，进行振动碾压，或碾压开始时，将轮宽的 10 ~ 20 cm 压在热料层上碾压。碾压时速度应在 2 km/h 左右。

当采用梯队作业时（热料层相接），应先压实离热接茬中心约 20 cm 以外区域，最后压实剩下的窄条混合料。

### 4. 特殊路段的碾压

特殊路段的碾压指弯道、交叉口、路边、陡坡等处的压实。

（1）弯道或交叉口的碾压

弯道或交叉口的碾压应选用铰接转向式振动压路机，先内侧后外侧，急弯处可采用直线（缺角）式换道碾压，缺角处用小型机具压实。

(2) 路边碾压

路边碾压可离边缘 30 ~ 40 cm 处开始碾压，留下部分碾压时，压路机每次只能向自由边缘方向推进 10 cm。

(3) 陡坡碾压

陡坡碾压可先用轻型压路机（不宜采用轮胎压路机）预压，压路机的从动轮应朝着摊铺方向。采用振动压路机时，应先静碾，待混合料稳定后，方可采用低振幅的振动碾压。

## 任务三　沥青表面处治路面面层施工

沥青表面处治指沥青和集料按层铺法或拌和法铺筑而成的厚度不超过 3 cm 的沥青面层，如图 14.8 所示。适用三级及以下的公路沥青面层。

图 14.8　层铺法施工与拌和法施工

层铺法是指“先油后料”，即先洒布一层沥青，再铺撒一层集料并碾压。层铺法的优点是施工简单便捷且节省费用。层铺法作用是抵抗行车的磨耗、增强防水性、提高平整度、改善路面的行车条件。

### 一、沥青表面处治路面施工

#### 1. 施工准备

沥青表面处治施工应在路缘石安装后进行，必须将基层清扫干净。施工前，应检查洒布车的性能，进行试洒，确定喷洒速度和洒油量。喷洒透层油，如果不喷洒透层油，道路很容易出现各种各样的病害。

#### 2. 下承层准备

表面处治施工前，应将基层清扫干净，使基层的矿料大部分外露，并保持干燥。对坑槽、不平整、强度不足的路段，应修补、平整和补强。

### 3. 浇洒沥青

在透层沥青充分渗透或基层清扫后，应按要求的数量浇洒第一层沥青，要求与贯入式沥青路面浇洒方法相同。外露部分如道路路缘石及人工构造物等需进行防污染遮盖，洒布均匀，要保持稳定速度和喷洒量，不应有空白或积聚现象，如图 14.9 所示。

图 14.9　机械洒布与人工洒布

### 4. 洒布集料

第一层集料在浇洒主层沥青后应立即进行洒布，按规定用量一次洒足，不宜在主层沥青全部洒布完成后进行。洒布集料后应及时扫匀，全面覆盖，且厚度一致，集料不重叠，不露出沥青，局部有缺陷时，应及时找补。前后两车喷洒的沥青在接茬处用铁板或建筑纸铺 1 ~ 1.5 m 进行搭接。分几幅浇洒时，前后幅搭接处应留纵向搭接，宽度在 10 ~ 15 cm 间不洒石料，待后幅浇洒沥青后一起洒布集料，如图 14.10 所示。

图 14.10　洒布集料、洒布沥青

### 5. 碾压

洒布第一层集料后，应立即进行碾压，如图 14.11 所示。

（1）用 6 ~ 8 t 钢筒双轮压路机从路边。

（2）向路中心碾压 3 ~ 4 遍。

（3）每次轮迹重叠约 300 mm。

（4）碾压速度开始不宜超过 2 km/h，以后可适当增加。

图 14.11　碾压

### 6. 初期养护

沥青表面处治应注意初期养护。当发现泛油时，应在泛油处补撒与最后一层石料规格相同的嵌缝料并扫匀，多余浮料应扫出路外。

开放交通后的交通控制、初期养护等，与贯入式沥青路面要求相同。封闭交通与开放交通如图 14.12 所示。

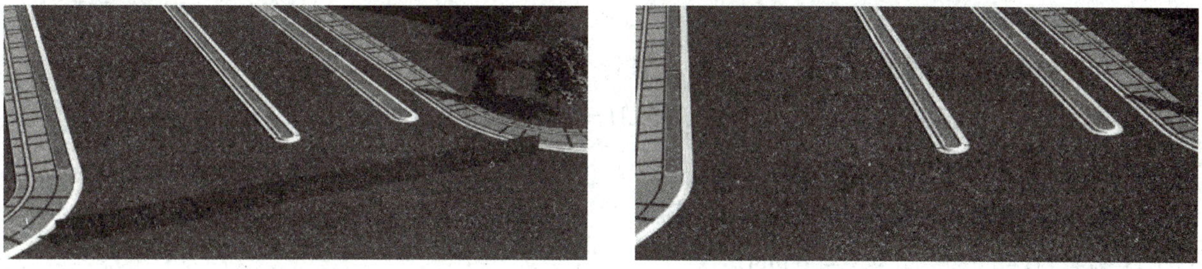

图 14.12　封闭交通与开放交通

## 二、封层施工

### 1. 封层的作用

（1）封闭某一层起着保水防水作用。

（2）起基层与沥青表面层之间的过渡和有效联结作用。

（3）路的某一层表面破坏离析松散处的加固补强。

（4）基层在沥青面层铺筑前，要临时开放交通，防止基层因天气或车辆作用出现水毁。

封层可分为上封层和下封层；就施工类型来分，可采用拌和法或层铺法的单层式表面处治，也可以采用乳化沥青稀浆封层。

### 2. 适用条件

符合下列情况之一时，应在沥青面层上铺筑上封层。

（1）沥青面层的空隙较大，透水严重。

（2）有裂缝或已修补的旧沥青路面。

（3）需加铺磨耗层改善抗滑性能的旧沥青路面。

（4）需铺筑磨耗层或保护层的新建沥青路面。

#### 3. 一般要求

(1) 使用层铺法沥青表面处治铺筑上封层

①施工方法按层铺法表面处治工艺施工。

②其材料用量要求应符合有关规定。

③沥青用量可采用规定范围的中、低限。

(2) 使用层铺法沥青表面处治铺筑下封层

①施工工艺同上封层。

②矿料用量应根据矿料尺寸、形状、种类等情况确定，宜为 5 ~ 8 $m^3$/1 000 $m^2$。

③沥青用量可采用规定范围的中、高限。

(3) 采用拌和法施工上、下封层

①应按照热拌沥青混凝土路面的施工工艺进行。

②当为下封层铺筑时，宜采用 AC－5（或 LH－5）砂粒式沥青混凝土。

③封层厚度宜为 1 cm。

(4) 使用乳化沥青稀浆封层施工上、下封层

①稀浆封层的厚度宜为 3 ~ 6 mm。

②稀浆封层的矿料类型及矿料级配，应根据封层的目的、道路等级进行选择，铺筑厚度、集料尺寸及摊铺用量等因素选用。

③稀浆封层使用的乳化沥青可采用慢裂或中裂的拌和型乳化沥青，当需要减缓破乳速度时，可掺加适量的氧化乳作为外加剂。当需要加快破乳时，可采用一定数量的水泥或消石灰粉作为填料。

④乳化沥青的合理用量通过试验确定。

⑤混合料的湿轮磨耗试验的磨耗损失不宜大于 800 g/$m^2$；轮荷压砂试验的砂吸收量不宜大于 600 g/$m^2$。

⑥稀浆封层混合料的加水量应根据施工摊铺和易性由稠度试验确定，要求的稠度应为 2 ~ 3 cm。

#### 4. 注意事项

(1) 当在被磨损的旧路面上铺筑稀浆封层时，施工前应先修补坑槽、整平路面。

(2) 稀浆封层施工时应在干燥情况下进行。

(3) 稀浆封层施工应使用稀浆封层铺筑机，其工作速度宜匀速铺筑，应达到厚度均匀表面平整的要求。

(4) 稀浆封层铺筑后，必须待乳液破乳、水分蒸发、干燥成型后方可开放交通。

(5) 稀浆封层施工气温不得低于 10℃。

# 任务四　沥青贯入式路面面层施工

## 一、施工准备

施工前，基层应清扫干净。需要安装路缘石时，应在安装后进行施工。

当采用乳化沥青贯入式路面必须先浇洒透层或黏层沥青。路面厚度小于或等于 5 cm 时，也应浇洒透层或黏层沥青。

## 二、铺撒主层集料

应避免颗粒大小不均匀，松铺系数为 1.25 ~ 1.30，应经试铺实测确定。洒布集料的同时，检查路拱和平整度，并严禁车辆通行。

## 三、碾压

主层集料洒布后，应采用 6 ~ 8 t 钢筒式压路机进行初压，速度为 2 km/h。碾压应由路两侧边缘向中心，轮迹应重叠约 30 cm。碾压同时，检验路拱和纵向坡度，必要时做调整。再用 10 ~ 12 t（厚度较大时，可用 12 ~ 15 t）压路机进行碾压，每次轮迹重叠 1/2 以上，并碾压 4 ~ 6 遍，直至主层集料稳定，无明显轮迹为止。

## 四、浇洒第一层沥青

主层集料碾压完毕后，应立即浇洒第一层沥青。

（1）浇洒温度应根据施工气温及沥青标号选择。石油沥青宜为 130 ~ 170℃，煤沥青宜为 80 ~ 120℃。

（2）沥青洒布要均匀，不得有空白和积聚现象，应根据选用的洒布方式控制单位面积的沥青用量。沥青洒布长度应与集料洒布机的能力相配合，两者间隔时间不宜过长。

（3）前后段喷洒的接茬应搭接良好。每段接茬处，可用铁板或建筑纸在洒布起、终点后横铺 1 ~ 1.5 cm，纵向接茬的搭接宽度宜为 10 ~ 15 cm，浇洒第二、三层沥青的搭接缝应错开。

（4）不得在潮湿的集料、基层或旧路面上浇洒沥青。

（5）若采用乳化沥青贯入时，应先洒布一部分上一层嵌缝料，再浇洒主层沥青。

## 五、铺撒第一层嵌缝料

主层沥青浇洒后，应立即均匀洒布第一层嵌缝料，不足处应找补。

### 六、第二次碾压

嵌缝料扫匀后应立即用 8 ~ 12 t 钢筒式压路机进行碾压，每次轮迹重叠 1/2 以上，并碾压 4 ~ 6 遍，直至稳定为止。碾压时，应随压随扫，使嵌缝料均匀嵌入。当气温较高，碾压发生推移现象时，应立即停止，待气温稍低时再碾压。

### 七、铺撒第二、三层嵌缝料

当浇洒第二层沥青、洒布第二层嵌缝料并完成碾压后，再浇洒第三层沥青，并洒布封层料，要求同嵌缝料。最后宜用 6 ~ 8 t 压路机碾压 2 ~ 4 遍，再开放交通。

### 八、施工后应进行初期养护

当有泛油时，应补撒嵌缝料，并应与最后一层石料规格相同，且扫匀将浮料扣除。

## 任务五 沥青透层、黏层施工

### 一、透层施工工艺

#### 1. 施工要求

沥青路面的级配砂砾、级配碎石基层及水泥、石灰、粉煤灰等无机结合料稳定土或粒料的半刚性基层上必须浇洒透层沥青。

透层沥青宜采用慢裂的洒布型乳化沥青，也可采用中、慢凝液体石油沥青或煤沥青，透层沥青的规格和质量应符合规范的要求。透层沥青的稠度宜通过试洒确定。表面致密的半刚性基层宜采用渗透性好的较稀的透层沥青，级配砂砾、级配碎石等粒料基层宜采用较稠的透层沥青。用于制作透层用乳化沥青的沥青标号应根据基层的种类、当地气候等条件确定。

各种透层沥青的品种和用量应根据基层的种类通过试洒确定，并符合规范的要求。

#### 2. 施工要点

（1）透层宜紧接在基层施工结束表面稍干后浇洒。当基层完工后时间较长，表面过分干燥时，应对基层进行清扫，在基层表面少量洒水，并在表面稍干后浇洒透层沥青。

高速公路、一级公路的透层沥青应采用沥青洒布车喷洒，二级及二级以下公路也可采用手工沥青洒布机喷洒。洒布车应符合相关规范的要求。当用于表面处治或贯入式路面喷洒沥青的喷嘴不能保证喷洒均匀时，应更换喷嘴。

（2）浇洒透层沥青应符合下列要求。

①浇洒透层前，路面应清扫干净，对路缘石及人工构筑物应适当防护，以防污染。

②透层沥青洒布后应不致流淌、渗透入基层一定深度，不得在表面形成油膜。

③如遇大风或即将降雨时，不得浇洒透层沥青。

④气温低于 10℃时，不宜浇洒透层沥青。

⑤应按设计的沥青用量一次浇洒均匀，当有遗漏时，应用人工补洒。

⑥浇洒透层沥青后，严禁车辆、行人通过。

（3）在铺筑沥青面层前，若局部地方尚有多余的透层沥青未渗入基层时，应予清除。

（4）在无机结合料稳定半刚性基层上浇洒透层沥青后，宜立即洒布用量为（2 ~ 3）$m^3$/1 000 $m^2$ 的石屑或粗砂。在无结合料粒料基层上浇洒透层沥青后，当不能及时铺筑面层，并需开放施工车辆通行时，也应撒铺适量的石屑或粗砂，此种情况下，透层沥青用量宜增加 10%。洒布石屑或粗砂后，应用 6 ~ 8 t 钢筒式压路机稳压一遍。当通行车辆时，应控制车速。在铺筑沥青面层前如有发现局部地方透层沥青剥落，应予修补；当有多余浮动石屑或砂时，应予扫除。

（5）透层洒布后应尽早铺筑沥青面层。当用乳化沥青作透层时，洒布后应待其充分渗透、水分蒸发后方可铺筑沥青面层，此段时间不宜少于 24 h。

## 二、黏层施工工艺

### 1. 应浇洒黏层的情况

（1）双层式或三层式热拌热铺沥青混合料路面在铺筑上层前，其下面的沥青层已被污染。

（2）旧沥青路面层上加铺沥青层。

（3）水泥混凝土路面上铺筑沥青面层。

（4）与新铺沥青混合料接触的路缘石、雨水进水口、检查井等的侧面。

黏层的沥青材料宜采用快裂的洒布型乳化沥青，也可采用快、中凝液体石油沥青或煤沥青。黏层沥青的规格和质量应符合规范要求。黏层沥青宜用与面层所使用的种类、标号相同的石油沥青经乳化或稀释制成。

各种黏层沥青品种和用量应根据黏结层的种类通过试洒确定，并符合规范要求。

黏层沥青宜用沥青洒布车喷洒，洒布车应符合规范。

### 2. 浇洒黏层沥青的要求

（1）黏层沥青应均匀洒布或涂刷，浇洒过量处应予刮除。

（2）路面有脏物、尘土时应清除干净。当有沾黏的土块时，应用水刷净，待表面干燥后浇洒。

（3）当气温低于 10℃或路面潮湿时，不得浇洒黏层沥青。

（4）浇洒黏层沥青后，严禁除沥青混合料运输车外的其他车辆、行人通过。

（5）黏层沥青洒布后应紧接铺筑沥青层，但乳化沥青应待破乳、水分蒸发完后铺筑。

# 任务六 沥青类路面常见病害与处治方法

沥青路面由于设计、施工、养护等工作上的缺陷，常出现一些质量问题，这是产生病害的内在原因，再加一些不利条件，如水文、气候、行车等外因作用，就会产生各种病害。遇此情况应及时处治。

## 一、泛油

新建的沥青路面当气温上升到30℃以上，渣油路面当气温上升到15 ~ 20℃以上时往往开始泛油，随气温继续上升，泛油程度加剧。

泛油时路面中间部分颜色先变黑，继而出现轮迹，路面上浮起液化了的油层，泛起的油液向路面两边移动聚集而形成软的油包。如果油层与油层黏结不良，油层会被车轮黏起，造成油层脱落、坑槽等病害。

### 1. 泛油的主要原因

（1）油石比（也称用油量）过大。

（2）油路底层（特别石灰做底层）含水量过大，透油层上浮。

（3）使用黏度过低的油料等。

### 2. 泛油的处治方法

泛油可根据程度不同，选择不同规格和数量的矿料处治。处治时可使用石屑撒布机或小型压路机，按前述不同泛油情况给予适当自治。

## 二、油包

### 1. 油包的产生原因

根据油包产生原因及形成过程的不同，可分为软油包和硬油包两种。

所谓软油包，就是油路面层以下的底层因含水量过大，而又无法蒸发排出，使底层与面层之间形成分离层，或在新面层处治时底层上的浮土未清除所致。

硬油包的底层是稳定的，它是由于面层的骨料和细料不均匀，在局部细料多、含油量过大、车轮反复碾压的情况下，因强度不足所致，或在施工中不慎，油车油桶油未及时清除，使局部的含油量过大所致。

### 2. 油包的处置方法

目前对硬油包的处置方法是，趁天热时把油包铲掉，使之与面层相平，然后清除杂质并洒油，接着撒料、整平、夯实，再经过养护便可与原路面一样。至于软油包的处置，则先将软油层挖掉，露出硬底层并晾干（如底层水分过多而发软，可挖去发软部分），填补新料至原底层取平并夯实，然后用新料铺面层（厚度不要超过原面层），再整平夯实即可。

总之，油路养护和维修机械化的新趋向是朝着多工序连续作业的综合机械化方向发展，如美国现在的一些养护机械不仅能加热、切掉和除去沥青混合料的面层，还可以完成翻松、平整、修旧为新等路面工作。

## 三、脱皮

油层路面如出现成块或成片的剥落，称为“脱皮”。

### 1. 脱皮形成的主要原因

（1）采用层铺法施工时，两层之间因潮湿或浮土影响结合强度，当上层的结合料黏性大，泛油后没有及时处理，从而面层被车轮黏走。

（2）由于底层表面松软潮湿，透油层与底层结合不良，整个面层被车轮推动剥落。

### 2. 脱皮的处理方法

脱皮的处理方法应根据不同原因采取不同措施。对第一种原因造成的，可清除脱皮和松软部分的油层、浮土、粉料，使之露出下面的稳定土层并晾干。根据厚度不同，可用拌和油石混合料修补。对第二种原因造成的，须切除破坏部分的油层，先将底层修好，等稳定干燥后，再修补面层。

## 四、麻面

由于面层油与石料结合不良、嵌缝散落、不密实而出现坑凹，这种病害称为“麻面”。

### 1. 麻面产生的主要原因

（1）采用层铺法施工时，面层材料的油量太少，同时嵌缝材料的粒度太大，故产生局部脱落，出现小凹坑。

（2）低温季节或雨季施工，路面材料不易成型，在车轮作用下，嵌缝材料松散脱落。

（3）采用路拌法施工，油石比偏小，拌和不均匀，部分粗粒集中，出现“麻面”现象。

### 2. 麻面的处理方法

如果大面积“麻面”，可在气温 10℃以上时，清除路面松动的粒料和杂质，等面层干燥后，先洒布一层透油层（0.8 ～ 1.0 kg/m$^2$），然后在温度足够的情况下撒布 3 ～ 8 mm 的嵌缝料（5 ～ 7 m$^3$/km$^2$），扫匀后，再用小型压路机碾压成型。对小面积的“麻面”，待清理坑凹而干燥后，即可洒布透油层和撒布嵌缝料，扫匀夯实即可开通。

## 五、松散

路面上大小不等、形状不同的矿料产生分离松脱等结构破坏的现象叫松散。

### 1. 松散形成的原因

（1）气温较低时施工，未及路面泛油即进入寒冷季节。

（2）路面材料的油石比偏小，或者油料老化，黏结力低所致。

（3）矿料质量低劣，松软易风化，且含土成分过高。

（4）施工时含水量太高致使油料结合不良。

（5）由于土基松软，结合料洒布不均匀等。

### 2. 松散的处理方法

对于大面积的松散，可将松散层粒料清除，重新铺设面层。如松散较轻时可采用罩面的办法解决。如因基层所致，应进行基层处理后，再重做油层。局部松散，可采用挖补法处理。

## 六、裂缝

路面产生主要的裂缝有横裂、纵裂、龟裂等。

### 1. 裂缝产生的主要原因

（1）横向裂纹主要是因温度、湿度的变化，路面材料发生涨缩现象而引起。

（2）纵向裂纹主要是当路面加宽时，新旧面层因碾压的密实度不同，导致轻度下沉而引起。

（3）龟裂主要是由于底层厚度和强度不足，粒料底层含土量和水分过大，稳定性差，翻浆沉陷、油料老化等原因引起。

### 2. 裂缝的处理方法

（1）由于温度、湿度而引起的小的裂缝，在高温季节时能自行愈合，可以不处理。

（2）如裂缝较大不能自行愈合时，可采用注缝机将热沥青注入，多余的沥青可在热状态下用胶皮刮刀刮平，并随即沿缝口撒一薄层沙并扫匀。

（3）裂缝在 4 mm 以上时，采用上述措施以后，应用夯板或轻型压路机碾压。

（4）由于基层的水稳性不良、强度不足所引起的龟裂，应先将基层工作治理好，再修复面层。

## 七、沉陷

### 1. 沉陷产生的主要原因

路面面层沉陷可以有三种不同情况，即均匀沉陷、不均匀沉陷或局部沉陷。

（1）均匀沉陷是路基路面在自然因素和行车作用下，达到进一步的密实、稳定的表现，一般不会引起路面的破坏。

（2）不均匀沉陷多数由于路基或路面局部不密实或碾压不均匀再受到水的浸透作用所引起。

（3）局部沉陷是路基下有坟穴、井洞、树坑、沟槽等，因回填不密实，当受到浸透时而引起。

### 2. 沉陷的处理方法

沉陷应根据具体情况来处理。不均匀沉陷，在路基和路面的密实度不足够的情况下，因沉陷产生的裂缝，可参照处治裂缝的方法处治。因局部沉陷其影响路面的不平整部分，可用热拌法配制的沥青混合料补平，并压实。

## 八、坑槽

### 1. 坑槽产生的原因

油路产生坑槽的原因很多，除了因履带拖拉机、铁轮车等通过油路将路面轧伤，又不及时处治发展成坑槽外，大多是由脱皮、松散、麻面、龟裂、沉陷、翻浆等病害所引起的。从上面各种病害原因的分析可将坑槽产生的原因归纳为以下三个方面。

（1）属于面层部分，油石比掌握不好，石料级配不佳，沥青（渣油）不符合技术要求，施工操作不符合规程，施工季节掌握不当，初期养护不好等。

（2）属于基层部分，油石比掌握不当，强度不够；施工操作不当，拌和不匀，压实不够；路面排水不良或面层漏水、渗水致使基层含水量增大而软化。

（3）属于路基部分，主要是由于设计路线通过低湿地区，地下水位高；施工路基压得不实产生沉陷，水稳定性差，路基排水系统不良或上层路面漏水、渗水使路基含水量增多造成路基翻浆。

由此可知路面产生坑槽的原因不是孤立的，而是与以上三个方面联系起来，互成关系，因此对坑槽的修理应根据产生的原因不同而采取不同的方案。处理面层仅是治理面层，属于基层的则基层和面层都要治理。

### 2. 坑槽的处理方法

对坑槽的治理，根据产生原因的不同，所用的修理方法、材料配制、机具设备等也各不相同，为了使养路施工过程中做到连续不断的工作，可按修理坑槽的整个工艺过程划分为面层和基层（包括路基）两大工序。

（1）面层修理是指路面的底层尚好，仅修理跨油层坑槽的作业。作业时应尽量采用机械化维修，如用风镐风铲铲修坑槽的边缘和剥离油层；用压缩空气吹除坑槽中的矿粉和杂质；用洒布机洒布透油层；摊铺机摊铺沥青混合料并用夯实板或压路机等压实。

（2）基层修理是指路面底层甚至路基被破坏时的作业。因此它应该是先修路基和底层，再修面层。但施工应先从面层开始，即画线、开槽、清除旧油层，然后开挖已破坏的基层，最后清底挖出旧灰土，开挖清理工作即完成。

修复新灰土层工序是：先拌制石灰土（石灰剂量为土重的 8% ~ 12%）、试验其含水量，待拌好灰土石，按坑的深度分层填铺，分层夯实，并以填至基层标高为准。

为了维持日常交通行车，避免破坏新填灰土层，保持夯实灰土层养生期中的稳定。在养生期间应在新灰土层上铺盖上一层松土沙作为保护层。待新灰土层养生期满后，扫去新灰土层上的松土沙保护层，即可按以上所述修理面层的程序进行油层的修补。

# 任务七 沥青路面面层施工质量控制与验收

路面工程进行施工质量的控制与验收是建成高质量路面的有效保证。除了控制原材料质量外，铺筑现场质量控制也很重要。在施工遇到不利的季节时，应采取保证施工质量的措施。沥青路面面层完工后，由施工单位会同监理单位按设计文件和施工规范要求对沥青路面面层进行质量检验。

沥青路面施工质量控制包括所用原材料的质量检验、施工过程中各工序间的质量控制与验收。

## 一、施工准备阶段的质量控制

### 1. 原材料质量检查

质量好的原材料是保证路面质量的关键因素。施工单位在开工前，应根据设计要求确定原材料的来源。在工程施工开始前及施工过程中发生材料来源或规格变化时，必须对材料来源、材料质量和数量、供应计划、材料场堆放及贮存条件等进行检查，施工前材料的质量检查应以同一料源、同一购入并运至生产现场（或贮入同一沥青罐、池）的相同规格品种的集料、沥青为“一批”进行检查，材料试样的取样数与频率按现行有关试验规程的规定进行，每批材料的质量应符合规范的要求。

在沥青路面开工前，施工单位应对所选用的原材料，如沥青和各种规格的矿料的物理性质、级配等进行试验，并报监理工程师审核，特别是沥青等主要材料，施工单位除重视进行材料试验外，还应经监理工程师、质量监督站或工程质量检测中心对试验结果进行认可。

### 2. 机械和设备检查

机械和设备是保证路面施工质量的另一个重要因素，在施工前必须对拌和厂及沥青路面施工机械和设备的配套情况、性能、计算精度等进行认真细致的检查。不得采用不符合规定要求的施工机械和设备。

### 3. 施工放样及下承层检查

施工放样包括高程测量与平面控制两项内容。沥青路面开工前，监理工程师应对施工单位的施工放样自检报告进行复核、审批。要求承包人对下承层（基层或中、下面层）按规范要求检查。

### 4. 铺筑试验路段

在正式施工前应铺筑试验路段。试验路段的长度宜为 100 ~ 200 m，宜选择在直线段上，通过试验路段的铺筑，取得各种施工控制参数。监理工程师应对试验路段施工的全过程进行监理，检查试验路段的施工质量，并对施工单位提出的试验总结报告进行审批。

## 二、施工过程中的材料检查和质量检查

### 1. 材料检查内容及要求

施工过程中的材料检查是在每批材料进场时进行过检查及批准的基础上，在施工过程中再抽查质量稳定性（变异性）。施工单位在施工过程中必须经常对各种施工材料进行抽样试验。材料检查的另一项重要内容是矿料级配精度和油石比计量精度。对计算系统装置要经常进行检查标定。

### 2. 质量检查及控制标准

施工过程中的质量检查包括工程质量及外形尺寸两部分。其检查内容、频率、质量标准均应符合规定要求，当检查结果达不到规定要求时，应追加检测数量查找原因，并做出处理。

对沥青混合料，尤其应注意以下几点。

（1）在沥青混合料拌和厂必须对拌和均匀性、拌和温度、出厂温度及各个料仓的用量进行检查。取样进行马歇尔试验。检测混合料的矿料级配和沥青用量。

（2）混合料铺筑现场必须对混合料质量及施工温度进行实测，随时检查厚度、压实度和平整度，并逐个断面测定成型尺寸。

（3）施工厚度的质量控制，除应在摊铺及压实时量取，并测量钻孔试件厚度外，还应校验由每天的沥青混合料总量与实际铺筑的面积计算出的平均厚度。

（4）施工压实度的检查以钻孔法为准。用核子密度仪检查时，应通过与钻孔密度的标定关系进行换算，并增加检测次数。

## 三、沥青路面面层施工质量检查验收

### 1. 热拌沥青混合料面层质量检验

#### （1）主控项目

①热拌沥青混合料质量检验。

a. 道路用沥青的品种、标号应符合国家现行有关标准和《城镇道路工程施工与质量验收规范》的有关规定。

检查数量：按同一生产厂家、同一品种、同一标号、同一批号连续进场的沥青（石油沥青每 100 t 为 1 批，改性沥青每 50 t 为 1 批）每批次抽检 1 次。

检验方法：查出厂合格证、检验报告，并进场复验。

b. 沥青混合料所选用的粗集料、细集料、矿粉、纤维稳定剂等的质量及规格应符合《城镇道路工程施工与质量验收规范》的有关规定。

检查数量：按不同品种产品进场批次和产品抽样检验方案确定。

检验方法：观察、检查进场检验报告。

c. 热拌沥青混合料、热拌改性沥青混合料、SMA，查出厂合格证、检验报告并进场复验。拌和温度、出厂温度应符合《城镇道路工程施工与质量验收规范》的有关规定。

检查数量：全数检查。

检验方法：查测温记录，现场检测温度。

d. 沥青混合料品质应符合马歇尔试验配合比技术要求。

检查数量：每日、每品种检查 1 次。

检验方法：现场取样试验。

②热拌沥青混合料面层质量检验。

a. 沥青混合料面层压实度，对城市快速路、主干路不应小于 96%，对次干路及以下道路不应小于 95%。

检查数量：每 1 000 $m^2$ 测 1 点。

检验方法：查试验记录（马歇尔击实试件密度、试验室标准密度）。

b. 面层厚度应符合设计规定，允许偏差为 - 5 ~ 10 mm。

检查数量：每 1 000 $m^2$ 测 1 点。

检验方法：钻孔或刨挖，用钢尺量。

c. 弯沉值不应大于设计规定。

检查数量：每车道、每 20 m 测 1 点。

检验方法：弯沉仪检测。

#### （2）一般项目

表面应平整、坚实，接缝紧密，无枯焦；不应有明显轮迹、推挤裂缝、脱落、烂边、油斑、掉渣等现象，不得污染其他构筑物。面层与路缘石、平石及其他构筑物应接顺，不得有积水现象。

检查数量：全数检查。

检验方法：观察。

### 2. 透层、黏层与封层质量检验

(1) 主控项目

透层、黏层、封层所采用沥青的品种、标号和封层粒料质量、规格应符合《城镇道路工程施工与质量验收规范》的有关规定。

检查数量：按进场品种、批次，同品种、同批次检查不应少于 1 次。

检验方法：查产品出厂合格证、出厂检验报告和进场复检报告。

(2) 一般项目

①透层、黏层、封层的宽度不应小于设计规定值。

检查数量：每 40 m 抽检 1 处。

检验方法：用尺量。

②封层油层与粒料洒布应均匀，不应有松散、裂缝、油丁、泛油、波浪、花白、漏洒、堆积、污染其他构筑物等现象。

检查数量：全数检查。

检验方法：观察。

### 3. 沥青表面处治施工质量检验

(1) 主控项目

沥青、乳化沥青的品种、指标、规格应符合设计和《城镇道路工程施工与质量验收规范》的有关规定。

检查数量：按进场批次。

检验方法：查出厂合格证、出厂检验报告、进场检验报告。

(2) 一般项目

①集料应压实平整，沥青应洒布均匀、无露白，嵌缝料应撒铺、扫堤均匀，不应有重叠现象。

②沥青表面处治允许偏差应符合表 14.4 的规定。

表 14.4　沥青表面处治允许偏差

<table>
<tr><th rowspan="2">项目</th><th rowspan="2">允许偏差</th><th colspan="3">检验频率</th><th rowspan="2">检验方法</th></tr>
<tr><th>范围</th><th colspan="2">点数</th></tr>
<tr><td>纵断高程 /mm</td><td>± 15</td><td>20 m</td><td colspan="2">1</td><td>用水准仪测量</td></tr>
<tr><td>中线偏位 /m</td><td>≤ 20</td><td>100 m</td><td colspan="2">1</td><td>用经纬仪测量</td></tr>
<tr><td rowspan="3">平整度 /mm</td><td rowspan="3"></td><td rowspan="3">20 m</td><td rowspan="3">路宽 /m</td><td>< 9　1</td><td rowspan="3">用 3 m 直尺，尺连续量两尺，取较大值</td></tr>
<tr><td>9 ~ 15　2</td></tr>
<tr><td>> 15　3</td></tr>
<tr><td>宽度 /mm</td><td>不小于设计值</td><td>40 m</td><td colspan="2">1</td><td>用钢尺量</td></tr>
</table>

表 14.4（续）

| 项目 | 允许偏差 | 检验频率 | | | | 检验方法 |
|---|---|---|---|---|---|---|
| | | 范围 | 点数 | | | |
| 横坡度 | ±0.3% 时不反馈 | 20 m | 路宽 /m | ＜9 | 2 | 用水准仪测量 |
| | | | | 9 ～ 15 | 4 | |
| | | | | ＞15 | 6 | |
| 厚度 /mm | −5 ～ 10 | 1 000 $m^2$ | 1 | | | 钻孔，用钢尺量 |
| 弯沉值 | 符合设计要求 | 设计要求 | — | | | 弯沉仪测定 |
| 沥青总用量 /（$kg \cdot m^{-2}$） | ±0.5% 总用量 | 每工作日，每层 | 1 | | | T0982 |

### 4. 沥青贯入式面层质量检验

#### （1）主控项目

①沥青、乳化沥青、集料、嵌缝料的质量应符合设计及《城镇道路工程施工与质量验收规范》的有关规定。

检查数量：按不同材料进场批次，每批检 1 次。

检验方法：查出厂合格证及进场复检报告。

②压实度不应小于 95%。

检查数量：每 1 000 $m^2$ 抽检 1 点。

检验方法：滞砂法、灌水法、蜡封法。

③弯沉值不得大于设计规定。

检查数量：按设计规定。

检验方法：每车道、每 20 m 测 1 点。

④面层厚度应符合设计规定，允许偏差为−5 ～ 15 mm。

检查数量：每 1 000 m 抽检 1 点。

检验方法：钻孔或刨坑，用钢尺量。

#### （2）一般项目

表面应平整、坚实，石料嵌锁稳定、无明显高低差，嵌缝料、沥青应洒布均匀，无花白、积油、漏浇、浮料等现象，且不应污染其他构筑物。

检查数量：全数检查。

检验方法：观察。

## 拓展与实训

**一、分小组讨论并回答以下问题。**

1. 热拌沥青混合料检查验收包括哪些方面的内容？

2. 透层、黏层与封层质量检验有哪些项目？

3. 沥青表面处治施工质量检验有哪些项目？

4. 沥青贯入式面层质量检验有哪些项目？

**二、选择题**

1. 在沥青路面正式施工前应铺筑试验路段。试验路段的长度宜为（　　）m。

A. 50 ~ 100　　B.100 ~ 200　　C. 200 ~ 300　　D.300 ~ 400

2. 沥青混合料面层压实度，对于城市快速路、主干路不应小于（　　）。

A.95%　　B.96%　　C.97%　　D.98%

3. 热拌沥青混合料面层平整度标准差，对城市快速路、主干路的允许偏差应小于（　　）mm。

A.1　　B.1.5　　C.2　　D.2.5

4. 沥青混凝土面层厚度的允许偏差为（　　）mm。

A.±5　　B.±3　　C.±10　　D. -5 ~ 10

5. 沥青混凝土面层横坡度的允许偏差为（　　）。

A. ±0.5%且不反坡　　B. ±0.5%或不反坡

C. ±0.3%且不反坡　　D. ±0.3%或不反坡

6. 沥青路面施工质量的控制和检查所涉及的内容主要有（　　）。

A. 材料的质量检查　　B. 施工质量的控制与检查

C. 路面的外形检查　　D. 施工机械的选择

E. 施工人员的学历层次

7. 沥青路面面层检查验收时的各项指标涉及（　　）。

A. 路面的厚度　　B. 路面的压实度

C. 路面的平整度　　D. 路面的渗水系数

E. 路面的稳定性

8. 沥青混凝土面层主要检查项目包括（　　）。

A. 平整度　　B. 厚度　　C. 弯沉值

D. 中线高程　　E. 压实度

9. 沥青路面抗滑能力的大小主要与（　　）有关。

A. 粗糙程度　　B. 平整度　　C. 渗透性　　D. 横坡度大小

10. 下面（　　）是测定路表平整度的设备。

A. 摆式摩擦系数仪　　B. 横向力系数测定车

C. 连续弯沉测定仪　　D.3 m 直尺

第三篇 市政道路路面工程

# 项目十五 水泥混凝土路面施工

XIANGMUSHIWU SHUINI HUNNINGTU LUMIAN SHIGONG

## 项目导读

刚性较大的水泥混凝土路面与沥青路面相比，具有自己独特的一些特性。水泥混凝土路面的主要优点是强度高，稳定性、耐久性好，有利于夜间行车；其缺点是对水泥和水的需求量大，有接缝，开放交通较迟，修复困难。

本项目主要介绍了水泥混凝土路面的优缺点、水泥混凝土路面的结构、常用的水泥混凝土路面的破坏现象、水泥混凝土路面接缝的构造与布置，水泥混凝土路面面层的施工准备，特殊气候条件下混凝土路面的施工，水泥混凝土路面面层施工全过程的质量动态检测、控制和管理。

## 学习任务

本项目的任务旨在让学生掌握水泥混凝土路面的结构，水泥混凝土路面施工工艺与质量控制要点，水泥混凝土路面面层材料要求；熟悉水泥混凝土路面的施工准备工作及内容；了解水泥混凝土路面的分类、特点，设计方法和步骤，常用的水泥混凝土路面施工机械。

## 思政目标

本项目的学习，可以培养学生正确识读水泥混凝土路面结构图的能力，要求学生能指导水泥混凝土路面施工，并明白理论和实践结合的重要性，由此可培养学生吃苦耐劳、实事求是的精神。

## 任务一 水泥混凝土概述

水泥混凝土路面也称为刚性路面，类型包括普通水泥混凝土路面、钢筋混凝土路面、连续配筋混凝土路面、预应力混凝土路面、装配式混凝土路面和钢纤维混凝土路面等。目前采用最广泛的是就地浇筑的普通混凝土路面，即除接缝区和局部范围（边缘和角隅）外，面层内均不配置钢筋的水泥混凝土路面，也称素混凝土路面。

## 一、水泥混凝土路面的优缺点

### 1. 水泥混凝土路面的优点

与其他类型的路面相比，混凝土路面具有以下优点。

（1）刚度大、强度高

混凝土路面具有很高的抗压强度和较高的抗弯拉强度以及抗磨耗能力。

（2）稳定性好

混凝土路面的水稳性、热稳性均较好，特别是它的强度能随着时间的延长而逐渐提高，不存在沥青路面的“老化”现象。

（3）经久耐用

由于混凝土路面的强度和稳定性好，所以它经久耐用，一般能使用 20 ~ 40 年，而且它能通行包括履带式车辆等在内的各种运输工具，使用寿命长。

（4）有利于夜间行车

混凝土路面色泽鲜明，能见度好，对夜间行车有利。

### 2. 水泥混凝土路面的缺点

水泥混凝土优点明显，但也存在一些缺点，主要有以下几方面。

（1）对水泥和水的需要量大

修筑厚 0.2 m、宽 7 m 的混凝土路面，每 1 000 m 要耗费水泥约 400 ~ 500 t、水约 250 t，还不包括养生用的水在内，这给水泥供应不足和缺水地区带来较大困难。

（2）有接缝

一般混凝土路面要建造许多接缝，这些接缝不但会增加施工和养护的复杂性，而且容易引起行车跳动，影响行车的舒适性；接缝又是路面的薄弱点，如处理不当，将导致路面板边和板角处破坏。

（3）开放交通较迟

一般水泥混凝土路面完工后，要经过 28 d 的潮湿养护，才能开放交通，如需提早开放交通，则需采取特殊措施。

（4）修复困难

混凝土路面损坏后，开挖很困难，修补工作量也大，对交通影响大。

## 二、水泥混凝土路面结构

水泥混凝土路面结构由路基与路面组成。其中路面包括基层、垫层、水泥混凝土面层等。水泥路面板要求：抗折强度、抗磨耗、抗滑、抗冻；低线膨胀系数、低弹性模量（抵抗荷载和环境引起的疲劳应力）。其结构的组合设计应满足在各类交通等级下的强度要求、水稳性、各结构层强度和厚度、施工碾压要求。

### 1. 路基

在水泥混凝土路面下的路基在自重和车辆荷载作用下，应稳定、密实、均质（包括组成、压实度和湿度）、排水良好，对路面结构提供均匀的支承（不产生过量沉陷和均匀变形）。

### 2. 基层

水泥混凝土面层板下的基层，主要承受由面层扩散下来的行车荷载和面层渗入水的作用。

#### （1）设置基层的作用

①防冲浆。基层首先要具有刚度和抗冲刷能力，防止渗水对路基的冲刷。

②防唧浆。水泥混凝土面层如直接放在路面上，会由于路基土的塑性变形量大，当细集料含量多时，受水冲刷后，在荷载作用下，易出现唧浆、错台、板底脱空等病害。

③防水。在湿软土基上，铺筑开级配粒料基层，可以隔断地下毛细水上升。

④防冻。在季节性冰冻地区，用对冰冻不敏感的粒状多孔材料铺筑基层，可以减小路基的冰冻深度，以减轻冻胀的危害，更有效地防水、防冻，提高耐久性。

⑤给水泥混凝土面层施工机械的安装和施工操作提供工作面（侧立模板）。

#### （2）基层类型的选用

基层的宽度应比水泥混凝土面层每侧至少宽出 300 mm（采用小型机具施工时）或 650 mm（采用滑模式摊铺机施工时）。路肩采用水泥混凝土面层，其厚度与行道面层相同时，基层宽度宜与路基宽度相同。级配粒料基层的宽度也宜与路基宽度相同。

基层下未设垫层，路床为细粒土或级配不良砂（承受特重或重交通）时，或者细粒土（承受中等交通）时，应在基层下设置底基层。底基层可采用级配粒料、水泥稳定粒料或石灰粉煤灰稳定粒料，底基层厚度一般取 200 mm。

### 3. 垫层

垫层按其在水泥混凝土面层板下的设置作用及材料分为以下几种。

#### （1）排水垫层（隔离层）

排水垫层常（隔离层）采用颗粒材料或不透水隔离层（土工合成材料及沥青砂等构筑）。

#### （2）半刚性垫层（稳定层）

半刚性垫层（稳定层）常采用石灰土和颗粒材料层。

#### （3）防冻垫层

防冻垫层常采用颗粒材料、石灰土、炉渣石灰。当路面总厚度小于最小防冻厚度要求时，其差值应由防冻垫层来补足。

#### 4. 面层

(1)要求

水泥混凝土面层应具有足够的强度、耐久性、表面抗滑性、耐磨性和平整度。水泥混凝土面层一般采用设接缝的普通混凝土。当面层板的平面尺寸较大或形状不规则，路面结构下埋有地下设施，位于高填方、软土地基、填挖交界段等有可能产生不均匀沉降的路面时，应采用接缝设置传力杆的钢筋混凝土面层。

(2)板块尺寸

水泥混凝土面层宽度为纵向接缝的间距，按路面宽度在 3.0 ~ 4.5 m 宽度范围确定。水泥混凝土面层长度为相邻横向接缝的间距，需按面层板的类型和厚度选定。普通混凝土面层板一般长为 4 ~ 6 m，且面层板的长宽比不宜超过 1.35，平面面积不宜大于 25 $m^2$，而碾压混凝土和钢纤维混凝土面层板长一般为 6 ~ 10 m，钢筋混凝土面层板长一般为 6 ~ 15 m。

(3)厚度

《公路水泥混凝土路面设计规范》(JTG D40—2011)提出了水泥混凝土面层厚度计算的结构可靠度要求，引入了目标可靠度、结构设计参数与变异水平等级等指标，通过初估水泥混凝土面层厚度，按规定的程序，分别计算荷载疲劳应力和温度疲劳应力。

当荷载疲劳应力和温度疲劳应力之和与可靠度系数的乘积小于且接近混凝土的抗弯拉强度标准值时，初估水泥混凝土面层厚度即为设计厚度。当为特重或重交通时，水泥混凝土面层的最小厚度为 160 mm；当为中等或轻交通时，其最小厚度为 180 mm。水泥混凝土面层厚度采用混凝土的抗弯拉强度作为厚度设计控制指标。

## 三、水泥混凝土路面的破坏现象

水泥混凝土路面在使用过程中受到行车荷载和环境等因素作用，可能出现的破坏类型主要有以下几种。

#### 1. 断裂

水泥混凝土面层板内向力超过水泥混凝土强度时，如板太薄或实际车辆荷载太重，板的平面尺寸太大，地基变形过大使板块底部失去支承，养护期间收缩向力过大，由于材料选用或施工不当、抗折强度未达到设计要求等，将会出现横向或纵向及板角的断裂和裂缝。

断裂病害的出现，破坏了水泥混凝土面层板的整体性，而断裂的根本原因是水泥混凝土面层板在行车荷载与温度应力共同作用下产生的板内拉应力超过了混凝土本身的抗弯拉强度，因此断裂将作为混凝土结构破坏状态的临界状态。

#### 2. 唧浆

唧浆是车辆荷载经过接缝时，基层中细粒材料从接缝和裂缝处与水一同喷出，水泥混凝土面层板边缘底部会出现脱空的现象。唧浆的出现，会使水泥混凝土面层板边缘部分和角隅失去支撑，导致在离接缝 1.5 ~ 1.8 m 处产生横向裂缝或在角隅处产生断裂。

### 3. 错台

错台是指接缝两侧出现的竖向相对位移，由于基础过软造成横向接缝或裂缝两侧的路面形成台阶的现象。错台现象降低了行车的平稳和舒适性。

### 4. 胀裂

胀裂是指在炎热的夏季，水泥混凝土面层板膨胀或板的缝隙内落入杂屑，阻碍板的伸长，使横向裂缝处或板缝两侧向上拱起破裂。

## 四、水泥混凝土路面接缝的构造与布置

### 1. 板块划缝的意义

水泥混凝土路面的面层是由一定厚度的水泥混凝土板组成的，属于大体积工程，当温度变化时，水泥混凝土板难免会发生热胀或冷缩。昼夜温度变化大，会使水泥混凝土板面和板底出现温度坡差。白天水泥混凝土板顶面的中部有隆起的趋势，夜间水泥混凝土板的顶面温度低于板的底面温度时，会使板的周边及角隅有翘曲的趋势。当板角隅上翘时，会发生板块同基层相脱空的现象，这种变形会受到水泥混凝土面层与终层之间的摩擦力和黏结力，以及板的自重和车轮荷载等作用。在荷载应力和温度应力的综合作用下，板内会产生较大的应力，导致板产生裂缝或拱胀等破坏，因此水泥混凝土面层板的划块设缝，能使板内应力控制在允许范围内，以免板体产生不规则裂缝。

### 2. 等厚板

汽车荷载作用于板边产生的弯拉应力大于板中，为了适应荷载应力的变化，早期水泥混凝土面层板的横断面采用不等厚度截面板，板边部比中部厚，这种断面在厚度变化处容易引起折裂，且给基层和垫层施工带来诸多不便。目前国内外多采用等厚度的水泥混凝土板断面形式。

### 3. 接缝构造与布设

水泥混凝土路面构造缝分为两大类：纵向接缝和横向接缝。在板缝处应考虑防渗水和传递荷载的功能。板的纵向接缝与横向接缝应互相垂直相交，但纵向接缝两侧的横向接缝不得互相错位布置，避免出现感应裂缝。

（1）纵向接缝

①纵向施工缝。当一次铺筑宽度小于路面宽度时，应设纵向施工缝。纵向施工缝的构造有设拉杆的平缝形式和设拉杆的企口缝形式等。拉杆采用螺纹钢筋，垂直于纵向施工缝，并设于板的中部。

②纵向缩缝。当一次摊铺两个或者两个以上车道时，路面应增设纵向缩缝，其位置按车道宽度而定。纵向缩缝应尽量避开轮迹设置。纵向缩缝的构造采用设拉杆的假缝形式，其缝距槽口深度应大于纵向施工缝的槽口深度。采用粒料基层时，槽口深度应为板厚的 1/3；采用半刚性基层时，槽口深度应为板厚的 2/5。

纵向接缝设置拉杆的目的是提供板块的黏结力和拉力，防止板块产生横向位移。拉杆应设在板块中央。最外侧的拉杆距横向接缝的距离不得小于 100 mm，并应对拉杆中部 100 mm 范围内进行防锈处理。

（2）横向接缝

①横向缩缝。横向缩缝是为了避免水泥混凝土板块由于温度和湿度降低而产生不规则的裂缝而设置的。横向缩缝有两种形式，不设传力杆的假缝形式和设传力杆的假缝形式。在特重和重交通公路、收费广场及邻近胀缝或自由端部的 3 条横向缩缝，应采用设传力杆的假缝形式。设置传力杆的目的是把荷载应力通过传力杆从横向缩缝一侧传到相邻板块，保证接缝处的传荷能力和路面的平整，防止错台等病害的产生，传力杆一般采用光圆钢筋。胀缝和横向缩缝处的传力杆应采用相同的尺寸和间距。最外侧传力杆距纵向接缝或自由边的距离为 150 ～ 250 mm。

对设置在横向缩缝处的传力杆，应在大于传力杆长度的 1/2 范围内涂沥青，以保证板块自由滑动。

②横向施工缝。每日施工结束，或因故停工 0.5 h 以上，都需设置横向施工缝。横向施工缝的构造采用设传力杆的平缝形式。设在胀缝处的横向施工缝，其构造与胀缝相同。

③胀缝。水泥混凝土面层在低温施工或选用膨胀性高的集料时，应保证面板在温度升高时有伸缩的余地。需设置胀缝，胀缝一般采用滑动传力杆。水泥混凝土面层板的胀缝是最薄弱的，若施工不当，胀缝处的板块常会出现碎裂等病害。

我国现行的《公路水泥混凝土路面设计规范》（JTG D40—2011）规定，在临近桥涵、隧道口、道路与其他路面或与其他固定构筑物相接处，小半径平（竖）曲线、纵坡变化处，以及市政道路在交叉口宽度变化处应设置胀缝，一般设置 2 ～ 3 条。

### 4. 特殊部位配筋

水泥混凝土面层板自由边缘下基础薄弱或接缝未设传力杆的平缝时，可在面层板自由边缘的下部配置钢筋，承受特重交通的胀缝、施工缝。自由边的面层角隅应配置角隅钢筋。

### 5. 交叉处接缝

在相交道路加宽部分布置接缝，其目的是减小应力集中现象，避免出现或减少形成锐角和错缝。在加宽和宽度变化路段的终点，此处板宽不宜小于 1 m。

在次要道路弯道加宽横断面处的横向接缝，采用胀缝形式。在估计膨胀量大时，应连续设置 2 ～ 3 条设滑动传力杆的胀缝，与胀缝相邻的 3 条横向缩缝应设置成设传力杆的假缝形式。

# 任务二　水泥混凝土路面面层施工准备

施工前的准备工作是组织施工的第一步，是保证正常施工的关键。无准备的施工或准备不充分的施工均使路面施工工作难以顺利进行。因此施工准备工作极为重要。

施工的准备工作主要包括施工机械选择、施工组织、搅拌场设置、材料与设备检查、基层的检测与修整等方面。

## 一、设备要求

一般施工技术水平下，不同等级的公路水泥混凝土路面的施工应满足表 15.1 的要求。

表 15.1　不同等级的公路水泥混凝土路面施工的设备要求

| 摊铺工艺机械装备 | 高速公路 | 一级公路 | 二级公路 | 三级公路 | 四级公路 |
|---|---|---|---|---|---|
| 滑模摊铺机 | √ | √ | √ | ⊙ | 0 |
| 三辊轴机组 | 0 | 0 | √ | √ | √ |
| 小型机具 | × | × | ⊙ | √ | √ |
| 碾压混凝土机械 | ⊙ | ⊙ | √ | √ | √ |
| 计算机自动控制强制搅拌楼（站） | √ | √ | √ | ⊙ | 0 |
| 强制搅拌楼（站） | × | 0 | √ | √ | √ |

注：1. 符号含义：√应使用；⊙有条件使用；○不宜使用；× 不得使用。
2. 各等级公路均不得使用体积计量、小型自落滚筒式搅拌机，严禁使用人工控制加水量。

每台搅拌设备配备有自动供料、称量、计量、砂石含水量反馈控制、外加剂加入装置、计算机控制自动配料操作系统设备。每套搅拌楼配备 3 ~ 4 个砂石料仓、1 ~ 2 个外加剂池、2 ~ 4 个水泥及粉煤灰罐仓。

## 二、施工组织

开工前，建设单位应组织设计、施工，监理单位进行技术交底，施工单位应进行详细的施工组织设计。施工单位应根据设计文件，测量校核平面和高程控制桩，复测和恢复路面中心、边缘全部基本标桩，测量精度应满足相应规范的规定。同时，施工单位应建立相应资质的现场实验室，并对有关技术人员进行岗前培训。

## 三、搅拌场设置

搅拌场宜设置在摊铺路段的中间位置。搅拌场内部布置应满足原材料的储运、混凝土运输、供水、供电、钢筋加工等使用要求，并尽量紧凑，减少占地。同时搅拌场还要保证充足的用水、电力和燃料供应。

## 四、摊铺前材料与设备的检查

根据混凝土路面设计要求、工程规模和当地材料供应情况，通过调研优选，初步选择原材料供应商。对计划使用的原材料进行质量检验和混凝土配合比优选，经监理工程师抽检和试验验证，报请业主正式审批。同时，施工前必须对机械设备、测量仪器、基准线或模板、机具、工具及各种试验仪器等进行全面检查、调试、校核、标定、维修和保养，主要施工机械的易损零部件应有适量储备。

## 五、路基、基层和封层的检测与整修

路基应稳定、密实、均质，对路面结构提供均匀的支承。对桥头、软基、高填方、填挖交界等处的路基段，应进行边缘沉降观测，并采取切实有效的措施保证路基的稳定性。垫层、基层的宽度、路拱与标高、表面平整度和压实度均应检查其是否符合要求，如有不符之处，应予整修。当基层产生纵、横断裂，隆起或碾坏时，应采取有效措施进行彻底修复。

在高速公路和一级公路的半刚性上基层表面，宜喷洒热沥青和石屑做滑动封层，或做乳化沥青稀浆封层。在有可能被水淹没浸泡路面的路段，可采用较厚的坚韧塑料薄膜或密闭土工膜覆盖基层防水。

当封层出现局部损坏时，应采用相同的封层材料进行修补，质量检验合格并由监理工程师签认后，方可铺筑。

# 任务三 普通混凝土路面面层施工

## 一、水泥混凝土路面的施工

传统工艺的水泥混凝土路面面层施工操作程序主要包括安装模板、接缝与安设钢筋、混凝土的拌和与运输、混凝土的摊铺与振捣、抹面和拆模、养生与填缝。其中，接缝包括纵缝与横缝，横缝又包括胀缝、缩缝与工作缝。以上各道工序的施工要求详见《公路水泥混凝土路面施工技术细则》（JTG/T F30—2014）（以下称《混凝土路面施工细则》）。

水泥混凝土路面面层施工常用施工方法有滑模摊铺机施工、小型机具施工、三辊轴机组施工、碾压混凝土机械施工等。近年来，国内已推广使用滑模摊铺机来修筑混凝土路面。

### 1. 滑模摊铺机施工

滑模摊铺机的最大特点是不需架设边缘固定模板，其尾部两侧装有模板随机前进，能兼做摊铺、振捣、压入杆件、切缝、整面和刻划防滑小槽等作业，成形的路面即在机后延伸出来。可铺筑不同厚度和不同宽度的混凝土路面，对无筋和配筋混凝土路面均可使用。工序紧凑，施工质量高，行进速度为 1.2 ~ 3.0 m/min，每天能铺筑长达 1 600 m 的双车道路面，能大大降低路面造价。滑模摊铺机的出现是混凝土路面施工技术一大革命。滑模摊铺机如图 15.1 所示。

图 15.1　滑模摊铺机

#### （1）滑模式摊铺机施工特点

①路面内在质量高，可提高路面抗弯强度，路面均匀、色泽均一。

②路面表面功能好，抗渗、抗冻、耐磨。

③路面动态平整度好，摊铺时沿着基准线平稳运行。

④混凝土拌和物质量稳定，拥有拌和站。

⑤适用范围广，适用于各类混凝土路面。

⑥生产效率高。

⑦便于提高科技和管理水平，机械化、自动化、少人为干预。

⑧路面使用寿命大幅度延长，可正常使用 6 年左右。

#### （2）滑模摊铺机的施工要点

①机械配备。高速公路、一级公路施工，宜选配能一次摊铺 2 ~ 3 个车道宽度（7.5 ~ 12.5 m）的滑模摊铺机；二级及二级以下公路路面的最小摊铺宽度不得小于单车道设计宽度。硬路肩的摊铺宜选配中、小型多功能滑模摊铺机，并宜连体一次摊铺路缘石。滑模摊铺机可按表 15.2 的基本技术参数选择。

表 15.2　滑模摊铺机的基本技术参数表

| 项目 | 发动机功率 /kW | 摊铺宽度 /m | 摊铺厚度 /mm | 摊铺速度 /（m/min） | 空驶速度 /（m/min） | 行驶速度 /（m/min） | 履带数 / 个 | 整机自重 /t |
|---|---|---|---|---|---|---|---|---|
| 三车道滑模摊铺机 | 200 ~ 300 | 12.5 ~ 16.0 | 0 ~ 500 | 0 ~ 3 | 0 ~ 5 | 0 ~ 15 | 4 | 57 ~ 135 |
| 双车道滑模摊铺机 | 150 ~ 200 | 3.6 ~ 9.7 | 0 ~ 500 | 0 ~ 3 | 0 ~ 5 | 0 ~ 18 | 2，3，4 | 22 ~ 50 |

表 15.2（续）

| 项目 | 发动机功率 /kW | 摊铺宽度 /m | 摊铺厚度 /mm | 摊铺速度 /（m/min） | 空驶速度 /（m/min） | 行驶速度 /（m/min） | 履带数 / 个 | 整机自重 /t |
|---|---|---|---|---|---|---|---|---|
| 多功能单车道滑模摊铺机 | 70 ～ 150 | 2.5 ～ 6.0 | 0 ～ 400（护栏高度 800 ～ 1 900） | 0 ～ 3 | 0 ～ 9 | 0 ～ 15 | 2，3，4 | 12 ～ 27 |
| 路缘石滑模摊铺机 | ≤ 80 | ＜ 2.5 | <450 | 0 ～ 5 | 0 ～ 9 | 0 ～ 10 | 2，3 | ≤ 10 |

②基准线设置。滑模摊铺混凝土路面的施工应设置基准线。基准线设置形式有单向坡双线式、单向坡单线式和双向坡双线式三种。

基准线设置后，严禁扰动、碰撞和振动。一旦碰撞变位，应立即重新测量纠正。多风季节施工，应缩小基准线桩间距。

③摊铺准备。所有施工设备和机具均应处于良好状态，并全部就位。

清扫基层、封层表面及履带行走部位，洒水湿润铺面板的位置，且不得积水。横向连接摊铺时，前次摊铺路面纵缝的溜肩胀宽部位应切割顺直。侧边拉杆应校正扳直，缺少的拉杆应钻孔锚固植入，纵向施工缝的上半部缝壁应满涂沥青。

④布料。滑模摊铺机前的正常料位高度应在螺旋布料器叶片最高点以下，不得缺料。卸料、布料应与摊铺速度相协调。滑模摊铺路面时，可配备 1 台挖掘机或装载机辅助布料。

当坍落度在 10 ～ 50 mm 时，布料松铺系数宜控制在 1.08 ～ 1.15。布料机与滑模摊铺机之间施工距离宜控制在 5 ～ 10 m。

摊铺钢筋混凝土路面、桥面或搭板时，严禁任何机械开上钢筋网。

⑤滑模摊铺机的施工参数设定及校准。振捣棒下缘位置应在挤压板最低点以上，振捣棒的横向间距不宜大于 450 mm，均匀排列；两侧最边缘振捣棒与摊铺边沿距离不宜大于 250 mm。

挤压底板前倾角宜设置为 3° 左右。提浆夯板位置宜在挤压底板前缘以下 5 ～ 10 mm。

两边缘超铺高程根据拌和物稠度宜在 3 ～ 8 mm 调整。搓平梁前沿宜调整到与挤压板后沿高程相同，搓平梁的后沿比挤压底板后沿低 1 ～ 2 mm，并与路面高程相同。

滑模摊铺机首次摊铺路面，应挂线对其铺筑位置、几何参数和机架水平度进行调整和校准，正确无误后，方可开始摊铺。

⑥铺筑作业技术要领。操作滑模摊铺机应缓慢、匀速、连续不间断地进行作业，严禁料多追赶，然后随意停机等待，间歇摊铺。

摊铺速度应根据拌和物稠度、供料多少和设备性能控制在 0.5 ～ 3.0 m/min 之间，一般宜控制在 1 m/min 左右。调振捣频率，改变摊铺速度，以适应拌和物稠度发生变化。

随时调整松方高度板控制进料位置，开始时宜略设高些，以保证进料。正常摊铺时应保持振捣仓内料位高于振捣棒 100 mm 左右，料位高低上下波动宜控制在 ±30 mm 之内。

正常摊铺时，振捣频率可在 6 000 ～ 11 000 r/min 之间调整，宜采用 9 000 r/min 左右。应防止混凝土过振、欠振或漏振。

根据混凝土的稠度大小，随时调整摊铺的振捣频率或速度。

摊铺机起步时，应先开启振捣棒振捣 2 ～ 3 min，再缓慢平稳推进。摊铺机脱离混凝土后，应立即关闭振捣棒组。

⑦问题处置。摊铺中应经常检查振捣棒的工作情况和位置。路面出现麻面或拉裂现象时，必须停机检查或更换振捣棒。摊铺后，路面上出现发亮的砂浆条带时，必须调高振捣棒位置，使其底缘在挤压底板的后缘高度以上。

摊铺宽度大于 7.5 m 时，若左右两侧拌和物的稠度不一致，摊铺速度应按偏干一侧设置，并应将偏稀一侧振捣棒频率迅速调小。

应通过调整拌和物稠度、停机待料时间、挤压底板前仰角、起步及摊铺速度等措施控制和消除横向拉裂现象。

摊铺中的滑模摊铺机停机等料最长时间超过当时气温下混凝土初凝时间的 4/5 时，应将滑模摊铺机迅速开出摊铺工作面，并做施工缝。

⑧自动抹平板装置进行抹面。对少量局部麻面和明显缺料部位，应在挤压板后或搓平梁前补充适量拌和物，由搓平梁或抹平板机械修整。

⑨清洗与保养。滑模摊铺结束后，清洗滑模摊铺机要及时，以便当日保养。在第二天硬切横向施工缝，也可当天软作施工横缝。可丢弃端部的混凝土和摊铺机振动仓内遗留下的纯砂浆，两侧模板应向内各收进 20 ～ 40 mm，收口长度宜比滑模摊铺机侧模板略长。施工缝部位应设置传力杆，并应满足路面平整度、高程、横坡和板长要求。

高速公路、一级公路混凝土面层宜采用养护剂加覆膜养生。现场养生用水充足的情况下，可采用节水保湿养护膜、土工毡、土工布、麻袋、草袋、草帘等养生，并及时洒水保湿养生。

实测水泥混凝土强度大于设计强度的 80% 后，可停止养生。不同气温条件下混凝土面层的最短养生龄期根据天气确定。

不宜采用滑模摊铺机施工的路段包括上坡坡度＞ 5%、下坡坡度＞ 6%、半径＜ 50 m、超高＞ 7% 的路段。

### 2. 小型机具施工

小型机具施工工艺是水泥混凝土路面施工方式中传统的施工方式之一，可在中、轻交通的低等级水泥混凝土路面施工中使用。它技术简单成熟，性能稳定可靠，施工便捷，不需要大型设备，维修方便，主要靠人工，劳动强度大，使用的劳动力数量多，是劳动力密集型的水泥混凝土路面施工方式。小型机具施工适用于三、四级公路，如图 15.2 所示。

小型机具铺筑宽度不大于 4.5 m，铺筑能力不宜小于 20 m/h。

图 15.2　小型机具施工

小型机具施工其施工要点如下。

（1）模板架设与拆除

模板采用槽钢较多，准备模板的数量不宜少于两次周转的需要，以便缩小工期，模板安装应顺直、圆滑、顶面平整。槽钢模板常用固定方法有焊接钢筋固定支架和焊接角钢固定支架两种，如图 15.3 所示。

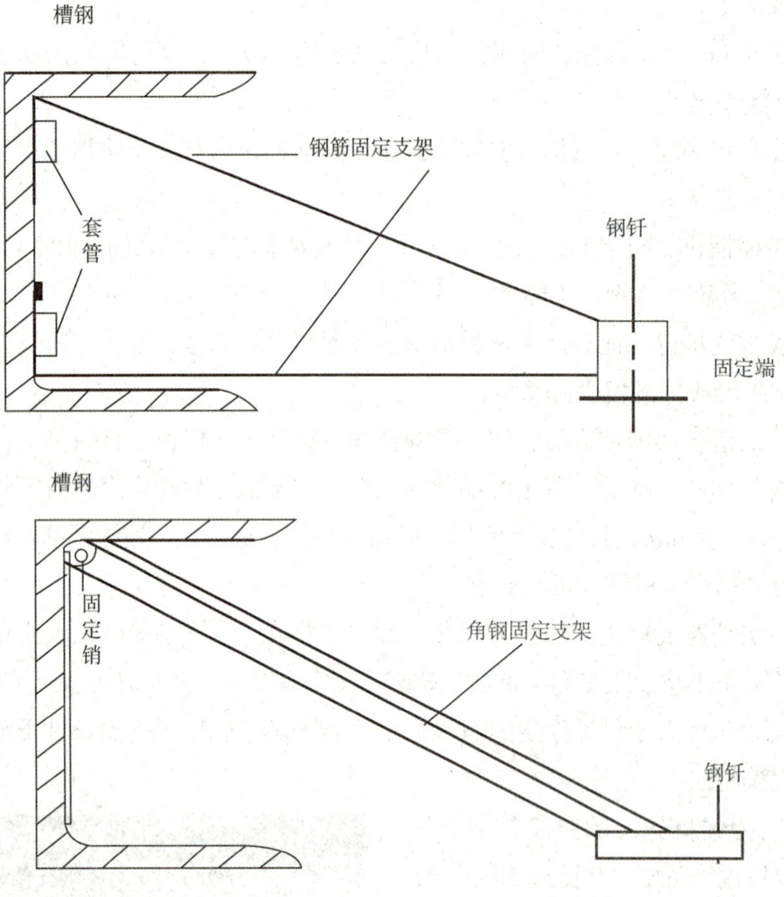


图 15.3　焊接钢筋固定支架和焊接角钢固定支架

模板拆除时，面层混凝土抗压强度不应小于 8.0 MPa。

（2）拌和

小型机具严禁人工拌和，一般采用强制式拌和机，不宜使用自落式滚筒搅拌机。强制式拌和机、自落式滚筒搅拌机如图 15.4 所示。

（3）混凝土运输

混凝土运输罐车的溜槽卸料防离析，如图 15.5 所示。

（4）摊铺、振实与整平饰面

小型机具施工时，混凝土的摊铺可以用挖机摊铺，也可以用人工摊铺。可以用振捣棒、振动板、振动梁等进行振实。小型机具应采用滚杠、整平尺或抹面机三遍整平，直至面层无任何缺陷，平整度符合要求。

图 15.4　强制式拌和机和自落式滚筒搅拌机

（5）接缝施工

接缝施工包括纵缝施工和横缝施工。纵缝施工是与行车方向平行的接缝，横缝施工是与行车方向垂直的接缝。

图 15.5　混凝土运输罐车的溜槽卸料防离析

纵缝施工包括纵向施工缝施工和纵向缩缝施工。纵向施工缝施工需要进行纵缝拉杆钢筋布置，拉杆需用螺纹钢。

横缝施工包括横向施工缝施工和横向缩缝施工。当纵向长度超过 6 m 时，每 4 ~ 5 m 就要设置一道横向缩缝，横向缩缝施工不设传力杆。当每天摊铺结束或摊铺中断时间超过 30 min 时设置横向施工缝，横向施工缝施工需设传力杆。

胀缝，也属于横缝的一种，又叫真缝。目的是让混凝土板有膨胀的余地，避免因热胀产生的应力使面板出现断裂。

（6）抗滑构造施工

抗滑构造施工主要是拉毛，使路面板表面粗糙，提高抗滑能力。

（7）养生开放交通

可用塑料薄膜覆盖养生、草垫覆盖养生、湿麻袋覆盖养生、湿砂覆盖养生。

### 3. 三辊轴整平机施工

三辊轴整平机由振动辊、驱动辊和甩浆辊组成，材质应为三根等长度同直径无缝钢管，并具有足够的刚度和耐磨性。

三辊轴机组铺筑混凝土面板时，应同时配备一台振捣机。排式振捣机、三辊轴整平机如图 15.6 所示。

图 15.6　排式振捣机、三辊轴整平机

(1) 基层处理与卸料

布料前应将基层清扫干净，然后洒水润湿，并应有专人指挥车辆均匀卸料。

(2) 布料与松铺厚度控制

①布料应与摊铺速度相适应，不适应时应配备适当的布料机械。

②应根据铺筑时拌和物的实测坍落度，初选松铺系数。坍落度为 10 ~ 30 mm 的松铺系数为 1.20 ~ 1.25，坍落度为 30 ~ 50 mm 的松铺系数为 1.15 ~ 1.20，坍落度为 50 ~ 70 mm 的松铺系数为 1.10 ~ 1.15。坍落度大时取低值，坍落度小时取高值。在超高路段，横坡高侧取高值，横坡低侧取低值。

③纵坡路段宜向上坡方向铺筑。

(3) 振捣作业、纵缝拉杆

布料长度大于 10 m 时，开始振捣作业；振捣机振实后，料位要高于模板顶面 5 ~ 15 mm，面板振实后，要立即安装纵缝拉杆，如图 15.7 所示。

图 15.7　间歇式密排振捣棒组、连续拖行式密排振捣棒组

(4) 三辊轴整平机作业

①作业单元的划分。作业单元的长度宜为 10 ~ 30 m，施工开始或施工温度较高时用低值。振捣机振实与三辊轴整平两道工序之间的间隔时间不宜超过 15 min。

②料位高差的控制。在三辊轴整平机作业时，应有专人处理轴前料位的高低情况。

③滚压方式。三辊轴整平机在一个作业单元长度内应采用前进振动、后退静滚方式作业。

（5）整平饰面与养生

整平机整平后，要采用 3 ~ 5 m 的刮尺，在纵、横两个方向精平饰面，纵向不少于 3 遍，横向不少于 2 遍，并采用旋转抹面机精平饰面 2 遍，如图 15.8 所示。

图 15.8　整平饰面

4. 固定模板施工

对于轨道摊铺机、三辊轴机组、小型机具三种固定模板施工水泥路面的施工程序为：安装模板→设置传力杆→混凝土的拌和与运送→混凝土的摊铺和振捣→接缝的设置→表面整修→养生与填缝。

## 二、其他水泥混凝土路面的施工

### 1. 碾压混凝土路面

碾压混凝土路面是利用沥青混凝土路面摊铺、碾压技术施工的一种水泥混凝土路面。它与普通水泥混凝土路面所用材料基本相同，均为水、水泥、砂、碎（砾）石及外掺剂，不同之处是碾压混凝土为特干硬性水泥混凝土，比普通水泥混凝土路面节约水泥 10% ~ 30%，且施工速度快，养生时间短，具有很好的社会经济效益。但也有施工技术困难之处，如裂缝、离析等控制难达要求，适用于二级及二级以下水泥混凝土路面或复合式路面下面层。

### 2. 钢纤维混凝土路面

钢纤维混凝土路面是在混凝土中掺入一些低碳钢、不锈钢或玻璃钢等纤维，即成为一种均匀而多向配筋的混凝土，具有以下几个特点。

（1）布料和摊铺必须保证钢纤维分布的均匀性和连续性。

（2）布料高度通过试验段确定，通常比普通的高 10 mm 左右。

（3）振捣时保证钢纤维分布均匀。

（4）整平后不得有钢纤维裸露上翘。

（5）表面下 10 ~ 30 mm 内钢纤维应基本呈水平状。

（6）滑模摊铺机施工时，振捣棒不得插入混凝土内，控制在面板表面。

（7）必须采用硬刻方式制作表面抗滑沟槽。

### 3. 连续配筋混凝土路面

连续配筋混凝土路面，一般不设横缝（施工缝和特定情况下必设的胀缝除外），在板内配置大量纵向钢筋，适用于高速公路、一级公路和机场混凝土路面，如图 15.9 所示。

图 15.9　连续配筋混凝土路面

### 4. 装配式混凝土路面

装配式混凝土路面是在工厂中把混凝土预制成板块，然后运至工地现场装配而成。混凝土板可以全年生产，不受气候的影响，混凝土质量容易保证，而且施工进度快，铺筑完毕即可通车，损坏后易于拆换修理。因此它适用于城市道路、厂矿道路、大型基建场地、停车站场和软弱土基上。

# 任务四　特殊气候条件下混凝土路面的施工

## 一、高温季节施工

拌和与铺筑现场连续 4 h 平均气温高于 30℃或日间最高气温高于 35℃，应按高温季节施工的规定进行。

高温会增加水分的散失，易使混凝土板表面出现裂缝。因此施工时应尽量降低混凝土的浇注温度，缩短施工工序的操作时间，并采取必要的措施保证混凝土的充分养生，提出高温施工的工艺设计。

一般情况下，整个施工环境的气温＞35℃时，应停止混凝土的浇注。

## 二、低温季节施工

当摊铺现场连续五昼夜平均气温高于 5℃，夜间最低气温在-3 ~ 5℃之间，应按低温季节施工规定的措施进行。

低温施工时，混凝土因水化速度降低使得强度增长缓慢，且可能被冻害。因此必须提出低温施工的工艺设计。

（1）提高混凝土拌和温度，砂石材料应采用间接加热法（如保暖储仓、热空气加热、矿料内设置蒸气管等），水可直接加热。混凝土的拌和温度可通过下列公式计算：

$$T_h = \frac{0.2 \ T_a m_a + T_c m_c \ + T_f m_f + T_w m_w}{0.2 \ m_a + m_c \ + m_f + m_w} \tag{15.1}$$

式中　$m_a$、$T_a$——表面干燥饱水状态的集料质量（kg）及温度（℃）；

$m_c$、$T_c$——水泥的质量（kg）及温度（℃）；

$m_f$、$T_f$——集料所含水的质量（kg）及温度（℃）；

$m_w$、$T_w$——搅拌用水的质量（kg）及温度（℃）。

（2）路面保温措施混凝土铺筑后，通常采用蓄热法保温养生，即选用合适的保温材料覆盖路面，以减少路面热量的散失，得到一定的养生条件，这是冬季施工养生常用的方法。一般使用的保温材料有麦秸、稻草、油毡纸、木屑、石灰等。保温层至少 10 cm 厚，具体视气温而定。

（3）低温施工时，混凝土的设计配合比一般不宜超过 0.6。应延长搅拌时间，减小施工作业面和施工长度，定期检测各种材料、拌和物的温度和混凝土的摊铺、浇注、养生的温度。

铺筑后的混凝土，在 72 h 内养生温度应保持在 10℃以上，以后 7 d 的养生温度应保持在 5℃以上。

## 三、雨季施工

应根据近期预报的降雨时间和雨量，安排雨季施工方案，做好施工区域内的结构物、拌和场及铺筑现场等的排水工作。

拌和场内的设备应搭棚遮雨，经常测定、调整混凝土拌和物的用水量。水泥的存放应注意防雨受潮，现场下雨时应严禁铺筑混凝土。混凝土终凝前，雨水不得直接淋在已抹平的路面上。需在雨下操作时，应配备活动的工作雨棚。

## 四、大风天施工

应成立风季施工领导组织机构，并由项目经理亲自主抓，各施工班组协助，做好风季施工的准备工作并制定相应的施工措施。

松散材料如砂、散装水泥等应有遮盖措施，防止污染周边环境。制订风季预防火灾的安全技术措施，并绘制现场预防火灾的重点防护部位。

施工现场设防火工具专用箱，防火工具要齐全。对施工人员定期进行防火安全教育，增强施工人员的防火意识。对施工现场采用原煤生火做饭的炉灶，在使用前必须经过防火检查，认定合格发放用火审批手续后，方可使用。在施工现场要配备防火专用旗，一旦遇有大风天，要悬挂防火旗，并且认真执行和检查，杜绝火灾的发生。

由于风季气候变化恶劣、风沙较多、较大且频繁，在进入风季施工时，一定要加强现场的风期施工管理，注意风期施工安全，注意观察和记录本工程所在地的气候变化，采取切实可行的风季施工措施，确保风季施工安全。

## 五、水泥混凝土路面停工条件

（1）施工现场降雨。

（2）风力大于 6 级，风速在 108 m/s 以上的刮强风天。

（3）现场气温高于 40℃，或拌和场摊铺温度高于 35℃。

（4）摊铺现场连续五昼夜平均气温低于 5℃，夜间最低气温低于 - 2℃。

# 任务五　水泥混凝土路面面层施工质量控制与验收

施工质量的控制、管理与检查应贯穿整个施工过程，应对每个施工环节严格控制把关，对出现的问题，立即进行纠正，甚至停工整顿。

各级公路各种混凝土路面铺筑方式的施工均应建立健全质量检测、管理和保证体系。应按铺筑进度做出质检仪器和人员数量动态计划。施工中应按计划落实质检仪器和人员，对施工各阶段的各项质量指标应做到及时检查、控制和评定，以达到所规定的质量标准，确保施工质量及其稳定性。总之，水泥混凝土路面施工应根据质量管理要求，建立健全有效的质量保证体系，实行严格的质量、投资、工期控制、工序管理和岗位责任制度，对各施工阶段进行全面控制检查，以确保施工质量。

## 一、施工前材料的控制

原材料精良是修筑高质量路面的前提条件，进场前控制好原材料的质量非常重要，无论工期怎样紧张，都要把好原材料进场关。

做好原材料抽检工作。要配备充足的质量检验设备和人员。施工前，试验室应对混凝土路面工程计划使用的原材料进行质量检验和混凝土配制试验，以便进一步优选原材料和优化配合比，出具原材料检验和配合比报告，并应通过监理对原材料抽检和配合比试验验证，报业主审批。重要的原材料供应，如水泥外加剂、养生剂等，和供应商签合同时，不仅要确定供应量、方式，还要明确各项技术指标等要求。

原材料抽检要根据原材料检验项目以一定频率分批量进行检验，检验项目和检验频率必须符合《公路水泥混凝土路面施工技术细则》（JTG/T F30—2014）规定，从不同厂家供应的水泥或粉煤灰，即使品种和强度等级完全相同，也必须分别存放，不得混装。水泥罐换装水泥时，必须清罐。

施工全过程的质量动态检测、控制和管理内容应包括施工准备、铺筑试验路段和施工过程中的各项技术指标的检验，出现施工技术问题的报告、论证和解决等。

## 二、铺筑试验路段

二级及其以上公路混凝土路面工程，使用滑模、轨道、碾压、三辊轴机组机械施工时，在正式摊铺混凝土路面前，必须铺筑试验路段。试验路段长度不应短于 200 m，高速公路、一级公路宜在主线路面以外进行试铺。路面厚度、摊铺宽度、接缝设置、钢筋设置等均应与实际工程相同。

试验路段分为试拌及试铺两个阶段，通过试验路段应达到下述目的。

（1）通过试拌检验搅拌楼性能及确定合理搅拌工艺，检验适宜摊铺的搅拌楼拌和参数，如上料速度、拌和容量、搅拌均匀所需时间、新拌混凝土坍落度、振动黏度系数、含气量、泌水性、VC 值和生产使用的混凝土配合比等。

（2）通过试铺检验主要机械的性能和生产能力，检验辅助施工机械组配的合理性，检验路面摊铺工艺和质量，模板架设固定方式或基准线设置方式，摊铺机械（具）的适宜工作参数，包括松铺高度、摊铺速度、振捣时间与频率、滚压遍数、碾压遍数、压实度、中间和侧向拉杆置入情况等检验整套施工工艺流程。

（3）使工程技术及工作人员熟悉并掌握各自的操作要领。

（4）按施工工艺要求检验施工组织形式和人员编制。

（5）建立混凝土原材料、拌和物、路面铺筑全套技术性能检验手段，熟悉检验方法。

（6）检验通信联络和生产调度指挥系统。

试铺中，施工人员应认真做好记录，监理工程师或质监部门应监督检查试验段的施工质量，及时与施工单位商定有关施工工艺流程并解决问题。试验段铺筑后，施工单位应提出试验路段总结报告，提出改进意见和注意事项，以便在正式施工中加以改进，最后上报监理工程师和业主批复，取得正式开工认可。

## 三、施工质量管理与检查

### 1. 施工质量检查指标

在施工过程中应按照《公路水泥混凝土路面施工技术细则》（JTG/T F30—2014）中规定的项目和频率对原材料、混凝土拌和混合料进行检验。混凝土路面应检查平整度、弯拉强度和板厚三大指标和其他指标。

（1）平整度

3 m 直尺检测平整度只能反映小波长的不平整度，不能反映大波长的不平整度。在施工过程中，因每天摊铺长度并不太长，所以从施工成本考虑，可采用 3 m 直尺量验作为施工过程中平整度控制的检测项目。在验收时必须采用精度较高、能客观反映路面行车过程中平整度实际情况的平整度仪检测动态平整度，作为验收时工程质量评定依据。

施工时，一级以上公路，3 m 直尺量验结果 90% 以上≤ 3 mm，二级以下公路量验 90% 以上≤ 5 mm。3 m 直尺量验频率应为单车道每 100 m 两处 10 尺，在检测时若发现平整度不符合要求，应在 10 d 内使用最粗磨头的水磨机磨平，并应作出微观抗滑构造和宏观抗滑槽，此种处理方法只能用于小面积少量处理。

平整度合格标准应符合表 15.3 的规定。

表 15.3　各级公路混凝土路面铺筑质量要求

<table>
<tr><th rowspan="2">项次</th><th colspan="2" rowspan="2">检查项目</th><th colspan="2">允许值</th></tr>
<tr><th>高速公路、一级公路</th><th>其他公路</th></tr>
<tr><td>1</td><td colspan="2">弯拉强度 /MPa</td><td colspan="2">100% 符合规定</td></tr>
<tr><td>2</td><td colspan="2">板厚度 /mm</td><td colspan="2">代表值≥−5；极值≥−10，Ce 值符合设计规定</td></tr>
<tr><td rowspan="2">3</td><td rowspan="2">平整度</td><td>σ/mm</td><td>≤ 1.2</td><td>≤ 2.0</td></tr>
<tr><td>3m 直尺最大间隙 Δh/mm</td><td>≤ 3（合格率应≥ 90%）</td><td>≤ 5（合格率应≥ 90%）</td></tr>
<tr><td rowspan="2">4</td><td rowspan="2">抗滑构造深度 /mm</td><td>一般路段</td><td>0.7 ~ 1.10</td><td>0.50 ~ 0.90</td></tr>
<tr><td>特殊路段</td><td>0.80 ~ 1.20</td><td>0.60 ~ 1.00</td></tr>
<tr><td>5</td><td colspan="2">相邻板高差 /mm</td><td>≤ 2</td><td>≤ 3</td></tr>
<tr><td>6</td><td colspan="2">连接摊铺纵缝高差 /mm</td><td>平均值≤ 3；极值≤ 5</td><td>平均值≤ 5；极值≤ 7</td></tr>
<tr><td>7</td><td colspan="2">接缝顺直度 /mm</td><td colspan="2">≤ 10</td></tr>
<tr><td>8</td><td colspan="2">中线平面偏位 /mm</td><td colspan="2">≤ 20</td></tr>
<tr><td>9</td><td colspan="2">路面宽度 /mm</td><td colspan="2">≤ ± 20</td></tr>
<tr><td>10</td><td colspan="2">纵断高程 /mm</td><td>± 10</td><td>± 15</td></tr>
</table>

表 15.3（续）

| 项次 | 检查项目 | 允许值 | |
|---|---|---|---|
| | | 高速公路、一级公路 | 其他公路 |
| 11 | 横坡度 /% | ± 0.15 | ± 0.25 |
| 12 | 横板率 /% | ≤ 2 | ≤ 4 |
| 13 | 脱皮、印痕、裂纹、露石、缺边、掉角 /% | ≤ 2 | ≤ 3 |
| 14 | 路缘石顺直度和高度 /mm | ≤ 20 | ≤ 20 |
| 15 | 灌缝饱满度 /% | ≤ 2 | ≤ 3 |
| 16 | 切缝深度 /mm | ≥ 50 | ≥ 50 |
| 17 | 胀缝表面缺陷 | 不应有 | 不宜有 |
| 18 | 胀缝板连浆 /mm | ≤ 20 | ≤ 30 |
| | 胀缝板倾斜 /mm | ≤ 20 | ≤ 25 |
| | 胀缝板弯曲和位移 /mm | ≤ 10 | ≤ 15 |
| 19 | 传力杆偏斜 /mm | ≤ 10 | ≤ 13 |

应在面层摊铺前通过基准线或模板严格控制板厚，检验标准为：行车道横坡低侧面板厚度和厚度平均值两项指标均应满足设计厚度允许偏差。同时，板厚统计变异系数应符合设计规定。

（2）弯拉强度

应从搅拌楼生产的拌和物中随机取样，并按《公路工程水泥及水泥混凝土试验规程》（JTG 3420—2020）规定的标准方法检测混凝土路面弯拉强度，检测频率宜符合规定；弯拉强度应采用三参数评价：平均弯拉强度合格值、最小值和统计变异系数。各级公路弯拉强度合格标准规定及统计变异系数应符合有关规定。检测小梁弯拉强度后的断块宜测抗压强度，作为混凝土强度等级的参考。

抗折强度是混凝土路面的第一强度指标，混凝土路面板的开裂破坏多是因弯拉应力超过弯拉强度极限而造成的，因此抗折强度达到设计要求是混凝土路面长寿命的重要保证。

在施工过程必须严格控制，对其评价应以搅拌机生产中随机取得混凝土在振动台上制作的小梁弯拉强度为准。在过去试验中发现振动棒插入振动孔严重降低混凝土的嵌锁能力，简易自制振动板的振动能量无法控制，因此在制作试件时推测结果，不能反映实际路面弯拉强度，不得采用。弯拉强度检测频率应按 200 $m^3$ 混凝土制作一组试件，每组 3 块小梁，每天施工开始、中间和结束各一组，按照标准方法养生 28 d，先测弯拉强度，再测抗压强度。

（3）板厚

混凝土路面在施工中应严格控制板厚，测量人员将两侧基准线定好以后，用直尺检查基准线到基层距离，即为板厚，每 100 m 测两个断面，若符合要求，经监理确认后即可摊铺。若板厚不足，面积不大时，可采用铣刨机铣刨基层。若大面积基层偏高，允许在 50 m 以外通过调整路面、高程控制板厚。使用模板施工时，应在两横板槽间设一板厚刮板，通过纵向走一遍进行板厚控制，通过上述做法可以杜绝摊铺后，因平均板厚误差超过 1 cm 而返工。将问题消灭在摊铺之前。

除上述三大指标外，还应通过检查控制接缝、切缝、灌缝、抗滑构造，摊铺中线高程和横坡，其控制和检查方法及频率应遵守《公路水泥混凝土路面施工技术细则》（JTG/T F30—2014）执行。

### 2. 施工中的质量管理

（1）施工单位应随时对施工质量进行自检。原材料、拌和物应符合规范有关规定；混凝土路面应按规定进行。当施工、监理、监督人员发现异常情况，应加大检测频率，找出原因，及时处理。高速公路、一级公路应利用计算机实行动态质量管理。

每台搅拌楼所生产的拌和物，除应满足所用施工机械的可摊铺性外，还应着重控制拌和物的匀质性和各质量参数的稳定性。现场混凝土路面铺筑的关键设备如摊铺机、压路机、布料机、三辊轴整平机、刻槽机、切缝机等的操作应规范稳定。

（2）在混凝土路面铺筑过程中，路面各技术指标的质量检验评定标准应符合规范规定。

（3）施工单位的质检结果应按规定，以 1 km 为单位进行整理。对于滑模、轨道、碾压和三辊轴机组机械铺筑混凝土路面的关键工序宜拍摄照片或进行录像，作为现场记录保存。

## 四、交工质量检查验收

工程施工完之后，施工单位应将全线按每千米一个评价段，规定的检验项目和 1/3 频率进行自检，准备好总结报告、自检结果、原始记录等完整资料，申请验收。

工程质量应以设计文件要求为标准。为了保证混凝土路面的施工质量，要求在施工过程中对每一道工序进行严格的检查和控制。对已完成的路面要求进行外观检查，并量测其几何尺寸，根据设计文件要求进行核对。此外还要查阅施工记录，其中包括原材料试验和试件强度资料、配合比、隐蔽构造（各种钢筋的位置等）等，作为工程质量鉴定的依据。

业主、监理和质监站收到施工单位验收申请，确认资料完整后，应首先对照施工中的抽检数据，检查交工报告中数据是否与其吻合，然后再按《公路工程质量检验评定标准第一册 土建工程》（JTG F80/1—2017）规定的检查项目和验收频率进行检查和验收。混凝土面层质量验收的允许误差应符合现行规范的有关要求。水泥混凝土路面原材料的检验项目和频率见表 15.4。

表 15.4　水泥混凝土路面原材料的检验项目和频率

| 材料 | 检查项目 | 检查频率 | |
|---|---|---|---|
| | | 高速公路、一级公路 | 二、三级公路 |
| 水泥 | 抗折强度、抗压强度及标号 | 1 500 t，1 批 | 1 500 t，1 批 |
| | 安定性 | 1 500 t，1 批 | 1 500 t，1 批 |
| | 凝结时间 | 2 000 t，1 批 | 3 000 t，1 批 |
| | 标准稠度用水量 | 2000 t，1 批 | 3 000 t，1 批 |
| | 细度 | 2 000 t，1 批 | 3 000 t，1 批 |
| | CaO 含量 | 必要时，每标段不少于 3 次 | 必要时，每标段不少于 3 次 |
| | MgO 含量 | 必要时，每标段不少于 3 次 | 必要时，每标段不少于 3 次 |
| | $SO_3$ 含量 | 必要时，每标段不少于 3 次 | 必要时，每标段不少于 3 次 |
| | 铝酸三钙 | 必要时，每标段不少于 3 次 | 必要时，每标段不少于 3 次 |
| | 铁铝酸四钙 | 必要时，每标段不少于 3 次 | 必要时，每标段不少于 3 次 |
| | 干缩率 | 必要时，每标段不少于 3 次 | 必要时，每标段不少于 3 次 |

混凝土路面完工后，施工单位应提交全线检测结果、施工总结报告及全部原始记录等齐全资料，申请交工验收。

质量问题处理如下。

（1）路面混凝土弯拉强度应采用小梁标准试件和路面钻芯取样圆柱体劈裂强度折算的弯拉强度综合评定。当弯拉强度不足时，每公里每车道应取 3 个以上芯样。二级及二级以下路面混凝土弯拉强度可按式（15.2）或式（15.3）计算，满足则可通过；不满足时应通过试验得到各自工程的统计公式，试验组数不宜小于 10 组。

石灰岩、花岗岩碎石混凝土：

$$f_{e}=1.868f_{ap}^{0.871} \tag{15.2}$$

式中 $f_e$——混凝土标准小梁弯拉强度（MPa）；

$f_{ap}$——混凝土直径150 mm圆柱体的劈裂强度（MPa）。

玄武岩碎石混凝土：

$$f_{e}=3.035f_{ap}^{0.423} \tag{15.3}$$

高速公路、一级公路应通过试验得到各自工程的统计公式，试验组数不宜小于 15 组。

（2）平整度不合的部位应进行处理，并硬刻槽恢复抗滑构造。

（3）发现板厚不足时，或上基层和桥梁上横坡不足，应判明区段，要求返工的标准为平均板厚小于设计厚度 10 mm。当出现争议并要求返工时，应以钻芯取得 3 个圆柱体的平均高度作为评判标准，返工重铺。

## 五、工程施工总结

施工单位应根据国家竣工文件编制规定，提出施工总结报告、质量测试报告或采用新材料新技术研究报告，连同竣工图表，形成完整的施工资料档案。

施工总结报告应包括工程概况、设计图样及变更、基层、原材料、施工组织、机械及人员配备、施工工艺、进度、工程质量评价、工程预决算等。

施工质量管理与测试报告应包括施工组织设计、质量保证体系、试验段铺筑报告、施工质量达到或超过现行规范规定情况、原材料和混凝土检测结果、施工中路面质量自检结果、交工复测结果、工程质量评价、原始记录相册和录像资料等。

首次采用滑模、轨道、碾压、三辊轴机组施工或首次铺筑钢筋混凝土路面、钢纤维混凝土路面等路面结构时，应同时提交试验总结报告。

水泥混凝土路面是一种刚性高级路面，它是由水泥、水、粗集料（碎石）、细集料（砂）和外加剂按一定级配拌和成水泥混凝土混合料而铺筑成的路面。它具有强度高、承载能力强、稳定性好、抗滑耐久性好等特点，所以国内外对水泥混凝土路面的修筑都非常重视，对路面的修筑技术进行了不断研究，使水泥混凝土路面得到了较快的发展，特别是在高等级重交通道路上，水泥混凝土路面得到了更广泛的应用。

水泥混凝土路面施工过程是一项较复杂的系统工程，它的施工涉及路面的结构、水泥混凝土混合料的特性、施工机械的配置、施工技术和施工工艺，以及科学的组织管理等诸多重大的技术问题。水泥混凝土路面施工过程是集土木、机械、管理科学的一项综合性技术工程，只有在施工过程中，严格对每一个施工环节进行质量技术控制，才能保证水泥混凝土路面的施工质量。

## 六、特殊气候条件下质量控制与验收

水泥混凝土路面施工质量受环境气候影响很大，在高温、低温季节及雨季施工应考虑其特殊性，为确保工程质量应严格执行《公路水泥混凝土路面施工技术细则》（JTG/T F30--2014）中特殊气候条件下的施工规定，进行施工质量控制、原材料质量检验、施工过程中的质量控制、竣工验收等环节。

## 拓展与实训

一、单项选择题

1. 公路工程中使用的水泥，其抗压强度和抗折强度要符合（　　）。

A. 行业标准　　B. 国家标准　　C. 国际标准　　D. 地方标准

2. 下列关于水泥混凝土路面施工的说法错误的是（　　）。

A. 摊铺前应对基层表面进行洒水湿润

B. 混凝土运输过程中应防止漏浆和漏料

C. 混凝土入模前先检查坍落度

D. 摊铺过程中间断时间可以大于混凝土的初凝时间

3. 采用小型机具施工水泥混凝土，关于振捣的说法错误的是（　　）。

A. 振捣棒在每一处的持续时间不宜少于 30 s　　B. 振捣棒的移动间距不宜大于 500 mm

C. 振动板移位时应重叠 100 ~ 200 mm　　D. 振捣棒应接触模板振捣

4. 下列关于水泥混凝土路面纵缝说法错误的是（　　）。

A. 当一次铺筑宽度小于路面和硬路肩总宽度时应设纵向施工缝

B. 当一次铺筑宽度大于路面和硬路肩总宽度时应设纵向施工缝

C. 当一次铺筑宽度大于 4.5 m 时应采用假缝拉杆型纵缝

D. 当所有摊铺的面板厚度大于 260 mm 时可采用插拉杆的企口型纵向施工缝

5. 下列关于水泥混凝土路面横缝说法错误的是（　　）。

A. 横向施工缝其位置宜与胀缝或缩缝重合

B. 每天摊铺结束应设置横向施工缝

C. 普通混凝土路面横向缩缝宜采用斜缝

D. 摊铺中断时间超过 30 min 时应设置横向施工缝

6. 横向缩缝切缝方式的选用，应由施工期间该地区路面摊铺完毕到切缝时的（　　）确定。

A. 施工时间　　B. 昼夜温差　　C. 施工气候　　D. 施工机具

7. 普通混凝土路面的胀缝应设置胀缝补强钢筋支架、胀缝板和（ ）。

A. 传力杆 B. 定位杆 C. 支撑杆 D. 拉杆

8. 掺粉煤灰的混凝土路面，最短养生时间不宜少于（ ）。

A. 3 d B. 7 d C. 14 d D. 28 d

9. 混凝土路面铺筑完成或软作抗滑构造完毕后应立即开始养护，养生方式不宜使用（ ）。

A. 土工毡洒水养护 B. 麻袋洒水养生 C. 围水养生 D. 草袋洒水养生

10. 下列有关水泥混凝土路面施工说法错误的是（ ）。

A. 养生时间根据混凝土抗压强度增长情况而定，不宜小于设计抗压强度的 80%

B. 特重和重交通混凝土路面宜采用硬刻槽

C. 在灌缝料养生期间应封闭交通

D. 混凝土板养生初期严禁人、畜、车辆通行

## 二、多项选择题

1. 水泥混凝土面层铺筑的方法除小型机具铺筑方法外，还有下列（ ）方法。

A. 平地机铺筑 B. 滑模机械铺筑 C. 轨道摊铺机铺筑

D. 三辊轴机组铺筑 E. 碾压混凝土

2. 每日工作结束，水泥混凝土面层摊铺时的施工缝宜设在下列（ ）部位。

A. 胀缝处 B. 缩缝处 C. 纵缝处

D. 假缝处 E. 切缝处

3. 普通混凝土路面，宜在下列（ ）区域配置钢筋。

A. 圆管涵上部 B. 接缝区 C. 全板块

D. 边缘 E. 角隅

4. 横向缩缝的切缝方式有（ ）几种。

A. 软硬结合切缝 B. 分层次切缝 C. 全部硬切缝

D. 分阶段切缝 E. 全部软切缝

5. 普通混凝土路面胀缝设置与施工时，以下（ ）要求是正确的。

A. 胀缝板应与路中心线垂直 B. 缝壁垂直 C. 缝隙宽度一致

D. 缝中完全不连浆 E. 胀缝宽 10 ～ 15 mm

## 三、问答题

1. 水泥混凝土路面有哪些优缺点？

2. 水泥混凝土路面类型有哪些？

3. 水泥混凝土面层铺筑的方法有哪几种？任选一种水泥混凝土路面面层施工方法详细阐述其施工工艺。

4. 滑模摊铺水泥混凝土路面施工要点包括哪些内容？

5. 水泥混凝土路面施工在哪些天气条件下必须停工？

6. 简述水泥混凝土路面的质量控制要点。

第三篇 市政道路路面工程

# 项目十六 市政道路养护

XIANGMUSHILIU SHIZHENG DAOLU YANGHU

## 项目导读

路基像人一样，拥有生命周期，它会老化生病，而且一些急病险情（如沉陷）甚至会给人们的生命财产安全带来隐患。为了提高路基寿命，确保道路畅通，应定期对路基进行检查和养护，并及时治疗病害，尽快排除险情。市政道路路基养护应包括路基结构、路肩、边坡、挡土墙、边沟、排水明沟、截水沟等。路基应保持稳定、密实、排水性能良好。

市政路面的养护主要包括沥青路面的养护和水泥混凝土路面养护，本项目主要介绍养护的基本要求和主要内容。

## 学习任务

本项目的任务旨在让学生了解市政道路养护的目的和任务；掌握市政道路养护的方针与政策；明确市政道路养护的工作范围和道路养护的分类与管理体系。

## 思政目标

本项目的学习，可以培养学生爱岗敬业、诚实守信的精神风貌，还可以培养学生社会责任心和环保意识。

## 任务一 市政道路路基养护

公路路基和路面经过长期使用，以及寒暑雨雪、冰冻等自然因素的影响，其路基会发生塌陷、泛油、起包、脱皮、麻面、龟裂和裂缝，甚至出现坑洼、波浪和车辙等病害，使交通不畅，运输成本增加并加速公路的损坏。为了保持公路的通行能力，延长公路的使用寿命，使巨大的基建投资不能过早地损毁，必须十分重视公路的维修和养护工作。

## 一、公路维修与养护的意义

维修和养护工作是公路管理工作的重要组成部分，无论从生产规模、从业人数、劳动工作量、资金占用量等各方面看，公路维修与养护在公路行业中都占有重要比例。加强维修和养护工作对保证公路运输具有重要意义。具体表现在以下三个方面。

（1）公路的维修与养护工作是由道路设施的局部易损性特点所决定的。道路设施因汽车行驶和自然因素作用引起的损耗，无时无刻不在发生，必须及时进行维修和养护才能恢复保持公路的设计技术状态，达到原来预定的交通流量承载能力，发挥出建设投资效益。

（2）国民经济发展和人民生活需要公路为运输提供一个快速、方便、安全、畅通、经济的道路条件，如果维修和养护不当，势必使道路设施技术状况下降，造成全路或局部路段交通阻滞与中断，影响道路功能的发挥，形成客货流中间停滞，给国民经济、人民生活、国防建设带来巨大的损失。因而公路维修和养护质量的优劣是与国民经济活动紧密相关的。

（3）公路的维修和养护工作是公路运输业不断发展的需要。随着国民经济发展，流通扩大，人民生活消费水平提高，公路运输需求不仅有数量上的要求，同时也有质量上的要求。运输需求的多样化既要求公路有一定的通行能力，也要求公路能最大限度地满足安全、优质、舒适运输的需要。因此公路在加强日常维修和养护的同时，应根据交通流的变化有计划地进行大中修与专项技术改造，使其技术标准提高，满足运输需要。

公路维修与养护工作是一项经常性、长期性的工作。从一定意义上说，养好管好一条公路与建设一条公路同样重要。

## 二、公路维修与养护分类

公路维修与养护工作应贯彻执行“全面养护、加强管理、统一规划、积极改善”的方针，以保证路基稳定、路面平整、水沟畅通、桥涵良好、标识齐全，不断改善线型、增建黑色路面、改建桥梁的结构和承载能力及养护机械化等方面发展。

公路维修与养护的任务，按其工作性质可分为三类。

### 1. 小修保养

小修保养的任务是对公路及其一切工程设备进行预防性的维修工作，经常保持其处于完好状态。小修保养的主要作业内容是一切路面、路肩、水沟、边坡、弯道和路面的磨耗层有坑槽、裂纹的预防与小修小补及常年保持公路整齐清洁等工作。这类维修保养工程量一般比较小，且分散在漫长的路线上。因此这些任务在实行道班分段养护的路段上，是由沿线分段常驻的道班和公路养护工完成。如实现机械化养路，由于施工养护机械代替了人工操作，因此道班分段养路形式就必须代以机械化养路组织（大道班巡回队形式）来执行此项任务。所有以上这些小修保养任务均由公路分局一级计划组织，并直接由道路养护工负责进行。

### 2. 大中修工程

大中修工程的主要任务是完成对公路及其设备的较大损坏的修理，或在原有的公路技术等级内进行添建或局部改善等工作，如水毁、大面积翻浆、塌方及加宽路面（改善旧有公路、路肩加宽、大面积翻修油路）等。此项工程工作量较大，使用机具设备、材料、劳动力等比较多，不是当地个别道班所能完成的，应根据工程规模大小由市（段）、县（站）组织力量进行修理。如有计划的改善工程，则由县（站）事先按改善工程项目作出计划，报请市（段）批准，由养路段会同养路站组织力量或派专业队进行修理。

### 3. 公路改建工程

改建工程的主要任务是分期分段提高公路的技术等级，或通过局部改造，显著地提高公路的通过能力，改变旧有路线的线型。因此这种工程是在原有公路技术标准基础上，采用大中修理已不能满足目前行车要求时，便要计划改建。改建计划必须通过周密的勘察设计，并应作出施工计划等列入年度基建项目，呈报上级批准才能施工，一般市（总段）负责组织施工。此种路基路面改建工程的施工组织及施工方法均与新建工程相同，在此不再介绍。公路养护工程的机械化组织形式，是根据公路局和市公路段的工程任务和发展需要，可设置工程队、机械筑路队、采料场、预制加工厂（沥青混合料拌和厂、沥青加热储存厂、水泥混凝土预制构件厂）、筑路机械修理厂等。

以上各种组织形式其主要任务是为全省各市公路的大中修、改建或新建公路工程服务。除省应设置必要的厂外，各市也应设置相应的厂队。其设置地点，以方便所辖各县段的运输和联系为宜。

## 三、路基的养护与维修

### 1. 路基的养护与维修的要求

路基是公路最重要的基本组成部分，是路面的基础。它与路面共同承担车辆荷载，并把车辆荷载通过其本身传递到地基。路基的强度和稳定性是保证路面强度与稳定性的基本条件，并直接影响路面的强度和平整度。它贯穿全线，连接桥涵、隧道。桥头引道路基对桥梁的使用及破损也有直接的影响，因此必须通过路基养护，达到以下要求。

（1）保持路基土密实，排水性能良好，各部分尺寸和坡度符合规定并及时消除路基不稳定的因素。

（2）路肩无车辙、坑洼、隆起、沉陷、缺口，横坡适度，边缘顺适，表面平整坚实、整洁，与路面接茬平顺。

（3）过坡稳定、坚固、平顺，无冲沟、松散，坡度符合规定。

（4）边沟、排水沟、截水沟、跌水井、泄水槽等排水设施无淤塞、高草，纵坡符合要求，排水畅通，进出口维护完好，保证路基、路面及边沟内不积水。

（5）挡土墙、护坡及防雪、防沙等设施保持完好无损，泄水孔无堵塞。

（6）做好翻浆、塌方、山体滑坡、泥石流等病害的预防、治理和抢修，尽量缩短阻车时间。

## 2. 路基养护与维修

### （1）路肩养护

路肩位于车行道外缘，是具有一定宽度的带状部分。它的作用是保证路基、路面稳定和排除路面积水。除此之外，路肩还可以用于临时停车，并作为路面的横向支撑。

路肩的养护包括：粒料加固、种草加固、水泥混凝土加固等。

当路肩出现一些病害时，要采用一定的方法进行维修，具体如下：

①当土路肩上出现车辙、坑槽等病害时，可将病害处清理干净，然后用与原路肩相同的土填平夯实。

②当路肩隆起，妨碍路面排水时，应铲削整平。

### （2）边坡养护

边坡的加固方法同坡面防护措施，即植物防护和工程防护，在此不再赘述。

当边坡出现一些病害时，要采用一定的方法进行维修，具体如下：

①对于石质边坡，如果坡面岩石出现风化，则应采取适当的处理措施，如清除风化岩石、抹面、喷浆、勾缝、嵌补、锚固等。

②对于土质边坡，如果坡面出现较小冲沟，则应及时采用黏结性良好的土填塞捣实；如果出现较大冲沟，则应将原边坡挖成台阶形，然后分层填筑、压实土料。

③如果边坡出现坍塌，则应挖除坍塌处的浮土或松动石块，然后对边坡进行修整，待稳定后，可采用植物防护、工程防护的方法进行加固。

### （3）排水设施养护

路基排水设施能否正常工作，直接影响路基的稳定性。因此，必须对排水设施进行经常性的、预防性的养护，确保其功能完好、排水顺畅。具体养护方法如下：

①排水设施应定期检查，及时清除淤泥、杂物、杂草等，保持水流通畅。

②暴雨后，应对排水设施进行重点检查，如果发现有损坏的地方，则应及时进行修理；如果发现有堵塞的地方，则应及时疏通。

③对于渗沟，应经常检查疏浚，确保沟内或管内水流畅通。如果发现反滤层淤塞失效，则应进行翻修。

### （4）挡土墙养护

挡土墙应进行定期检查。如果发现墙上有杂草等，则应及时清除；如果发现病害，则应查明原因，然后针对损坏情况，采取合理的修理及加固措施。具体如下：

①当发现挡土墙泄水孔堵塞时，应及时疏通。如果无法疏通，则应另行选择适当位置增设泄水孔，或在墙后设置排水设施，一般可设置暗沟将水引出路基以外，以防墙后积水。

②当发现挡土墙出现风化剥落时，应将风化表层凿除，然后喷涂水泥砂浆。当风化剥落严重时，应将风化部分拆除重砌。

③当发现挡土墙出现裂缝或断裂时，可将缝隙凿毛，清除碎渣和杂物，然后用水泥砂浆填塞。

④当发现挡土墙发生倾斜、滑动或下沉时，可选择锚固法、套墙加固法、增建支持墙加固法等方法进行加固。

⑤当发现挡土墙损坏严重，采用以上加固方法不能达到设计要求的强度时，则应将损坏部分拆除重建。

## 任务二　市政道路路面养护

路面养护与维修是公路养护工作的中心环节，是质量考核的首要对象。路面是在路基上用各种筑路材料铺筑的供汽车行驶的直接承受行车作用和自然因素作用的结构层，其作用是满足行车安全、快速、经济、舒适的要求。对路面养护与维修质量的总要求是保持路面平整、坚实、路拱适度、行车舒适安全。

### 一、路面养护与维修的基本要求

（1）及时、经常地对路面进行保养和修理，防止路面松散、裂缝和拥包等各种病害的产生和发展。

（2）通过对路面的保养和修理，提高路面的平整度和抗滑能力，确保路面安全、舒适的行驶性能。

（3）通过对路面的修理和改善，保持和提高路面的强度，确保路面的耐久性。

（4）防止因路面损坏和养护操作污染沿线环境。

### 二、路面养护工程的分类及主要内容

#### 1. 小修保养工程

路面小修保养主要包括以下内容。

（1）清除路面上的泥土、杂物，保持路面整洁。

（2）排除路面上的积水、积雪、积沙、积冰，铺防滑料、灭尘剂或压实积雪，维持交通。

（3）沙石路面刮平，修理车辙。

（4）碎（砾）石路面扫匀、添加面沙，洒水润湿，刮平波浪，修补磨耗层。

（5）处理黑色路面的泛油、拥包、裂缝、松散等病害。

（6）混凝土路面修理板边接缝及堵塞裂缝等。

（7）局部处理沙石土路的翻浆、变形，添加稳定料。

（8）碎（砾）石路面局部加宽、修补坑槽、整段修理磨耗层或扫浆铺沙。

（9）混凝土路面面板的局部修理和调整平整度。

### 2. 路面中修工程

路面中修主要包括以下内容。

（1）沙石路面大面积处理翻浆，修理横断面。

（2）碎（砾）石路面局部地段加厚、加宽，调整路拱，加铺磨耗层、保护层，处理严重病害。

（3）黑色路面整段封层罩面。

（4）黑色路面严重病害的处理。

（5）水泥混凝土路面个别面板的更换、浇注或加铺沥青磨耗层。

### 3. 路面大修工程

路面大修主要包括以下内容。

（1）整线整段用稳定材料改善路基。

（2）整段加宽、加厚或翻修重铺碎（砾）石路面。

（3）翻修或补强重铺，或加宽高级、次高级路面。

### 4. 路面养护改善工程

路面养护改善主要包括以下内容。

（1）分段提高公路技术等级，铺筑高级、次高级路面。

（2）新铺碎（砾）石路面等。

随着公路事业的发展，沥青路面的通车里程越来越大，但对其路面的养护和维修比一般的碎石路面要复杂得多，而病害也较多，因此要着重分析沥青路面的养护和维修工程。

## 拓展与实训

1. 简述公路维修与养护的任务。
2. 公路维修与养护的常用机械有哪些？

# 参考文献

[1] 偶昌宝，林法力，段园煜．路基路面工程 [M]．北京：北京大学出版社，2021.

[2] 崔成涛，刘杰，陈官正．市政道路建设工程施工技术管理 [J]．云南水力发电，2022.38（7）189-191.

[3] 李志刚．市政道桥路基路面工程施工研究 [J]．居舍，2021（29）：159-160.

[4] 张克年．路基改扩建工程施工技术 [J]．技术与市场，2016，23（6）：193-195.

[5] 刘雨．道路工程技术 [M]．北京：北京大学出版社，2012.

[6] 张作海．公路路基路面工程质量控制方法研究 [D]．西安：长安大学，2009.

[7] 丁利．公路工程施工中路基路面压实技术研究 [J]．建筑技术开发，2022，49（19）：117-119.

[8] 武建飞．市政道桥路基路面工程施工研究 [J]．建筑技术开发，2021，48（05）：95-96.

[9] 于王均．质量管理系统在路基路面工程施工中的应用研究 [D]．武汉：武汉理工大学，2005.

[10] 田文泽. 对公路工程施工中路基路面施工技术的研究 [J]. 工程建设与设计, 2019(6):207-208.

[11] 黄亮．市政道路工程项目施工阶段风险管理研究 [D]．南宁：广西大学，2016.

[12] 赵瑞．橡胶沥青混凝土在温州市政道路沥青路面修复工程中的应用和研究 [D]．杭州浙江工业大学，2015.

[13] 中华人民共和国行业标准．城市道路路线设计规范（CJJ 193—2012）[S]．北京：中国建筑工业出版社，2012.

[14] 中华人民共和国行业标准．城市道路工程设计规范（2016 年版）（CJJ 37—2012）[S]．北京：中国建筑工业出版社，2012.

[15] 中华人民共和国行业标准．城镇道路路面设计规范（CJJ 169—2012）[S]．北京：中国建筑工业出版社，2012.

[16] 中华人民共和国行业标准．城镇道路工程施工与质量验收规范（CJJ 1—2008）[S]．北京：中国建筑工业出版社，2008.

[17] 中华人民共和国行业标准. 公路路线设计规范（JTG D20—2017）[S]. 北京: 人民交通出版社，2017.

[18] 中华人民共和国行业标准. 公路工程技术标准（JTG B01—2014）[S]. 北京: 人民交通出版社，2014.

[19] 中华人民共和国行业标准. 公路路基设计规范（JTG D30—2015）[S]. 北京：人民交通出版社，2015.

[20] 中华人民共和国行业标准. 公路沥青路面设计规范（JTG D50—2017）[S]. 北京：人民交通出版社，2017.

[21] 中华人民共和国行业标准. 公路水泥混凝土路面施工技术细则（JTG/T F30—2014）[S]. 北京：人民交通出版社，2014.

[22] 中华人民共和国行业标准. 城市道路路基设计规范（CJJ 194—2013）[S]. 北京：中国建筑工业出版社，2013.